21세기 환태평양지역의
문화변동과 글로벌리제이션

21세기 환태평양지역의
문화변동과 글로벌리제이션

박상현 외 지음

서문

세계화의 진전과 함께 태평양을 가로지르는 인적·물적 교류가 급증하고 아시아·태평양경제협력체(APEC)나 환태평양동반자협정 (Trans-Pacific Partnership) 등과 같은 지역통합의 틀이 등장하면서 환태평양 지역이라는 새로운 메가-지역이 출현하고 있다. 지역들의 지역(Region of Regions) 또는 초지역적 지역(Trans-Regional Region)으로서 환태평양 지역은 동북아시아, 동남아시아, 오세아니아, 남아메리카, 북아메리카 등과 같은 복수의 지역을 포함한다. 이들 지역 사이의 다중적인 연계가 심화되면서 21세기는 '태평양의 세기'가 될 것이라는 예측이 확산되고 있다.

새롭게 출현 중인 메가-지역으로서 환태평양 지역의 미래는 열려 있다. 문명의 교차로(crossroad of the civilizations)로서 태평양에서는 동양과 서양의 문명이 교차할 뿐만 아니라 북반구(North)와 남반부(North)의 문명이 교차하고 있다. 한편으로는 미·중 갈등이나 미국·멕시코의 갈등에서 드러난 것처럼 동양과 서양, 북반구와 남반구의 갈등과 쟁투, 나아가 혐오와 적대가 확산되면서 환태평양 지역의 '문화전쟁'이나 '문명충돌' 가능성이 상존한다. 또한 코로나-19 사태와 같은 '질병의 세계화'와 함께 퇴행적인 민족주의로의 복귀와 탈세계화(deglobalization)의 경향이 확산될 우려도 존재한다. 태평양이 '태평'(太平)하기 위해서는 태평양 주변 국가들의 상호 이해가 증진될 필요가 있다.

환태평양 지역연구의 일환으로 기획된 본서는 태평양 주변 지역과 국가에 관한 개별적 연구들을 '환태평양'이라는 관점에서 재조

합함으로써 개별 지역과 국가에 대한 이해를 증진시키는 동시에 세계적 관점에서 개별 지역을 이해하는 새로운 관심을 자극하려는 목적을 갖는다. 상대적으로 학술적 성과가 축적된 환대서양 연구(trans-atlantic studies)와 달리 환태평양 연구는 아직 초보적인 수준에 머물고 있다.

본서에서는 세계화를 배경으로 태평양을 둘러싼 다중 규모(multiple scale)의 경제적·정치적·문화적 변동에 대한 분석을 제시한다. 동아시아, 동남아시아, 남태평양 멜라네시아 같은 '지역적 규모'의 변화에 대한 분석뿐만 아니라 중국, 일본, 필리핀 같은 '민족적 규모'의 정책적 변화에 대한 분석도 제시된다. 나아가 동남아시아와 미국, 중국과 남아메리카, 한국과 멕시코, 영국과 남아메리카 국가 등의 연계와 갈등 등 대양을 가로지르는 상호작용이 주목을 받기도 한다. 마지막으로 환태평양을 가로지르는 흐름들의 중요한 결절점으로서 도시라는 문제의식에서 세계적 흐름들 속에서 급속한 변화를 겪고 있는 중국과 동아시아의 도시들에 대한 분석이 시도된다.

본서가 태평양 주변의 지역들을 태평양을 가로지르는 다양한 흐름들의 연계라는 시각에서 다시 볼 수 있는 단초가 되기를 희망해 본다.

부경대학교 글로벌지역학연구소

소장 박상현

목 차

01

동아시아 발전전략과
경제민족주의의 역사적 변동

박상현

Ⅰ. 서론

태평양의 서쪽에 위치하고 있는 동아시아 지역의 국가들은 식민주의와 세계전쟁 그리고 내전 같은 파괴적 경험에도 불구하고 라틴 아메리카의 '저발전' 국가와 달리 상대적으로 높은 수준의 경제성장과 발전을 이루어왔다. 전후 '일본의 기적'은 1970-80년대를 거치면서 '동아시아의 기적'으로 확대되었고, 냉전질서의 해체 이후에는 중국의 부상이 세계적인 주목을 받았다. 또 2000년대에는 중국뿐만 아니라 베트남, 인도네시아, 태국, 말레이시아 등 동남아시아 국가도 급성장하면서 지역적 발전의 경계를 확장시켰다. 2007-09년 세계금융위기에도 불구하고 동아시아 국가들은 상대적으로 안정된 상태를 유지했으며 미국과 유럽 일각의 '탈세계화'(deglobalization) 흐름과 대조적으로 '세계화'와 환태평양 경제통합을 지지했다(D' Costa, 2012).[1]

동아시아 국가들의 성공은 독립적인 개별국가들의 민족적 현상으로 충분히 분석될 수 없기 때문에 애초부터 하나의 지역으로서 '동아시아'의 '기적'이 논의되어왔다. 그러나 논의의 중심축은 변화했다. 1980년대에는 일본의 '발전국가'와 그 지역적 확산에 주목한 '나르는 기러기'(flying geese) 모형이 주목을 받았다면, 2000년대 이후에는 중국의 고도성장과 지역적 연계에 근거를 둔 이른바 '판다 서클'(panda circle)이 주목을 받고 있다(Hung, 2015).[2] 게다가

---

[1] '동아시아'의 개념적 경계는 모호하며 그 주된 논의의 대상은 변화해왔다. 여기서는 지리적 관점에서 동남아시아와 동북아시아를 모두 포괄하는 지역으로 동아시아라는 지역적 범주를 사용한다.

[2] 1990년대 일본 버블경제의 붕괴와 1996-97년 동아시아 외환위기는 일본의 '발전국가 모형'에 관한 부정적 평가가 확산되는 결정적인 계기였다. 이후 발전국가에 관한 논의는 관료적 무능과 민간 기업의 '지대추구'를 막을 수 있는 정치적·제도적 조건에 대한 연구로 관심이 전환되었다 (Haggard, 2004: 56, 68).

이 같은 중심축의 변화는 동아시아의 발전에 관한 전반적인 논의지형을 변화시키고 있다.

첫째, '동아시아'라는 개념으로 포착되는 지리적 범위가 확대되고 있다. 애초에 동아시아라는 지역적 범주는 주로 일본과 그 경제적 영향력 하에 있던 주변지역을 지칭하기 위해 사용되었다. 그러나 21세기에 들어 세계적 차원에서 '동아시아 지역'이라는 관념이 실질적 의미를 갖게 된 것은 사실상 중국의 부상의 결과로 간주될 수 있다(Beeson, 2013). 이와 함께 동아시아는 점차 중국과 동남아시아 국가들을 모두 포괄하는 지역을 지칭하게 되었다.

둘째, 동아시아의 '흥륭'의 원천을 둘러싼 논의의 시간적 범위가 확대되고 있다. 특히 중국 후기제국(late empire) 시대의 경험이 재평가되면서 최근 동아시아의 성장은 흥륭(rise)이 아니라 '부흥'(renaissance)으로 자리매김되고 있는 것이다. 동아시아의 중화제국적 질서는 산업혁명과 함께 이른바 동양과 서양의 '대분기'(great divergence)가 일어나던 시기에도 자본주의 세계경제와 병존하고 있었다(Pomeranz, 2000). '신대륙'과 달리 동아시아에는 현대 이전에 이미 원거리 무역을 조직하는 기업네트워크와 여타 경제제도들이 존재했는데, 그 제도적 유산은 일정한 경제적 효율성을 가지며 현대의 식민주의, 전쟁, 혁명 등에도 생존했던 것으로 평가된다(Rosenthal and Wong, 2011; Nolan, Rowley, and Warner, 2017).

셋째, 동아시아의 공간적·시간적 범위가 확대되면서 동아시아의 발전을 둘러싼 초기 논의의 '국가 대 시장'라는 쟁점은 상대화되었고, 대신 기업, 금융, 노사관계, 교육, 복지 등과 관련된 다양한 제도들에 관한 관심이 증대되었다. 이런 연구들에서는 동아시아의 단일한 발전모형보다는 각국의 제도적 다양성이 더 큰 주목을 받았다 (Walter and Zhang, 2012; Haggard, 2004). 그리고 각국의 제도적 고유성과 관련해서 상이한 사회적 세력관계 및 정치적 동맹관계, 특히 관료기구와 기업가 집단의 동맹에 대한 관심이 커지고 있다 (Haggard, 2004).

여기서는 동아시아의 발전을 둘러싼 이 같은 논의들을 종합하면서 민족적 발전전략의 '세계-지역적 조건'(world-regional condition) 이라는 쟁점을 제기한다. 동아시아 국가들은 공통의 지역적 계기들에서 서로 모방·대립하면서 고유한 발전전략을 확립했는데, 특히 몇 가지 계기는 결정적 영향을 미쳤다. 자본주의 세계경제로의 종속적 통합 및 식민화, 지역적 차원의 냉전질서 확립, 그리고 탈냉전과 '세계화'는 개별 국가의 민족적 발전경로의 형성과 진화에서 핵심적인 조건이 되었던 것이다.[3]

이 같은 계기들에서 동아시아의 국가들은 현대적 민족국가 형성 및 유지와 관련된 민족주의적 동원을 전개하면서 고유한 형태의 '경제민족주의'(economic nationalism)를 발전시켰다. 암묵적 또는 명시적으로 계급적 이해관계를 고려하는 자유주의나 사회주의와 달리 민족적 이해의 통일성을 전제하는 경제민족주의는 일관되고 체계적인 이론이 아니라 통치 집단과 민간이 공유하는 일련의 태도와 정념에 기초한다. 이 때문에 경제민족주의에 관한 최근의 연구는 관세정책이나 산업정책 같은 특정한 정책처방보다는 민족주의적 내

---

3) 이와 관련해서 아리기 등(Arrighi et al., 2003)은 동아시아 역사에서 세 가지 결정적 계기를 상이한 역사적 시간대와 결합시킨바 있다. 이들은 냉전의 확립과 해체를 특징으로 하는 지난 50년을 '단기적' 시간대로 규정하고, 서양 열강에 의해 중국 중심의 제국적 질서가 해체되는 19세기 중반 이후의 시기를 '중기적' 시간대로 규정했다. 그리고 16-18세기 유럽과 중국의 상호작용 속에서 유럽에서 자본주의 세계경제가 출현한 이후의 시기는 '장기적' 시간대로 규정된다.

용에 주목하고 있다(Nakano, 2004; Helleiner, 2002).[4)]

역사적으로 경제민족주의의 구체적인 내용과 형태는 다양할 수 있으며, 상대적으로 안정적인 국가 주도의 발전전략과 결합될 수도 있고 그렇지 못할 수도 있다. 식민지 시기로 소급되는 동아시아의 경제민족주의는 각각의 역사적 계기들에서 상이한 발전전략과 결합되었고 최근의 '세계화' 속에서 새롭고 독창적인 형태로 진화했다(D'Costa, 2012: 3). 이런 관점에서 여기서는 동아시아 국가들에서 경제민족주의의 기원을 추적하는 동시에 지역적 냉전과 세계화 같은 중요한 역사적 국면에서 경제민족주의와 결합된 민족적 발전전략의 분기와 수렴 과정을 분석한다.

II. '동아시아'의 역사적 유산과 경제민족주의

1. 청제국의 수출 네트워크?

실크로드의 개방이래로 중국 제국은 오랜 대외교역의 역사를 가졌다. 그러나 중국은 본질적으로 농업제국이었고 중국을 통치한 대부분의 왕조는 중앙집중적 농업국가의 성공적 통치를 위한 국가적 제도들을 꾸준히 발전시켰다. 성공적인 국가유지를 위한 유가적 논리는 가벼운 조세를 강조했고 관개수로사업 같은 '공공재'의 공급

---

4) 20세기 초에 널리 활용된 경제민족주의라는 용어는 냉전시기에 거의 사라졌다가 1970년대 이후 국제정치경제 영역에서 재활용되기 시작했다. 특히 최근에는 경제민족주의를 현대 민족국가의 강화를 위한 이념으로 파악하면서 현대적 민족주의가 출현하기 이전인 17세기의 중상주의를 경제민족주의에서 제외하려는 경향이 있다. 그리고 경제민족주의가 경제적 자유주의와 양립 가능하며, 심지어 자유주의 기원에 위치하는 스미스의 사상도 경제민족주의에서 기원했다는 주장도 존재한다(Hellenier, 2002: Nakano, 2004). 그러나 경제민족주의의 개념적 경계는 여전히 모호한 측면이 있는데, 여기서는 우선 역사적으로 존재했던 경제민족주의의 다양한 양상에 주목한다.

을 권고했다(Rosenthal and Wong, 2011). 특히 청제국은 유가적 통치원리를 효과적으로 실행했다. 청제국의 흥륭을 이끌었던 강희제(1661-1722)는 청 정부가 결코 농민의 부담을 늘리지 않을 것이라고 약속했고 그 후계자들은 이 약속을 지켰다. 18세기 내내 중앙정부의 조세수입은 낮게 유지되었고 정부는 새로운 조세의 원천을 추구하지 않았다(Hung, 2015: 32).[5]

청 제국 하에서 국가관리와 향촌 사대부는 양대 엘리트 집단을 형성했다. 중앙정부는 지방 관리들이 실행하는 정책을 통해 현지의 조건에 영향을 미치는 동시에 그들을 통해 조세를 수집했다. 관리들은 현지의 통치를 위해 향촌의 사대부에 의존했으며 사대부들이 향촌 사회질서를 위한 유학적 의제를 실행하는 것을 도왔다. 그런 의제는 도로, 교량, 사원의 수리, 상평창과 학교의 자금모집, 그리고 몇몇 곳에서는 고아원 같은 다양한 자선활동 등을 포함했다. 향촌 사대부의 핵심에는 과거를 준비하면서 국가관리가 구현하려는 것과 동일한 유가적 원리를 학습했던 개인들이 존재했다. 지주 집단으로서 향촌 사대부는 일반적으로 국가관리와 함께 종종 향촌사회의 안녕과 복리를 위해 노력했다. 이와 같은 중앙-지방-향촌의 관계는 현대에 까지 강한 영향을 미치고 있는 것으로 보인다(Rosenthal and Wong, 2011; Hung, 2015: 24).

또 중국의 통치이념은 정부가 '여민쟁리'(與民爭利)를 피할 것을 권고했기 때문에 정부는 상업에 관여하는 것을 가능한 회피하려 했다(Rosenthal and Wong, 2011). 중국의 엘리트 집단은 농업에 기

---

5) 중세 이래로 부채에 중독되어 있던 유럽국가와 달리 중국은 아편전쟁 이후의 파괴적 조약 이전까지 어떤 공적 부채도 갖지 않았다. 1850년대에서 1차 세계전쟁 사이에 중국에서 부채로 모집된 막대한 양의 화폐는 대부분 전쟁배상금 지불에 사용되었다(Rosenthal and Wong, 2011).

반을 둔 상업경제를 이상적인 것으로 간주했는데, 최근의 연구들이 지적하는 것처럼, 청제국은 민간의 상업활동에 상대적으로 우호적이었다(Rosenthal and Wong, 2011; Hung, 2015). 후기제국 시대에 국가관리와 사대부의 틈 사이에서 성장한 상인집단은 혈연과 출신 지역에 기초를 둔 결사체들의 망, 즉 관시(關係)에 근거해서 수익성이 높은 장거리무역과 금융사업을 수행했다. 그들은 제국 전역에서 곡물, 소금, 직물, 그리고 여타 상품의 유통을 용이하게 했다. 관료들도 지방의 곡물공급을 안정화하고 기반시설을 건설하기 위해 점점 더 많이 민간 상인에 의존했다(Hung, 2015: 24-25).6)

청제국은 중국의 영토적 범위를 최대의 규모로 확장했고 장기간 동안 외부의 경쟁자에 거의 직면하지 않았다. 적어도 1830년대까지 중국은 유럽의 각국이 현대초기에 경험했던 것과 같은 군비증강의 필요를 느끼지 않았다. 청제국의 통치집단은 국제질서를 국내질서의 확장으로 이해했고, 대외관계보다는 내부적 통합에 더 큰 우선순위를 두었다(Wang, 1997: 115). 해외교역은 일반적으로 조공체계의 틀 내에서 민간에 의해 수행되었는데, 제국 정부는 해외무역을 주변 정치질서의 안정이라는 관점에서 조절했다.

장기 16세기 '상업의 시대'에 포르투갈, 스페인, 네덜란드 등 유럽 국가가 동남아시아에 진출하면서 점차 인도, 중국, 유럽, 나아가 아메리카를 연결시키는 무역로가 확립되었다. 그러나 애초에 유럽 국가들은 동아시아의 기존 지배질서를 파괴하고 광범위한 영토를

---

6) 후기 제국 시대에 중국은 '비자본주의적 시장경제' 또는 '봉건적 시장경제'의 역사적 경험을 갖고 있었다. 물론 현대적 시장경제와 달리 봉건적 시장경제는 인격적 관계와 결합되어 있었다. 또 노동소요나 가격파동에 대한 정부의 가부장적 개입의 사례들(Hung, 2015: 28-29)을 볼 때 소유권이나 수익성에 대한 공적 규제의 원리가 작동했던 것으로 보인다.

통치하겠다는 의사나 능력이 없었고, 유럽 상인의 영향력은 그들이 장악한 거점지역 주변으로 제한되었다(Reid, 1993: 69; Graldez, 2015: 37). 17-18세기에 동아시아, 특히 중국은 유럽으로부터의 수입품을 필요로 하지 않았기 때문에 유럽 국가들은 중국과의 무역에서 지속적인 적자를 기록했다. 이 시기에 필리핀의 마닐라를 경유해서 중국으로 유입된 막대한 규모의 아메리카 은은 청제국의 성립 이후 '상업혁명'을 가속화시켰다. 18세기에 중국은 지정은세법을 통해 장기간에 걸친 은본위제로의 이행을 완료했다(Shiroyama, 2008: 16; Hung, 2015: 17).

19세기 중반까지 중국, 일본, 조선은 모두 서양 상인들에게 자유로운 무역을 허용하지 않았지만 그 이유나 결과는 다소 달랐다. 청 정부가 해금정책을 채택하게 된 계기가 대만을 기지로 삼으려는 정성공의 반청세력을 진압하기 위한 것이었다는 사실에서 드러나는 것처럼, 중국의 해금정책은 '서양'의 위협에 대한 대응이라기보다는 제국 내부의 안정이라는 관심에 의해 지배되었다. 중국의 통치자들은 대외무역을 외국인에게 베푸는 하나의 은사(恩賜)로 간주했고, 무역의 상대국을 제한하지 않았다. 그 결과 무역이 허용된 광동지역에서 유럽인과 미국인은 관청의 허가를 받은 중국인 중개인, 즉 아행(牙行)을 통해 막대한 규모의 교역을 진행할 수 있었다(왕효추, 2002: 5, 하오옌핑, 2002: 17).

이 과정에서 상인집단 일부는 중국 남동부 연안지역과 동남아시아 상업거점에 거주하면서 유럽인과 중국인의 상품-은 교환을 중개하는 역할도 수행했다. 중국의 상인세력은 일본의 상인세력에 비해 훨씬 규모가 컸지만 결코 제국적 질서에 도전하지 않았고 관료적 기업조직을 발전시키기보다는 '관시'(關係)에 기초한 수평적 연결망을 활용했다(So, 2017; Hung, 2015: 31). 당시 동남아시아로 이주한 중국인들에게 현대적인 의미의 민족적 동일성은 거의 존재하지 않았다. 그러나 이들은 이주를 일시적인 것으로 생각했고 중국과의 연계를 동일성의 일차적인 준거로 삼았는데, 이는 이후 '크리올 민족주의'라고 불릴 수 있는 것의 기원이 되었다(Anderson, 2001).7) 또 광동 같은 남동부 연안지역은 20세기까지 지속되는 해외 화교자본의 환류의 거점이 되었다(강진아, 2014).

반면 도쿠가와 막부의 성립 이전부터 서양세력과 교역해온 일본의 '쇄국'은 대외교역이 야기할 수 있는 위협에 대한 대응이었다. 특히 상인이나 군인이 아니라 선교사가 주도력을 발휘했던 필리핀에서 스페인의 포교활동이 큰 성공을 거둔 것에 위협을 느낀 도쿠가와 막부는 서양 상인들을 내쫓고 나가사키에서 네덜란드 상인들—이들은 종교와 상업을 분리시키고 후자에 집중했다—과의 교역만을 허용했다(Booth, 2007). 막부는 이 같은 '쇄국정책'을 통해 해외무역에 대한 독점적 통제력을 행사했다.

나가사키에서 네덜란드, 중국, 조선, 동남아시아와의 교역은 꾸준히 증가했는데, 해외무역에 대한 막부의 통제는 더 많은 해외무역을 원하는 상인세력이 막부에 대항하는 개혁을 지지하는 원인이 되었다. 애도 말기에 상인세력은 전국적으로 조직된 정치경제체계의 필요성을 옹호하는 초보적인 중상주의적 정책에 우호적인 입장을 취했는데, 이는 '일본 경제민족주의의 상인적 기원'(Roberts, 1998)

---

7) 반면 조선은 전면적 쇄국정책 속에서 청을 통한 조공무역에 만족했다. 중국이나 일본에서 발견되는 원거리 무역 지향의 대규모 상인세력은 형성되지 않았던 것으로 보인다.

이 되었다. 이후 일본에서 상인세력은 무역에 대한 독점적 통제력을 행사한 막부에 대항하는 명치유신의 중요한 지지 세력 중 하나가 되었다.

2. 식민주의와 경제민족주의의 형성

동아시아 국가들의 '현대'로의 이행은 유럽국가와의 접촉을 통한 것이었지만 그 과정은 장기간에 걸친 것이었다. 자본주의 세계경제가 지역 내 국가들에 강제한 '충격'의 시점이나 강도는 나라에 따라 달랐고 그것에 대한 대응도 달랐다. 초기에는 포르투갈, 스페인, 네덜란드 등이 주로 제국적 질서의 주변부였던 동남아시아 지역에 상업적 거점을 확보하는 양상을 보였는데, 이는 지역적 무역질서를 근본적으로 변화시키지 못했다. 19세기에 영국의 세계 헤게모니가 확립되고 영국이 동남아시아를 경유해서 인도와 중국을 연결시키는 교역에 대한 통제력을 확보한 이후 비로소 유럽인들은 동아시아에서 주요한 세력으로 부상했다. 영국의 자유무역 제국주의 하에서 식민지는 영토적 관심보다는 상업적 관심에 의해 지배되었다(박상현, 2016: 20).

1차 아편전쟁(1839-1842)에서 중국의 패배는 청제국 중심의 동아시아 국제질서가 해체되기 시작했다는 것을 알리는 충분한 상징적 의미를 가졌다. 1차 아편전쟁이 시작된 1838년부터 공산당이 최종적으로 승리한 1949년 동안 중국은 5번의 대외전쟁을 수행했고 그 대부분에서 패배했다(Perkins, 2013). 중국은 단일한 제국주의 권력의 식민지로 전락하지 않았지만 일련의 불평등 조약을 체결해야 했다. 그 결과 관세자율성은 박탈되었고 제국주의 세력은 중국의 시장과 자원에 접근할 수 있었다(Kingston, 2017: 61). 20세기 초까지 해외상품이 중국시장에 침투하고 수입이 급증하면서 국내 상업세력은 위협을 받았고 제국적 경제의 내부적 균열은 심화되었다.[8)]

훗날 '100년의 국치'로 기록될 이 시기에 중국에서 서양세력에 대응하기 위한 내부적 개혁의 시도도 출현했다. 최초의 대응은 '중체서용'을 내세운 기존 제국 엘리트의 양무운동이었다. 제국 정부는 군수산업과 관련된 기업을 창설하고 군대의 현대화를 추진했지만, 청일전쟁의 패배에서 드러난 것처럼 이런 시도는 실패로 귀결되었다. 이후 일본의 명치유신에 영향을 받아 입헌군주정을 요구하는 변법유신운동이 시도되지만 제국의 통치기관을 활용해서 변법을 추진하려던 시도는 '100일 천하'로 종결된다. 청 제국은 '의화단의 난'과 이를 진압하기 위한 외세—일본을 포함한 서양 8개국—의 개입으로 더 취약해졌고, 1911년 입헌공화정을 선포한 신해혁명에 의해 붕괴된다.

바로 이 시기, 즉 청일전쟁에서 신해혁명에 이르는 시기에 중국에서 현대적 민족주의가 대중적으로 확산되어 개혁운동의 토대를 이루었다. 당시 손문으로 대표되는 중국의 1세대 민족주의자들은 제국 자체가 별다른 어려움 없이 민족으로 전화될 수 있다고 생각했다. 손문은 양계초의 종족적 민족주의를 공유했고 혈통에 기초한

---

8) 중국이 이 시기에 특정한 제국주의 국가에 의해 식민화되지 않았다는 사실은 중국의 농업과 농촌에 중요한 의미를 가졌다. 제국주의 권력은 농촌지역에 직접 침투할 수 없기 때문에 중국의 농업경제를 식민모국에 필요한 상업적 작물을 생산하는 상업적 농업경제로 재조직할 수 없었던 것이다(Hung, 2015: 39).

중화사상이라는 개념을 고안하고 아시아 동남부나 중부의 영토에 대한 중국의 소유권을 옹호했다(Anderson, 2001; Jenner, 2001).[9]

그러나 '아시아 최초의 입헌공화국'을 수립한 것으로 평가를 받은 신해혁명은 실패로 귀결되고 중국제국은 사실상 군벌체제로 분할되었다. 1919년 5·4운동을 계기로 '불망국치'(不忘國恥)를 극복할 수 있는 대안으로 사회주의 사상이 확산되었다. 여기서 특히 중요한 것은 경제적인 것이었다. 당시 중국의 정치 지도자들은 점증하는 무역적자를 우려하면서 그것을 민족적 취약성의 일차적 징후이자 주권상실의 위협으로 간주했다. 이와 함께 물산장려운동 같은 형태의 대중적인 경제민족주의가 출현했다(Gerth, 2012: 210-211). 청 제국이 붕괴한 1911년부터 인민공화국이 수립된 1949년까지 혁명, 내전, 전쟁에 시달렸던 중국에서 군벌, 국민당, 공산당의 엘리트는 모두 도시기반의 산업적 발전을 추구하는 중앙 집권적 민족국가라는 전망을 공유했다(Hung, 2015: 38).

동아시아에 진출한 서양의 주요 국가들은 대부분 중국과의 교역의 확대라는 문제에 몰두해 있었기 때문에 일본에 대한 상업적 관심은 크지 않았다. 1차 아편전쟁 이후 10년이 지나서야 기항지를 원했던 미국의 '흑선'이 일본을 개항시켰다(Perkins, 2013: 20; So and Chiu, 1995: 69). 상대적으로 우호적인 세계적·지역적 환경 속에서 아편전쟁에 관해 이미 상당한 정보를 갖고 있었던 일본은 중국과 달리 전쟁을 벌이지 않았다.[10] 오히려 일본의 '개혁세력'은

---

9) 중국의 현대적 민족주의, 특히 종족적 민족주의는 1899-1901년경에 양계초가 일본으로부터 수입한 것으로 알려져 있다. 손문은 이를 '제국적 민족형성'이라는 구상과 결합시켰다. 이후 장개석은 아주 오래전 동일한 선조로부터 다양하게 분화된 종족들로 이루어진 중화민족이라는 관념을 제시했다(Anderson, 2001; Jenner, 2001).

10) 명치유신은 1860년대 중반의 세계적·지역적 맥락의 혜택을 받았다. 미국은 남북전쟁에 휘말

아편전쟁의 실패한 경험을 교훈삼아 일본의 개방과 개혁을 요구했다(왕효추, 2002: 32, 51; So and Chiu, 1995: 80). 특히 영국과 연계되었던 조슈와 사쓰마 세력은 프랑스와 연계해서 절대주의적 중앙집권국가를 건설하려 했던 막부에 대항하면서 '존왕양이'(尊王攘夷)라는 척사파적 구호를 '존왕도막'(尊王倒幕)이라는 명치유신의 구호로 전환시켰다(동경대 교양학부, 1994: 262).

명치유신 이후 일본은 중앙집권적 권력을 확립하고 '유신'(維新)이라는 이름으로 '변법'(變法)의 과제, 즉 현대적 민족국가 형성의 과제를 수행했다. 일본은 '부국강병'을 추구하면서 국권을 확립하고 내각을 형성했는데, 특히 1881년 재무관 마쓰카타 마사요시가 주도한 조세개혁과 긴축정책은 현대적 화폐체계의 기초를 놓아서 일본이 금본위제에 기초를 둔 국제무역체계에 진입하는 데 기여했다(Perkins, 2013: 21). 중국과 반대로 일본은 19세기에 세계시장으로부터 산업화에 본질적인 원료의 대부분을 구매함으로써 산업화에 성공할 수 있었다(Bunker and Hung, 2015: 22). 일본도 중국처럼 국가가 군수산업과 관련된 기업을 창설했지만 '식산흥업' 과정에서 이들 기업을 민간에 불하함으로써 산업화의 기초를 확립할 수 있었다.

19세기 말에 영국의 헤게모니가 흔들리기 시작할 때, 일본 국가는 동아시아에서 제국을 건설하는 지역화 전략을 발전시켰다. 1895년 청일전쟁의 승리는 일본이 민족적 통합을 완성하고 대외적 팽창으로 나아가는 데 결정적인 역할을 했다. 뿐만 아니라 당시 일본 국내총생산의 2/3에 해당했던 전쟁배상금은 일본이 금본위제로 이

렸기 때문에, 페리 후임의 어떤 군대도 당분간 일본에 침입할 수 없었다. 또 영국과 프랑스는 중국에서 발생한 태평천국의 난에 개입하는 데 몰두하고 있었다. 이런 대외적 조건은 일본에게 숨 쉴 틈을 만들어주었다(So and Chiu, 1995: 69).

행하고 산업혁명을 본궤도에 올릴 수 있게 했다. 게다가 중국시장의 개방은 일본 직물산업에 추가적인 자극이 되었다. 이 시기 경제민족주의는 서양 외세에 대항한다는 방어적인 형태를 넘어서 지역 내에서 제국주의적인 경제적 팽창의 기초가 되었다(So and Chiu, 1995: Kingston, 2017: 62).

19세기 말 이후 식민지를 둘러싼 경쟁이 격화된 '고도 제국주의' 시대에 동아시아 내에서도 수차례의 영토적 조정을 통해 현재와 유사한 식민지의 영토적 경계가 확립되었다. 20세기 초에 동아시아에는 네덜란드, 영국, 프랑스, 미국 등의 '서양'국가와 영·미로부터 제국주의 대열에 동참하도록 초대를 받은 일본의 식민권력이 존재했다. 당시 식민지의 행정관료들은 영토에 대한 통제력을 확보하기 위해 행정적 장치를 강화했다. 또한 그들은 경쟁적으로 식민지 개발을 추구했는데, 그 대부분은 식민모국의 수요를 충족시키기 위한 1차 상품의 강제된 수출과 관련된 것이었다. 고무와 주석 같은 1차 상품을 수출하는 식민지의 교역조건은 개선되지 않았고 특히 1차 세계전쟁이 발발한 1914년부터 더 악화되었다. 식민지에서 '강제된 수출경제'의 수출잉여는 식민모국으로 유출되었고 광범위한 민족적 발전이나 산업화는 지연되었다(박상현, 2016: 23).

대다수 동아시아 국가들에서 서양세력의 영향력 확대와 식민주의의 강화는 20세기 초에 피식민 토착민들 내에서 이른바 '반작용적 민족주의'(reactive nationalism)를 낳았다. 그리고 러시아 혁명과 1차 세계전쟁 이후 많은 곳에서 민족주의가 급진화되면서 사회주의적 지향이 출현했다. 일반적으로 식민지에서 출현한 민족주의는 피식민 집단의 종족적·언어적 동질성을 강조했고 독립 이후에는

'현대화'라는 과제와 민족적 전통의 결합을 시도했다(Tipton, 2008: 414). 몇몇 식민지의 토착 엘리트는 산업화에 대한 열망을 키웠는데, 이는 독립 이후 경제민족주의의 기원이 되었다. 그러나 2차 세계전쟁 이후 식민권력을 누가 어떤 방식으로 계승해서 어떤 민족을 구성할 것인가, 그리고 경제민족주의를 어떤 발전전략으로 실현할 것인가는 여전히 불확정적인 상태로 남아 있었다.

Ⅲ. 동아시아의 냉전과 경제민족주의의 분기

1. 동아시아 냉전의 특수성과 경제민족주의

유럽과 달리 동아시아에서는 피식민 또는 '민족적 굴욕'의 경험이 지역적 냉전의 형성과정에 강한 영향을 미쳤다. 지역 내에서 '민족해방'의 지향이 강하게 분출되었고 곳곳에서 독립과 민족국가 건설을 위한 '민족혁명'이 전개되었다. 식민지시기에 확립된 영토적 경계 내에서 대외적 위협에 효과적인 대응을 조직하는 동시에 국내적으로 일관된 민족적 통합의 전략을 채택한 세력이나 집단이 이 같은 민족혁명을 주도했다. 그리고 상대적으로 일관된 민족주의적 요구를 실행하는 데 성공한 사회주의 세력은 권력을 장악할 수 있었다. 이 과정에서 각지에서 내전과 분단 그리고 열전이 폭발했다. 커밍스(커밍스, 2016: 187)가 지적한 것처럼, 1945년에 미국의 지도자들은 자신들이 동아시아에서 두 차례의 전쟁을 수행할 것이고 게다가 둘 중 하나도 승리하지 못할 것이라고는 상상하지 못했을 것이다. 그리고 바로 그 두 차례의 전쟁은 미국의 지역정책의 결정적 계기가 되었다.

동아시아 지역에서 2차 세계전쟁에 뒤이은 열전의 대부분은 '대동아공영'의 이름으로 일본이 점령했던 지역의 미래를 결정하는 문제와 관련된다. 특히 '중일전쟁' 당시 일본이 점령했던 만주지역의 처리를 둘러싼 국민당과 공산당의 대립은 지역적 냉전의 출발점이 되었다. 국민당은 소련의 지지를 획득하기 위해 만주에 대한 소련의 권리를 인정한 반면, 공산당은 더 일관된 민족국가 건설의 논리를 따라 일본군이 점령했던 영토를 해방시킬 권리를 주장했다. 이런 대립은 만주에 진출해 있던 미군과 소련군 사이의 냉전적 대결이 시작되면서 1946년에 국공내전의 재개로 귀결되었다(Jun, 2010: 225).[11]

국공내전은 국민당과 연계되었던 임시정부 인사나 중국공산당과 연계된 사회주의 세력을 매개로 한반도의 '해방정국'과 긴밀하게 결합되었다. 뿐만 아니라 동남아시아에 산재한 중국인 디아스포라도 국공내전에 직접적인 영향을 받았다. 또 중국에서 공산당의 승리는 대만정부의 수립과 한반도에서의 전쟁에 결정적 영향을 미쳤으며, 대륙부 동남아시아에서 사회주의 국가의 형성에도 중요한 모형을 제공했다(시모토마이, 2017). 동유럽과 달리 소련의 개입이나 지원을 받지 않은 중국혁명은 '민족해방'과 민족적 자율성의 확립이라는 이념을 고무시켰고, 외부의 지원 없이 내부적 자원의 동원

---

11) 1945년 여름까지 미소는 장개석 치하의 평화라는 가정에 근거해서 양국의 대중 정책을 조율하려고 했다. 그러나 점차 미소의 정책 내에서 긴장과 모순이 강화되면서 만주에 진출해 있던 미군과 소련군의 냉전적 대결이 시작되는데, 이는 국공내전의 발전에 결정적 영향을 미쳤다(Jun, 2010: 223-225). 이후 국공내전에서 공산당이 승리했을 때 미국은 중국이 소련의 종속국이 되지 않을 것이라는 사실에 안도했다. 그리고 1949년 국무부의 애치슨은 미국과 중국의 경제적 관계를 발전시켜서 중국과 소련을 분할하려는 전술을 취했다(Cohen, 2010).

을 통해 '자강'을 달성하는 것을 핵심적인 민족적 과제로 만들었다.

동남아시아에 위치한 승전국의 식민지들에서는 종주권을 재확립하려는 과거의 식민모국에 대항하면서 신생 민족국가를 형성한다는 과제가 제기되었는데, 이 같은 과제의 실행과정이 안정적인 민족국가들의 체계로서 냉전질서로의 이행을 복잡하게 만들었다. 뿐만 아니라 민족주의 지도자들은 자의적으로 확립된 영토 및 언어와 종족적 이질성을 포함해서 중앙집권적 민족국가 형성과 관련된 다양한 내부적 문제를 해결해야 했다(Booth, 2007). 중국에서와 마찬가지로 이들 국가에서도 민족주의 세력은 종종 사회주의와 결합되었다. 그 결과 1960년대까지 민족국가 형성과 관련된 이념적 갈등과 정치적 불확실성이 지속되었는데, 그 구체적인 양상은 구종주국의 전략과 그에 대항하는 세력의 역량 및 전략에 따라 상이한 형태를 띠었다.

프랑스와 네덜란드는 군사적 개입을 통해서라도 식민지를 재확립하려고 했는데, 특히 프랑스는 강경한 입장을 취했다. 과거 이들의 식민지였던 베트남과 인도네시아에서는 민족주의 세력의 저항도 강력했다. 그 결과 두 국가들에서는 복귀한 식민주의자와 토착 민족주의 세력의 무장충돌이 발생했다. 비시정부가 1941-42년 일본의 베트남 점령을 승인한 이후 중국에서 반프랑스·반일 인민전선을 구축했던 호치민은 한국전쟁과 거의 같은 시기에 전개된 1차 인도차이나 전쟁(1945-1954)을 통해 베트남 북부를 장악했다. 베트남의 사회주의 세력은 분단을 거부하고 민족적 통일을 추구하면서 중·소의 직접적 지원이 없이도 미국과의 전쟁에서 승리했다. 이후 베트남은 '비동맹' 노선을 견지하면서 독자적인 민족적 발전

전략을 추진했다(Perkins, 2013: 19-20). 한편 네덜란드를 축출하는 데 성공한 인도네시아의 민족주의 지도자 수카르노는 당시 세계 3위의 당원수를 자랑한 공산당과 제휴했다. 그는 1955년 반둥에서 아시아-아프리카 회의를 개최하면서 냉전적 긴장의 증폭과 식민주의에 반대하는 신생민족의 지도자를 자임했다(Kingston, 2017).

반면 미국은 식민지의 독립이라는 약속을 이행했고 지역 내에서 미국으로부터 직접적 지원을 받은 영국도 상대적으로 빨리 식민지 재확립이라는 전망을 포기했다. 대신 이들은 사회주의 세력을 억압하고 자신들에게 우호적인 정부를 지지하는 냉전전략을 채택했다. 필리핀에서는 친미 정부가 사회주의 세력(이른바 '후크단')의 봉기를 진압했고 한국전쟁을 계기로 1951년 미국과의 상호방위조약을 체결했으며 1956년에는 샌프란시스코 조약에 참여했다. 말레이시아에서 영국은 중국계 거주민이 주축을 이룬 사회주의 세력을 폭력적으로 억압한 이후 1957년이 되어서야 그 곳에서 철수했는데, 이는 동남아시아 냉전의 모형이 되었다(Jones, 2002: 295). 미국은 1965년에 동남아시아개발연합을 창설하면서 동남아시아에 대한 개입을 강화하고 베트남에서의 군사활동도 심화시켰는데, 그 시기에 미국의 지지를 받은 군부가 인도네이사에서 수카르노를 몰아내고 공산당을 괴멸시켰다(Perkins, 2013: 101).

냉전질서 하에서 경제민족주의가 탈식민국가나 사회주의 국가에 국한된 현상은 아니었다. 대표적으로 전후 미국의 주요 동맹국가가 된 일본은 강력한 경제민족주의에 근거한 국가주도의 발전전략을 채택했는데, 이는 점령당국의 냉전전략과 그것을 적극적으로 수용한 일본 통치엘리트의 선택이 결합된 결과였다.

미국인들은 점령지였던 독일과 일본에 대해 상이한 인식을 가졌다. 그들은 나치즘을 '독일의 특수한 길'(*Sonderweg*)의 필연적 귀결로 간주했던 반면, 일본의 군국주의는 명치유신 이후 다이쇼 민주주의 시기까지 일본이 추진해온 현대화의 경로로부터의 '일시적 이탈'로 간주했다. 독일에서와 달리 일본에서 미군정은 천황과 내각을 포함한 일본의 기존 정치기구를 통해 일본을 통치했다. 특히 소련군과 미군이 한반도를 분할한 직후인 1945년에 발표된 '트루먼 독트린'에 발맞추어 1947년부터 미군정은 일본에 대한 정책을 '개혁'과 '처벌'에서 '복구'와 '복권'으로 전환했다. 1950년에 발발한 한국전쟁은 일본을 극동지역에서 공산주의를 봉쇄하는 핵심적 동반자로 만듦으로써 이 같은 '역전된 경로'를 사실상 완성시켰다. 미국은 1951년에 일본과 안보조약을 체결했는데, 일본은 이를 계기로 49개국 대표와 평화협정을 체결할 수 있었다. 여기서 일본의 경제나 미래의 정치지향에 대한 어떤 제약도 부과되지 않았다 (Guthrie-Shimizu, 2010: 247, 252).[12]

패전 이후에도 일본에서는 여전히 강한 민족주의적 정서가 유지되었지만, 그 구체적 형태는 변화했다. 일본인의 관심은 다른 나라와 어떻게 군사적으로 대결할 것인가에서 하나의 민족으로서 경제적으로 어떻게 생존할 것인가로 이동했다. 일련의 전후처리 과정에서 일본의 민족주의는 정치군사적 민족주의에서 경제민족주의로 변형되었던 것이다(Gao, 1998: 228-229). 이를 배경으로 1951년 미일

---

12) 한국전쟁은 공산주의에 대한 봉쇄전략을 '선별적인' 것에서 '전반적인' 것으로 전환시킴으로써 세계적 차원의 냉전질서가 확립되는 데 결정적인 역할을 했다. 특히 한국전쟁은 미국 내 '국제주의자'들이 의회 내부의 반대파를 설득하는 데 기여함으로써 유럽에서 미국이 북대서양조약기구를 강화하고 군비지출을 확대할 수 있게 했다. 대규모 군비확장은 달러의 만성적 부족에 시달리던 유럽에 달러를 공급해서 세계적인 달러의 순환경로를 창출했다(Arrighi, 1994).

안보조약이 체결될 때 미국의 군사적 우산에 안보를 전적으로 의존하면서 경제성장에 민족의 모든 자원과 에너지를 집중한다는 이른바 '요시다 독트린'이 발표되었다. 그것은 '재무장'에 대한 미국의 요구를 회피하는 동시에 일본인의 민족적 부흥의 열망을 경제적 성취로 치환시키는 전망을 가졌다(Guthrie-Shimizu, 2010: 256).

일본 국가주의에 대한 반성이 학계를 지배했던 '전후 시기', 즉 1950년대에 이런 전망은 '혁신파'의 반대에 직면했다. 사회주의적 지향의 혁신파는 미·일 안보조약을 반대하면서 냉전질서로의 편입에 저항했다. 동시에 군수산업 발전을 통해 일본경제를 재건하면서 미국으로부터 정치적·군사적 독립성을 높일 것을 주장하는 보수파도 요시다 독트린을 반대했다. 그러나 1960년 미·일 안보조약 개정을 계기로 폭발한 '안보운동'을 거친 이후 요시다 독트린은 일본의 통합하는 이념으로 점차 자리를 잡았다. 안보운동 직후의 정치적 혼란을 수습한 이케다 총리는 평등의 증대라는 혁신파의 요구와 민족적 자부심이라는 보수파의 요구를 '국민소득배증' 계획으로 흡수하면서 요시다 독트린을 현실화했다(Gao, 1998: 233). 국민소득의 증대는 발전을 주도하는 정부기관, 계열로 조직된 기업, 종신으로 고용된 노동자 등이 모두 공유하는 목표가 되었고, 경제민족주의와 연계된 정부의 정책의제들은 평범한 사람들의 일상생활과 결합되었다(Gao, 1998: 242).

대만과 남한도 일본과 마찬가지로 미국에 안보를 의존하면서 경제성장에 주력하는 전략을 취했다. 그러나 여기서는 '패전'이 아니라 분단으로 인한 지속적인 안보위협—열전의 재개가능성—이 통치세력의 정책결정에 가장 중요한 요인이었다. 한국전쟁과 1·2차 대만해협 위기는 양국 안보에서 미국의 중요성을 강화시켰다. 일본과 달리 공산주의 세력과의 대결을 통해 성립된 양국에서는 냉전질서에 대한 '혁신파'의 저항의 거의 존재하지 않았고, 대신 경제적 성과가 안보를 유지하는 데 사활적인 것으로 인식되었다. '분단'이라는 상황은 미국의 원조가 사라진 이후에도 통치세력이 경제적 성취를 달성하기 위한 민족적 전략을 강력하게 실행하게 만드는 요인이 되었던 것으로 평가된다(아이켄그린 외, 2018)

이상에서 살펴본 것처럼, 동아시아에서 '냉전'은 민족국가의 형성 및 통합과 관련된 갈등과 결합되었고 곳곳에서 분단과 열전을 낳았다. 지역 내 대다수 국가들은 민족적 자율성에 대한 강한 열망을 가졌고 경제민족주의가 국가주도의 민족적 발전전략으로 구현되었다. 특히 민족주의의 영향 속에서 비자본주의적 발전을 추진하는 국가들도 사회주의적 국제분업체계에 참여하지 않고 비동맹노선을 취했다. 이 때문에 세계적 냉전에 속에서도 동아시아 사회주의 국가들에 대한 소련의 영향력은 상대적으로 제한되었다(시모토마이, 2017). 한편 미국의 안보전략에 의존해야 했던 국가들도 유럽의 북대서양조약기구(NATO) 같은 통합적 질서로 결합되지 않았으며, 적어도 경제적 영역에서는 강력한 민족주의를 발전시켰다.

2. 수입대체와 수출주도 공업화의 분기: 중국적 길과 일본적 길

냉전질서가 형성되던 시기에 동아시아 국가의 통치집단은 대부분 국가주도의 민족적 발전이라는 관념을 공유했다. 그러나 그 구체적 형태는 분기하는 양상을 보였다. 식민지 시대에 '강제된 수출'을 경험했던 동남아시아의 대다수 신생 국가들과 식민지로 전락하지는 않았지만 해외세력의 경제적 위협을 경험했던 중국은 외부의 영향력으로부터 독립성을 추구하면서 자급적 '민족경제'를 형성하는 수입대체 발전모형을 채택했다. 반면 일본을 비롯해서 미국에 의해 발전으로 초대를 받은 국가들은 주로 미국시장에 의존하는 수출주도 발전모형을 채택했다.

중국에서 사회주의 건설의 초기 8년(1950-57) 동안 정치적·경제적 안정의 회복과 급격한 경제적 변형이 이루어졌다. 마오 시대 중국은 '자강'이라는 민족적 이념에 따라 해외의 금융과 자원에 의존하지 않고 내부적 동원을 활용해서 수입대체 공업화를 추진했다. 1953-57년 1차 5개년계획의 한계에 대한 인식에 따라 전개된 '대약진' 시기(1958-60)에 농업의 집산화와 함께 농촌의 잉여가 대규모로 도시로 유입되어 국유기업에 기반을 둔 공업화의 자원이 되었다(Li, 2008; Hung, 2015).[13] 그리고 만주지역에 위치한 '적산' 즉, 일본의 산업시설은 국유화되어 수입대체 공업화의 토대가 되었다. 기술적 역량이 강화되면서 기계부문의 총공급에서 수입품의 비중은 1952년 50%에서 1965년 5%로 하락했다(Li, 2008: 30).[14]

---

13) 통상적으로 대약진은 마오의 유토피아적 전망 하에서 지방 당 지도부가 비현실적인 생산목표를 할당함으로써 거대한 경제적 혼란과 대기근을 야기한 사건으로 묘사된다. 그러나 이 시기에 많은 기술적 돌파와 산업 및 농업 기반시설 건설 그리고 현대적 산업생산의 경험 획득 같은 성과가 있었다는 주장도 존재한다. 그리고 마오는 대약진 당시 극좌적 모험주의에 대해 비판적인 입장을 취했다(Li, 2008: 38, 46).

14) 또 이 시기에 확립된 중국의 호구제도는 농촌인구가 도시로 유입되는 것을 막았지만 대신 농촌의 보건과 교육이 개선되었다. 이렇게 형성된 양질의 농촌 노동력은 개혁·개방 이후 급속한 성장의 원천이 되었다(Hung, 2015).

1970년대까지 문화혁명이 야기한 정치적 혼란에도 불구하고 수입대체 공업화는 꾸준히 진전되었고 특히 중공업 부문에서 경제적 자강에 따른 기술적 역량도 강화되었다(Li, 2008: 30). 그 결과 마오의 시대가 종결되었을 때 중국은 인구학적으로는 농업국가였지만 경제구조라는 측면에서는 산업국가로 변모해 있었다. 게다가 중국은 주로 자국 내 농촌부문의 잉여를 활용했기 때문에 다른 사회주의 국가와 달리 외채의존도가 매우 낮았다. 단적인 예로 1981년 중국의 외채는 국민총생산의 2.99%에 불과했다(Hung, 2015: 45, 50; Bunker and Ciccantell, 2007: 202).

동남아시아에서는 독립의 도래가 즉각적으로 급속한 경제성장을 낳지 못했다. 동남아시아 국가들은 2차 세계전쟁 시기에 대규모 파괴를 경험했고 이후 매우 느린 회복과정을 거쳤다. 1950년대 말에 동남아시아에서 산업국가로의 전환의 조짐을 보인 국가는 태국과 필리핀뿐이었다. 동남아시아 국가들은 대체로 '강제된 수출'에 근거한 '식민지적 경제유형'으로부터의 탈피를 추구했지만 그 양상은 달랐다. 필리핀, 말레이시아, 태국 같은 '외향적' 경제에서는 외국인 소유권이 보호되었고, 외국인 소유의 광산과 플란테이션 생산물이 수출되었다. 반면 강력한 민족주의 세력이 집권한 인도네시아와 버마에서는 '적산'이 국유화되었고 이후에도 산업기업은 대부분 국유기업 형태를 취했다(Booth, 2007: 173; Perkins, 2013: 42).

이런 차이에도 불구하고 대다수 동남아시아 국가의 정치 지도자들은 독립 직후에 대체로 국가주도의 수입대체 공업화를 추진했다. 태국은 1950년대 말에 중국계 태국인 기업집단과의 합자를 허용하면서 수입대체 공업화 전략을 추진했고 필리핀은 마르코스 대통령이 하야할 때까지 일관된 발전전략을 결여한 채 통상적인 수입대체 공업화를 지속했다(Booth, 2007: 168, 174). 인도네시아에서는 수카르노 시기에 확립된 국유부문이 1970년대 이후 '신질서' 시대에도 계속해서 대규모 중화학공업 프로젝트를 옹호하면서 경제 발전전략에 영향을 미치는 강력한 세력으로 남았다. 그러나 동남아시아 국가들에서의 발전전략은 내부적인 종족적 분할과 만연한 지대추구 그리고 비효율 등으로 인해 큰 성과를 거두지 못했다(Perkins, 2013: 105; 119).

반면 트루먼 독트린으로 체계화된 미국의 '발전주의'의 전형적인 성공사례는 수출주도 발전모형을 취한 일본이었다. 미국은 일본에게 군사적 보호를 제공했을 뿐만 아니라 태평양 경제로의 일본의 재통합을 위해 미국의 자본, 기술, 시장을 활용할 기회를 제공했다(So and Chiu, 1995; Arrighi et al., 2003). 맥아더의 재정자문이었던 돈지(Joseph M. Dodge)는 미국의 원조가 종결된 이후에도 일본경제가 국제시장에 통합되어 확고한 기반을 가질 수 있는 계획을 추진했다. 특히 그의 지원 하에 설립된 통산성(Ministry of International Trade and Industry)은 외환에 대한 통제력에 기초해서 민간의 무역 노력을 자극함으로써 수출주도 발전전략에서 핵심적 역할을 했다(Gao, 1997: 177; Schonberger, 1989).

이른바 '발전국가'의 선도기관으로 알려진 통산성은 자원이 부족한 일본에서 수출산업의 육성을 위해서조차 핵심 자원의 수입을 안정화하는 것이 중요하다는 사실을 일찍부터 인식했다. 특히 통산성은 수출입을 효과적으로 수행하기 위한 방안으로 임해공업지역 프로그램을 실행하면서 매년 수천만 톤의 석탄과 철강을 해외로부터 획득해서 국내에 공급하는 것과 관련된 물리적·경제적 장애를 극복하는 데 기여했다.15) 이와 함께 한국전쟁 특수를 거치면서 철강, 조선, 해운 등의 산업과 나아가 자동차 산업이 성장할 수 있었다 (Bunker and Ciccantell, 2007: 8). 일본은 해외의 자원에 기반해서 미국을 비롯한 세계시장을 대상으로 하는 대규모 수출산업을 확립했던 것이다.16)

이와 함께 정부기관들이 다양한 방식으로 자원을 동원하면서 민간기업의 수출노력을 지원했는데, 특히 상대적으로 저평가된 엔의 가치도 수출의 증대에 중요한 역할을 했다. 또 중앙은행은 이자율을 통제하고 제조업자에 대한 민간의 대출을 보증했을 뿐만 아니라 상업은행에 직접적으로 대출을 제공했다(Gao, 1997: 180). 이후 1960년대에 이르러 일본이 관세및무역에관한일반협정(GATT)로 대표되는 자유무역질서에 본격 참여하면서 무역과 투자의 자유화라는 압력에 직면했는데, 이런 상황에서 일본의 정부와 기업은 해외로부터의 상품과 자본의 유입을 제한할 수 있는 제도적 장치들을 고안했다(Suginohara, 2008).

1960년대에 일본의 수출주도 성장전략은 '새로운 일본'으로 불린 대만과 남한으로 확산되었다. 대만과 남한에서는 새로운 통치 엘리

---

15) 일본의 재건을 위해서는 원료의 수입이 필수적이었는데 미국이 가장 우려했던 것은 원료수입을 위한 중국과 일본의 무역재개였다. 미국은 이런 문제를 해결하기 위해 동남아시아에 주목했고 이를 위해 인도차이나에서 프랑스의 제국주의적 정책에 협력했다(LaFeber, 1997). 동시에 미국은 일본이 철강과 조선 같은 중공업을 발전시키는 것을 허용했으며 일본이 호주, 브라질, 캐나다 등에서 철광석 같은 원료를 확보할 수 있도록 지원했다(Schonberger, 1989: 219-212; Bunker and Ciccantell, 2007: 60; 91).

16) 철강이나 자동차 등의 중공업은 특히 수익성 있는 최소효율규모가 컸기 때문에 '규모의 경제'가 중요했다. 일본은 전후에 미국보다 더 큰 규모의 제철소를 건설하는 동시에 미국보다 효율적인 기술을 채택했다(Allen, 2011; Bunker and Ciccantell, 2007). 그러나 국내시장의 제한을 고려할 때 이런 규모의 생산은 필연적으로 수출을 필요로 했다.

트 집단이 각자 다른 방식으로 수출경제를 확립했다. 대만에서는 1950년대에 망명정부의 구축과 대륙으로부터 이주한 사람들의 정착이 주된 과제였고, 국민당은 미국의 대규모 원조를 배경으로 이주자들이 주축을 이룬 광범위한 국유 중공업 부문을 통해 수입대체 공업화를 추진했다.[17] 1960년을 전후로 미국의 원조가 사라지면서 대만의 집권 엘리트는 생존전략의 일환으로 해외직접투자를 활용하는 수출지향 전략으로 전환했다. 대만은 남한보다 빠른 1949년에 일본과 국교를 정상화하고 국제분업에 참여해왔는데, 이는 해외자본의 유입과 수출에 유리한 조건을 형성했다. 이 과정에서 원주민들이 주축을 이룬 중소기업이 기술력에 기초해서 부품산업을 수출산업으로 발전시켰다. 민간의 자율적 경쟁을 배경으로 대만의 중소기업은 특혜적 신용에 의존하지 않고 수출을 통해 대만경제의 지속적인 성장을 주도했다. 1960년대 초에 대만은 아시아 제2의 경제강국이 되었고 주기적으로 경제위기에 시달렸던 한국과 달리 상대적으로 안정적인 성장의 양상을 보였다(Burkett and Hart-Landsberg, 2000).[18]

대만과 달리 남한에서는 식민지 경험에 대한 반작용으로 형성된 수입대체 공업화를 수출주도 공업화로의 전환하기 위해 통치 엘리트의 교체가 불가피했다. 5·16을 통해 형성된 새로운 통치 엘리트 집단은 미국의 권고를 수용해서 수출주도 공업화를 추진했다. 대만과 달리 해외차관에 의존했던 남한의 수출주도 공업화는 한일국교

---

17) 1인당 원조액이라는 측면에서 이 시기에 대만은 동아시아에서 가장 높은 수준의 원조를 받았다. 일례로 1946-48년에 대만은 1인당 30.92달러의 원조를 받은 반면 남한과 필리핀은 각각 3.44달러와 5.84달러를 받았다(Booth, 2007: 167).

18) 실제로 대만의 국유기업은 1950년대 초까지 총자본형성의 50%와 산업생산의 60%를 담당했고 정부가 통제하는 금융부문의 지원을 받았는데, 본토 출신 중국인이 이 부문을 지배했다 (Burkett and Hart-Lansberg, 2000; Perkins, 2013: 42).

정상화에 따른 일본의 금융적 지원과 베트남전 참전으로 획득된 달러 그리고 대한(對韓)국제경제협의체(IECOK)를 통해 획득된 차관에 크게 의존했다(사공일, 1994: 179). 1960년대 수출주도 공업화는 기업의 수출실적에 근거해서 비차별적으로 수출신용의 제공하는 '산업중립적' 신용정책에 근거한 것이었다. 반면 1970년대에 '상상된 안보위협'으로 인해 새롭게 추가된 중화학공업화 전략은 재벌에 대한 선별적 지원에 기반했고 결국 이후 외채위기를 야기했다(사공일, 1994: 81). 남한에서의 수출부문은 정부에 의해 보증되는 저리의 수출신용이라는 '지대'에 크게 의존했기 때문에 생산성과 수익성에 상대적으로 둔감했지만 1980년대 플라자 합의 이후 '3저'라는 대외적 조건 덕택으로 급속히 팽창할 수 있었다.

Ⅳ. '세계화'와 경제민족주의

1. 수출을 향한 경쟁적 수렴과 '후발 수출국가'의 등장

1970년대에 수입대체공업화와 사회주의적 산업화의 모형은 어려움을 겪었고 1980년대 이후에는 동아시아 냉전의 양대 진영 사이의 경제적 격차가 확연해졌다. 일본을 따라 수출주도 공업화를 추진했던 국가들은 '동아시아 기적'의 주역으로 주목을 받았다. 대만, 남한, 홍콩, 싱가포르는 '아시아의 네 마리 호랑이'로 불렸다. 1980년대를 거치면서 일본기업의 동남아시아 진출을 계기로 태국, 말레이시아, 인도네시아 같은 주요 아세안 국가들이 외자유치가 필수적인 수출주도 공업화로 전환했다.[19] 1978년 이후 개혁·개방을 추진했던 중국과 베트남도 냉전의 해체를 계기로 1990년대에 점차 세계경제로의 '전략적 통합'과 함께 수출국가의 대열에 동참했다. 이에 따라 세계 무역에서 동아시아의 비중이 급증했다.

중국과 베트남은 큰 외부적 충격이나 내부적 혼란 없이 사회주의적인 수입대체공업화에서 수출주도 경제체제로의 전환에 성공한 소수의 국가다. 특히 세계최대 인구규모의 내륙경제를 가진 중국이 수출주도 경제성장 전략을 채택한 것은 매우 흥미로운 사실이다. 이런 성공에는 비자본주의적 발전의 시기에 획득된 성과가 영향을 미쳤던 것으로 보인다. 특히 중국에서는 마오 시대에 형성된 국가자본과 양질의 농촌 노동력이 중요한 영향을 미쳤다. 개혁·개방 이후의 발전경로는 그 이전 시기 국가자본의 재분배와 인민공사의 지방기업으로의 전환에 기초를 두었다. 수입대체공업화 시기에 외채가 거의 존재하지 않았다는 사실도 중요했는데, 그 덕분에 외채위기나 '충격요법'을 피할 수 있었다. 동시에 거대 국유기업과 국유은행 그리고 관료집단의 연계에 기반을 둔 관료자본주의적 유산도 지속되었다(Hung, 2015: 50).

중국의 수출국가로의 전환은 일본을 비롯한 동아시아 수출국가의 출현과는 전혀 다른 세계적·지역적 맥락을 배경으로 했으며 그 출발점이 된 개혁·개방정책도 동아시아 수출국가에 대한 모방전략의 산물이 아니었다. 중국은 수입대체 공업화 과정에서 해외로부터 필수적인 기술과 장비를 구매하는 데 필요한 외환을 획득할 필요성

---

19) 그러나 동남아시아 기업들은 자율적인 기술적 역량을 거의 갖지 못했고 대부분 해외기업이 통제하는 '공급연쇄'에서 종속적 위치에 머물렀다. '수출가공지역'에 위치한 초민족기업은 국내경제의 여타부문과 연계되지 않았다. 게다가 말레이시아를 제외한 대다수 수출주도 경제는 대외부채에 대한 의존이 높았고 그 결과 1997-98년 지역적 금융위기에 취약해졌다(Tipton, 2008).

에 직면했고, 이를 위해 상대적으로 경쟁력이 있는 직물 같은 경공업 제품을 수출했다. 개혁·개방 초기에 비록 절대적인 규모로는 작았지만 수출이 급성장했는데, 이는 광둥지역과 홍콩을 통한 후기 제국 시대의 수출경험 덕택이었다. 마찬가지로 중국으로 유입된 해외직접투자의 대부분은 홍콩에서 유래했고 광둥지역에 집중되었다. 1978-1992년의 시기에 중국의 경제민족주의는 여전히 방어적 성격을 띠었고 대체로 수입대체전략과 결합되어 있었다(Perkins, 2013: 126-127; Zheng and Pan, 2012: 88).

그러나 1989년 천안문 사태를 폭력적으로 진압한 등소평은 1992년 남순강화 이후 개혁·개방을 가속화했다. 특히 1990년대에는 동남아시아의 화교 네트워크를 필두로 해외자본을 유치하면서 중국의 연안지역을 중심으로 수출지향의 공업화가 가속화되었다. 1990-2004년 동안에 홍콩, 대만, 남한, 일본, 싱가포르로부터의 투자는 중국으로의 해외직접투자 유입의 71%를 구성했다. 2000년대 이후 해외자본의 유입은 지방정부들 사이의 경쟁압력에 의해 더 강화되었다. 그들은 면세에서 공단의 무상제공에 이르는 다양한 방법으로 해외투자자에게 가능한 우호적인 조건을 제공함으로써 높은 국내총생산(GDP) 성장률을 달성하기 위해 서로 경쟁했다(Hung, 2015: 56-61).[20] 그리고 이들 해외투자자들은 중국을 수출주도경제로 변화시켰다. 국내총생산에서 수출이 차지하는 비중은 1990년 16%에서 2002년 26% 이상으로 꾸준히 증가했는데, 중국 수출의 50% 이상이 외자유치 기업에 의해 생산된 것이었다(Burkett and Hart-Landsberg, 2000).

---

20) 이와 함께 경제성장 전략에서 지방정부의 자율성은 계속해서 커졌다. 몇몇 지방에서는 지방 차원의 전략산업 육성을 뒷받침하는 '지방적 발전국가'가 형성되기도 한 것으로 평가된다 (Hung, 2015: 57).

중국은 1999년 미국과의 정상적 무역관계를 확립하고 2001년 세계무역기구(WTO)에 가입했는데, 그 때부터 중국의 대미 수출은 급증했다.[21] 그리고 저임금과 상대적으로 낮은 위안화 가치에 힘입어 2000년대에 중국은 세계최대의 수출국가로 성장했다. 중국의 국내총생산 내에서 수출의 비중은 2005년에 40%에 근접하면서 정점을 찍었고 2008년에 32%를 유지하다가 2009년에 24.1%로 하락했다(Hung, 2015: 77; Perkins, 2013: 138). 이 같은 수출의 호조에 힘입어 중국의 외환보유고는 2002년 2977억 달러에서 2009년 2조 4500억 달러로 8배 늘었다(Zheng and Pan, 2012: 95).

한편 중국이 100년의 시간을 뛰어넘어 연안지역을 중심으로 하는 수출경제를 발전시키면서 동아시아 지역 차원의 생산의 지리학은 다시 한 번 재편되었다. 동아시아의 수출기업들은 산업생산 네트워크의 지역화를 통해 점차 중국의 수출경제로 통합되었다. 일본, 대만, 한국, 아세안(ASEAN) 국가 등은 중국으로 자본재나 부품을 수출하고 중국에서 조립된 완성품은 미국 등으로 수출되는 "판다서클"(Panda Circle)의 일원이 되었다(Hung, 2015: 80). 이 같은 변화는 동아시아 국가들 내에서 양자적·다자적 자유무역협정을 비롯한 다양한 형태의 지역통합 논의를 촉발함으로써 동아시아 지역질서에 중요한 영향을 미치고 있다.

---

21) 중국의 대미 무역흑자는 2000년 830억 달러에서 2008년 2660억 달러로 증가했는데, 이는 중국 전체 무역흑자의 89%에 해당하는 수치였다(Nayak, 2013: 206-207).

2. 2008-09년세계금융위기 이후 경제민족주의

대다수 동아시아 국가들은 1990년대 이후 수출주도 공업화 전략으로 수렴하면서 세계화의 흐름을 적극 수용했다. 2001년 중국이 자유무역질서를 대표하는 세계무역기구(WTO)에 가입한 것은 이런 흐름을 가장 분명하게 보여주는 사례다. 뿐만 아니라 각국이 경쟁적으로 역내외 국가들과 자유무역협정을 추진하면서 동아시아 지역은 세계에서 가장 역동적인 자유무역협정 추진 지역이 되었다. 2013년 중반까지 동아시아 국가들은 107개의 자유무역협상을 추진했고 그 중 75개는 이미 합의 또는 발효되었다(Dent, 2013: 973). 트럼프 행정부의 출범 이후 미국이 양자적 협상에 몰두하는 상황에서도 중국과 일본은 '세계화'를 지지하면서 다자적 자유무역협정을 주도하는 국가가 되었다.

그러나 중국과 일본을 비롯한 동아시아 국가들에게 '세계화'는 역사적으로 형성된 자국의 경제민족주의와 양립 가능한 것으로 인식되었다. 각국은 시장을 개방하고 규제를 완화하는 자유화 정책을 수용했지만, 민족경제의 국제경쟁력을 향상시키기 위해 고유한 사회적 제도들을 설계·유지할 수 있다는 인식은 지속되었다(Zheng and Pan, 2012: 91). 나아가 그들은 '세계화'를 자국의 경제민족주의를 실현하기 위한 일종의 전략으로 수용했으며, 세계화에 수반되는 신자유주의적 정책개혁도 경제민족주의의 수사학을 통해 정당화했다.

동아시아 국가들은 상품과 서비스 무역의 국제적 자유화를 협상하는 과정에서 특히 해외시장에 대한 접근을 증대시키고 수출을 자극할 기회를 얻는 데 몰두하는 반면, 자국시장을 격화된 개방하는 데에는 상대적으로 소극적인 태도를 취했다(Kingston, 2017: 60). 자유무역질서의 제도화에 따른 관세 및 비관세 장벽의 감축에도 불구하고 동아시아 국가들은 자국에게 상대적으로 불리한 것으로 판단되는 환경이나 노동 조항을 배제하는 '선택적 자유화'를 선호했다(Stallings and Katada, 2009: 245). 그리고 이들 국가에서 경제민족주의는 정부와 기업의 비공식적 연계망이나 민간의 민족주의적 감정을 활용하는 더 복잡하고 때로는 독창적인 형태의 전략으로 진화했다(Gerth, 2012: 202).

중국처럼 사회주의 이념이 쇠퇴하면서 민족주의가 국가주도의 성장을 지지하는 이념으로 활용되는 국가들은 이 같은 경제민족주의의 새로운 진화 양상을 보여주는 대표적인 사례. 개혁·개방 이후 중국 정부는 중국인민에 근거하는 사회주의를 대신해서 '중화민족'에 근거하는 '새로운 민족주의'에서 자신의 정당화 근거를 찾기 시작했다. 특히 1990년대에 이런 경향은 강화되어서 기존의 통치엘리트는 반대세력을 억압하고 정당성을 유지하기 위해 민족주의를 적극적으로 활용했다(Huges, 2001: 7).[22] 나아가 새로운 민족주의는 동아시아 국가들에 산재한 중국인 디아스포라와 중국 본토의 재결합을 촉진하는 수단으로 활용되었다(Selden, 2012: 43-44).

2001년 세계무역기구(WTO) 가입 이후 중국의 경제민족주의는 방어적 형태에서 점차 공격적 형태로 이행했다(Zheng and Pan, 2012: 84). 중국인들은 해외직접투자를 유치하면서 첨단기술과 지식을 이전받을 수 있는 장치들을 활용했다. 또 지방 단위의 새로운

---

22) '중화민족'이라는 통념에 근거한 새로운 관변 민족주의의 특징 중 하나는 한족과 다양한 소수 종족의 엄격한 구별이었다. 이 과정에서 한족의 역사적 기원을 북경원인으로 소급하는 고고학적 기획이 실행되기도 했다(Anderson, 2001).

비관세 장벽 등 복잡하고 창조적인 방식으로 세계무역기구의 규칙들을 우회하는 정책적 수단들을 고안해냈다. 뿐만 아니라 중국의 기업들은 민족주의에 호소하는 판매 전략을 내세웠으며, 2007년 일본과의 영토분쟁을 계기로 반일 불매운동이나 '물산장려' 캠페인 같은 소비자 민족주의도 활성화되었다(Zheng and Pan, 2012: 85; Gerth, 2012: 213).

특히 2008-09년 미국의 금융위기에서 유래한 세계금융위기 이후 중국의 경제민족주의는 미국적 경제모형과 구별되는 중국적 경제모형을 옹호하는 동시에 팽창적인 성격을 띠게 되었다. 중국의 경제성장률은 2008-09년 세계금융위기 직전에 정점에 도달한 이후 둔화되기 시작했다(Lardy, 2019: 10).[23] 중국의 수출과 국제수지 흑자도 감소하기 시작했는데, 이에 따른 충격을 완화하기 위해 국내의 대규모 주택 및 기반시설 건설 사업이 실행되었다(Watkins, 2019: 12). 이와 동시에 세계무역기구 가입을 위해 추진되었던 자유화 정책들은 제동이 걸렸고 서서히 '국가의 부활'로 묘사되는 정책적 역전이 발생했다(Lardy, 2019).

2013년 시진핑 체제의 출범은 이 같은 전환을 상징한다. 시진핑은 '100년 국치'를 최종적으로 종결시키는 '중국몽'의 실현을 약속했다(Miller, 2018). 중국몽을 실현하는 '중국적 특색'의 대안으로 국유기업이 선호되었다. 중국의 최고 지도부는 국유기업이 중국의 경제성장에 걸림돌이 되고 있다는 점을 인식하고 있지만 그것이 당의 전략적 목표를 달성하는 데 필수적이라는 입장을 취했다. 정부

---

23) 2005-08년 평균 12%의 경제성장률은 2015-16년 평균 7% 이하로 하락했다. 중국의 경제성장률 둔화의 여러 원인에 대해서는 Lardy(2019)를 참조할 수 있다.

의 경제민족주의를 지지하는 주요 세력으로서 이들 국유기업은 당의 이해에 봉사했기 때문에 민간기업의 3-4배에 이르는 부채비율을 유지할 수 있었다.24) 당이 제시한 전략적 목표는 중국제조 2025와 여타 산업정책으로 표현되는데, 그것은 중국제조업이 광범위한 선진기술부문에서 국내적 지배력과 세계적 주도성을 달성하는 것을 목표로 했다(Lardy, 2019: 122).

또 다른 전략적 목표는 국제적인 성격을 띠는 것인데, '일대일로'가 대표적이다. '일대일로'에 대한 분명한 정의나 참여국가의 명확한 범위는 존재하지 않지만 그 핵심적 논리는 기반시설에 대한 투자가 경제를 성장시키고 빈곤을 감축한 중국 자신의 경험에 근거를 두고 있다(Miller, 2018: 43). 중국은 미국과 일본의 견제를 받으면서도 아시아인프라개발은행(AIIB)을 설립하고 이를 통해 '일대일로'의 거점이 될 것으로 기대되는 아시아, 아프리카, 라틴아메리카 채무 국가들의 기반시설과 자원개발에 대규모 지원과 투자를 제공했다. 거기서 중국건축고빈유한공사 같은 국유 건설기업—이들은 막대한 규모의 과잉자본을 안고 있다—은 참여국가의 도로, 철도, 발전소, 항만 등을 건설하는 주요 계약업체가 되었다. 중국의 지도자들은 국유기업이 소위 '국가대표기업'(national campion)으로 성장해서 외국계 초민족기업과 경쟁할 수 있기를 희망하고 있다(Zheng and Pan, 2012: 97; Lardy, 2019: 122; Miller, 2018: 31). 이처럼 최근 중국의 '경제외교'는 수출을 통해 자신들이 확보한

---

24) 국유기업, 국유은행, 당 관료집단의 이 같은 연계는 부패와 부실의 원천으로 지적되고 있다. 특히 국유기업이 국유은행으로부터 대규모 대출을 받아서 투기적 활동에 투자를 진행했다가 다시 구제를 받는 일은 큰 문제가 되었다. 이 점에서는 베트남도 예외가 아니다(Perkins, 2013: 144).

경제력을 자국 기업의 해외진출에 활용하는 양상을 보이고 있다. 이 과정에서 자유시장의 원리보다는 후기제국 시대로 소급되는 '중국적 특색'의 다양한 비시장적 연계망들이 활용된다. 결국 개혁·개방과 함께 방어적인 형태로 출현한 중국의 경제민족주의는 이제 수익성과 무관하게 해외에서 자국의 영향력을 확대하고 민족적 기업의 활동을 지원하는 공격적인 형태로 전환되고 있는 것이다(D'Costa, 2012: 17). 중국 대외 경제전략의 목표가 문자 그대로 모든 길이 북경을 향하는 현대적 공납체계를 창조하는 것이라는 우려가 등장하는 것은 이 때문이다(Miller, 2018: 18).

2010년대에 경제민족주의에 근거를 둔 중국의 '지역화' 전략은 세계적·지역적 반향을 낳고 있다. 무엇보다 그것은 태평양 건너편 트럼프 행정부의 '미국 우선' 전략과 충돌하는 양상을 보이고 있다. 뿐만 아니라 동아시아 지역의 많은 나라들에서 경제적 민족주의의 전략으로서 세계화를 활용하려는 시도들이 발견된다. 그러나 경제적 민족주의에 근거한 수출전략―종종 대외경제전략의 정치적 활용을 포함하는―으로의 지역적 수렴이 과연 자유무역 질서와 양립가능할 수 있을지, 나아가 지속 가능한 지역질서를 확립할 수 있을지는 의문이다. 특히 태평양은 상쟁하는 경제적 민족주의의 충돌의 장이 되고 있는 것처럼 보인다.

V. 결론

19세기 이래 동아시아 국가들은 역사적으로 확립된 고유한 지역적 동학 내에서 유사한 대외적 조건에 직면했고 서로의 경험을 참조하면서 각자의 발전전략을 추진했다. 그 결과 그들은 어떤 측면에서는 대립적이고 어떤 측면에서는 경쟁적인 발전의 경험을 갖게 되었다. 특히 그들은 바다를 건너온 '서양' 세력에 대항하는 동시에 서로 경쟁하면서 현대적 민족국가를 형성하고 발전시켰는데, 이 과정에서 다른 지역과는 구별되는 경제민족주의가 각각의 역사적 계기들을 기점으로 진화를 거듭했다.

동아시아 국가들의 경제민족주의는 대략 세 국면에 따라 상이한 수렴과 분기의 양상을 보였다. 첫 번째 국면은 중국 중심의 조공무역질서가 해체되고 개별 국가나 지역이 자본주의 세계경제에 종속적으로 통합되는 국면이었다. 이 시기에 동아시아 국가들은 유럽적 민족국가 체계의 수용을 둘러싸고 일련의 실험을 진행했다. 이 과정에서 일본은 '탈아입구'라는 형태로 민족국가를 건설하고 이후 '대동아공영'이라는 형태로 '제국주의에 반대하는 제국'의 건설로 나아갔다면, 여타 국가들에서는 20세기 초에 제국주의와 식민주의에 대응하는 과정에서 '반응적' 민족주의가 형성되었다. 이 시기 각국의 경험은 이후 동아시아에서 경제민족주의의 역사적 기원이 되었다.

2차 세계전쟁 이후 동아시아 지역 내에는 신생 민족국가 형성이라는 과제와 냉전질서의 확립이 결합되어 경제민족주의가 상이한 형태의 민족적 발전전략과 결합되었다. 1920-30년대부터 급진화된 민족주의가 사회주의와 결합되면서 2차 세계전쟁 이후에도 각지에서 내전과 열전이 전개되었다. 특히 중국혁명은 지역 내에서 미국과 소련의 의도가 일방적으로 관철되지 않는 지역적 맥락을 만들었고 이를 배경으로 지역 내에서는 대다수 통치 엘리트가 국가주도의 민족적 발전전략을 추진했다. 다수의 국가들에서 민족적 '자강'이라는 전략은 식민지 시대의 '강제된 수출'에 대한 반작용으로 수입대체 공업화의 형태를 취했다.

반면 전쟁 이전의 팽창적인 '정치적·군사적 민족주의'를 전면적으로 기각하는 대신 미국에 안보를 의존하기로 결정한 일본에서는 국민소득의 증대에 몰두하는 경제민족주의가 수출주도 공업화와 결합되어 정부와 민간을 응집시켰다. 냉전 체제가 확립되면서 일본을 필두로 대만과 남한은 발전주의 기획을 제시했던 미국의 정책기관의 영향 하에 태평양을 가로질러 미국시장을 겨냥한 수출주도 공업화를 주도했다. 그러나 이들 국가에서도 수출경제를 이끈 산업부문이나 그것을 지지한 제도적 배치는 달랐다. 일본의 경우 한국전쟁을 계기로 거대기업이 주도하는 대규모 중공업 수출경제를 확립할 수 있었던 반면 대만은 중소기업이 주도하는 경공업과 부품산업 수출경제가 형성되었다. 한국의 경우 1960년대에 대만과 유사한 수출경제가 형성되었지만 1970년대에는 '상상된 안보위협' 속에서 재벌 주도의 중화학공업화가 추진되었다.

냉전의 해체와 뒤이은 '세계화'는 다시 한 번 새로운 지역적 맥락을 형성했다. 이 시기에 과거 수출경제의 중심이 되었던 일본, 대만, 한국의 고도성장은 종결되었고, 동남아시아 국가들이 수출을 둘러싼 지역적 경쟁에 진입했으며, 사회주의 하에서 수입대체 공업화를 추진했던 중국이나 베트남이 새롭게 지역적 수출경제를 이끌었다. 지역 내 모든 국가들이 세계무역기구로 대표되는 자유주의적 국제 경제질서를 수용했고 경쟁적으로 자유무역협정을 추진했다.

그러나 이 같은 자유화에도 불구하고 냉전 시대의 경제민족주의는 사라지지 않았다. 특히 1990년대 이후 중국은 사회주의가 아니라 민족주의를 통해 세계경제로의 통합을 정당화했는데, 2000년대 수출경제가 성장의 주된 추동력이 되면서 중국의 경제민족주의는 점차 공격적인 형태로 전환되었다. 이 같은 공격적 형태의 경제민족주의는 지역 내 여타의 나라들에서 강한 반작용을 낳고 있다. 2008-09년 세계금융위기 이후 대결과 모방을 통한 경제민족주의의 지역적 확산은 지역 내에서 새로운 불안의 원천이 될 수 있다. 현대의 경제민족주의는 일정한 세계적·지역적 질서 속에서 상이한 발전전략과 결합될 수 있었지만, '금융세계화'의 위기 이후 현재의 공격적인 경제민족주의가 과연 안정적인 민족적 발전전략과 국제경제질서를 낳을지는 의문이라 할 수 있다. 무엇보다 그것은 현재 세계경제의 중심적 흐름들이 교차하고 있는 태평양의 태평(太平)을 위협하고 있는 것처럼 보인다.

참고문헌

강진아 (2014) 「20세기 화교자본의 환류와 대중국 투자」, 『동양사학연구』, 127.

동경대 교양학부 (1994), 『일본사개설』, 지영사.

박상현 (2016), 「식민주의와 동아시아 식민국가의 정치경제: 통합비교를 위한 시론」, 『사회와역사』, 111집.

사공일 (1994), 『세계 속의 한국경제』, 김영사.

시모토마이 노부오 (2017), 『아시아 냉전사』, 경북대학교 출판부.

아이켄그린, 배리 외 (2018), 『한국경제: 기적의 과거에서 지속가능한 미래로』, 서울셀렉션.

왕효추 (2002), 『근대 중국과 일본: 타산지석의 역사』, 고려대학교 출판부.

커밍스, 브루스 (2016), 「냉전의 중심, 한국」, 『아시아리뷰』, 제5권 제2호.

하오옌핑 (2002), 『동양과 서양, 전통과 근대를 잇는 상인 매판』, 씨앗을뿌리는사람.

Anderson, Benedict (2001), "Western Nationalism and Eastern Nationalism: Is There a Difference that Matter?," *New Left Review*, Vol. 9.

Allen, Robert C. (2011), *Global Economic History: A Very Short Introduction*, Oxford University Press.

Arrighi, Giovanni (1994), *Long Twentieth Century : Money, Power and the Origins of Our Time*, Verso.

Arrighi, Giovanni et al. (2003), "Introduction: The Rise of East Asia in Regional and World Historical Perspective," *The Resurgence of East Asia*, Routledge.

Beeson, Mark (2013), "The Political Economy of 'The Pivot'." *Analysis*, No. 188, ISPI.

Booth, Anne (2007), *Colonial Legacies: Economic and Social Development in East and Southeast Asia*, University of Hawaii Press.

Burkett, Paul and Martin Hart-Landsberg (2000), *Development, Crisis, and Class Struggle: Learning from Japan and East Asia*, St. Martin' Press.

Bunker, Stephen G. and Paul S. Ciccantell (2007), *East Asia and the Global*

Economy: Japan's Ascent, with Implications for China's Future, The Johns Hopkins University Press.

Cohen, Warren I. (2010), *America's Response to China: A History of Sino-American Relations*, Columbia University Press.

D'Costa, Anthony P. (2012), "Capitalism and Economic Nationalism: Asian State Activism in the World Economy," in Anthony P. D'Costa, ed., *Globalization and Economic Nationalism in Asia*, Oxford.

Dent, Christopher M. (2013), "Paths ahead for East Asia and Asia-Pacific Regionalism," *International Affairs*, Vol. 89, Iss. 1.

Gao, Bai (1997), *Economic Ideology and Japanese Industrial Policy: Developementalism from 1931 to 1963*, Cambridge University Press.

_____ (1998), "The Search for National Identity and Japanese Industrial Policy, 1950-1969," *Nations and Nationalism*, 4(2).

Garaldez, Arturo (2015), *The Age of Trade: The Manila Galleons and the Dawn of the Global Economy*, Rowman & Littlefield.

Gerth, Karl (2012), "A New 'Brand' of Chinese Economic Nationalism: From China Made to China Managed," in Anthony P. D'Costa, ed., *Globalization and Economic Nationalism*, Oxford.

Guthrie-Shimizu, Sayuri (2010), "Japan, the United States, and the Cold War, 1945‒1960," in Melvyn P. Leffler and Odd Arne Westad, eds., *The Cambridge History of the Cold War*, Cambridge University Press.

Haggard, Stephan (2004), "Institutions and Growth in East Asia," *Studies in Comparative International Development*, Vol. 38, No. 4.

Helleiner, Eric (2002), "Economic Nationalism as a Challenge to Economic Liberalism? Lessons from the 19th Century," *International Studies Quarterly*, No. 46.

Hung, Ho-Fung (2015), *The China Boom: Why China Will Not Rule the World*, Columbia University Press.

Jenner, W. J. F. (2001), "Race and History in China," *New Left Review*, No. 11.

Jones, Matthew (2002), *Conflict and Confrontation in South East Asia, 1961-1965: Britain, the United States and Creation of Malaysia*, Cambridge University Press.

Jun, Niu (2010), "The birth of the People's Republic of China and the road to the Korean War," in Melvyn P. Leffler and Odd Arne Westad, eds., *The Cambridge History of the Cold War*, Cambridge University Press.

Lafeber, Walter (1997), *The Crash: US-Japanese Relations throughout History*, W. W. Norton & Company.

Lardy, Nicholas R (2019), *The State Strikes Back: The End of Economic Reform in China?*, PIIE.

Li, Minqi (2008), *The Rise of China and the Demise of the Capitalist World Economy*, Pluto Press.

Miller, Tom (2017), *China's Asian Dream*, Zed.

Nakano, Takeshi (2004), "Theorising Economic Nationalism," *Nation and Nationalism*, Vol. 10, No. 3.

Nayak, Satyendra (2013), *The Global Financial Crisis: Genesis, Policy Response and Road Ahead*, Springer.

Nolan, J., C. Rowley, and M. Warner (2017), "Key Debates in Business Networks in East Asian Capitalisms: An Introduction," in J. Nolan, C. Rowley, and M. Warner, eds., *Business Networks in East Asian Capitalisms: Enduring Trends, Emerging Patterns*, Chandos Publishing.

Kingston, Jeff (2017), *Nationalism in Asia: A History Since 1945*, John Wiley & Sons.

Perkins, Dwight H. (2013), *East Asian Development*, Harvard University Press.

Pomeranz, Kenneth (2000), *Great Divergence: China, Europe, and the Making of the Modern World Economy*, Princeton University Press.

Reid, Anthony (1993), *Southeast Asia in the Age of Commerce, 1450-1680, Vol. 2: Expansion and Crisis*, Yale University Press.

Roberts, Luke S. (1998), *Mercantilism in a Japanese Domain: The Merchant Origins of Economic Nationalism in 18th-Century Tosa*, Cambridge University Press.

Rosenthal, Jean-Laurent and R. Bin Wong (2011), *Before and Beyond Divergence: The Politics of Economic Change in China and Europe*, Havard University Press.

Schonberger, Howard B. (1989), *Aftermath of War: Americans and the Remaking of Japan*, 1945-1952, The Kent State University Press.

Selden, Mark (2012), "Economic Nationalism and Regionalism in Contemporary East Asia," in Anthony P. D'Costa, ed.

Shiroyama, Tomoko (2008), *China during the Great Depression: Market, State, and the World Economy, 1929-1937*, Harvard University Press.

Suginohara, M. (2008), "The Politics of Economic Nationalism in Japan: Backlash against Inward Foreign Direct Investment?," *Asian Survey*, 48

So, Alvin Y and Stephen W. K. Chiu (1995), *East Asia and the World Economy*, Sage.

So, Wai Ling (2017), "The Networking Strategies of the Jebsens and Chinese Merchants in the Late 19th and Early 20th Centuries," in Jane Nolan, Chris Rowley and Malcolm Warner, eds., *Business Networks in East Asian Capitalisms: Enduring Trends, Emerging Patterns*, Chandos Publishing.

Stallings, Barbara and Saori N. Katada (2009), "FTAs in a Competitive World," in Solis, Mireya. Babara Stallings and Saori N. Katada, eds., *Competitive Regionalism: FTA Diffusion in the Pacific Rim*, Palgrave.

Tipton, Frank B. (2008), "Southeast Asian Capitalism: History, Institutions, States, and Firms," *Asia Pacific Journal of Management*, Vol. 26, No. 3.

Walter, Andrew and Xiaoke Zhang (2012), "Understanding Variations and Changes in East Asian Capitalism," *East Asian Capitalism: Diversity, Continuity, and Change*, Oxford University Press.

Wang, R. Bin (1997), *China Transformation: Historical Change and the Limits of European Experience*, Cornell University Press.

Wong, Joseph (2004), "The Adaptive Developmental State in East Asia," *Journal of East Asian Studies*, No. 4.

Zheng, Yongnian and Rongfang Pan (2012), "From Defensive to Aggressive Strategies: the Evolution of Economic Nationalism in China," in Anthony P. D'Costa, ed.

02

중국 지방도시의 도시화와
시민화에 대한 연구

예동근 · 방유옥

I. 서론

본 연구는 중국의 대표적인 인구유출 지역인 허난성에서 신형도시화가 추진됨에 따라 나타나는 사회적 특징과 시민화가 되어가는 과정을 살펴보고 대표적인 시민화 모델을 향후 허난성에 적용하거나 본보기로 삼을 수 있는지를 고찰하고자 한다.

연구 대상 지역인 허난성은 전통적 농업 생산지역으로 많은 인구를 보유하고 있지만, 도시화율을 전국 평균을 밑돌고 있고 산업화 수준도 뒤처져있는 상태이다.[1] 그리고 산업발전이 불균형하며, 농업인구가 신속히 줄어들고 있지만, 서비스 등 제3차 산업의 인구 증가가 늦으며, 공업 분야 종사자 인구도 완만히 증가하여 도시 인구의 불균형이 다른 지역보다 심각한 것이 이 지역의 도시화와 도시의 주민으로 전화되는 과정에서 다른 특징들이 있다.

또 허난성을 연구지역으로 선정한 데에는 아래의 원인을 들 수 있다. 첫째 해당 지역은 중국에서 가장 인구가 많은 지역이자 주요 교통의 허브지 역으로 농촌 노동력의 주요 유출·유입 지역이다. 2008년 이후 중국의 노동력 장점이 사라지면서, 경제위기와 함께 노동인구의 본거지 유턴이 나타나는데, 허난성이 대표적인 지역이며, 허난성의 도시화와 지역 인구의 불균형분포에 직접 영향을 주고 있다.

그리고 허난성은 중원 굴기(中原崛起), 허난진흥(河南振兴)이라는 국가적인 전략 발전기획을 실시하면서 도-농일체화 실험의 최전선

---

1) 2014년 중국인 국 발전보고(2014年河南人口发展报告)에 따르면 중국 도시화율 평균 은 54.77%, 허난성 45.20%로 전국 평균 대비 9.57% 낮다(출처: 2014年河南人口发展报告, 2015.06.03.).

에 있다. 농업인구를 성공적으로 도시지역으로 이동시킬 수 있는가? 농촌 지역을 현지에서 도시화를 통화여 도시민으로 전환시킬 수 있는가? 산업발전을 통하여 취업압력을 해소 시킬 수 있는가? 이것은 허난성만의 문제가 아니라 전반 중부지역, 나아가서 중서부지역의 도시화의 성패가 달려 있다.

하지만 최근 중국의 도시화 연구는 연해 지역의 도시화, 스마트도시, 신형도시화에 초점을 맞추지만, 연구지역들은 연해 도시에 집중되어 있으며, 중서부지역의 연구는 매우 적으며, 특히 도시와 농촌의 관계를 보면서 도-농문제를 함께 고려하면서 도시화와 시민화 문제를 다른 연구는 거의 없다.

본 연구는 이런 현황에 비추어, 허난성 지역의 도시화를 살펴보고 중국의 도시화 전략과 허난성의 대표도시 정저우, 현지 도시화를 통해 농민의 시민화를 실시한 우강시에 초점을 맞추어 허난성의 도시화와 시민화 특징 들을 밝혀보고자 한다.

나아가서 본 연구는 인구 유동과 인구분포에 초점을 맞추며, 우선 허난성의 상주인구2) 분포와 이들의 생활상을 통계 데이터를 통해 도시화를 분석하고자 한다. 또한, 현재 데이터를 가지고 도출된 결과로 향후 허난성의 신형도시화 정책 아래에 시민화 과정을 심도 있게 살펴보고자 한다.

---

2) 상주인구(常住人口)란 조사대상 인구를 결정하는 한 방법으로서, 현재인구와 대조되는 개념이다. 현재인구는 조사 시점에 실제로 있었던 장소에 귀속시켜 계상한 인구를 말한다. 인구조사의 대상은 개개의 사람이지만, 근래에 와서는 인구조사의 단위로서 가구(家口)가 국민 생활의 실태를 측정하는 중요한 요인이 되고 있다. 중국의 상주인구는 6개월 이상 해당 지역에 거주하는 자를 가리키고 있다(출처: 네이버 지식백과(검색일: 2016.03.26.).

II. 허난성 도시화 발전과정과 현황

신중국 건국부터 개혁개방 정책이 시행되기 이전 허난성의 도시화는 중국의 정치, 경제, 사회제도 등 제반 요소들의 영향을 받아왔다. 허난성의 도시화는 굴곡 된 발전과정을 거쳤는데 1949~1977년 사이 도시화 수준은 7.2%p 증가하는 데 그쳤다. 1978년 개혁개방 정책이 시행된 이후 허난성의 도시화는 진정한 의미에서 도시의 면모를 갖추게 되었고 안정적인 발전 단계에 진입하게 된다.

1978~2012년 도시화율은 28.8%p 성장하였는데 이는 매년 1%p 증가하였고, 도시화가 진행됨에 따라 기존에 963만 명에 불과한 도시 인구는 4,473만 명으로 증가하였고 이는 매년 평균 4.59% 증가한 것이다.

이러한 성장 과정을 크게 4단계로 분류해서 볼 수 있는데 초기단계, 안 정적 추진단계, 가속 추진단계, 균형 추진단계이다. 2013년 전국 도시화 평균은 53.73% 2013년 허난성의 도시화율은 43.8%로 전국 평균 대비 9.93%p 차이가 있다. 하지만 도시 인구의 증가속도와 규모 면으로 볼 때 발전의 잠재성과 추세는 빠르게 나타나지만, 전국 평균에는 못 미치는 것을 알 수 있다.

최근 허난성 정부는 <중공 허난성 위 허난성 인민 정부 도시화과정 가 속화에 관한 결정(中共河南省委河南省人民政府关于加快城镇化进程的决定)>, <허난성 인민 정부 허난성 신형도시화 규획(2014~2020년)에 관한 통지(河南省人民政府关于印发河南省新型城镇化规划(2014—2020年)的通知)> 등의 제도를 마련하여 도시화 과정을 가속화 하였다. 특히 중국 국무원은 중원경 제구(中原经济区), 정저우 항공부두 종합 경제실험구(郑州航空港综合经济实验区) 건설의 전체 규획을 결정하여 허난성 도시화에 새로운 기회로 작용하였다. 이를 통해 허난성의 도시화율은 2000년 23.2%에서 2013년 43.8%로 제고하였고, 이는 전국 평균 증가속도보다 0.23%p 높은 수치이다(허난성 통계국, 2014).

2000년 후반 중국의 전반도시화가 본격적으로 실시되면서 허난성의 도 시화율이 빠르게 증가하지만, 상하이, 베이징 등 대도시와 비교할 때 성장률이 낮다. 하지만 2008년 후반부터 위의 1, 2선 도시화율이 60% 이상 달하면서 성장 속도가 느려졌지만, 허난성의 중국의 서부 대개발의 효과가 발생하고, 도시화 기반이 낮기에 빠른 속도로 증가하게 되었다.

현재 허난성의 도시화율은 중국 평균보다 9.93%가 낮다. 이는 농업이 허난성 산업의 중심으로 도시화율은 전국 최저 수준이다. 하지만 중부 굴기 정책을 통해 허난성의 도시화는 2008년부터 2012년까지 5년간 연평균 1.8%에 달하는 도시화율 성장을 보인다(전해연, 2013).

아래 허난성이 개혁개방 이후 허난성의 상주인구와 도시화 과정을 조금 더 구체적으로 4단계로 나누어 살펴보고자 한다.

1) 1978~1991년 도시화 초기 단계

1978년 개혁개방 정책이 시행됨에 따라 농촌 지역에 토지가정연산 도급제(土地家庭联产承包制)[3]3)를 실시하였다. 1984년 이전 농

---

3) 토지가정연산도 급제는 1980년대 초에 중국에서 시행한 농촌개혁 제도이다. 자신의 농지에서 생산한 작물을 국가에 제공하고 남은 잉여작물을 개인이 시장에 판매 할 수 있도록 한 제도로 개혁개방 정책 중 가장 중요한 전환점이 되는 정책이다. (위키백과 참고 저자 재정리, https://zh.wikipedia.org/wiki/家庭联产承包责任制,검색 일: 2016년 4월 8일).

촌인구는 일정한 직업, 거처가 없는 유동인구 상태에 속해있었지만, 해당 정책이 시행됨에 따라 농촌 지역부터 개혁이 진행되었고, 중앙정부의 정책을 근거로 소도시 중심의 발전 단계에 이르게 된다.

1983년부터 허난성의 도시화 계획이 수정되면서 1978년 14개에 불과하던 시가 1991년에 27개 달하게 되었고, 도시 인구도 963만 명에서 1,389만 명으로 증가하였으며, 도시화율도 13.5%에서 15.9%로 성장하였다. 이 시기에 도시는 지역의 정치, 경제, 문화, 과학기술의 중심지로서 기능을 발휘하게 되었고, 주변 지역으로 영향력을 꾸준히 확대하게 되었다.

2) 1992~2000년 도시화 안정적 추진단계

1992년 이후 중국의 경제성장이 회복하면서 도시화가 빠르게 진행되었고, 중국 공산당 14차 대회에서 사회주의 시장경제 체제 구축을 목표로 삼 아 새로운 시장경제 체제가 도입된 시기이다.

허난성도 경제가 고속으로 성장하게 되면서 비농업 분야의 발전이 빠르게 진행되었고, 농촌 잉여 노동력의 도시 내 유입이 꾸준히 증가하게 되었다. 1993년 3월 허난성 정부는 공의(巩义), 옌스(偃師), 위저우(禹州), 덩저우(邓州) 등의 18개 현급 시를 개혁·개방 발전의 특별 시범 현급시로 지정하였다. 해당 도시들에 상급 경제 관리 권한을 부여하여 특별 정책을 추진하여 경제성장 및 농촌의 도시화를 가속화 하였다.

1996년 허난성 6차 당 대회에서 지속적인 도시발전 및 소도시 발전 의견을 제기하였고, 성내(省內) 도시 편제를 개선하였다. 2000년 말 허난성의 도시 수는 38개, 도시화율 23.2%로 성장하여 1992

년 대비 7%p 증가하였다. 또한, 도시 인구도 1992년 1,434만 명에서 2,201만 명으로 증가하였다. 이때 인구이동의 특징은 소도시 모델 정책이 추진됨에 따라 단거지 중심 위주로 이동을 하였다.

3) 2001~2006년 도시화 가속 추진단계

"10·5 계획"을 시작으로 중국의 도시화 정책은 부작용에 따른 반성과 재 편을 시작할 시기이다. 이때부터 농촌 잉여 노동력의 이동에 제한을 두는 정책들이 취소되었다. 이 시기에 제기된 정책의 주요 내용은 소도시를 발전시키고, 중·대형도시가 견인작용을 하도록 하였다.

2005년 허난성 정부는 "중심도시 견인전략을 통해 중원 도시 클러스터(中原城市群)를 발전시키고, 성 내 중심도시 및 소도시 건설"을 중점 사안으로 결정하였다. 이를 통해 2006년 말 전체 성내 도시화율을 32.5%, 도시 인구는 2,334만 명에서 3,189만 명으로 증가하였다.

4) 2007년-현재 균형적인 추진단계

2007년 중국 공산당 17차 대회에서 중형 도시와 소도시가 균형적인 발전하는 신형도시화 정책이 마련되었다. 이를 통해 샤오캉 사회(小康社会) 실현, 신형산업화, 신형도시화, 신형 농업화학이라는 4가지 전략적 목표를 균형적으로 추진하는 것이 핵심 내용이다.

이 시기의 허난성은 중원 굴기(中原崛起), 허난 진흥(河南振兴)이라는 전체적인 전략을 마련하여 시행하였고, 특히 중원경제구역전략(中原经济区战略)을 국가적인 전략으로 격상되었다. 허난성은 이

시기에도 전국에서 가장 전형적인 인구 유출지역으로, 많은 농촌 잉여 노동력이 성 밖으로 직업을 찾아 전출하였다.

2008년 글로벌 금융위기 이후 동부지역에 산업 고도화와 노동 집약형 산업이 중·서부 지역으로 이전하게 되면서 중부지역은 산업승계를 하는 데 있어 우위를 점하였다. 이와 함께 허난성 출신의 많은 농민공이 "회류(回流)" 하기 시작하였고, 도시 내 인구 유입이 빠르게 증가하면서 도시화율을 제고시키는 계기가 되었다.

2012년 허난성의 도시화율을 42.4%로 2006년 대비 9.9%p 증가하였고, 도시 인구 역시 2006년의 3,189만 명에서 2012년 4,255만 명으로 증가하였다(刘岱宁, 2014:68~70).

허난성의 도시화 발전 단계를 종합해보면 허난성의 도시화는 단계별 발전이라는 특징이 있고, 허난성의 도시화는 중국 정부의 전체 전략과 맞물려서 진행되었으나 여전히 전국 평균과는 일정한 격차가 있다. 허난성의 도시화는 전통적 농업생산 지역에서 도시화로 발전되는 추세이고 향후 중국 도시화의 중요한 역할을 할 것으로 기대할 수 있다.

Ⅲ. 허난성 도시공간의 분포와 변화로 보는 도시화

허난성의 중국의 중원지역으로 군사요충지이며, 물류의 중심지이다. 이런 특징들은 교통중심지인 정저우를 중심으로 도시가 확장되며, 주변지역의 도시화에 확장하는 "영토확대형" 도시화가 나타난다. 이런 부분은 베이징, 상하이 등 대도시들이 주변 행정 지역을 통합하면서 성장하는 특징과 비슷한 점도 있지만, 허난성이 발전이 늦고 인구유출이 심한 도시지역이기에 허난성의 인구분포 불균형이 다른 지역보다 훨씬 강하게 나타나게 한다.

그래서 정저의 도시화는 취업, 시민화에 큰 공헌을 하지만, 다른 도시지 역의 공동화를 강화할 수 있고, 특히 농촌 지역의 공동화를 심화시키는 부작용이 심각하기에 정저의 도시화 발전방식을 보완할 수 있는 다른 도시화 모델이 필요하다. 그래서 이런 특징을 보완하는 대표적인 도시 우강시의 도시공간의 분포와 변화 인구변화도 함께 설명하고자 한다.

허난성 지역의 도시 분포를 크게 몇덩이리로 살펴보면 중부, 북부, 서부 지역에 도시의 수가 집중되어 있고, 남부와 동부지역의 도시 수가 적고 밀도 역시 낮다. 이는 도시가 주로 룽하이(陇海, 샨시-상하이), 징광(京广, 베 이징-광저우)를 잇는 철도 노선과 정저우 반경 250km에 23개의 도시가 집중되어 있다. 이는 전체 허난성 도시의 60% 이상을 차지하고 있다. 구체적인 분포특징은 <그림 1>에서 잘 나타난다.

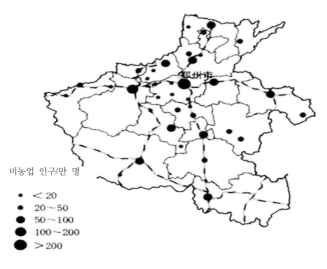

출처: 范红艳(2015 : 2).

〈그림 1〉 2012년 허난성 도시 규모 분포도

현재 허난성의 도시 공간분포는 확장되는 단계인데 즉 점을 이어 선으로 이어지는 확장 형태이다. 허난성은 중국을 동-서-남-북을 잇는 중심 철도 노선과 310, 107 등 국가급 국도가 경유 하는 곳이다. 이러한 물류를 중 심으로 도시가 형성되고 있고 도시 인구의 80%가 교통·물류를 중심으로 거주하고 있다(陈彦光·罗静, 1998).

하지만 허난성의 상주인구를 기준으로 하는 도시화 수준은 전국 평균과 비교했을 때 큰 차이가 있다.

비록 매년 허난성의 도시 인구의 증가속도는 전국 평균 증가속도보다 빠르지만, 여전히 전국 평균을 밑돌고 있다. 아래 <표 1>을 살펴보면 2006년 이전 허난성의 상주인구를 통한 도시화는 전국 평균보다 12% 낮은 수준으로 2011년까지 약 10%의 차이를 유지해오고 있다. 즉 2001년 서부대 개발을 중심으로 허난성의 도시화가 25.8%로부터 신속 속히 증가하였지만, 전반적인 성장은 아직 전국의 평균인 53.37% 도에도 미치지 못하였다.

역으로 말하면, 허난성의 도시화 확장공간은 다른 지역보다 훨씬 많으며, 현재 고속성장단계에 본격적으로 진입하는 단계에 처하여 있다. <표1> 참고.

〈표1〉 허난성 도시화율 변화 추이

연도	전국 도시화율(%)	허난성 도시화율(%)	차이(%)
2002	39.09	25.8	13.29
2003	40.53	27.2	13.33
2007	44.94	34.3	10.64
2008	45.68	36	9.68
2012	52.57	42.4	10.17
2013	53.37	43.8	9.57

출처: <2014中国统计年鉴>, <2014河南统计年鉴>을 참조 저자 재구성.

중원 도시 클러스터의 중심 도시인 정저우시를 축으로 주요 교통 노선을 따라서 도시가 확장되는 과밀형 공간적 분포를 보인다. 또한, 과밀한 이 지경의 경제발전 수준과 도시화 수준이 높지만, 이들 지역의 면적은 불과 35.3%에 불과하다. 즉 허난성의 도시화는 마치 한국의 수도권 중심으로 집중화되는 추이가 보인다. 정주의 도시 인구가 현재 1000만 명에 육박하면서 전체 허난성 인구의 1/10을 차지한다. <그림 2> 참고.

출처: 王帆(2013).

〈그림 2〉 허난성 도시별 도시화 현황

위의 <그림 2>을 통해 허난성 지역별 도시화 수준과 공간적 분포를 볼 수 있다. 중원 도시 클러스터의 동부, 동남부, 난양 시의 북부를 경계로 서북쪽에서 동남쪽으로 점차 내려오고 있는 추세이다. 중원 도시 클러스터의 북부지역과 서부 지역의 산먼샤시(三门峡市)등 지역의 도시화 수준은 다소 높은 편으로 허난성 전체의 평균보다 높은 수준이다.

그리고 허난성의 푸양(濮阳),난양(南阳) 등 지역은 기존의 도시 인구밀도가 낮고 도시화 수준도 전국 평균보다 아래를 밑돈다. 이를 통해 허난성의 도시화는 공간적으로 큰 격차가 있음을 알 수 있다.

Ⅳ. 허난성의 인구이동이 도시화와 시민화에 미치는 영향

1. 허난성 도시별 인구변화 현황

중국의 5, 6차 인구센서스 데이터와 허난성 통계연감 자료에 따르면 2000년~2013년간 허난성 전체 도시 상주인구는 약 291만 명이 증가하였다. 안양, 샹치우, 신양, 저우커우, 주마뎬 5개 시를 제외한 나머지 지역의 총인구는 증가하였다. 그중 가장 많이 유입된 지역은 정저우시와 난양시로 각각 253.32만 명과 51.22만 명이다. <표 3> 참고.

〈표 3〉 2000~2013년 허난성 도시 인구 유출입 현황

도시명	2000년 상주인구(만 명)	2013년 상주인구(만 명)	증감 인구수
정저우(郑州)	665.68	919	253.32
카이펑(开封)	458.65	465	6.35
뤄양(洛阳)	622.77	662	39.23
핑딩산(平顶山)	480.49	496	15.51
안양(安阳)	516.11	509	-7.11
허이피(鹤壁)	140.19	161	20.81
신샹(新乡)	540.74	568	27.26
쟈오줘(焦作)	328.88	351	22.12
푸양(濮阳)	345.83	358	12.17
쉬창(许昌)	412.41	430	17.59
뤄허(漯河)	226.24	258	31.76
산먼샤(三门峡)	217.74	224	6.26

난양(南阳)	957.78	1,009	51.22
샹치우(商丘)	775.38	728	-47.38
신양(信阳)	652.74	638	-14.74
저우커우(周口)	974.13	878	-96.13
주마뎬(驻马店)	745.28	690	-55.28
지위안(济源)	62.65	72	9.35

출처: 허난성통계국(2014) 참조 저자 재구성.

　2000년 허난성 도시 인구는 2,201만 명, 도시화율을 23.2%로 전국 평균인 4,643만 명, 43.8%에 못 미쳤다. 2000년부터 2013년 동안 허난성의 전체 도시 인구는 2,442만 명이 증가하였고 도시화율도 20.6%가 증가하였다. 아래 <표 3>'을 통해 정저우, 난양, 샹치우, 저우커우, 주마뎬 5개 시의 시가 가장 많다.

　증가속도로 볼 때 정저우, 뤄양 등 대도시 인구의 증가속도가 가장 빠르게 나타나고 있고, 특히 정저우의 인구를 유입시키는 힘이 가장 크다.

　현재 정저우를 중심으로 인구밀도가 높아지고 있고 향후 주변 도시로 확산하는 양상을 보인다. 이는 정저우의 경제적 사항, 산업기반이 다른 지역에 비해 양호하여 2차, 3차 산업과 관련된 직업 수요가 높아 인구가 유입되는 것으로 보인다.

　또한, 농촌 지역 소도시의 증가세도 크게 높은데 이는 의료보험, 자녀교육 등 문제로 인하여 농촌 인근의 도시에 유입된 것으로 보이다. 특히 현급 단위는 허난성의 도시화를 실현하는데 중요한 단계로 작용하고 있다. (刘潇, 2015 : 52~53).

　허난성의 인구이동은 성내를 중심으로 활발하게 이루어졌다. 정저우를 중심으로 하는 핵심 도시권으로 유입이 많았고, 기존 도시 인구 중 중심도 시로 유입이 진행되었다.

전체 허난성 인구 밀집 추세를 살펴보기 위해 18개 도시와 정저우를 중 심으로 하는 도시권을 지역 단위로 하여 2006년부터 2012년까지 전체상 주인구, 도시와 농촌 지역 상주인구가 어떻게 변화되었는지 살펴보면 2006~2012년 허난성 전체 상주인구 규모는 거의 변동이 없으나(20만 명 증가, 0.04% 상승), 각 도시 간 중심권역과 기타 지역 간의 격차는 상당히 크다. 18개 도시 중 전체 상주인구가 증가한 지역은 12개 지역(정저우, 카이펑, 뤄양 등), 감소한 곳은 6개 지역(안양, 산먼샤, 샹치우 등)이다.

전체 상주인구가 증가한 12개 도시 중 정저우, 뤄양이 가장 많이 증가하였고, 저우커우, 주마뎬, 샹치우, 신양 4개 도시의 감소 폭이 가장 크다. 이러한 현상은 정저우를 중심으로 주변 도시(뤄양, 카이펑, 쟈오쥐, 신샹, 쉬창)로 인구가 밀집되고 있음을 말해 준다.

이들 도시 전체에 증가한 인구는 231.1만 명으로 허난성 전체 상주인구 수보다 많다. 이는 중심 도시권역에 새로 증가한 인구는 주로 샹치우, 저 우커우, 주마뎬, 신양 등 4개 도시에서 순 유출이 발생한 것을 의미한다. 핵심 권역의 농촌 상주인구 감소 폭도 허난성 내 다른 지역보다 적고, 순 유출지역 농민들의 유출 폭이 큰 것을 알 수 있다. 이는 허난성 전체 인구가 주변 지역에서 핵심 권역으로 밀집하고 있다고 볼 수 있다(耿明齋,曹青,2014 : 942~943).

이외에도 "2014년 허난 인구발전보고(2014年河南人口发展报告)"에 따르면 18개 도시에서 균일하게 인구분포가 이루어진 것이 아니라 한 지역에 집중되고 있음을 알 수 있다. 타 성에서 허난성으로 유입된 인구 중 37%가 정저우에 유입되었고, 허난성 내 유동인구 중 60%가 정저우로 집중되었다.

허난성 내 유동인구는 주로 해당 지역 내에서 활발하게 이동을 하고 있는데 30%의 유동인구가 성 내 다른 시로 이동을 하였고 12.7%는 동일시 내에 다른 현으로 이동을 하였으며, 나머지 57.5%는 동일 지역에서 이동한 것으로 조사되었다.

이러한 특징을 정리해보면 유동인구 대부분은 호구 지로부터 멀리 떨어지지 않은 곳으로 전출하였다. 이는 농촌 잉여 노동력의 직업 전환을 하는 중요한 방식으로, 직원 전환을 통해 수입증대 및 동시에 가정생활을 유지할 수 있다는 장점 때문에 유리하다고 볼 수 있다.

V. 허난성의 두 도시로 바라본 시민화

1. 정저우시의 도시화와 시민화과정

정저우시는 2001년 11월 1일부터 호구 제도 개혁 정책을 시작하게 된다. <정저우시 인민 정부 진일보 완비 및 착실한 호구 제도 개혁 정책에 관한통지(郑州市人民政府关于进一步完善和落实户籍制度改革政策的通知)>가 공포되면서 친족 전입, 투자 전입, 졸업생 전입 등 3가지 방면으로 호구 전입 문턱을 크게 낮추었다.

2003년 8월 21일 정저우시 정부는 <정저우시 인민 정부 호적관리제도 개혁에 관한 통지(郑州市人民政府关于户籍管理制度改革的通知)>를 공포하고 기존의 호구 제도 개혁을 심화시켰다. 주요 내용은 "농업 호구(农业户口)", "임시 호구(暂住户口)", "소도시호구(小城镇户口)", "비농업호구(非农业户口)"로 이원화되어 있던 호구를 "정저우주민호구(郑州居民户口)"로 단일화시켰다.

이외에도 정저우시에서 주택을 구매할 시(면적, 신규분양 여부 상관없음) 부동산 재산권 증명을 가지고 가면 모든 친족이 정저우로 전입을 할 수 있도록 하였다. 그리고 고등학교 이상의 교육수준을 갖춘 자가 정저우시 인재센터에 자신의 이력 사항을 등록할 시 졸업 증명만 가능하면 취업 여부와 상관없이 전입할 수 있도록 하였다.

또한, 위의 정책을 추진하면서 친족 전입 조건도 완화했는데, 정저우에 직계 또는 비 직계 여부와 상관없이 현지 파출소에 신청하면 정저우 호구로 전입할 수 있도록 하였다.

규정에 따라 신규 전입자는 기존 시민과 동등한 혜택을 볼 수 있도록 하였다. 예를 들어 자녀입학, 징병, 토지, 주택, 교육, 보험, 취업, 공공서비스 등을 받을 수 있는 특징이 있다. 따라서 2003∼2004년 사이 신규 전입 신청자가 15만 명으로 증가하여 재원 마련에 압박을 받게 되었다.

이로 인하여 2004년 8월 17일 정저우시 공안국은 <정저우시 인민 정부<호적관리제도 개혁에 관한 통지)를 관철하는 데 따른 통지>를 공포하고 호구 관리를 다시 엄격하게 관리하였다.

2005년 5월 공안부는 이미 취소한 2년 임시거주증 관리 제도를 부활시 켰고, 2007년 <정저우시 시내 임시거주증 등기 방법(郑州市市区暂住人口登记办法)>을 시행하였고, 2010년 <허난성 임시거주인구관리조례(2010년수정본)(河南省暂住人口管理条例(2010年修正

本)>을 마련하여 2003년의 완화했던 호구 정책을 강화하는 것으로 선회하였다.

2011년 정저우시 인구정보 플랫폼 건설 프로젝트가 UN 인구기금 (UNFPA)과 중국 국가발전개혁위원회가 실시한 도시화 발전의 공공서비스 정책과 연구 시범 프로젝트로 선정되면서 <정저우시 인민정부 판공청유동인구 서비스 관리업무 강화 및 혁신에 관한 업무 의견(郑州市人民政府办公厅关于加强和创新流动人口服务管理工作的意见)>을 마련하였다.

2013년 6월 정보 플랫폼이 시범 운영하였고, 2013년 11월 1일 <정저우시 거주증 관리 임시 방법(郑州市居住证管理暂行办法)>이 등장하면서 유동인구 정보 서비스와 관리업무는 새로운 단계로 진입하게 되었다.

2. 정저우시의 호구 정책변화와 시민화과정

정저우시의 현행 도시 인구 관리 방법은 여전히 전통적 도농이원 호구 제도이다. 비록 정저우시 차원에서 적극적인 호구 제도 개혁을 추진하였지만, 호구 제도가 실질적으로 개혁된 것은 아니다. 현재 정저우에 전입을 하기 위해서는 주택구매, 친족 전입, 직업, 제대군인 등이 신청할 수 있다. 이는 여전히 대부분 농민공에게 적용되지 않으며, 외부인들이 기본 공공서비스를 동등하게 받기가 어렵다. 정저우시가 추진한 거주증 제도는 하나의 과도기에 생겨난 제도에 불과하다고 볼 수 있다. (张国锋, 2012) 2013년 <정저우시 거주증 관리 임시 방법(郑州市居住证管理暂行办法)>이 시행됨에 따라 전국 대도시 중 가장 진입 문턱이 낮은 호구 정책이라고 볼 수 있다. 정저우의 거주증 제도가 외부인들이 정저우에서 상주하게 하는 주요한 원인으로 볼 수 있다(『大河网—河南商报』, 2014.11.13.). 정저우시의 유동인구는 대부분 농민공이 주를 이루고 있는데 도농이원경제구 조와 밀접한 관계가 있는 호구 제도, 사회보장제도, 교육제도 등 제도적 장애로 인해 주류사회에 변두리에 머물고 있고 사회적 약자가 되었다(郭秀云,2008).

현재 정저우시에서 외지인에 대하여 시행 중인 거주증 신청조건은 아래와 같다. <거주증(유효기간을 1년으로 함)>은 정저우시에 임시거주 정보를 등록하고 6개월 이상 거주한 자가, 합법적인 직업, 거주지를 보유하고 있거나 학업의 사유가 충족될 시 신청이 가능하다.

정저우 거주증을 소지한 자는 공공서비스와 권리를 보장받을 수 있다.<정저우시 인민 정부 판공청 유동인구 서비스 관리업무 강화 및 혁신에 관한 업무 의견>에 따라 거주증을 소지한 자는 거주지에서 각종 자격증 취득이 가능하고, 자녀 의무교육 및 유아 보조금을 받을 수 있다.

또한, 무료 직업소개, 아동 면역 접종 및 기타 공공 보건 서비스를 받을 수 있고, 거주기간이 1년 이상일 시 신규분양 또는 도시임대아파트를 신청할 수 있는 자격이 부여된다. 이는 임시거주 등록과 거주증 신청은 유동인구가 정저우시에서 제공하는 공공서비스를 동일하게 누릴 수 있도록 하기 위하여 "일정통(一证通)" 정책을 마련하였다.

2013년 11월 1일부터 정저우시는 새로운 거주증을 제작하여 약 300만 명의 유동인구가 거주증을 통해 혜택을 누릴 수 있게 되었고, 이 제도는 외부인들에게 정저우시 호구 개혁 과정 중 과도기적 산물로 간주하였다(『決策探索月刊』, 2014:4-11).

현재 거주증은 IC 카드 형태로 제작되어 거주증과 금융 서비스를 함께 사용할 수 있다. 이렇게 제작된 거주증의 특징은 첫째 정저우시 유동인구 정보 플랫폼과 직접 연결되어 정보 공유 및 종합 서비스가 가능하다. 둘째 본인 신분 확인, 주거지 정보, 주거지 변경 기록이 가능하여 장기적으로 사용할 수 있다.

셋째 거주증 소지자는 거주증을 근거로 정부 공공서비스 혜택을 정저우 시민과 같이 누릴 수 있다. 넷째 금융 기능이 추가되어 현금결제, 서비스 이용료 납부, 대출 등을 할 수 있다.

이는 행정관리와 공공서비스라는 두 가지 기능을 충분히 사용할 수 있도록 하였고, 취업과 창업, 사회보장, 주택구매, 자녀교육, 계획생육 등을 동시에 관리할 수 있도록 하였다. 종합해보면 정저우시가 현재 진행 중인 유동인구 정보 서비스와 관리모델은 정보 플랫폼을 통한 제도적 메커니즘을 강화하여 유동인구 서비스와 관리를 강화하는데 주안점을 두고 있다.

3. 우상시(舞钢市)의 현지 도시화정책과 시민화과정

위에서 정저우시는 도시확장과정에서 도시 호구정책과 도시주민의 복지혜택도 함께 확정하는 정책이라면, 우가시는 현지에서 토지공간을 잘 활용하여 토지자원을 도시민의 복지정책으로 전환하는 정책이 특징적이다. 아래 조금 더 구체적으로 살펴보고자 한다.

허난성의 도농 일체형 시범도시인 우강시는 "토지는 규모의 경제에 집 중시키고, 농민은 도시로 집중시키자"라는 전략을 채택하여 도농 사회보장 체계를 수립하기 위한 새로운 신형도시화 모델로 자리 잡고 있다.

1) 우강시 "신형농민 커뮤니티" 시행 현황

우강시는 총면적 646㎢로 생산용지 234.53㎢, 전체 도시 면적의 37.36%, 생태용지 160.01㎢ 전체 면적의 25.43%를 차지하고 있다. 도시구획이 실패함에 따라 도시 내 농촌 현상과 저 효율적인 토지가 대량을 존재하고 있다. 또한, 공·농 분할, 도농 이원구조가 명확한 지역이다.

우강시는 신형 농촌 커뮤니티를 매개체로 하여 도시화로 나아가는 전략을 채택하고 있고 정책의 주요 내용을 요약하면 다음과 같다. 재정을 투입하고 시민 수를 증가시키고, 토지계획을 통한 경영 개선, 농업과 공업을 발전시켜 도농이 조화롭게 공존할 수 있도록 한다.

우강시는 소도시(县级市)로 190개의 농촌 마을과 834개의 자연 조성 마을 등으로 구성되어 있다. 우강시가 보유하고 있는 자원의 우세, 인구분포, 문화적 특징에 따라 17개의 중심 커뮤니티와 4개의 중심은(镇), 1개의 중심도시를 통한 도시화 발전 전략을 채택하였다.

발전 전략을 채택하고 나서 2개의 중요한 규획을 제정하였는데 신형도 시화 건설 규획과 경제발전 규획이 그것이다. 도시화가 요구됨에 따라 각 중시 커뮤니티는 관련 기초시설, 공공서비스 시설을 건설하였고, 지역 특색에 맞는 4개의 산업을 발굴하여 농민들의 경제적 여건 개선을 목표로 하고 있다. 2013년 현재 우강시의 도시화율을 51.2%에 달한다.

기존에 분산되어 있던 토지를 규모의 경제 방식으로 집중시켜 농업 생산방식을 전환하였다. 효과적인 산업화를 위해 우강시는 관련 정책을 제정하였는데 바로 토지이전 경영 플랫폼, 제도적 메커니즘, 정책적 지원 등 의 내용을 골자로 한다.

특히 종자 산업, 농민 합작회사, 농업 기업 등이 토지 규모의 이전에 참여하여 매년 14만 톤 이상을 생산한다는 전제조건 하에 농업의 고효율을 달성하였고, 농민 평균 수입이 증가하여 도시화를 추진하는데 기반을 마련하였다.

신형 농촌 커뮤니티가 건설되는 과정에서 중국 국토자원부의 "도농건설용지 증감 연결고리(城乡建设用地增减挂钩)"[4] 정책을 이용하여 기존 농업용지를 복원하고 남은 용지를 신형 농촌 커뮤니티 건설용지로 전환하여 사용하도록 하였다.

중심 읍을 건설하는 과정에서 우강시는 지리적 위치가 좋고 환경이 좋은 인지읍(尹集镇)을 토지 통합 관리와 도농 건설용지 증감 연결고리 시범지역으로 지정하여 약 733,000㎡의 토지에서 340,000㎡를 건설용지로 사용하여 약 400,000㎡를 절약할 수 있었다.

또한 류허위안(六合苑) 커뮤니티를 산업 집약 발전 토지증감 연결고리 시범지역으로 선정하여 6개의 마을 주민을 중심 커뮤니티에 편입시켰다. 해당 지역에 1만 명을 이주시키고 토지이용을 개선

---

4) "도농 건설용지 증감 연결고리" 정책은 토지이용 전체 규획을 근거로 농지를 복원하고 새로 건설하는 용지가 전체 지표를 넘어서지 않게 효율적으로 개발하는 정책이다(출처: 바이두백과, 검색일: 2016.04.27.).
http://baike.baidu.com/link?url=4dHqY4Ex2BcYMgnJm0NTref2JhmEJEM7WmBeMMTZE
FWub4_MTKa9Nb5f6saqA6cwW66r1vu4sTAS69KRSorY3q

하여 농업과 도시의 공존 터전을 마련하였다. 토지전환을 통한 토지가 상승분에 따른 수익은 농민들을 위하여 사용되었고, 도농 일체형 사회보장 체계를 마련하여 커뮤니티에 거주하는 주민들은 의료, 양로, 취업 등의 보장 혜택을 누릴 수 있도록 하였다. 그리고 주택 건설용지를 나누어 토지 사용권과 부동산 권리증을 내주어 주민들이 재산권을 행사할 수 있도록 보장하였다.

2) 우강시 "신형 농촌 커뮤니티" 실행 효과

신형도시화를 추진하면서 기존 모델들이 초래한 도시병과 농촌병의 불리한 점을 막았다는 점에서 우강 모델은 향후 지속적인 연구 가치가 있다고 보인다. 우강형 모델의 특징은 "농민 중심의 도시화"로서 2011년부터 2013년까지 허난성 내 300여 개의 신형 농촌 커뮤니티가 생겨났다. 우강형 모델 도시화는 농촌 주민들의 삶의 수준을 근본적으로 바꾸는 계기가 되었다.

우선 우강형 모델을 적용하기 위해서는 전체적인 블루맵을 수립하고 조건이 되는 지역을 우선 시범지역으로 지정하여 성과에 따라 전체적인 전개를 추진할 수 있다. 우강형 모델을 통해 농촌 비중이 높은 허난성은 천천히 하지만 미루어서는 안 된다. 현재 농촌 거주민들의 주택사용 연한이 거의 다되어 건물 개보수가 이루어져야 하는 시점인데 시기를 놓치게 되면 더 큰 비용을 지급해야 한다. 또한, 조건이 갖추어지지 않은 상태에서 무리한 투자는 오히려 역효과만 초래할 뿐이다.

신형 농촌 커뮤니티 건설은 농민에게 산업화의 성과를 분배하는 경로이고, 생산방식, 행동방식, 가치관 등에 농민 신분이 자연적으로 도시로 전환되는 의미가 있다.

우강형 모델의 아래의 세 가지 특징을 참고하여 다른 농촌 중심 지역으로 전할 수 있을 것으로 전망된다.

첫째 신형도시화는 도시발전과 식량안보를 어떻게 선결할 것인지 검토가 필요하다. 농업과 식량을 희생하고 생태환경을 파괴하는 대가로도 시화를 진행할 필요가 없다.

둘째 신형도시화는 산업화와 농업의 현대화가 맞물려 있는 관계로 우 강형 모델을 통해 산업화, 도시화, 농업의 현대화 목표를 달성할 수 있다. 셋째 신형도시화가 어떻게 농민들의 권리를 보장할 것인지 특히 토지를 통해 생계를 꾸려나가는 농민들의 권리 보장을 마련해야 할 것이다.

VI. 결론

종합해보면 허난성의 도시화는 단계별 발전이라는 특징이 있고, 중국 정부의 전체 전략과 맞물려서 진행되었으나 여전히 전국 평균과는 일정한 격차가 있다. 허난성의 도시화는 전통적 농업생산 지역에서 도시화로 발전되는 추세이고 향후 중국 도시화의 중요한 역할을 할 것으로 기대할 수 있다.

허난성의 도시 분포를 살펴보면 중부, 북부, 서부 지역에 도시의 수가 집중되어 있고, 남부와 동부지역의 도시 수가 적고 밀도 역시 낮다. 따라서 기존 중국의 도시화 모델을 일반적으로 적용하는 데 어려움이 있다.

정저우와 같은 허난성 내 중심도시의 경우 상하이와 광저우 모델을 적용하여 허난성 도시화의 중심축으로 역할 하도록 방안을 마련할 필요가 있다. 특히 정저우 내 경쟁력을 상실한 산업의 경우 타 도시로 이전하고 새로운 3차 산업을 중심으로 하는 도시화가 필요하다.

이를 위해 외부의 인재들이 유입되어야 하는 실정이고 외부유인 인원들에 대한 정책적 지원이 선결되어야 할 필요가 있다. 기존 정저우와 같은 대도시에서 거주하는 농민공의 경우 중소도시로 산업이 이전됨에 따라 자 연적인 인구유출이 발생할 것으로 전망된다.

그리고 농지가 많고 사용효율이 낮은 지역은 앞에서 소개한 톈진의 "농지-주택교환형" 모델을 적용해 볼 수 있다. 전체 농업 산출량을 보장함과 동시에 농민이 자발적인 참여를 전제로 하여 정부와 기업이 함께 도시계획과 건설을 하여 토지이용의 효율성 제고와 농민의 도시 생활을 누릴 수 있도록 하여 도농 간의 격차를 줄일 수 있을 것으로 보인다.

특히 농업에 종사하는 인구가 많은 허난성의 경우 우강시가 추진 중인 "신형 농촌 커뮤니티 건설" 모델이 성공적으로 추진된다면 농민공의 시민 화와 도시화를 동시에 실현할 수 있을 것으로 전망된다.

참고 문헌

권용우 외. 2009. "도시의 이해." 서울: 박영사.

고영희. 2014. "현대 중국의 大同社会论과 福祉战略--청두(成都)시의 사례를 중심으로." 『东洋哲学硏究』 第77辑.

김경환. 2012. "중국 신세대 농민공의 상태와 사회갈등." 부경대학교 석사학위 논문.

김경환·이중희. 2011. "중국 신세대 농민공의 사회경제적 특징." 『동북아문화여구』 제26집.

김병철. 2010. "중국 농민공의 현황과 문제, 그리고 대책." 『IMO 이민정책연구원』. 특별기획원고 vol. 2.

김화섭. 2013. "중국의 신형도시화 정책과 시사점." 『KIET 산업경제』.

박종기. 2014. "중국의 도시화 과정과 도시문제의 해결방안에 관한 연구." 대한 건축하회 논문집-계획계 30(4).

박진욱. 2011. "중국 신세대 농민공들의 투쟁." 『계간 노동과 사상』, 겨울호.

신동윤. 2013. "농민공의 도시 시민화 가능성과 전망." 『중국학연구』.

유정원. 2014. "중국 신형도시화 건설과 중앙정부 역할에 관한 연구." 『韩中社会科学硏究』제12권 제2호.

윤종석. 2014. "중국의 농민공과 체제전환: 사회적 유동과 시민화 사이에서." 『국제노동브리프』 2월호.

이민자. 2007. "중국 농민공의 계층분화와 주변화: 불법 이농민에서 도시 빈민의노." 『新亚细亚』14권 2호.

-----.2004. "中国의 农民离农과 都市问题, 户口制度 改革." 『新亚细亚』제11권제2호.

----. 1998. "중국 농민공(农民工)과 호적제도 간의 모순." 『한국정치학회보』, 제32권 1호.

----. 2015. "중국 호구 제도 개혁과 농민공(农民工) 2세의 시민화." 『新亚细亚』 22권 1호.

----. 2008. "중국 도시의 농민공 자녀교육: 국가와 민공자녀학교의 갈등과 타협." 『东亚研究』第55辑.

이철용·우저안. 2013. "도시화 향후 10년 중국 경제 좌우할 동력." 『LG

BusinessInsight』2.

조윤정. 2013. "KB daily 지식 비타민 :신흥국의 도시화와 경제적 영향." 『KB 금융 지주 경영연구소』, 13-064.

高珮义. 2004. 『中外城市化比较研究(增订版)』. 天津: 南开大学出版社.

李汉林·王琦. 2001. 『关系强度作为一种社区组织方式——农民工研究的一种 视角』. 北京: 中央编译出版.

程姝. 2013. "城镇化进程中农民工市民化问题研究." 东北农业大学博士学位论文.

傅晨. 2005. "城市化概念辨析", 『南方经济』(4).

傅琼. 2005. "加速农民´农民工市民化的制度创新." 『农村经济』, 年2月. 辜胜 阻. 1995. "中国二元城镇化战略构想." 『中国软科学』, 6.

黄国清等. 2010. "国外农民市民化的典型模式和经验." 『南方农村』第3期.

蓝庆新·张秋阳. 2013. "日本城镇化发展经验对我国的启示." 『城市发展战略』.

李强. 2002. "城市农民工与城市中的非正规就业." 『社会学研究』, 06.

李云遍. 2012. "宅基地使用权流转模式探析——天津'宅基地换房'" 『法治与社会』,06.

刘传江·渐玲. 2004. "社会资本与农民工的城市融合", 『人口研究』, 第4期.

刘潇. 2015. "河南省土地城镇化与人口城镇化协调发展研究", 郑州大学硕士学 位论文.

孟广文·盖盛男. 2012. "天津市华明镇土地开发整理模式研究." 『经济地理』, 4(32).

欧阳力胜. 2013. "新型城镇化进程中农民工市民化研究." 『财政部财政科学研 究所』.

彭国胜·陈成文. 2009. "社会资本与青年农民工的就业质量—基于长沙市的实 证调查." 『湖北行政学院学报』, 第4期.

宋煜凯. 2013. "韩国城市化经验与启示"; 『辽宁经济』(12).

王阳. 2014. "居住证制度地方实施现状研究——对上海´成都´郑州三市的考察 与思考." 『人口研究』, 第38卷 第3期.

文军. 2005. "农民市民化:从农民到市民的角色转型." 『华东师范大学学报(哲学 社会科学版)』, 5.

徐茂. 2014. "人口城镇化视野下的成都户籍制度改革研究." 西南交通大学硕士 学位论文°

杨建军·阮丽芬. 2011. "农村宅基地置换模式比较与分析——以上海佘山镇, 天 津华明镇, 重庆九龙坡区为例." 『华中建筑』02.

姚延婷. 2016. "国外农民市民化模式比较分析." 『新西部』, 02期. 张广川. 2014.

"广州市户籍制度改革研究", 吉林大学硕士学位论文.

张国胜. 2009. "基于社会成本考虑的农民工市民化:一个转轨中发展大国的视角与政策选择." 『中国软科学』, 第4期.

郑月琴. 2005. "农民工市民化进程中的心理形态和社会文化环境分析." 『经济与管理』, 9月.

朱考金. 2003. "城市农民工心理研究—对南京市610名农民工的调查与分析." 『青年研究』6月.

朱信凯. 2005. "农民市民化的国际经验及对我国农民工问题的启示[J]." 『中国软科学』, 第1期.

魏后凯외. 2014. "农民工市民化现状: 到2050年才能完成城镇化." 中国经济周刊(.03.11. 기사).

http://finance.china.com.cn/industry/hotnews/20140311/2247278.shtml

上海居住证 "积分制"破题户籍制度改革, 『中国经济网』2013.07.06. 기사

http://www.cb.com.cn/economy/2013_0706/1003052_3.html

"积分入户指标增至5000个", 『广州日报』. 2015.07.22. 기사

https://www.gz.gov.cn/2015cwhy/zdgz/201507/a9b6e69988e243b8b591818208e74426.s html

위키백과(https://ko.wikipedia.org/) 百度(www.baidu.com)

本地宝(http://www.bendibao.com/)

河南省统计局(http://www.ha.stats.gov.cn/) 郑州市统计局(http://www.zzstjj.gov.cn/)

中华人民共和国国家统计局(http://www.stats.gov.cn/) 中国知网(http://www.cnki.net/)

03

중국의
에너지 정책

정해조 · Liekai Bi

I. 중국 에너지 현황

세계의 발전과 인류 사회 에너지 수요의 급등에 따라 요즘 세계 많은 국가들이 "에너지 독립"이라는 개념을 논의하고 있으며 에너지 독립을 목표로 추구하고 있다.[1] 사회와 과학 기술의 발전에 따라 미래 에너지 독립이라는 개념이 현실화될 가능성이 있지만 아직까지 화석 연료에 크게 의존하고 있는 인류 사회가 지속가능한 발전의 실현과 에너지 독립의 목표를 달성하기 위해 각 국가가 자국에너지의 구조를 이해하는 게 아주 중요하다. 화석 연료는 개발이나 채굴이 간편하고 가격이 저렴하여 비교적 효율적인 에너지로 현재 인간생활에서 가장 많이 사용되고 있다. 화석 연료의 사용 범위가 더 넓은 반면에, 신재생에너지가 기술적으로 개발 능력 부족, 효율성 부족, 개발 원가가 지나치게 높은 것과 같은 장벽들로 인해 신재생에너지는 아직 널리 상용화되지 못하고 있는 실정이다. 물론 에너지 사용에 있어서 에너지 공급이 중요하지만 경제 성장과 긴밀히 관련된 에너지 사용 방식과 에너지 구조의 조정도 아주 중요한 과제라고 할 수 있다.

화석 연료의 생산량과 소비량 규모가 2007년에 사상 처음으로 20억 톤을 초과한 것과 함께 중국은 세계 2위 에너지 소비 대국이 되었다.[2] 2012년 기준으로 중국 화석 연료 확정 매장량 중 석탄이 94%, 석유와 천연 가스는 각각 5.4%와 0.6%를 차지한 걸로 밝혀

---

[1] Scott L. Montgomergy(2012), *The Power That Be: Global Energy for the Twenty-first Century and Beyond*, p.40.

[2] 王大中(2007), 『21世紀中國能源科技發展展望』, 淸華大學出版社, p.1.

졌다.[3] 물론 끊임없는 탐사의 진행에 따라 이 데이터가 매년 변하고 있지만 중국 에너지의 구조가 미래 수십 년간 실질적인 변화를 겪지 못할 것으로 예상된 바가 있다. 2018년 중국의 천연 가스 확정 매장량은 6.1만억 입방미터로 세계 천연 가스 비축량의 3.1%를 차지했다. 소비량의 경우, 2013년보다 17.7%가 상승한 것으로 세계 소비량의 7.4%를 차지했다.[4] 2016년 중국 일차 에너지 소비 구조를 보면, 각 분야별로 석탄 62%, 석유 18.30%, 가스 6.4%, 원자력 및 신재생에너지 13.3%로 구성된 것으로 나왔다. 한편 세계 일차 에너지 구조에서 석탄, 석유, 가스, 원자력 및 신재생에너지의 점유율은 각자 28%, 33%, 24%와 15%로 나왔다.[5] 세계 일차 에너지 구조와 중국 일차 에너지 구조가 상당히 다르고, 중국 에너지 구조에 존재하는 불합리적인 부분이 많다. 중국 에너지 공급의 불균형 문제, 석유 및 천연 가스 매장량 부족 및 에너지 구조의 취약성 등 문제가 갈수록 드러나고 있다. 이는 중국 경제 성장과 사회 발전에 있어서 큰 걸림돌이 되었다. 물론 시간이 지남에 따라 중국 에너지 구조에서 석탄의 점유율이 계속 낮아지는 것으로 예상되고 있지만 석유와 천연 가스의 대외 의존도가 지속적으로 높아질 것이므로 장기적으로 화석 연료를 대체할 수 있는 신재생에너지의 사용을 대폭 늘리는 것이 필요하다.

2010년부터 시작된 중국 경제 성장률의 둔화에 따라 2012년과 2013년의 평균 성장률이 '제11차 5개년 계획' 기간의 평균 성장률

---

3) 崔守軍(2012), 『能源大外交──中國崛起的戰略支軸』, 北京, 石油工業出版社, p.26.

4) 2018年 ≪BP世界能源統計年鑑≫.

5) http://free.chinabaogao.com/nengyuan/201803/03133243912018.html(검색일, 2019년9월30일)

과 비하면 9%에서 7.7%로 떨어졌으며, '제13차 5개년 계획' 기간 중국의 경제 성장률이 7%이하가 된 것으로 기록됐다. 2020년 중국 에너지 수요량이 45-48억 톤 표준석탄에 도달할 것으로 예상되어 있는데, 그중에서 석탄의 소비 비중이 2013년의 66%에서 62% 이하로 떨어질 것으로 예상되고 있다.[6] 중국 경제의 지속적이고 안정적인 성장에 따라 에너지 수요가 현재 보다 두 배로 늘어날 것으로 예상되고 있으나 일차 에너지의 공급 부족 문제가 매우 심각해질 것으로 예상되고 있다.

근대화와 현대화의 과정에서 중국이 석유 화학 공업 기업을 대규모로 육성시키기 위해 석유에 대한 의존도는 갈수록 높아지고 있고 석유의 중요성도 계속 늘어나고 있다. 1990년 이후, 중국의 석유 수요가 급격히 늘어남에 따라 석유의 대외 의존도는 날로 높아지고 있다. 2015년 석유의 대외 의ㅜ존도가 처음으로 60%를 돌파하여 60.6%를 기록했다.[7]

석탄, 석유, 전기, 가스 등 각종 에너지 부족 현상이 중국 각지에서 잇따라 일어나고 있다. 최근 몇 년간, 전력부족으로 인해 중국의 경제 발전을 비롯하여 중국 국민이 일상생활에서 큰 불편을 겪고 있다. 특히 경제 발전 수준이 높은 중국 동남부 연해 지역에서 전력피크를 맞을 때 수천 개의 공장과 기업들이 강제적으로 작업을 중단시켜야 한 경우가 종종 발생하기도 한다. 국가통계국의 데이터에 따르면, 2011년 중국에서 총 65.6 킬로와트시의 전력 부족으로

---

6) 煤炭工业发展形势及 "十三五"展望,
   http://paper.people.com.cn/zgnyb/html/2015-02/02/content_1530279.htm
7) 中国2015年石油消费5.43亿吨 对外依存度首破60%,
   http://news.eastday.com/c/20160127/u1a9199131.html.

인해 400억 위엔의 경제적 손실을 초래했다.8) 전력 부족이라는 문제는 기타 에너지 문제와 서로 얽혀 있어 아직 해결책을 찾기 어려운 상황이다.

중국에서 75% 이상의 전력이 석탄에 의해 생산되고 있어 전력을 생산하기 위해 석탄의 수요가 크게 늘어났다. 중국 에너지 수요의 3/4가 중부와 동부에 집중되어 있으나 중국의 석탄 자원이 주요 서부와 북부에 매장되어 있기 때문에 석탄 수요의 증가로 철도 운송시스템이 과부하 되고 있다. 한편, 중국의 지방 정부와 기업들이 경제 성장과 생산력을 유지하기 위한 방안으로 소형 디젤엔진과 가스 터빈 발전기를 대규모로 구입하기도 했다. 소형 디젤엔진과 가스 터빈 발전기를 통해 전력을 생산하는 과정에서 석유와 가스의 수요가 더 많이 늘어남에 따라 화석 연료의 가격도 자연스럽게 오르게 되었다. 결과적으로 보면 전력 부족으로 인해 화석 연료의 공급 부족과 함께 교통 운송시스템의 과부하 등의 문제가 발생하고 있다. 이는 중국 에너지 체계에 잠재적인 안보 리스크 요소로 에너지 체계에 위기를 초래할 수 있다.

앞서 말했듯이 서북쪽에 집중되어 있는 석탄을 중남 지역으로 운송하기 위해 중국은 역사상 전례가 없었던 '북탄남운'9), '서탄동운'10)이라는 커다란 공사를 추진하였다. 사회 발전과 경제 성장, 그리고 중국 국민의 생활에도 적극적인 영향을 크게 끼친 동시에 물가상승과 환경오염 등 예상치 못한 사회 갈등도 잇따라 발생했다.

---

8) 杨维新(2014), 「中国能源体系所面临的风险与对策分析」, 经济问题探索, 2014年第8期, 云南省宏观经济研究院, p.40.
9) 중국 북방에 있는 석탄을 남방으로 운송하다는 개념.
10) 중국 서북에 있는 석탄을 동북으로 운송하다는 개념.

이와 같이, 중국 에너지 체계에 존재한 각종 문제점들이 서로 얽혀 있으므로 해결책을 찾기가 쉽지 않다.

석탄은 여러 원인으로 중국에서 가장 많이 사용되고 있는 주요 에너지로서 중국의 에너지 구조에서 큰 비중을 차지하고 있다. 2050년 중국이 중진국으로 성장하기 위해 현재 석탄 위주의 불균형적인 에너지 구조를 조정해야 되며 전통 에너지에 대한 의존도를 줄이고 신재생에너지를 대대적으로 발전시켜야 된다.[11)]

원자력·신재생에너지의 소비 상황을 한번 살펴보면, 2014년 중국의 원자력 발전이 2013년보다 13.2%가 증가했지만 세계 총 원자력 발전 중 차지하는 비율이 5%밖에 안됐다. 2014년 중국 수력 발전 소비량이 10640.3억 킬로와트시에 도달했으며 2013년보다 15.7%가 상승했고 세계 수력 발전의 27.4%를 차지했다. 태양광 발전이 290.1억 킬로와트시로 2013년보다 87.6%가 증가했고 세계 태양광 발전의 15.7%를 차지했다. 풍력 발전은 1580.4억 킬로와트시로 2013년보다 12.2%가 증가했고 세계 풍력 발전의 22.4%를 차지했다.[12)]

태양광, 풍력 등 재생가능에너지의 사용량이 아직 전통 에너지보다 많이 뒤지고 있으며 사용범위도 아직 넓지 않은 실정이다. 그 이유는 여러 가지 있지만 개발 원가가 높기 때문에 신재생에너지에 의해서만 안정적인 에너지 공급이 아직 어려운 실정이다. 2016년 3월 29일, 중국 국제 컨벤션 센터에서 개최된 '중국 청정 전력 포럼 및 제8차 중국 국제 청정에너지 박람회'에서 국가 에너지 부국장인

---

11) 中国科学院(2009), 『高技术发展报告』, 科学出版社, p.10.

12) 2015年 ≪BP世界能源统计年鉴≫中国数据汇总, http://www.sxcoal.com/wym/4178667/print.html

왕샤오린이 "제13차 5개년 계획 기간에 중국은 신재생에너지의 비중을 대폭으로 늘릴 것이며 천연 가스의 소비 비중도 향상시킬 것"이라고 개막식 인사말로 밝혔다. 12차 5개년 계획 기간에 중국은 청정에너지 발전 분야에서 상당한 성과를 거두었다. 비전통 연료 발전 비율이 35%를 기록했고 비전통 연료 발전량이 27.8%에 이르렀다"고 밝혔다.[13] 시장 수요에 있어서 복잡한 각종 변수 때문에 '중국 석유 천연가스그룹'의 천연 가스 수요와 공급 예측 결과에 따라 2020년에 중국 미래 천연 가스 공급 부족이 점점 더 심해질 것으로 예상된다.[14]

2. 중국 화석 연료 발전의 변천

석탄은 아직도 중국의 일차에너지 소비량에서 가장 큰 비중을 차지하고 있고, 매년 중국의 석탄 총 소비량이 지속적으로 상승하고 있지만 중국 석탄의 소비 비중이 점차 줄어들고 있는 것으로 밝혔다. 현재 중국 에너지의 발전 추세에 따르면 석탄은 미래 수십 년간 계속 중국에서 가장 많아 사용되는 에너지원으로 사회와 경제 성장 과정에서 중요한 역할을 맡을 것으로 보인다.

MTOE[15](백만 석유환산톤)을 계량 단위로 계산하면, 중국 석탄 소비량은 1965년 112.3에서 2011년 1839.4까지 16.38배 폭등한 걸

---

13) 十三五期间将大幅增加非化石能源消费比重,
http://www.cnstock.com/v_industry/sid_rdjj/201603/3752237.htm

14) 余胜海(2012), 『能源战争』, 北京, 北京大学出版社, p.95.

15) 석유환산톤(Ton of oil equivalent, TOE)은 모든 에너지에 공통적으로 적용될 수 있는 에너지 단위로 석유 1미터톤을 연소할 때 발생하는 에너지로 석유 1톤의 발열량 10^7Kcal(10의 7승 Kcal)을 1TOE로 정의한다.(위키백과, 검색일, 2019년 10월 30일.)

로 기록되었다. 20세기 말기까지 중국 석탄의 소비량은 비교적으로 빠른 속도로 성장해왔으나 21세기에 들어서 중국 산업화의 가속화에 따라 석탄 산업이 "십년 황금기"라고 불릴 정도로 석탄 소비량이 급증하였다.(그림1)

중국의 경제 발전에 따라 석탄 소비량이 계속 늘어나서 석탄 소비의 성장 속도가 단계적으로 성장해왔다. 개혁개방 이전인 1965 - 1978년 중국 석탄의 소비량이 느리게 늘어난 추세를 보였다. 1978 - 1995년 개혁 개방과 경제 성장의 가속화로 인해 에너지의 소비량이 급증하는 가운데 석탄 소비량의 성장 속도가 가장 빠른 속도로 성장해왔다. 이 기간 에너지 구조에서 거의 뚜렷한 변화나 발전을 이루지 못했다. 개혁개방 이후 중국 에너지 소비량이 급증했음에도 불구하고, 생산·채굴 기술이 부족한 바람에 석탄의 생산에 있어서 상당한 제한을 받고 개혁개방의 초기 단계에서 석탄 소비량의 성장 속도가 느렸다. 1997년 아시아 IMF의 악영향을 받았기 때문에 중국 석탄산업의 생산과 경영은 큰 어려움을 겪기 시작했고 석탄의 생산과 소비가 수년 간 지속적인 불경기에 빠졌다. 게다가, 같은 해에 중국이 에너지 공급과 구조에 대해 대규모의 개혁을 진행한 후 석탄의 공급이 엄격한 제한을 받았다. 즉, 석유 소비 비중의 상승과 함께 1996 - 2001년, 중국 에너지의 소비와 구조가 큰 변동을 겪었다. 21세기에 들어서 중국 경제 성장의 가속화에 따라 에너지 공급과 수요의 불균형이 더욱 커진데다가 오일쇼크의 발생이 국제 에너지 시장에 큰 타격을 주었다. 석유 공급의 불안정이 심각해진 상황이 되자, 석유에 대한 의존도가 높은 중국이 불안해지면서 석탄이 에너지 소비 구조에서 점차 다시 각광을 받기 시작했고 더 높은 비중을 차지하기 시작했다. 2003년과 2004년 2년 간 중국 여러 지역에서 발생한 대규모 발전량 부족을 해결하기 위해 화력 발전이 더 크게 늘어났다. 이에 따라 2003년과 2004년 각각 12.35%와 17.27%가 늘어나서 석탄 소비가 급격하게 상승되었다. 2005년 중국의 에너지 정책 조정으로 인해 석탄의 소비량 성장률이 다시 8.26%로 낮아졌다.

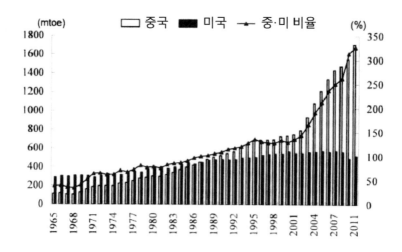

그림1 1965-2011 중국·미국 석탄 소비량 비교[16]

2007년, 중국 산업화의 가속화와 인플레이션과 부동산 산업의 호황에 따라 석탄 가격이 급증하기 시작했다. 2008년을 시점으로 석탄 수출국이었던 중국은 본격적으로 석탄 순수입국으로 전환했다. 세계 경제가 감퇴한 2009년인데도 중국의 석탄 수입량이 5억

---

16) BP 세계 에너지 통계.

톤에 달했다. 세계에서 가장 많은 석탄을 생산하고 가장 많은 종류의 석탄을 가지고 있는 중국이 타국에서 석탄을 수입해야 된다는 것은 에너지의 불합리적인 사용 및 구조적 문제가 얼마나 심각한지 알 수 있다.[17]

2008년 분야별로 에너지 소비의 구조로 교통용 에너지, 산업용 에너지 그리고 건축용 에너지가 각각 에너지 총 소비량 중에 10%, 70% 및 20%를 차지했다. 1986년 중국 화력 발전 설비 용량은 불과 6,628만 킬로와트(kW)에 불과 했지만 2000년 23,754만 킬로와트(kW)로 늘었고, 2010년 7억 킬로와트(kW)로 늘었는데 최근 10년 간 무려 2.9배 늘었다. 발전용 석탄도 2000년의 5.9억 톤으로부터 2010년의 16억 톤까지 2.7배 늘었다. 최근 몇 년동안 중국은 용량이 5만 킬로와트 이하의 작은 화력 발전소를 폐쇄하였고, 초임계압과 초초임계압 화력 발전소를 설치하여 중국의 에너지 소비 효율성이 크게 개선될 것으로 예상된다. 2017년 중국의 조강 생산량·소비량·순수출량은 세계 1위로 831.7 백만 톤을 기록했다. 이로 인해 중국 조강 산업의 에너지 소비량이 전력 산업에 이어서 가장 많은 것으로 보인다.[18]

---

17) 郝新東(2013), 「中美能源消費結构問題研究」, 武汉大学 博士学位论文, pp. 48-49.
18) 위의 글, pp. 50-52.

표1. 1998-2008년 중국 철강 산업 석탄 수요[19)]

연도	석탄 총 소비(억 톤)	철강생산량(억 톤)	철강 산업 석탄 소비량
1998	1.13	1.07	1.05
1999	1.14	1.21	0.94
2000	1.11	1.31	0.85
2001	1.08	1.61	0.67
2002	1.18	1.93	0.62
2003	1.47	2.41	0.61
2004	1.62	3.20	0.51
2005	1.92	3.78	0.51
2006	2.12	4.69	0.45
2007	4.62	5.66	0.82
2008	4.61	5.82	0.79

도시화의 가속화와 도시 인구 비율의 증가는 건축 산업, 교통 및 일상생활 등 여러 면에 큰 부담을 주게 되었다. 농촌과 비교하면 도시의 수도, 전기, 인프라, 시장 그리고 교통에 대한 수요가 더 크다. 도시화의 가속화와 중국 1인당 국민총생산량의 성장에 따라 산업용·생활용 에너지 수요가 급증하고 있다. 특히 끊임없는 주택구매·자동차구매 수요가 건축과 교통에서 에너지의 수요가 더 커질 것이다. 2019년을 기준으로 중국의 총 자동차 보유 대수가 2.5억 대에 달했으나 천 명당 승용차 보유 대수가 179대에 불과하다.[20)] 따라서 효율적으로 통제하거나 해결책을 찾지 않으면 파국적인 결과를 초래할 수 있다.[21)]

석유 공급의 부족과 세계 각국이 석유에 대한 수요가 계속 높

19) http://www.stats.gov.cn/tjsj/ndsj/

20) 위키백과, https://en.wikipedia.org/wiki/List_of_countries_by_vehicles_per_capita, (검색일: 2019년 11월 11일)

21) 郝新东(2013), 「中美能源消费结构问题研究」, 武汉大学 博士学位论文, pp. 53-54.

아진 가운데 세계 최대 석유 수입국인 중국이 국제 에너지 시장에 중요한 영향을 끼치고 있다. 2018년 말까지 중국의 에너지 가채 매장량이 35억 톤으로 세계 총 매장량의 1.5%밖에 차지하지 못했다. 1인당 평균 석유 보유량을 보면, 중국 사람은 세계 평균 수준의 1/10도 모자랐다. 1960년대 중국 다칭 유전의 발견 후, 석유 산업이 도약적인 발전을 시작했고, 석유는 공업 생산, 화학공업의 원자재 제조 그리고 교통 수단의 연료로 폭넓게 활용되기 시작했다. 중국 경제의 성장에 따라 석유의 소비량과 성장속도가 빠른 속도로 늘었다. 중국 에너지 소비량은 1965년에서 2010년까지 무려 38.96배 늘었고 평균 연간성장률이 8.29%이다. 세계 2위 석유 소비 대국인 미국의 동기간 석유 연간성장률이 0.94%이다. 중국의 석유 소비량과 석유 소비 성장률이 세계 평균치보다 훨씬 더 앞서고 있다. 2006년 중국 석유의 소비 성장률이 6.71%였는데 세계 평균 성장률은 0.74%이었다. 디젤유는 중국에서 가장 많이 사용되고 있으며, 연료유 그리고 휘발유의 사용률이 2위, 3위의 자리를 차지있다.[22]

2018년 말까지 중국 가채 천연 가스 매장량이 6.1만억 입방미터로 세계의 3.1%를 차지한 것으로 발표되었다. 최근 몇 년간 중국의 천연 가스 사용이 계속 늘어나고 있다. 1965년과 비하면, 2011년 중국의 천연가스 소비량이 117.6배가 늘었다. 그럼에도 불구하고, 천연가스의 개발과 이용 수준이 아직 부족하고 중국 에너지 구조 중 천연가스의 점유율이 아직 작은 편이다. 2018년 중국의 천연가스 소비량이 2,830억 입방미터로 세계 총 소비량의 7.4%를 차지했

22) 郝新东(2013), 「中美能源消費結构问题研究」, 武汉大学 博士学位论文, pp. 54-55.

다. 그러나 중국의 에너지 개발 능력의 발전 및 중국 "메이가이치" (석탄을 천연가스로 대채하는 정책)의 시행에 따라 중국 천연가스의 사용이 빠르게 확장되고 있다. 2018년 중국 천연가스의 가채 매장량이 6.1만억 입방미터로 세계의 3.1%를 차지했다. 관련 기술의 발전에 따라 중국 가채 가스의 매장량이 계속 증가할 것으로 예상되고 있다.[23)]

3. 중국 원자력발전

중국에서 원자력 발전소 건설은 1980년대부터 시작되었으며 원자력 발전의 추이는 대체적으로 3단계로 나눠질 수 있다[24)]. 제1단계는 1985 - 1994년이다. 중국은 1985년부터 진산 원자력발전소의 건설을 시작했다. 이를 비롯하여 1994년에 다야완 원자력발전소가 준공되었다. 10년 동안 210만 킬로와트의 설비용량을 갖춘 원자력발전소 2대와 발전 세트 3대를 건설했다. 1단계는 중국 원자력발전소의 초기 단계로서 프랑스에서 도입된 프로젝트 관리 모델을 실시했다.

제2단계는 1996년부터 시작해서 진산 2기 원자력발전소를 시발점으로 진산 3기, 링아오 1기 등 4대 원자력발전소와 8대 발전 세트를 건설했다. 모든 원자력발전소가 가동되어 중국의 원자력발전소가 총 712만 킬로와트의 설비용량을 갖추게 되었다. 2007년까지 중국의 원자력발전소의 설비용량은 922만 킬로와트에 도달했다. 제

---

23) 郝新东(2013),「中美能源消費结构问题研究」, 武汉大学 博士学位论文, pp. 57-58.
24) 汪映荣(2008),「对中国核电发展的再思考」, 中国核电, 2008(05).

2단계에서 중국의 원자력발전소는 미국과 프랑스의 원자력 기술을 도입하여 관리 모델이 업그레이드되었다. 중국 원자력발전소의 제3단계는 2005년부터 시작되었다. 4대 원자력발전소가 국가의 인가를 받았으며 절강성 진산과 광동성 링아오에서 건설되었다. 그리고, 2세대 원자력 발전소 4대, 미국에서 도입된 AP1000 발전소 4대, 프랑스에서 도입된 EPR 발전소 2대가 전국 각지에서 건설되기 시작했다. 위에서 말한 원자력발전소 외에 중국은 자국 원자력발전소를 개발하는 데에도 힘쓰고 있다. 예를 들면, 대형 가압수형 원자력 발전소와 고온 가스 냉각형 원자력 발전소 등을 개발 중이다. 중국은 현재 원자력 개발하는 데 좋은 조건과 실력을 갖추고 있지만 원자력발전소의 발전량이 아직 부족하다. 2018년 중국의 원자력 발전소 발전량이 세계의 10.9%밖에 차지하지 못했고 세계 평균 수준 이하이다.

표2 중국 원전 발전소 운영 상황(2018년 기분)[25]

	운영 중	건설 중
총수(대)	38	18
총설비용량(MW)	36,808	21,010

4. 중국 신재생에너지

재생가능에너지가 중국의 에너지 산업에서 특별한 역할을 맡고 있다. 중국의 재생가능에너지의 발전 과정은 4단계로 나눠질 수 있

---

25) 百度百科, https://baike.baidu.com/item/中国核电站分布图(검색일: 2019.12.19.)

다. 1970년대 세계 에너지 위기가 일어났을 때 중국도 상당한 충격을 받았다. 그 당시에 중국 일부 지역, 특히 농촌에서 심한 에너지 공급 부족을 겪었다. 이를 계기로 중국은 재생가능에너지의 개발 및 이용을 대규모로 추진하였다 신재생에너지의 개발과 이용을 추진시키기 위해 그 당시에 중국은 "지역 특징 활용, 상호 보완, 종합 이용, 효율성 추구"(因地制宜ˊ 多能互补ˊ 综合利用ˊ 讲求效益)의 방침을 실시했는데 어느 정도의 성과를 거두었으나 기술 부족 및 조방형 발전 모델 때문에 신재생에너지 이용의 효율성이 아주 낮았다.

1992년 중국 정부는 "중국 21세기 의정"을 제정했고 주요 내용으로 신재생에너지의 발전이 세계와 중국의 지속가능한 발전 그리고 환경 보호 문제에 대한 중요한 역할을 강조했다. 또한 지속가능한 길을 반드시 가야하고 풍력, 태양열, 바이오와 지열 등 새로운 재생가능에너지를 적극적으로 개발하여 사용함으로써 환경보호를 목표로 했다. 이는 신재생에너지의 산업화가 본격적으로 중국 정부의 의사일정에 들어갔고 정부에 의해 지원을 받기 시작했다는 것을 의미했다.

1995년 중국은 "1996-2010년 신에너지와 재생가능에너지 발전 강령"을 제정한 것을 통해 전문적으로 설립한 펀드로 지원하는 전국 각지와 각 부서들이 일련의 새로운 에너지 프로젝트를 제안했다. 이는 중국 재생가능에너지의 개발·이용 기술, 장비 수준과 제품 품질의 향상 그리고 서비스 시스템의 구축을 촉진시키는데 도움이 되었다. 1998년 실시된 "중화인민공화국에너지절약법"에서 "국가가 신에너지와 재생가능에너지의 개발과 이용을 격려한다"고 명확히 규정했다. 이는 중국 신재생에너지의 개발과 발전이 본격적으로 법제화됐다는 의미를 드러냈다. 이런 노력으로 중국의 재생가능에너지의 이용은 1.3억 톤 표준석탄을 넘었으며 중국 에너지 구조에서 7%를 자치했다.

국제 사회가 신재생에너지에 대한 관심이 계속 높아진 가운데, 중국 신재생에너지 개발 기술이 점점 업그레이드되었고, 중국 신재생에너지의 발전이 가속화 단계에 진입했다. 2007년 말까지, 중국 태양열 온수기의 연 생산력은 2300평방미터에 달했으며 태양열 온수기의 사용률은 세계의 60%를 차지했다. 2007년 중국 재생가능에너지 소비량이 전국 일차에너지 총 소비량의 8.5%를 차지했고 2.2억 톤 표준석탄에 달했다. 가속화 단계에서 관련 법규도 보완되었다. 2005년 2월 26일, 전국 인민대표 대회에서 "중화인민공화국재생가능에너지법"을 통과시켰다. 이 후 일련의 관련 법규와 정책이 계속 나왔고, 신재생에너지 산업화 발전 지원 정책, 세금 징수, 보조금 정책, 전력가격정책, 투자정책 등 다양한 내용이 포함되었다. 2009년 9월 국가발전개혁위원회는 "재생가능에너지 중장기발전계획"을 제정했다. 이는 재생가능에너지의 소비량과 소비 비율을 제고하는 데 목적을 두었다.(표2)

표2 중국 재생가능에너지 중장기 발전 목표(단위: kw)[26]

	2005년	2020년	2050년
화력	0.12C	0.19C	0.3C
바이오매스	2M	5.5M	30M
풍력	1.26M	5M	30M
태양열	0.007M	0.03M	1.8M

---

26) 中国可再生能源中长期发展规划2017.

지열	-	4Mtoc	12Mtoc
이산화탄소 저감	-	0.6Gtoc	1.2Gtoc

중국 대부분의 재생가능에너지 산업의 기초가 약하므로 경쟁력이 아직 부족하다. 그렇기 때문에 기술 향상과 완비된 재생가능에너지 산업 체계를 수립하는 게 아주 중요하다. 2010년 중국 재생가능에너지의 비중이 10%로 올라왔고 2020년 15%로 증가될 것으로 예상되고 있다. 2020년 중국 신재생에너지 산업의 연간 생산 규모가 4,500억 위안에 달할 것이고, 500만개의 일자리를 창출할 수 있다. 그러면 신재생에너지가 중국 에너지 공급 구조에 있어서 아주 중요한 뒷받침이 될 것이고 큰 산업화 규모가 형성될 것이다. 현재 중국의 신재생에너지 기술을 보면 수력 에너지는 중국이 대규모로 발전시킬 수 있는 신재생에너지 분야이다. 그 외에 바이오매스, 풍력에너지 그리고 태양에너지도 큰 잠재력이 있다. 그 중에 바이오매스는 가장 넓게 상용화시킬 수 있는 신재생에너지로서 발전, 급열, 액체연료 생산, 메탄가스 생산 등 다양한 면에서 사용될 수 있다. 특히, 바이오매스에서 얻은 액체연료는 석유의 중요한 대체품으로 사용될 가능성이 있다. 그리고 바이오매스 연료와 관련된 원자재 재배와 가공 산업 사슬이 형성될 수 있으며 농촌 노동력의 취업 기회도 늘릴 수 있기 때문에 농촌 경제가 이에 따라 더 발전되어갈 것이고 생태환경도 개선될 것이다. 1970년대 오일쇼크 이후, 미국을 비롯하여 세계 각국은 전통 에너지를 대체하는 솔루션을 찾기 위해 재생가능에너지의 연구와 개발을 시작했다.[27] 중국도 지속

---

27) 郝新东(2013),「中美能源消费结构问题研究」, 武汉大学 博士学位论文, pp. 63-65.

가능한 발전을 위해 신재생에너지의 연구와 개발에 대해 지속적으로 노력해야 할 것이다.

5. 중국 에너지정책 개관

1980년대로부터, 에너지 공급의 부족으로 인해 중국 정부는 에너지 부족 문제의 해결책을 찾기 위해 에너지 절감과 신재생에너지 분야에 대해 더 많은 관심을 가지기 시작했다. 그러나 에너지 절감 기술과 신재생에너지 산업 시장화의 실현을 위해 정책 입안의 초기 단계에 경험 부족한 바람에 정부 지원 정책 부족 등 문제가 생겼다. 새로운 신재생에너지나 에너지 절감 프로젝트로부터 얻을 수 있는 사회적·경제적 효과를 바로 평가하기 어려웠기 때문에 정책을 수립하는데 어려움이 많이 생겼다.[28]

개혁개방 이후, 전력 공급을 에너지 정책 입안의 핵심으로 에너지 산업 관리 시스템, 에너지 가격 조정 시장 메커니즘 그리고 에너지 산업 시장 구축 등 에너지 정책과 관련된 개혁 방안을 보여주었다. 중국 에너지 산업의 발전과 함께 사회·경제의 측면에서도 신속한 발전이 이루어졌고 에너지의 생산량도 산업 성장 및 경제 성장의 수요를 기본적으로 만족시킬 수 있었다.

1990년대로부터, 중국의 경제가 비약적으로 발전하기 시작했고 경제 발전이 고속 성장의 새로운 단계에 진입한 것에 따라 지속가능한 발전이라는 개념이 중국 사회에서 점점 중요하게 되었다. 에

---

28) 谢治国(2006), 「新中国能源政策研究」, 中国科学技术大学, p.11.

너지의 개발·이용 과정에서 예상치 못한 사회적·환경적 이슈나 문제점들이 점점 중국 국민들의 눈에 띄기 시작했다. 그런 배경 하 "21세기의정"29)의 발표와 함께 지속가능한 발전이 중국 국가 발전의 기본적인 발전 전략이 되었다. 에너지 정책 측면에서도 지속가능한 발전의 이념을 더 많이 드러내기 시작했고 지속가능한 발전 이념은 21세기 중국 에너지 정책의 제정을 주도하게 되었다.30)

"제 11기 중앙위원회 3중 전회"31)를 계기로 평화와 발전, 그리고 인류운명공동체라는 개념의 창안에 따라 중국의 상위 지도층이 완전히 개혁개방 이전과 다른 차원에서 에너지의 전략적 중요성을 인식하기 시작했다. 즉, 중국 경제 성장의 비약에 따라 에너지의 중요성이 어느 시기보다 더 크게 드러나기 시작했다. 이와 함께 에너지 산업 관리 체제, 에너지 가격 체제, 에너지 산업 시장화 등 다양한 분야에서 에너지 정책이 개혁되었다. 전국 각 지역의 실정에 맞게 차별화된 에너지 개발이라는 이념이 이 시기에 최초로 도입되었고 에너지 정책 입안 시 '개발과 절약이 병행하는 에너지 정책'이 최우선적으로 감안된다는 것은 그 시기 에너지 정책 제정의 핵심이었다. 그리고 에너지 절약 정책도 '국민 경제와 사회 발전 제6차 5개년 규획'에 포함되었다.

1994년부터 중국은 에너지 산업의 규모보다 에너지의 효율성을 더 중시해왔다. 특히 석유에 대한 수요가 날마다 늘어난 상황에서

---

29) 의제 21(Agenda 21)은 1992년 6월 브라질 리우데자네이로에서 채택된 지속가능한 개발을 실현하기 위한 국제적 지침으로 지구보전을 위한 규범을 각론에 들어가 실현시키기 위한 '행동계획'이다. 조약과 같은 구속력은 없지만 각국의 환경 및 개발계획에 반영되기를 기대한다. 의제21의 구성은 총40개의 장으로 성립되어 있다. 리우선언이 모법이라면 Agenda21은 시행령에 해당한다.(위키백과, 검색: 2019년 12월 13일)

30) 謝治国(2006),「新中国能源政策研究」, 中国科学技术大学, p.15.

31) 1978년 12월 18일에서 22일까지 열림. 개혁개방의 서막을 올릴 만큼의 중요한 평가를 받았다.

석유 수출입 무역 정책을 제정하였다. 1998년 이후 중국은 국내 에너지 개발을 강화시키기 위해 서부 지역의 에너지 채굴 인프라 시설과 에너지 기지의 건설을 중심으로 다양한 정책을 제정하였다. 특히 신에너지의 발전을 가속화시키는 데 큰 노력을 기울였다. "현지 실정에 맞는 에너지 산업을 발전시켜야 한다"는 주장하에 중국은 에너지 법규의 수립도 강화시켰다. <중화인민공화국 에너지절약법>(<中华人民共和国能源节约法>)(1998) 등 일련의 에너지 산업 발전과 관련 있는 법규의 반포와 함께 에너지 산업을 규범화의 길로 이끌기 시작했다. 20여년의 노력으로 '10차 5개년 규획' 후반(2005)까지 중국 에너지의 생산력이 크게 향상되었다. 갈수록 더 많이 성장하는 에너지 수요에 만족시키기 위해 석탄, 석유, 천연 가스 등 전통 에너지와 기타 신재생에너지 정책의 보완과 함께 에너지 소비 구조가 크게 최적화되었다.

'10차 5개년 규획'이 실시된 동안 중국은 에너지 정책의 핵심을 에너지 공급과 소비 구조를 조정하는 데에 두었다. 국민 경제 성장의 비약과 함께 에너지원 공급 안전을 확보할 수 있도록 다원적인 에너지 공급 시스템이 수립되었다.

21세기에 들어서, 사회 경제 발전하는 데에 필요한 에너지 수요는 갈수록 더 많아질 수밖에 없다. 특히 2000년 이후 중국 원유 수입의 거의 50%는 해외 수입에 의존할 수밖에 없는 상황이 되었다. 최근 미국 우선주의의 대두와 함께 반글로벌화의 경향이 있지만, 중국은 여전히 세계 기타 국가, 특히 원유 수출국들과 긴밀하게 관계를 맺고 있다. 에너지 부족의 문제를 해결하려면 외교 측면에서 에너지 정책을 제정하는 것을 감안할 필요가 있기 때문에 에너지 정책의 수립은 과거보다 더 복잡해졌다. 산업화와 산업 구조의 변

혁과 함께 중국이 에너지 구조 조정, 에너지 개발, 에너지 절약, 석
탄 산업 체계의 개혁, 석유 공급의 안보 문제, 친환경 에너지정책,
신재생에너지 개발, 탄소감출 등 사회 실정에 맞게 많은 새롭고 다
양한 정책을 수립하려 노력하고 있다.

참고문헌

양철(2016), 「중국 에너지 정책의 패러다임 변화 실증 분석」, 현대중국연구 제20집 1호.

유향란(2013), 「중국재생가능에너지법 입법과정의 주요쟁점과 이해당사자 입장분석」, 서울 대학교 환경대학원 도시계획학 박사 학위논문.

이우익(2012), 「중국의 원전확대정책과 국제적영향 연구」, 한양대학교 국제학대학원 중국학과 박사 학위논문.

Baker & McKenzie(2007), RELaw Assist. Renewable Energy Law in China-Issues Paper,

Lieberthal, K. 2004. "Governing China: From ReVol.ution Through Reform" W. W. Norton & Co. New York

Scott L. Montgomergy(2012), The Power That Be: Global Energy for the Twenty-first Century and Beyond,

Yun Zhou(2010), "Why is China going nuclear?", Energy Policy 38 (2010) 3755-3762.

BP 세계 에너지 통계

王大中(2007), 『21世纪中国能源科技发展展望』, 清华大学出版社,

崔守军(2012), 『能源大外交——中国崛起的战略支轴』, 北京, 石油工业出版社,

中国科学院(2009), 『高技术发展报告』, 科学出版社

余胜海(2012), 『能源战争』, 北京, 北京大学出版社

杨维新(2014), 「中国能源体系所面临的风险与对策分析」, 经济问题探索, 2014年第8期, 云南省宏观经济研究院,

郝新东(2013), 「中美能源消费结构问题研究」, 武汉大学 博士学位论文

张海龙(2014), 「中国新能源发展研究」, 吉林大学博士论文

2018年 ≪BP世界能源统计年鉴≫.

04

시진핑 시대의
중국문화정책

정보은

Ⅰ. 서론

우리는 시진핑 정부의 정책의 옳고 그름을 떠나 그들의 의도가 무엇인가를 주도면밀하게 살펴볼 필요가 있다. 그랬을 때 시진핑 정부의 상황인식이 어떠한가를 객관적으로 파악할 수 있다. 시진핑 정부는 집권 후, 2014년에 신창타이(新常態: 새로운 정상상태)라는 말을 처음으로 주장했다. 새로운(정상)상태는 이전 상태와는 다른 상태에 진입했다는 의미로 해석할 수 있다. 새로운 상태가 무엇인지에 관한 관심은 많지만 그 뿌리에 해당하는 '원 상태'에 관한 논의는 별로 다뤄지지 않았다. 현대 중국은 현재 14억에 육박하는 인구 대국, 세계 제2의 경제대국이라는 규모로 나타난다. 폭발적으로 늘어가는 고속 철도망, 지하철, 우후죽순처럼 생기는 거대 도시들, 대륙을 휩쓴 전자상거래의 혁명처럼 인류 역사상 최대 규모의 성장은 이미 현대 중국을 상징하는 아이콘이 되었다.

시진핑 시대는 21세기 중국의 새로운 국가비전으로 사회주의 문화강국을 지향한다. 2012년 11월 시진핑은 중화민족의 부흥을 의미하는 '중국몽(中國夢)'을 제기했다. 시진핑의 '중국몽'은 단순히 잘사는 나라 구축의 의미를 넘어선다. '중국몽'의 현실을 위한 전략 중 두드러지는 것이 '일대일로(一帶一路)'이다. 현재 시진핑 정부는 문화산업 육성을 통한 '문화 강국'을 실현하겠다는 목적을 보이고 있으며 이것이 국가발전의 핵심 목표로 다뤄지고 있다. 21세기 중국은 소프트파워에 집착하고 있으며 FTA규약은 한중간 자유무역 시대를 이끌었다. 최근 중국의 해외진출 유형에서 대외투자가 급격히 확대되었는데, 이는 거대 자본력을 동원해서 유통망을 장악하여 실제적 영향력을 제고시키려는 목적이 숨어있다고 판단된다. 현재 시진핑 정부는 문화정책을 통하여 경제 이익과 국가이미지를 제고 시키려는 노력을 하고 있다. 중국의 문화정책 발전은 덩샤오핑 시대의 개혁개방 시기와 함께 시작되었다고 사료된다. 문화정책 수립 초기는 관리에 있었으며 점차 문화의 경제성을 인식한 것이다. 후진타오 이후 중국은 문화 강국의 정책을 펼치고 있으며 시진핑식의 중국 문화정책은 '문화예술을 통한 국가 이미지 확립'에 주력하고 있다.

본 논문에서는 시대별로 나타나는 중국의 문화정책의 변화를 관측하고, 시진핑 시대에 실현하려고 하는 문화강국의 현실적 내용 속에서 나타나는 현재의 문화정책의 함의와 한계점에 대해서 논의해 보고자 한다.

II. 시대별 문화정책과 내용

1. 시대별 중국 문화 정책

문화정책이란 사회의 공공 권위가 특정한 상황 속에서 일정한 문화목표를 달성하기 위해 제정한 행동방안이나 행동 준칙이다. 문화정책의 기능은 유관 기구나 단체 또는 개인의 행동을 규범하거나 지도하는 것으로서, 그 전달 형식은 법률법규, 행동규정이나 명령, 국가지도자의 구두나 서면 지시 그리고 정부의 대형기획이나 구체적인 행동방안 및 이와 상관된 책략 등이다. 중국의 실제상황 으로부터 본다면 영수 인물의 구두나 서면 지시, 중국공산당 역차 대표대회의 보고와 정부사업보고 중에서 언급된 문화 부분에 관한 것들로서 집권 정당으로서의 중국공산당의 핵심적인 문화가치이념과 문화주장, 문화의지를 체현하였는바, 이런 것들은 중국의 문화정책의 가장 권위적인 조성부분이다. 시대별 중국 문화 정책의 성격을 이태형, 「중국 문화정책의 통시적 고찰」, (2016)을 참고하여 다음과 같이 명확한 특징들을 재정리할 수 있다.

1) 1919년~1948년: 중화민국시기

아편전쟁(1840년)부터 신문화운동(1919년)까지는 중국이 중서문화의 충돌을 겪는 시기이다. 특히 아편전쟁의 패배는 중국 봉건사회의 구질서를 흔들었고 위기에 놓인 중국지식인들은 기존의 정치, 사상, 문화를 비판하고 검토하여 문학관념, 언어문체, 내용과 형식 등 각 방면에서 전면적인 혁신과 해방을 주장했는데, 이것이 중국 문화정책의 시초가 된다.

신문화운동이후 1927년부터 1937년까지 10년은 마르크스주의 문예이론이 급속하게 전파되어, 1930년에는 좌익작가연맹[1]이 결성된다. 이로써 좌익 문예가 문예계 전체를 주도할 힘을 얻는다. 1940년대에 마오쩌둥은 『신민주주의론』을 제기하고, 여기서 중국 혁명의 목적이 "중화민족이 새로운 사회와 새로운 국가를 건설하는데 있으며, 이 새로운 사회와 국가는 새로운 정치와 새로운 경제뿐 아니라 새로운 문화가 있어야 한다고 전제한 뒤 일정한 문화는 일정한 사회의 정치·경제적 반영이며, 또한 일정하게 사회와 정치와 경제에

---

[1] 좌익작가연맹은 국민당에 대한 반대와 사상의 자유를 위한 투쟁을 공동목표로 내세웠으며 반봉건적이고 반자산계급적인 무산계급문학을 지향한다는 구체적인 강령도 채택했다. 좌익문예가 비로소 문예계 전체를 주도할 힘을 얻게 되었고, 중심축인 취치우바이(瞿秋白)가 문예대중화와 같은 구체적이고 실천적인 논의를 이끌어내어 중국공산당 문예정책의 기초를 다졌다. (이태형, 2016)

영향을 미친다"(毛澤東, 이희옥 역, 『모택동선집 I』, p.367∼368)고 했다. 사상적으로 신민주주의론2)이라는 중국식 사회주의 혁명이 마르크스 레닌주의와 러시아 혁명의 모델을 대체하였고, 문학적으로는 옌안(延安)문예 강화와 사회주의 현실주의를 혼용하였다.

2) 1950년∼1976년: 마오저뚱(毛澤東) 시대

1949년부터 1955년까지는 과도기 시기의 문화 정책으로 '개조'와 '건설'이라는 두 가지 노선을 병립했다. 지난날의 문화를 개조하여 구문화 잔재를 파괴하고 다른 한편으로는 문화 창신을 제창하고, 적극적으로 선진문화를 건설하려 노력했다. 이러한 문화정책은 당시 사회의 특징에 부합했고 건국초기에 정권, 사회조화, 민중들이 공동으로 국외의 압력에 대응하고, 국가공업화를 추진하는데 공고히 한다. 문예영역 안에서 집행된 이러한 조칙은 교조적, 공식화, 개념화된 문예노선으로 문예계에 대한 정치적인 통제의 강화라고 할 수 있다.3) 문화정책은 결국 좌편향으로 전환되어 1966년에 이르러 '문화대혁명'의 10년 재난이 발발하게 되었다. 이것은 문화영

---

2) 신민주주의문화의 핵심은 무산 계급지도자가 인민대중을 위해 반제・반봉건적인 문화를 제창하는 것이었고 이러한 문화정책이 현대적으로 실현되어 정책이론 체계를 만들게 된 것이다. (胡惠林, 2003)

3) 1949년 중화인민공화국이 건국된 후 문예계가 권력으로부터 받은 통제를 받기 시작했다. 1950년대에 『武訓傳』비판을 시발로 하여 兪平伯의 『紅樓夢研究』비판, 胡適 비판 등으로 이어졌다. 모든 문인과 예술가들은 문학연맹(文聯)이나 작가협회(作協) 등의 조직에 소속되어야 했고, 모든 활동을 이 조직의 통제 아래 해야만 했다. 문예계를 대상으로 지속적으로 시행된 비판운동이 일어났다. 그러다가 1957년에 문예계에서는 '쌍백방침雙百方針'과 문예계 '반우파운동反右派運動' 등이 일어났다. 쌍백방침은 "백화제방百花齊放", "백가쟁명百家爭鳴"의 구호아래 1950년대 중반에 제기되었던 사상적 解禁 조치로, 사회주의 체제를 확고하게 한다는 명분 아래 진행되었고, 당시 문단과 예술계에 끼쳤던 영향 자유주의적 문인과 예술가의 활동이 크게 위축되었다. 이후 반우파투쟁을 거친 뒤 공산당은 더욱 좌경화되었고 大躍進運動을 전개하였다. 중국의 문학계에서는 革命現實主義와 革命浪漫主義의 결합을 추숭하였다. 문화정책은 다시 좌편향으로 전환되었고 1966년에 이르러 전면적으로 "문화대혁명"이 발발하게 되었다.

역 안에서 실시된 가장 크게 역행하는 문화 정책이라고 할 수 있다. 정치적 도구로서 문화가 존재하며 권력으로부터 통제를 받았다. 특히, 문화대혁명 10년간의 시기는 문화정책의 암흑기가 되었다.

3)1978년~1990년: 덩샤오핑(鄧小平) 시대

덩샤오핑은 역사와 사회변혁의 동인(动因)이 생산력의 발전에 있다고 인식하고, 경제건설을 중국의 모든 일의 앞자리에 놓아야 한다고 생각했다. 이시기의 문화정책의 기본 노선은 바로 "인민에게 봉사하고 사회주의에 봉사한다(爲人民服務, 爲社會主義服務)"의 발전방향과 "百花齊放", "百家爭鳴"의 쌍백 방침을 견지하여 사회주의 과학과 예술의 다양한 형태와 자유로운 형식의 발전을 만들어 인민들에게 봉사할 수 있도록 한다는 것이었다. 즉 문화예술창작자들은 대중의 삶을 심도 있게 반영함으로써 문화예술의 대중화를 이끌고 동시에 창작의 수준을 제고시켜 사회주의 문예사업의 전면적인 번영과 발전을 촉진하고자 했다.4)

'사회주의 현대화 건설'을 국정 목표로 삼고, 경제 건설을 중심으로 하는 경제체제개혁, 정치체제개혁, 정신문명건설을 3대 핵심 정책 과제로 설정했다. 여기서 정신문명이란 물질문명과 상대적인 개념으로 2개의 영역, 즉 사상·도덕 영역과 교육·과학·문화영역을 모두 포함하는 것으로 규정되었다. 또한 이데올로기 영역을 제외한 문화영역에서 자발적인 상업 활동이 시작되었다. 1989년에는

---

4) 개혁개방 이후 중국 정부는 二爲 방향의 조정과 사회주의 정신문명의 건설을 목표로 삼았다. 1980년대 일어났던 문화열(文化熱)과 천안문사태 등으로 인해 중국정부는 다시 한 번 사회주의 체재를 정비할 필요가 있었다. 시장경제체재와 동시에 어떻게 사회주의 체재를 병진하여 갈 것인가에 대해서 고민하였다. 무엇이 사회주의 정신문명이고, 중국 특색의 사회주의를 어떻게 만들어갈 것인지 분분하게 논의하였다.

문화부 내에 '문화시장관리국'을 설치하고 관련 정책을 수립하기 시작했고, 이어서 1991년부터는 본격적으로 '문화경제정책'의 개념을 사용했다.(「关于文化事业若干经济政策意见的报告」,1991)이후 '문화산업', '문화콘텐츠', '세계로의 진출(走出去)', '문화강국', '소프트파워' 등 이와 관련 단어들이 다량으로 출현하였다. 중국의 국가발전 전략에서 문화의 역할이 점차 중요한 지위로 부상하기 시작한 것이다.

4)1993년~2002년: 장쩌민(江泽民) 시대

덩샤오핑 시대의 계승과 지속의 시기로 국정 목표로서 '중국 특색의 사회주의 시장경제체제 건설'을 명확히 제기했다. 이러한 정책 환경은 문화와 경제의 관계에 대한 인식의 심화와 함께 문화체제개혁 추진에 유리한 조건을 형성했다. 문화는 종합 국력의 중요한 표지이고, 중국 특색의 사회주의 문화를 건설하자는 기치를 내걸고 문화정책을 다각도로 추진하였다. 1990년대 초기 문화의 지위는 사회주의 초급단계의 기본 강령을 구성하는 3대 영역의 하나로 격상되었으며, 국가의 종합국력을 가늠하는 중요한 지표이자 국가 안보전략의 핵심 영역으로 간주되었다. 특히 문화시장이 빠르게 확대되고 문화상품의 대외무역이 활발해지면서 문화의 산업적 속성에 대한 인식이 심화됨에 따라 중국 정부는 이와 관련한 대응 전략을 적극적으로 모색하였다.

1996년 중국공산당 제14회 제6차 전국대표대회는 『사회주의 정신문명 건설을 강화하기 위한 몇 가지 문제에 대한 중공중앙의 결의』를 통과시켰고 문화체재개혁의 임무와 일련의 방침을 제시하였는데, 핵심은 문화시장에 대한 행정관리체계의 완비를 통해 정부의 행정능력5)을 가시화하는 것이다.

1998년 문화부 내에 '문화산업사(文化産業司)'를 설치하고, 2000년 정부 공식 문건에서 처음으로 '문화산업'의 개념을 제출한 것은 중국정부의 문화정책 방향이 점차 '관리'로부터 '진흥'으로 전환되는 계기를 마련했다는 점에서 중요한 전환점이 되었다(「中共中央关于制定国民经济和社会发展第十个五年计划的建议」,2000)

2000년 10월 제15회 5차 전국 인민당대표회의에서 『국민경제와 사회발전을 위한 제10차 5개년 계획제정에 관한 중공중앙회의 건의』라는 문건을 발표했는데, 여기서 문화체재개혁 및 문화산업발전을 위한 정책이 본격화되었고, 그동안문화는 이데올로기로서 사회주의 사상을 실현하기 위한 도구, 오락에서 벗어나 경제적 위상과 문화적 가치를 인정하게 된다. 2001년 10월에 드디어 중국문화부는 『문화산업발전 제10차 5개년 계획 제요』를 발표하고 구체적으로 문화정책을 실현하기 위한 제도적 기반을 마련하게 된다. 중국정부는 문화를 한 국가의 능력 발휘에 필요한 제반 수단이나 조건들을 종합적으로 확보 및 활용할 수 있는 '종합국력'으로 인식했다. 또한 문화를 국가 안보와 관련하여 인식하기 시작했다.

5) 2003년~2010년대 후진타오(胡锦涛) 시대

2003년 중국공산당 제16기 3중 전회에서 이른바 "과학적 발전관"을 제기하고, 그 이듬해인 2004년 9월에 열린 중국공산당 제16

---

5) 행정방법을 운용하여 당의 방침, 정책을 충분히 관철하고 국가와 인민의 근본이익을 보호하며 문화와 경제의 협조 발전에 유리하게 하고, 문화관리 공작의 규범화를 촉진함으로써 문화를 올바른 방향으로 진입시키겠다는 것이다.

기 4중 전회에서 "화해사회(和谐社会)"라는 구호를 제기했다. 정치 체제전환기의 문화정책으로 전통문화사상의 복귀현상도 나타난다.

이시기는 첫째, 국가의 산업구조 혁신과 관련 21세기 초 10년간 중국의 경제성장은 경탄할 만한 성과를 보여주었다. 그러다가 개혁 개방의 경제정책이 주춤하고 새로운 성장 동력을 찾지 못하면서 경 제는 위기를 맞았다. 이러한 상황에서 중국의 지속성장 가능한 고 부가가치 산업으로 문화산업에 시야를 돌리게 되었다. 중국의 국가 발전 과제는 문화발전관에도 그대로 반영되었다. 2009년 중국정부 는 「문화산업진흥계획」을 발표하고, 계획 수립의 목적이 문화산업 발전을 통한 '지속 성장·내수 확대·구조 조정·개혁 촉진·민생 혜택'에 있음을 밝히고 있다.(国务院, 「文化产业振兴规划」,2009)이 것은 문화정책의 일대 변곡점을 형성했다. 그리하여 문화산업이라 는 새로운 영역을 선점하여 국제적 경쟁력 제고를 통해 경제적 이 익을 얻겠다는 이유보다는 실질적으로는 소프트파워 강화를 더욱 염두에 둔 것이다.

둘째, 지역 균형발전의 과제와 관련이 있다. 개혁개방 이후 중국 이 채택했던 불균형 발전 전략은 동서 간 경제격차를 더욱 심화시 켰고, 중서부 지역의 경제적 낙후는 사회적 불균등뿐만 아니라 인 적·물적 자원의 동부지역으로의 유출과 내수시장의 위축을 가져와 중국의 지속적인 경제발전을 저해하고 있었다. 그런데 지역균형 발 전과 관련하여 중국 정부가 문화발전, 특히 문화산업의 발전을 중 시하는 이유는 다음과 같은 문화산업의 특징에 기인한 것이라고 할 수 있다. 즉 문화산업은 문화적·경제적 파급효과가 매우 크고, 문 화상품 개발의 원천이 되는 문화·예술의 활성화뿐 아니라 기타 산업의 문화화를 추동함으로써 고용유발 효과, 창업 효과 등 지역경제 발전에 많은 도움을 줄 수 있기 때문이다.(한국문화콘텐츠진흥원, 2006:67-99)

셋째, 국가 소프트파워(软实力)의 강화였다. 1990년대 후반부터 시작된 중국의 경제발전 전략의 일한으로 중국문화의 해외진출을 추진하려 했지만 성과는 미미하였고, 이후2000년 10월 중공15기5중전회에서 중국문화의 해외진출 정책이 입안되었다. 2003년 12월 전국선전사상공작회의에서 후진타오(胡錦濤)는 "문화산업을 발전시켜 국제 문화경쟁에 적극 참여할 것"을 주문했다. 이렇게 형성된 중국문화의 해외진출 전략은 2009년 국무원이 발표한「문화산업진흥계획(文化产业振兴规划)」에서 문화산업 진흥을 위한 5대목표의 하나로 결정되었다.

이 시기 문화정책 방침은 2002년부터 2005년까지는 문화체제개혁 실험 단계로, 문화체제개혁에 대한 총체적인 목표, 원칙, 주요 내용 탐구하고, 이를 통해 문화체제개혁 사상의 이론화, 체계화의 기초 마련하는 것이었다. 2006년부터 2009년까지는 문화체제개혁의 지도사상, 원칙, 목표, 주요 과제 등 비교적 완정한 형태의 문화체제개혁 구조 확립하고, 문화체제개혁 실험 지역의 확대하는 것이 주된 목표였다. 2009년 후반기부터 2011년까지는 문화체제개혁의 신속한 추진과 전면적 전개. 출판, 발행, 영화, 문화시장관리 등의 영역에서 전면적 개혁 추진하고, 2012년까지 정부가 확정한 개혁 임무를 완수할 것을 제시하였다. 1990년대 종합국력이라는 명분하에 문화발전의 전략적 가치를 거론하며 중국문화와 문화상품의 '해외진출(走出去)'이라는 기치를 적극 내걸었다. 특히 2005년 말에 발표된 「문화체제개혁의 심화에 관한 몇 가지 의견」)과 2011년 중공17기6중 전회에서 통과된 「문화체제개혁 심화와 사회주의 문화 대발전·대번영을 추동하기 위한 몇 가지 중대 문제에 관한 결정)」은 바로 중국과 중국문화를 세계무대에 올려놓고, 나아가 세계 속의 중국문화에 대한 헤게모니를 선점하기 위한 전략을 드러낸 것이라 할 수 있다. 또한 중국문화 해외진출의 필요성에 대한 중국 정부의 인식은 이 때부터 국가 발전 전략에 있어서 문화의 역할에 대한 시각이 급속도로 변화되기 시작했다.

6) 2011년~: 시진핑(習近平)시대

2011년 10월 15일 중국공산당 제17기 중앙위원회 제6차 전체회의에서 21세기 중국의 새로운 국가비전으로 사회주의 문화강국을 지향했다. 문화체재개혁을 심화하고 사회주의 문화 대 발전을 이루기 위해서 문화산업을 국민경제 지주 산업으로 육성하고, 개혁개방을 강조하고 문화번영발전에 유리한 시스템을 신속히 구축하겠다고 천명했다.

2012년 11월 29일 시진핑은 주요 지도사상이자, 주요 집정자의 이념으로 중화민족의 부흥을 의미하는 "중국몽(中國夢)"을 발표하였다. 이것은 바로 개인과 국가의 이익이 같음을 주장한 것으로 국가의 성장이 바로 개인의 정치적, 경제적 성장과 궤를 같이한다는 것임을 알 수 있다. 즉 국가와 개인의 이익을 모두 중시하는 것이 바로 중국 미래의 모습으로 추구해야할 이상으로 삼은 것이다.

2012년 "제12차 5개년 계획 기간 문화산업 배가 계획"을 발표했는데 12년 5개년계획기간 문화산업 연평균 성장률이 20%이상 되도록 하겠다는 발전 목표를 내세웠다.

또 『중국 공산당 중앙위원회의 국민 경제 제정과 사회발전 13차 5개년 계획에 대한 건의』를 살펴보면, 문화 및 문화산업 방면에 중점을 두었다. 시진핑 주석은 '13차 5개년 계획'중 경제성장 상황에 대해서 2020년까지 약 두 배로 증가시키겠다고 했다. 주요 목표와 기본이념으로 먼저 전면적인 소강(小康)사회의 새로운 목표를 건설하겠다고 했다.

2. 2018년 문화정책의 12가지 방향

시진핑(習近平) 중국 국가주석은 2017년 10월 18일 개막한 중국 공산당 19차 전국대표대회(당대회) 보고를 통해 '샤오캉(小康·모든 국민이 편안하고 풍족한 생활을 누림) 사회의 전면적 실현'과 '중화민족의 위대한 부흥'의 집권 2기 청사진을 제시했다. 바로 '신시대 중국 특색 사회주의'라는 통치 이념이다.

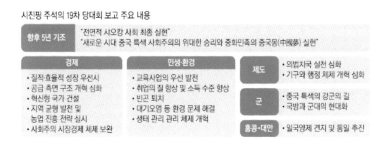

자료: 경향신문, 2017.10.18.

당을 중심으로 하는 중국 특색의 사회주의를 통하여 지속적인 경제 성장을 추구하며, 평등과 복지를 중시하는 전면적 '샤오캉(小康)' 사회 실현을 강조했다. 2018년 중국 문화 사업 핵심발표 내용은 이러한 19대 당 대회의 내용에 근거하여 대략 12가지로 정리된다. (중국문화보. http://www.xinhuanet.com/culture/2018-01/08/c_1122227961.htm)

1) 중국 공산당의 19대 정신의 학습관철과 시진핑(习近平)시대 중국특색사회주의 사상의 투입 추진이다.

19대 의회 정신의 연구와 선전 및 실행은 전반적인 주요 정치적 사명임을 강조하고, 당 조직과 조직원들은 제 19차 중국 공산당 전국 총회의 보고서와 당 구성을 신중히 연구하며 원저자의 본문을 읽고 원문을 배우며 원칙을 이해하고 노력해야 한다. 이것은 당 그룹 센터 중심의 학습을 통해 기층 당 조직의 학습을 촉진한다.

시진핑 동지를 핵심으로 하는 당 중앙위원회의 권한을 단호히 지키고 통일 된 지도력에 전념해야 한다. 시진핑 당 중앙 서기의 핵심과 전체 당의 핵심 지위를 단호하게 지켜야하며 당의 정치 노선을 확고히 이행하고 당의 정치 규율과 정치 규칙을 엄격히 준수해야 한다. 정치적 입장, 정치적 지향, 정치적 원칙 및 정치적 경로는 시진핑을 핵심으로 하는 당 중앙위원회와 일치시킨다. 이것은 시진핑 신시대 중국특색 사회주의 사상으로 무장하여 지도하는 의식형태 책임제를 실시함을 강조한다.

2) 당의 전면적인 지도의 추진이다.

당의 주요 책임을 포괄적이고 엄격하게 관리한다. 당의 정치적 구성을 우선적으로 생각하고 당의 지배 구조 관리 책임을 이행한다. 심층적으로 당의 규칙을 학습하고, 당원의 당성을 강화하며, 당원의 정치의식 및 정치력 향상을 위해 지도한다. 당의 구축과 심의를 위한 평가 시스템을 개선한다. 계속해서 8가지 핵심 조항의 정신을 통합하고 구현하고, "4대 바람" 문제를 바로 잡고 특권사상과 특권현상에 반대한다. 정치적 규율과 조직 규율을 강화하고, 정직한 규율, 군중 규율, 노동 규율 및 생활 규율을 엄격하게 진행한다. 조기에 작은 것을 파악하고 의심을 예방하는 "4가지 형태"의 감독과 규율을 사용하며 훈육 교육을 강화하고 규율 시행을 강화하며 당원과 간부에게 존경심을 알리고 두려움을 줄이며 수익을 유지하며 감독과 자제를 받는 환경에서 일하고 생활하는 것에 익숙하게 한다. 기층 확장에 대한 당의 포괄적이고 엄격한 거버넌스를 장려한다.

3) 예술창작의 생산 및 번영이다.

예술 창조에 대한 계획 및 지도를 강화한다. 문화부의 "13차 5개년 계획 기간 동안의 예술 창조 계획"을 구현하고 문화부 산하의 미술 학교의 창의적 기획을 개선한다.

연극 예술 창작을 위한 테마 뱅크를 연구 및 설정하고 현실적인 테마를 강화하기 위해 "2018-2021 국가 현실 연극 예술 창작 계획" 수립한다.

특히 국가 예술 창조 작업 회의 조직의 올바른 창조적인 방향을 다음과 같이 강조했다. "훌륭한 노래는 당을 노래하고, 국가를 노래하며, 사람들을 노래하고, 영웅을 노래하기 위해 시작되었다. 정상화는 삶에 깊숙이 침투하고 국민의 일에 뿌리 내리고 전국 예술 학교와 기층 조직을 연결함과 동시에 기층 대중 공연을 지원하고 문학 및 예술 창작, 특히 현실적인 주제의 창작을 촉진한다." 그리고 지속적인 오페라 상속의 발전을 촉진하여 주요 예술 공연과 전시회 운영 및 예술 인재 교육에 힘쓰며 예술 비평을 강화한다.

4) 현대 공공문화서비스 체계 건설이다.

"공공 문화 서비스 보안법" 및 "공립 도서관법"의 시행을 관철하고, 학습 훈련 및 법 대중화를 구성하여 특별 계획 실행에 대한 중간평가를 수행한다. 기본 공공 문화 서비스의 표준화를 촉진하여 기층 차원의 포괄적인 문화 서비스 센터 건설 및 현(县)단위 도서관 및 문화 센터를 위한 시스템 구축을 가속화한다. 주정부 수준 이상의 공공 문화 기관의 기업 지배 구조 개혁을 촉진하고 다수의 법인 조직 구조 형성을 모색한다.

정부가 사회 기관으로부터 공공 문화 서비스를 구매하고 주요 문화 프로젝트를 심층적으로 구현하여 사람들의 문화생활을 끊임없이 풍요롭게 한다. 문화적으로 빈곤 퇴치 촉진에 박차를 가하여 빈곤 지역의 문화적 발전에 특별히 집중한다.

5) 건전하고 신속한 문화산업 발전 촉진을 강조한다.

문화 경제 정책을 개선하고 문화 산업 진흥법의 초안 작성을 가속화하고 「문화부 13차 5개년 문화 산업 발전 계획」의 중간 점검을 실시한다. 금융 및 금융 수단을 종합적으로 활용하여 문화 산업 발전을 지원하고, 문화 금융 서비스 센터 모델을 만들고 문화 산업 전문 채권을 발행한다. 연합 재정부는 문화 분야에서 PPP(Public—Private—Partnership, 민관합작 투자사업)모델을 홍보하기 위한 정책 문서를 발표한다.

문화 산업 구조의 레이아웃을 최적화하여 디지털 아트 디스플레이 산업을 발전시켜 디지털문화 산업 표준그룹 구성을 촉진한다. 애니메이션 및 게임 산업을 위한 "일대일로"국제 협력 행동 계획을 실행한다. 특별 문화 산업 개발 프로젝트를 지속적으로 시행하고 티베트, 강족(羌族, 중국 소수 민족의 하나로, 주로 쓰촨성 일대에 분포함)문화 산업 지대 건설을 촉진한다. 중점항목 시행 지지를 위한 아이디어 창출, 자원 변환, 정보 서비스 등의 무대를 제공한다. "징진지(京津冀: 베이징, 톈진, 허베이성)문화산업협동발전규획강요"을 제정하고 실행한다. 시장 주체를 발전시켜 시범 운용을 하고, 문화 산업 인프라를 강화한다.

6) 전면적인 현대 문화시장 체계 건설이다.

문화 시장을 위한 신용 감독 시스템을 구축하기 위해 문화 시장 경보 목록 관리 대책을 공포하고 문화 시장 불법 복제 제도에 관한 양해 각서 및 주요 시장 요원 및 문화 시장 위반자 인원에 대한 공동 징계 조치에 관한 각서를 체결하여 문화 시장에 대한 적색 목록 제도를 연구 및 공식화하였다.

네트워크 퍼포먼스, 온라인 게임 등을 중심으로 한 불법적인 인터넷 문화 활동 조사 및 조정하고 공연 시장, 인터넷 접속 서비스

사업장 및 미술 시장에서 주요 행사의 감독을 강화하고 문화 시장에 대한 금지 사항을 엄격히 관리하여 새로운 문화 형태의 건강한 발달을 위해 육성지도 한다. 문화재 권리 및 예술품 거래 장소를 위한 관리 시스템을 공식화하고 현장 검사 및 무작위 표본 검사를 강화하여 적용 범위를 확보하며 포괄적인 법 집행 개혁 심화 감독한다.

7) 문물보호 확대 강화이다.

문화 유물 보호법 확장 및 수중 유물 보호 규정, 만리장성 보호 규정 개정, 대운하 보호 규정 도입을 촉진한다.

"혁명적 문화재 보호의 상속을 위한 5개년 계획 실행에 대한 의견"을 추진하고 중국 공산당 역사박물관 건설을 착수하고 중국 개혁 건설 및 박물관 개관을 촉진하고 혁명과 개혁과 혁신의 정신을 보여주는 전시회를 홍보한다.

"고고학 중국"의 전공 연구 프로젝트를 추진하고 제8대 전국중점문물보호기관을 추천하여 선정한다. 문화재 자원의 상속과 공유 확대, 문물 안전 상황 개선, 대외 문물 교류협력 강화, 고대서적 보호와 청사(청나라역사)편찬을 강화한다.

8) 무형문화제 보호 및 전승의 수준을 향상 시킨다.

존재하지 않는 목록의 시스템을 조정 및 개선하고 중국 무형문화제 상속 훈련 프로그램을 심층적으로 구현한다. 현대 생활에서 전통 공예가 널리 보급 될 수 있도록 다양한 활성화 대책을 추진하여 중국 전통 공예 진흥 계획 실행한다. 전통 공예 활성화를 위한 전국 카탈로그 발행, 전통 공예 활성화 계획 안내 및 전통 기술 워크스테이션의 구축 및 관리를 강화한다. 전통적인 프로세스 연구를 수행하는 대학, 연구 기관 등을 지원한다. 무형 생산적 보호를 위한 시범 기지에 대한 연구 및 평가를 수행하여 국가의 문화 및 생태 보호 구역 건설 장려와 광범위한 보급을 촉진한다.

9) 대외 홍콩, 마카오, 대만과의 문화교류 협력수준을 향상시킨다.

"일대일로(一帶一路)"문화 교류 협력을 강화하고 문화부는 "일대일로" 실무 회의를 개최한다. "일대일로" 협력 메커니즘을 개선하여 국제극원, 박물관, 예술연맹과 제도적으로 협력한다. 나아가 도서관, 미술관과 연합하여 시외 문화교류 협력 체제를 건설하여 제3회 실크로드(돈황)국제 도서전, 실크로드국제예술제등의 무대를 제공하여 보다 우수한 문화 교류 활동을 "일대일로" 문화 교류 및 협력 체제로 통합한다. 문화 교류 협력 체제를 강화하여 지속적으로 브랜드와 진지(陣地)를 건설한다. 대외문화무역 발전을 가속화하여 홍콩, 마카오, 대만의 문화 사업에 좋은 영향을 주고, 인프라를 끊임없이 통합한다.

10) 문화와 과학기술융합 발전 추진이다.

문화와 과학기술 융합을 촉진 한다. 국가 문화 혁신 저장 프로젝트 저장 항목을 수집, 검토하여 수립한다. 2018 년 국가 핵심 R & D 프로그램을 위한 주요 특별 보고서 신청 지침 작성에 적극적으로 참여하고 문화 산업의 적용을 조직화한다. 공동 정보 산업부, 문화재 제조 산업 육성을 위한 실천 계획을 발표한다. 연간 국가 표준 및 문화 산업 표준 개정을 가속화한다. 국가 무대 장비 품질 감독 및 검사 센터 구축을 준비한다.

"국가 예술 과학 기획 사업 지침" 및 "국가 사회 과학 기금 기본 사업 입찰 공고" 제정한다. 문화적 싱크 탱크 시스템의 구축을 강화하고 문화적 싱크 탱크와 문화권의 결합을 촉진하고, 예술 교육 및 예술 예비 재능인 배양을 강화한다.

11) 문화규획, 조사연구, 법차실현과 중점영역 개혁임무를 추진한다.

"13차 5개년 계획"의 효과를 활용한다. 2017년 문화부 "13차 5개년 계획"의 이행을 평가하여 2018년 실시 계획을 수립한다. "13차 5개년 계획"의 연구 및 중간 평가를 실시한다.

신안 신구 계획 및 건설과 대운하 문화 벨트 개발 계획에 적극적으로 참여하여 국가 경제와 사회 발전을 보다 잘 통합하기 위한 문화 통합을 촉진한다. 의사 결정 서비스 역량을 증진시키기 위한 문화 계획 및 정책 평가 센터를 설립한다. 주요 개혁과제 수행 및 문화적 법치 건설을 강화하고 주요 연구 프로젝트와 핵심 연구 프로젝트를 진행 한다.

12) 문화보장체계건설을 강화한다.

전국 미술관, 공공도서관, 문화관(三馆一站)에 대한 무료입장을 실시하고, 보조금을 증액하여 문화에 대한 재정투자를 늘려 자금운영 능력을 향상시킨다.

수준 높은 전문화된 문화 간부를 육성한다. 문화인재단 건설을 강화하고 인재가 성장할 수 있는 우수한 환경을 조성한다. 재능 개발을 위한 체계와 메커니즘의 개혁을 심화시키고, 비공유제 부문 문화 인력의 양성과 이용을 더욱 강화시키는 방법을 연구하는 문화예술 인재 양성 프로젝트를 진행한다.

"삼구 "(三区: 빈곤지역, 변방민족지역, 혁명지역) 및 인재 지원 프로그램인 국가 "천인계획(千人计划)"을 시행한다. 또한 해외 우수 인재를 유입하고, 전국 기층문화 팀을 훈련하여 빈곤 지역, 국경 지역, 오래된 혁명기지 및 기층으로 유동시켜 문화적 수준을 상승시킨다.

이상 12가지의 2018년 핵심 문화정책 방향에서는 '중국 공산당의 19대 정신의 학습관철과 시진핑(习近平)시대 중국특색사회주의 사상의 투입 추진'이 문화정책에서 전반적으로 매우 강조되고 핵심 내용이 됨을 알 수 있다.

Ⅲ. 시진핑 시대 문화강국 정책의 방향과 내용

중국은 2020년까지 국방개혁을 통한 군의 현대화와 전면적 샤오캉(小康) 사회를 완성한다는 목표 아래 '부국과 강군'을 동시에 달성하겠다는 야심찬 청사진을 공개했는데, 국가 발전 구상이 담긴 '국민경제와 사회발전을 위한 제13차 5개년 계획(13·5 규획, 2016 ~2020년) 건의안'이 그것이다. 중국은 특히 강군 육성을 위해 해양·우주·인터넷에 관한 국방 프로젝트를 추진하고 5년 내로 군의 기계화·정보화를 완성하겠다고 밝혔다. 구체적으로 경제건설-국방건설의 융합 추진, 발전과 안보에 대한 동시 고려, 부국·강군의 통일 그리고 군민(軍民) 융합발전 전략을 중점적으로 추진키로 했다. 중국 당국은 "2020년까지 국방과 군대 개혁의 목표·임무를 기본적으로 완성하고, 특히 군대의 기계화·정보화에서 중대한 진전을 실현할 것"이라며 정보화 전쟁에서 승리할 수 있는 중국특색의 현대화된 군사역량 체계를 만들겠다는 포부도 밝혔다. 군사 강국으로 거듭나겠다는 의지를 분명히 밝힌 것이다. 경제 분야와 관련해서는 '중고속' 성장 유지를 통해 2020년까지 국내총생산(GDP)과 국민소득(1인당 GDP)을 2010년 대비 2배로 늘려 모든 국민이 편안하고 풍족한 생활을 누리는 샤오캉 사회를 실현하겠다는 목표를 제시했다. 중화 문화를 발판으로 강성대국의 꿈을 실현하는 과정이다.

1. 중국 13차 5개년 규획6)

중국 13.5 규획 발표7)(상하이방, http://www.shanghaibang.com)에서 대체로 중속성장, 제조업 강국, 무역 강국을 공식화 했다.

이 규획은 시진핑 정부의 핵심정책이자, '2020년 샤오캉(小康·중산층사회) 사회 건설을 위한 마지막 5개년 경제 규획이라는 점에서 중요한 정치경제적 함의를 내포하고 있다. '건의안'에서 제시한

---

6) '13.5 규획(13차 5개년 규획)'은 지난 1953년 '1.5계획'이 수립·집행된 이후 13번째의 경제계획으로, 2016~2020년 중국 경제발전 목표와 방향을 제시했다. '5개년 계획'은 국민경제발전에 대한 중·장기적 목표와 방향을 설정하는 핵심정책이다. 10차 5개년 계획까지는 '계획'(計划)으로 명명했으나 계획경제의 색채를 희석시키고 시장기능 강조를 위해 2006년부터 기존의 '계획'을 '규획(規划)'으로 수정했다.

7) 중국 정부는 3월 16일 폐막한 전인대에서 심의, 통과된 '13.5 규획'을 하루 뒤인 3월 17일 관영 신화사를 통해 전문을 공개했다. '요강'은 총 6만5000자 분량으로 '12.5 규획'보다 4편이 많은 20개 편(篇), 80개 장(章)으로 구성됐다.

기본 이념인 '혁신', '협조', '녹색', '개방', '공유(共享)' 등의 5대 개념은 그대로 사용하고 있다.

경제정책 에서는 중고속 경제 성장률을 유지하고 2020년까지 GDP와 도시와 농촌 주민 1인당 소득을 2010년 대비 두 배로 증대한다.

- 13차 5개년 규획기간 동안 연간 GDP 성장률을 6.5% 이상으로 유지.
- 2020년까지 92.7조 위안으로 경제 규모 확대.
- 2015년까지 50.5%가 목표였던 서비스업(부가가치 기준)의 GDP 비중을 2020년까지 56% 수준으로 비중 확대.
- 2015년 기준 1인당 8만7000위안의 노동 생산성을 2020년 말까지 1인당 12만 위안 수준으로 제고.

산업정책으로는 중국제조 2025, 전략적 신흥 산업, 서비스업 육성이 주요 목표가 된다.

첫째, 제조업 업그레이드는 '중국제조 2025'를 통해 생산의 유연화, 정밀화, 스마트화를 추진하며 과잉생산 통제 및 품질과 브랜드 제고 등을 통해서 제조업 '대국'에서 '강국'으로 도약한다는 전략이다. 13.5 규획에서는 12.5 규획 기간 추진했던 신에너지 자동차 등 6대 산업을 한층 더 발전시키는 한편, 12대 전략적 신흥 산업을 추가로 지정해 발전을 추진할 계획이다. 향후 전략적 신흥 산업의 부가가치가 GDP의 15%에 도달하는 것을 세부 목표로 설정했다. 둘째, 전략적 신흥 산업은 먼저 6대 신흥 산업(12.5 규획, 계속): 차세대 정보 기술 산업, 신에너지 자동차, 생명과학, 친환경, 첨단 설비 제조 및 원자재, 데이터 혁신과 12대 전략적 신흥 산업(13.5 규획, 신규): 첨단 반도체, 로봇, 첨단소재, 차세대 항공설비, 공간기술 종합 서비스시스템, 스마트 교통, 스마트 의료, 고효과 에너지 저장분포 관리 시스템, 스마트 소배, 고성능 에너지 절약 및 친환경 산업, 선진 화공 플랜트 장비 등으로 분류된다. 셋째는 서비스업, '질적인 성장 도모'하는 것인데 13.5 규획 기간 중국의 서비스업 육성 정책은 크게 ① 서비스업의 전문화, ② 서비스업 품질 제고, ③ 서비스업 발전체계 및 정책의 정비 등이다. 생산성 서비스업의 전문화 및 밸류 체인 연장, 생활형 서비스의 고품질화, 생산형 제조업의 생활 서비스형 전환, 관광업 발전 등이 포함된다. 한편, 전력, 민간항공, 철도, 석유, 천연가스, 우정사업 등 기존 공공 섹터의 개방을 가속화하고 금융, 교육, 의료, 문화, 인터넷, 물류 등으로 서비스업 영역 또한 개방 확대할 계획이다.

과학기술 정책에서는 다음과 같이 6대 중요 과학기술 프로젝트와 9대 대형 공정이 포함된 '과학기술·혁신 2030 중대 과학기술 프로젝트' 제시 했다.

〈표1〉 과학기술·혁신 2030 중대 과학기술 프로젝트

6대 중요 과학기술 프로젝트	9대 대형 프로젝트	8대 정보화 중요 프로젝트
△항공 엔진 및 가스 터빈 △심해 통신시설 △양자 통신 및 양자 컴퓨터 △뇌과학, 인공지능 연구 △국가 네트워크 공간 보안 △심우주(深宇宙) 공간 탐측, 우주선 궤도 진입기술 및 유지보수 시스템 연구	△종묘산업(種業) 자주 혁신 △석탄 청청, 고효율 이용 △스마트 그리드 △통합 정보 네트워크 △빅데이터 △스마트 제조업 및 로봇 제조업 △중점 신소재 연구개발 및 응용 △징진지(京津冀) 환경 종합 정비 △건강 보장	△광대역 보급 △사물인터넷 응용 확대 △클라우드 컴퓨팅 혁신 △인터넷+ 행동 계획 이행 △빅데이터 응용 확대 △국가 정무 정보화 △전자상거래 안전 보장 △네트워크 안전 보장

자료: 코트라 보도자료, 2017. 12. 27

이 외에 13.5 규획의 경제 산업분야 기타 주요 정책은 다음과 같이 정리될 수 있다.

①신형 도시화

2020년까지 상주인구 기준 도시화율 55%를 목표로 정했다. 특히 징진지(京津冀·수도권), 창장(長江)삼각주(상하이 지역), 주장(珠江)삼각주(광저우 지역)등 3대 특대도시권을 비롯해 동북(하얼빈, 창춘), 중위안(中原·정저우), 장강중유(長江中遊·우한), 청두-충칭, 관중(关中,시안) 등 권역별 발전전략을 구체화했다. 또 도시화 정책은 호적제도 개혁, 녹색도시 건설, 주택 공급체계 정비, 지역 간 균형발전 등 기존의 투입형 개발방식이 아닌 인간과 자연 중심의 도시화가 될 것임을 강조했다. 신형 도시화의 주요 목표는 '세 가지 1억 명(三个1亿人)' 정책으로, 이는 △1억 명의 농촌 인구를 도시로 편입, △1억 명이 거주 중인 도시 슬럼가와 도시 내의 농촌 개조, △약 1억 명의 중서부 지역에서 도시화 인접지역으로 이전 유도 등을 의미한다.

②친환경

중국 정부는 생태환경 개선을 위해 저탄소 순환발전을 강조했는데, 이에 따라 신에너지 산업 확대 및 에너지 절약을 중점적으로 추진할 방침이다. 5개년 경제개발계획으로는 처음으로 13.5 규획에서 '녹색(친환경)'을 핵심 목표로 제시했다. 이산화탄소 배출량을 줄이기 위해 석탄 등 에너지 사용량을 줄이고, 풍력·태양광·바이오·수력·지열 등 신에너지 산업을 확대함과 동시에, 천연가스·셰일가스 등 클린 에너지 개발과 신에너지 자동차산업 발전을 적극 추진키로 했다. 또 환경보호세 징수 등을 통해 환경오염 유발 기업을 퇴출시키고 대기, 물, 토양 등 오염 개선정책을 시행해 친환경산업 발전을 활성화시킬 방침이다.

③개방 확대

중국은 신성장 동력 육성을 위한 외자유치 확대, 대외협력 강화에 대한 로드맵을 제시했다. 현재 상하이, 톈진(天津), 푸젠(福建), 광둥(广东) 등의 자유무역 시범구 네 곳을 지속적으로 확대할 예정이다. 또 시진핑 정부의 핵심 국가전략인 일대일로(一帶一路: 육·해상 실크로드) 프로젝트를 통해 협력국가와 함께 국제경제 협력벨트를 건설하며, 이를 위해 해당 국가에 대한 투자를 강화할 계획이다.

서비스업에 대한 외자규제 완화, 중서부 지역에 대한 외자 투자에 우대정책 등을 통해 외국인에 대한 투자규제 완화하기로 하고, 중서부 지역에 대한 외국인 투자를 유도하기 위해 현재 '중서부 지역 외상투자 우위산업 목록' 수정작업 중이라고 밝혔다. 또 다자간 무역협정을 적극 추진하고 다자무역기구 내에서의 역할을 확대할 방침이며, 특히 중국의 '일대일로' 노선상의 국가와 적극적인 FTA 체결을 추진할 계획이다. 한중 FTA, 중-호주 FTA의 전면적인 시행과 한중일 FTA 체결 추진방향도 언급했다.

④금융개혁

금리자유화, 자본시장 개방 지속, 위안화 국제화 등 금융시장 시장화를 통해 국제 금융시장에서의 영향력 확대할 계획이다. 2015년까지 중국 정부는 금리자유화 등 금융 시장 전반에 걸친 개혁을 추진하며, 2015년 10월 예금금리 상한선을 폐지하면서 사실상 예금·대출 금리 상하한선이 모두 폐지되는 등 금리자유화 초기 단계로 진입한 것으로 자체 평가했다. 또 12.5 규획 기간이 금리자유화를 위한 기초 여건을 마련했다면, 13.5규획 기간은 금리자유화를 가속화시키는 기간이 될 것이라고 밝혔다. 2018년 중국 진출 유망산업은 중국 경제의 3대 키워드에서 찾아야 한다는 주장이 나왔다. '혁신중국(创新中国)', '풍요로운 생활(美好生活)', '아름다운 중국(美丽中国)'의 3대 키워드는 시진핑 2기 중국 경제정책의 골격이다.

먼저 혁신중국(创新中国)은 '중국 제조 2025', '인터넷 플러스(+)' 관련 산업에 관한 것이다.

2015년 발표한 '중국 제조 2025'와 '인터넷 플러스(+)' 정책은 향후 더욱 가속도를 낼 것으로 예상된다. 제조기술과 정보통신기술의 융합을 목표로 하는 '중국제조 2025' 관련, 15개 프로젝트 중 7개가 이미 완료됐으며, 2016년 기준 기업 디지털화 연구 장비 보급률이 61.8%를 달성하는 등 가시적인 성과를 내고 있다. 중국 4차 산업혁명의 또 하나 축인 '인터넷 플러스(+)'는 중국 전통산업 개조뿐만 아니라 신흥 및 서비스산업 발전을 촉진하고 있다. 디지털 경제와 실물경제와의 융합 발전으로 2016년 중국의 디지털 경제규모는 3,630조 원(약 22조 위안)으로 전년 동기 대비 25% 증가, 중국 GDP의 30%를 차지했다. 이를 바탕으로 중국 제조 2025에는 에너지 절약 및 녹색 제조공정, 그리고 인터넷 플러스는 사물인터넷(IoT), 로봇산업에 기반한 스마트 팩토리가 유망할 것으로 보고 있다.

풍요로운 생활(美好生活)은 ①의료건강산업으로 중국은 건강 서비스업 규모를 2020년 1,320조 원(8조 위안), 2030년에는 2,640조 원(16조 위안)까지 목표로 하고 있다. 최근에는 신체적 건강 외에도 정신적, 사회적, 환경적 건강까지 포함한 포괄적 건강산업인 '대건강산업(Comprehensive Health)'이 주목을 받으면서 2016년에 전년대비 14.3% 증가한 528조 원(3조 2천억 위안) 규모를 달성했다. ② 실버산업은 '실버산업 스마트화 발전계획(2017~'20년)'에 따라 스마트 건강 시범기지 건설, 선도 기업 육성책 등 실버산업과 스마트를 연계한 산업이 활발하다. ③ 문화콘텐츠는 '인터넷 플러스(+)'와 융합된 문화콘텐츠 산업이 두 자리 수 이상의 성장을 보이고 있으며, IP 라이센싱, 가상현실(VR) 콘텐츠, 모바일 게임 등이 떠오르고 있다. 2016년에는 문화정보전송서비스업(30.3% 증가), 문화예술서비스업(22.8% 증가), 문화레저오락서비스업(19.3%증가)이 상당한 증가량을 보이고 있다. ④ 영유아산업[8]은 2017년 9월 기준 영유아 전자상거래 앱 사용자가 1,500만 명을 넘어서는 등 온라인 거래가 활발히 이루어지고 있다.

환경산업으로 '아름다운 중국(美丽中国)'은 중국 전역에서 최근 2년 간 대대적으로 벌인 환경규제 및 단속으로 환경산업이 주목을 받고 있다. 중국은 환경보호를 위해 '13.5 규획' 기간에 '12.5 규획'

---

8) 2016년 온라인 거래액: 48조 3700억 원(2,931억 6천만 위안; 전년 동기 대비 33.6% 증가)

기간보다 3.8배 늘어난 2,805조 원(17조 위안)을 투입할 예정이다. 특히 환경보호법, 대기, 물 등 오염방지 관련 법률시행으로 환경산업 발전 잠재력은 크다.9) 환경관련 4대 투자분야는 ① 도시 및 농촌 오수처리 시장 ② 탈황, 탈질 설비 제조 및 기술 업그레이드 ③ 청정에너지 및 신에너지산업 ④ 민관협력(PPP) 활용 환경부문 프로젝트 활성화다. 이와 함께, 중국 공업신식부는 2017년 8월 말 대기·수질·토양오염 방지 등 총 7개 부문의 환경보호장비 제조업의 육성책을 발표했다. 2020년까지 매출 1조 6500억 원(100억 위안) 규모의 환경기업 10개 이상을 육성해 165조 원(1조 위안) 이상의 환경시장을 키울 예정이다.(코트라 보도자료, 2017)

Ⅳ. 중국 문화정책의 함의와 한계

1. 정책적 변화의 함의

정책 문건이 서두에 등장하는 단어들은 그 시대마다 정치적 이념과 그 방향을 나타낸다.

"문물보호를 강화하고 **중화민족**의 우수한 역사문화유산을 계승하며 과학 연구 사업을 추진하고 **애국주의 및 혁명전통교육**을 진행하며 **사회주의 정신문명 및 물질문명을 건설**하기 위해 헌법에 따라 본 법을 제정한다."

2002년<중화인민공화국문물보호법>총칙 제1조

"당의 16대 전국대표대회와 16기 3중 전회 정신과 **'3개 대표'의 중요사상**을 철저

---

9) * 중국 정부의 5년 단위 중장기 경제개발계획(12.5 규획 - '11~'15 / 13.5 규획 - '16~'20)
  * 환경오염법('15.1.1일 시행), 대기오염방지관리법('16.1.1일 시행), 물오염방지관리법('18.1.1시행)

시대마다 정책 문건의 기조를 이루는 개념들이 존재하는데, 위의 박스안의 내용과 같이 문건에 등장하는 '3개 대표' 중요사상부터 1980년대 이후 줄곧 등장하는 '중국 특색 사회주의', '사회주의 정신 문명건설'에 이르기까지 이러한 개념들은 현재에도 중국 정책의 기조가 된다.

이러한 정책은 '문화' 혹은 '문예'라는 이름에 강한 정치성을 동반하는 특징을 지니고 있다. 예를 들면, 먼저 1942년 <옌안문예강화(在延安文藝座談會上的講話)>는 옌안에서 마오쩌뚱이 발표한 문건으로 '인민을 위한, 사회주의를 위한' 문예의 지침을 제출하여 문예가 정치를 위한 도구임을 분명히 나타냈다. 이는 현재까지 중국의 문화정책의 저변에 흐르고 있다. 중화인민공화국이 성립된 1949년 이후 '쌍백방침(百花齊放·百家爭鳴)(1956),'문화대혁명(1966~1976)등은 모두 중국 사회의 대변화를 일으키는 정책들이었으며 이러한 정책은 단지 '문화'라는 영역만이 아닌 당대 중국에 깊은 영향을 미친 중요한 정책이었다. 이에 대해 황희경은 '중국에서 문화 문제는 순수학술적인 논의가 아니라 그때마다 매우 민감한 사회 정치적인 의미를 띠고 있었다'(황희경, 1992)고 주장한다.

이후에는 당대 가장 큰 변화인 개혁개방이 이루어지자 이와 관련된 수많은 정책들이 등장하기 시작했다. 개혁 개방할 것임을 제출한 11기 3중 전회(1978년 12월)이후, 가장 먼저 등장한 개념은 '사회주의 정신문명 건설'이다. 이는 1979년 예젠잉(叶劍英)이 중화인민공화국 창립 30주년 연설에서 처음으로 제출한 개념으로 물질문명과 사회주의 정신문명이 같이 발달해야 하며 이것이 바로 사회주의 제도의 우월성을 드러낸다고 주장한다. 이후로도 이와 관련된 정책문건들이 제출되며[10] 현재까지 '중국 특색 사회주의'와 함께 정책의 주요 개념이 되고 있다.

그리고 1980년대 일었던 문화열(文化熱), 천안문 사태 등으로 중국 지도부는 다시 한 번 사회주의 체제 유지에 대한 정비를 필요로 했고 이는 시장경제 체제와 동시에 어떻게 사회주의 체제를 유지할 것인가에 대한 고민으로 현재까지 유지되는 고민이다. 무엇이 사회주의 정신문명이며 이를 어떻게 이루어갈지에 대한 논의는 매우 어렵게 진행되고 있다. 그러나 분명한 것은 여전히 '사회주의 정신문명 건설', '사회주의 선진문화', '중국특색 사회주의'라는 개념은 거의 모든 중국 정책에 대한 입안의 기조가 되고 있으며 또한 정책의 서두를 차지하고 있다.

2000년 이후 문건의 서두에 등장하는 '3개 대표(三个代表)'[11] 사상은 2002년 16대에 발표된 것으로 21세기 중국 정책의 중요한 시

---

10) *1986년 12기 6중 전회에서 <중공중앙 사회주의 정신문명건설지도방침에 대한 결의(中共中央 关于社会主义精神文明建设指导方针的决议)>를 제출, 사회주의 현대화 건설을 추동하고 개혁과 개방을 촉진, 실행하며 4항 기본원칙을 고수하는 정신문명 건설을 제창하면서 경제 체제의 개혁을 통한 물질문명의 건설과 함께 사회주의 정신문명을 동시에 건설할 것을 강조함.
*1996년 14기 6중 전회에서 <중공중앙 사회주의 정신문명 건설강화를 위한 중요한 문제 결의(中共中央关于加强社会主义精神文明建设若干重要问题的决议)>가 통과되어 개혁개방이래 정신문명 건설 경험의 교훈의 기초위에 정신문명 건설의 지위, 지도방침 및 주요원칙 등을 총결한다. 이정인 「사회주의 정신문명」에서 '중화문화'로의 이동」, 『중국문화연구』 제24집 참조.

11) '3개 대표론'은 공산당이 선진생산력(자본가), 선진문화 발전(지식인), 광대한 인민(노동자, 농민)의 근본이익을 대표해야 한다는 이론으로 개혁개방에 따라 주요 사회세력으로 성장한 자본가와 지식인을 포용해야 한다는 필요성에서 나온 것이다. 당이 권력 기반을 자본가 계급까지 넓힌다는 의미를 지니고 있다. 이는 2000년 2월 25일 장쩌민 주석이 광동성(廣東省)을 시찰하면서 '당의 생존을 위해서는 3개 대표 정신을 견지해야 한다'고 밝히면서 등장하였다. 이후 2001년 중국 공산당 창당 80주년을 기념하는 '7.1'강화에서 민간기업인의 공산당 입당을 허용하는 강력한 조치를 취했으며 2002년 11월 16차 전국대표대회에서 '3개 대표'이론이 공산당의 당 규약에 삽입되었다.

발점이 된다. 16대 주제는 '덩샤오핑 이론의 위대한 기치를 높여 전면적으로 3개 대표의 중요사상을 관철하여 소강사회를 건설하고 사회주의 현대화를 가속화 하여 중국 특색사회주의의 새로운 국면을 열기 위해 노력하자'라는 내용으로 문화에 대해서는 "오늘날 세계는 문화, 경제, 정치 '가 서로 융합하여 국력경쟁 중의 지위와 작용이 점점 돌출된다. 문화역량은 민족의 생명력과 창조력, 응집력 가운데 깊이 주조 된다"고 설명한다.[12] 이것은 공산당 입당의 근본이며 집정의 근본이자 역량의 근원 '이라는 3개 대표는 공산당 지도가 중심이며 당 중심, 정부 중심으로 역량을 집중 시킬 것을 알리는 것이었다.

개혁개방이후 중국의 문화정책 문건의 기조는 '중국 특색 사회주의', '사회주의 정신문명 건설'이라는 커다란 주춧돌 위에 시대가 변화함에 따라 그 위에 기둥을 세우고 살을 붙이고 있다. 중화인민공화국 성립 자체가 공산당 중심이었음에도 불구하고 현재도 끊임없이 공산당 중심인 '중화인민 공화국'을 계속해서 정책 중심과 방향성의 중심이 공산당임을 강조하고 있다. 이것은 문화주체로서의 중국공산당의 위기감을 스스로 드러내는 행위라고 할 수도 있다.

---

12) *1997년 9월 20일 쟝쩌민(江澤民)은 <덩샤오핑 이론의 위대한 기치를 높이 들고 중국 특색 사회주의 사업 건설을 21세기에 전면적으로 밀고 나가자(高举邓小平理论的伟大家旗帜把建设有中国特色社会主义事业全面推向二十一世纪)>고 제출한다.
*2002년 11월 8일 중국 공산당 제16차 전국대표대회에서 총서기인 장쩌민은 <안정사회의 전면건설, 중국적 특색의 사회주의 사업을 위해 신국면을 개척하자(全面建设小康社会开创中国特色社会主义事业新局面)>를 제출한다.

2. '중화' 이데올로기적 실현의 한계

개혁개방이후 중국은 시장경제체제를 중심으로 사고하고 있다. 물론 중국특색의 사회주의, 사회주의 정신문명 건설이라는 대전제 위에 세워진 사고이다. 따라서 이후에 발표되는 문화정책 문건들 역시 사회주의 시장경제와 관련된 것들이다. 예를 들면 1988년 2월에는 문화부와 국가공상국이 <문화시장 관리 강화 활동에 관한 통지(关于加强文化市场管理工作的通知)>를 통해 정부가 공식적으로 '문화시장'이라는 개념을 제기하고 그 관리 범위와 임무, 원칙, 방침 등을 밝혔다. 이후 1991년 문화업무(文化工作)라는 용어 대신 '문화사업'이라는 용어를 사용, '문화경제'라는 개념을 제기하였으며13) 21세기에 들어서자 '문화시장'이란 용어와 함께 '문화산업'이라는 개념이 공식적으로 제기 되며 '문화산업'의 개념과 범위에 대한 규정이 이루어졌다.(关于制定国民经济和社会发展第十个五年计划的建议, 2000) 이후로는 문화산업, 문화콘텐츠, '세계로의 진출(走出去)', '문화강국', '문화소프트파워' 등 이와 관련된 단어들이 다량으로 등장한다.14)

---

13) 1997년 2월 중국 문화산업 발전을 위한 이른바 '95'계획(1996~2005)와 2010년을 목표로 하는 <2010 장기 목표 요강(2010年远景目标纲要)>이 채택 발표됨.
    1999년 7월에는 국무원이 <오락 장소 관리조례(娱乐场所管理条例)>를 공포함으로써 "한손에는 번영을, 다른 한 손에는 관리를(一手抓繁荣, 一手抓管理)"이란 구호를 통해 사회주의 문명 건설을 위한 문화시장 건설의 지도 방침을 철저히 고수하면서 급속히 확대되고 있는 문화시장의 건전한 발전을 추구하는 정책을 시행한다고 선언함.

14) 2009년 9월 26일, 중국 국무원은 <중국문화산업진흥계획(中國文化産業振興規劃)이라는 중요한 문건을 공포했다. 중국 최초로 문화산업에 관한 전문적인 강령을 담고 있는 이 <계획>은 2009년 7월 22일 이미 원자바오(溫家寶)총리가 주재하는 국무원 상무회의에서 토론을 거쳐 원칙적으로 통과된 후 전문이 발표되었다. <계획> 발표 이후 중국의 각급 행정단위는 다양한 후속 문건들을 발표하였다. <문화산업 발전을 가속화하기 위한 문화부의 지도 의견(文化部关于加快文化产业发展的指导意见)>(2009.9) <문화산업 진흥과 발전, 번영을 위한 금융 지원에 관한 지도의견(关于金融支持文化产业振兴和发展繁荣的指导意见)>(2010.3)등.

2011년 10월 18일 <문화체제 개혁을 심화하고, 사회주의 문화 대 발전 번영을 추진하는 중대한 문제에 대한 결정>(中共中央关于深化文化体制改革推动社会主义文化大发展大繁荣若干重大问题的决定)이 중앙위원회 전체회의에서 통과하여 본격적으로 '사회주의 문화강국건설'이란 목표를 제시한다. '문화강국'이란 본국에 기반하며 전 민족 문명 자질을 제고하여 고도의 문화자각심과 문화자신감을 배양하며 민족공동의 정신의 정원을 건설 하는 것 외에 자신의 문화 소프트파워에 기초하여 '세계로의 진출' 전략을 실시하여 국제적인 영향력을 강화한다는 내용 등이 포함된다. 이는 "오늘날 문화는 점점 민족응집력과 창조력의 중요한 원천이 되고, 점점 국가 간 핵심 경쟁력의 중요한 요소이며, 풍부한 정신 문화생활은 점점 중국 인민의 절실한 소망이 되고 있다."는 내용이다. 특히 장쩌민이 제출한 '종합국력'은 경제와 기술실력이 물질적 토대를 이루지만 민족정신, 민족응집력을 배놓을 수 없으며 정신역량 역시 종합국력에서 중요한 구성 성분임을 강조한다.

> "문화는 민족의 혈맥이자 인민의 정신적 고향이다. 우리나라 오천여년 문화발전 중 **각 민족 인민이 단단히 단결**하고 스스로 힘써 함께 유구한 역사와 심오한 **중화문화를 창조**하여 **중화민족**을 위해 강대한 정신역량을 제공하였으며 인류문명을 위해 지울 수 없는 중대한 공헌을 하였다."
> <문화체제 개혁을 심화하고, 사회주의 문화 대 발전 번영을 추진하는 중대한 문제에 대한 결정>(中共中央关于深化文化体制改革推动社会主义文化大发展大繁荣若干重大问题的决定) 중에서

이러한 세계적인 문화강국을 꿈꾸며 함께 추가 된 것이 다음의 '문화체제개혁' 정책이다.

현대 중국의 문화체제 개혁 추진은 시장경제와 밀접하게 연관되어있다. 문화시장에서 중국의 위치는 경제시장과는 다르다. 문화시장을 잠식하고 있는 것은 대부분 해외에서 들어오는 문물이다. 이에 반해 중국 문화의 세계에 대한 영향력은 미미하다. 중국은 이것이 국유문화 단체들이 개방된 문화시장에 적응하지 못하기 때문이며 이를 개혁하여 시장에 맞게 변화해야 함을 강조하고 있다.

이러한 문화체제개혁은 문화강국으로서의 중국을 위한 발판을 위함이며 이는 곧 '세계로의 진출'을 위함이다. 이것을 위해서 계속적으로 등장하게 되는 것은 바로 '중화문화'이다. 문화강국으로 나아가는 길에 있어 '중화문화'가 핵심이 되고 있다.

이러한 '중화문화'는 1999년 10월 1일 '건국 50주년' 기념식에서 장쩌민이 세계를 향하여 "앞으로 도래할 21세기는 중화민족의 위대한 부흥이 실현될 것입니다. 모두 분발합시다."라고 선언하면서 대두되었다. 이후 2001년 10월 "중화문화여 부흥하라!"라는 구호와 함께 <중화문화부흥선언-신세기 중화민족의 위대한 부흥과 세계평화와 발전을 위하여(中华文化复兴宣言-为住进新世纪中华民族伟大复兴和世界和平与发展而奋斗)>란 문건이 86명의 '중화문화연구자'란 이름으로 제창된다.[15] 즉, 2011년 10월 18일 <문화체제개혁을 심

화하고 사회주의 문화 대발전 대번영을 추동하는 중대한 문제에 대한 결정>에서 문화를 발전시키고 세계로 나아가는데 있어서 중국 공산당은 스스로를 "중국 공산당 성립 이후로 중화의 우수한 전통문화의 충실한 계승자이자 중국 선진문화의 적극적인 창도자이며 발전자"임을 제시하고, 또한 "전국 각 민족의 인민을 단결시켜 부단히 사상문화의 새로운 각성과 이론창조의 새로운 결과, 문화건설의 새로운 성취를 이끌어 당과 인민사업의 향후 발전을 추동 한다"고 그들의 역할을 밝히고 있다. 중국 공산당이 '중화문화'의 주인공이 된 셈이다.

다양한 문화의 홍수 속에서 제2의 '백화제방, 백가쟁명'을 맞이하고 있는 중국은 문화가 사업이자 중요 산업임을 인정했다. 이는 과거 사회주의 혁명시기 '문예가 인민과 사회주의를 위해 복무'한다는 오랜 암묵적인 기조가 이미 무너짐을 의미한다. 산업의 기본적 목적은 자본과 이윤이기 때문에 문화가 산업임을 인정한 이상 자본과 이윤의 흐름에 따라 움직일 수밖에 없다. 현재 중국 문화시장의 자본과 이윤은 외부의 영향력이 강력하며 따라서 문화의 주체는 자본과 이윤을 창출하는 산업이 주체가 되고 있다. 그러나 이러한 문화의 흐름을 자본과 이윤에만 맡길 수 없는 것이 '중국 특색 사회주의 건설'과 '사회주의 초기 발전 단계'에 처한 중국의 입장이다. 과거 구심점이 되어주던 인민과 사회주의를 위해 복무하던 문예의 암묵적 기조를 여전히 장악하려는 바램은 제2의 '백화제방, 백가쟁명'을 외치면서도 그 중심에는 반드시 공산당이 있음을, 주

---

15) 2011년 7월 1일 후진타오 총서기는 중국공산당 성립 90주년 기념 축사에서 다시 한 번 "중화 문화가 세계로 뻗어나가는 것을 유념하여 중국의 국제적 지위와 문화 소프트파워를 형성하여 중화문화의 국제영향력을 제고 한다"고 주창했다.

체가 공산당이어야 함을 강조하는 이유다.

그러나 이미 중국 사회 전체적으로 '인민과 정치를 위한 문예'란 구심점은 사라지고 그 구심점을 무엇으로 대체할 것인가 라는 고민에 대한 답으로 공산당은 '중화문화'를 등장시켜 강조해 나가고 있고, 밖으로는 문화강국을 안으로는 단결과 통일의 애국심을 요구하고 있다. 가장 최근 발생한 2015년 사드 문제로 한국과의 문화적 단절을 가져왔던 '사드사태'와 무관하지 않다.2011년 이후 문화 강국을 강조한 중국 정부는 문화의 다양성과 문화적 발전을 꾀하는 목적으로 주변 여러 나라들과 문화와 학술 등의 교류를 시도했다. 그 중에서도 한국 사회의 '한류'의 성장과 발전은 전 세계의 주목을 받았다. 중국도 한국의 '한류문화'를 통해 적지 않은 교류를 장기간 시도했다. 그러나 시진핑 정부 출범이후 한국의 발전된 '한류'를 통해 중국 문화, 특히 대중문화의 성장을 어느 정도 상승시킨 중국에게 한국의 '한류'는 중국 문화 발전과 세계화에 있어서 걸림돌이 되었다. 문화적으로 경제적으로 민주, 자유주의 국가의 영향이 통제 불가능한 수준으로 유입되는 것에 대한 두려움과 경제적으로 한류를 통한 막강한 경제적 이익이 한국으로 유입되는 것 등에 대한 경계심이 '사드사태'의 핑계로 보기 좋게 한국 문화를 차단하는데 성공한 것이다.

외부 문화유입을 차단하고 중국이 역사적으로 가지고 있는 각종 문화유산과 유무형의 문화재를 정비하고 나아가 소비하여 '중화문화'를 중국 공산당이 주도하는 '중화' 이데올로기화 하여 사상의 중심에 존재하던 중국 공산당을 세계문화 속에서도 건재하게 하려 한다고 볼 수 있다.

이데올로기로서의 '중화'는 춘추전국시대에 제자백가가 출현하면서 '중국'은 새로운 의미를 지니게 되는데 곧 야만에 대비되는 '문명'의 의미가 강하게 대두 되었다. 문명의 우열적 관점에서 공자와 맹자는 '중국'과 '이적'을 구분하며 '중국'의 개념은 '중화'와 '중화주의'의 생성을 단순히 혈연 또는 지역적 관점에서 설정할 수 없고 '중국'에서 발전한 '중화주의'는 가치론적인 우열의식을 기초로 하고 있음을 알 수 있다.(강진석, 2011) '중화'란 지역적으로 세상의 중심만이 아닌 문화적으로 세상의 중심임을 알리는 단어가 되었다. 정융니엔(鄭永年)은 대국으로서의 중국이 갖추어야 할 요건으로 대국의 표준적인 하드웨어 역량과 함께 소프트웨어 역량도 갖추어야 한다고 진단한다. 그것은 바로 문화적 역량이다.(유중하, 2007)문화 소프트 파워, 문화 강국의 중요성을 주장하는 중국은 과거 근대역사에서는 항상 반(反)전통을 주장했지만 21세기에서는 찬(贊)전통을 주장하며 전통을 이끌어 '중화민족', '중화문화'를 이데올로기화 하여 주창하고 있다.

이것은 시진핑 시대 '중국의 꿈'으로 화려하게 등장한다. 2013년 '중국의 꿈'은 시진핑에 의해 새롭게 부활했다. "중화민족의 위대한 부흥의 실현은 중화민족의 근대 이후 가장 위대한 꿈이다."라며 "중국 공산당 성립 100년이 되어 전면적인 소강사회 건설의 목표를 반드시 실현하고, 신중국 성립이 된지 100년이 되어 중화민족의 위대한 부흥의 꿈을 반드시 실현"하도록 하며 이를 실현하기 위해서는 반드시 "중국의 길을 따라, 중국 정신을 드높이며, 중국의 역량을 응집시켜야 한다"고 주장한다.16)

---

16) 2012년 11월 29일 국가박물과 중공중앙 총서기 시진핑은 '부흥의 길'이란 전시회를 참관하면

3. 중국제조 2025와 일대일로(一帶一路)와 한계점

당과 국가를 위한 일방적인 중국의 문화정책은 정치경제 사회문화 등 중국 국내 뿐 아니라 외교적으로도 그 영향력을 과시하고 있는 것이 현실이다. 먼저 중국은 기업도 무차별적으로 사들이고 있다. 주로 초기 테크 기업들을 노리는데, 이들은 투자금 확보를 위해 핵심 기술 공개도 마다하지 않기 때문이다. 공격적으로 인수합병을 해놓고 영업기밀과 특허기술만 탈취해가는 기술 먹튀 문제도 발생한다. 그리고 짝퉁과 위조 상품으로 지식재산권 침해 문제도 많다. 한국, 미국 등 세계 유명 기업들의 이름과 로고, 제품 디자인이 아주 흡사한 제품들이 중국 시장에서 인기를 끌고 있다. 알리바바 쇼핑몰 등에서 지난 한 해 적발된 위조상품만 2만 302개, 올 상반기에만 6,300개라고 한다. 자유시장경제 체제의 규칙을 과감하게 어기는 중국이다.

중국은 드디어 2009년 GDP 기준 세계 2위의 경제 대국이 되었고 이제 모방과 짝퉁 나라의 이미지를 벗어 던지고 싶어 한다. 그 바람대로 혁신과 창조의 나라로 탈바꿈하고 있는 중이다. 우주산업, 바이오, 친환경자동차, 드론 등 미래 기술은 이미 중국이 앞에서 이끌고 있는 실정이고, 그 토대는 '중국제조 2025' 프로젝트에 있다. 중국은 2015년부터 반도체, IT, 로봇, 항공우주, 친환경자동차 등 10개 분야를 집중 육성하기로 했다. 중국 정부가 해당 기업들에 어마어마한 보조금과 각종 혜택을 부여했고, 중국 기업들은 싼값에 좋은 물건을 세계 시장에 내놓을 수 있게 되었다.

서 처음으로 '중국의 꿈'을 언급하였다. 2013년 3월 17일 자신의 25분 동안의 연설문에서 9차례 '중국의 꿈'을 언급하여 끊임없는 박수갈채를 받았다.

'중국제조 2025'는 2025년 안에 중국을 첨단 산업으로 고도화시켜 세계 경제 패권을 가져가겠단 중국의 전략이다. 20년 안에는 미국을 따라잡겠단 포부까지 드러냈다. 중국 정부의 집중 투자와 비호 아래 하나 둘 글로벌 기업이 탄생하기 시작했다. 알리바바와 텐센트는 글로벌 10대 IT 기업 안에 당당히 이름을 올렸고, 이젠 애플, 아마존, 구글 등과 경쟁을 하게 되었다.

경제발전을 이룬 중국의 꿈은 본격적으로 힘자랑에 나섰다. 과거 주변국들로부터 조공을 받으며 세계의 중심 역할을 했던 위대한 중화민국의 영광을 되찾는 것인데, 시진핑 국가 주석의 이른바 '중국의 꿈'이다. 또한 중국은 '일대일로(一帶一路)'라고 부르는 거대 물류 인프라 사업을 펴고 있다. 아시아와 유럽, 아프리카를 육로와 바닷길로 잇겠다는 프로젝트로 막대한 돈을 투입해 세계 곳곳에 인프라를 만들어주고 있다. 그 중에서도 특히 자본 부족에 허덕이는 국가들에게 집중적으로 투자한다.

시진핑(習近平) 중국 국가주석이 2018년 9월14일 베이징에서 열린 니콜라스 마두로 베네수엘라 대통령과의 회담에서 베네수엘라에 대한 경제 지원을 약속했다고 신화통신이 보도했다. 시 주석은 베네수엘라 정부의 국가적 조건에 맞는 안정적인 개발과 발전 경로를 모색하려는 노력을 계속 지원하고, 베네수엘라의 독자 개발 능력을 강화하겠다고 밝혔다. 마두로 대통령은 이날 시 주석과 함께 중국 주도의 유라시아 광역경제권 구상인 '일대일로'(一帶一路)에 협력한다는 양해각서(MOU)에도 서명했다. 마두로 대통령은 이에 대해 "일대일로 건설에 적극 참여하고 효과적인 자금 조달 방식을 모색할 것"이라면서 "에너지와 생산능력과 같은 분야에서 협력하고 인적 교류를 확대 하겠다"고 말했다. 시 주석은 "양국은 다자간 협력을 강화하고 유엔과 같은 국제기구와 지역기구 내 의사소통을 확대할 것"이라면서 "글로벌 거버넌스 체제의 개혁과 건설에 함께 참여하며 개발도상국의 합법적인 권익을 보호해야 한다"고 말했다. 시 주석은 이날 중국-라틴아메리카·카리브 국가 공동체(CELAC)를 구축해 중남미 국가들과의 협력을 증진하겠다는 뜻도 밝혔다.(News1 Korea, http://news1.kr/articles/?3427521)

파키스탄과 스리랑카에는 항구를, 캄보디아와 몽골에는 발전소와 고속도로를, 아프리카 짐바브웨에는 도로와 철로를 건설했다. 미국의 개발원조 전문 싱크 탱크인 글로벌개발센터(CGD)에 따르면 지금까지 68개국에 8조 달러 이상 투입이 됐다. 이들 중 23개국은 건설자금 80% 이상을 중국에 빚 진 상태이며 돈을 갚을 수 있는 여건이 안 된다. 중국은 이를 빌미로 많은 것을 얻었는데, 바누아투는 GDP의 35%를 중국 자금으로 끌어 쓰고, 중국 군사기지가 들어서게 됐고, 스리랑카는 항구 수익을 무려 99년 동안 중국에 갖다 바쳐야 한다. 캄보디아에서는 친중국 인사가 정치권을 장악하고 아프리카 짐바브웨는 중국 위안화를 법정통화로 지정하기도 했다. 그야말로 중국식 '부채 외교'가 진행되고 있다. 돈을 빌려준 뒤 세계 곳곳에 '자기 편'을 만드는 전략이다. 이제 중국은 노골적으로 중국의 힘을 과시한다. 베트남과 필리핀, 말레이시아 사이에 있는 350만㎢의 '남중국해' 사태가 대표적이다. 세계 두 번째로 큰 해역인 이곳은 수많은 해양 생물과 어마어마한 석유, 천연 가스 등이 매장된 곳입니다. 경제적, 군사적 가치가 큰 곳이다. 2013년 중국은 남중국해에 있는 암초 7개를 매립해 인공섬을 만들기 시작했고 지난 5월, 인공섬 3곳에 중국 최신예 미사일을 배치해 논란이 되었다. 최근에는 이곳에서 아시아 국가들이 함께 정기 합동군사훈련을 하자고 제안하기도 했다. 그러면서 "아시아 국가 외엔 참여할 수 없다"고 못 박았는데, 미국을 견제한 것이다.[17](서울경제,https://news.naver.com/main/read.nhn?mode=LSD&mid=sec&oid=011&aid=0003395335&sid1=001&lfrom=memo) 이렇게 차이나머니는 아프리카를 중국의 경제영토로 변모시키고 있다. 미국 등 서방은 비교조차 못할 수준이다. 미국 등 서방국가들은 원조나 경제협력을 결정할 때 대상 국가의 정치·인권 상황을 문제 삼는다. 독재정권을 지원하는 결과로 이어질 수 있기 때문이다. 반면 중국은 '내정불간섭' 원칙을 내세워 아프리카 내정에 눈을 감는다. 이번 FOCAC 회의에서 채택된 '5불(5不)원칙' 중에도 '아프리카 내정에 간여하지 않는다' 와 '원조에 정치적 조건을 달지 않는다' 는 항목이 포함됐다. 미국·유럽이 손을 놓거나 주저하는 사이 아프리카는 중국의 독무대가 되었다. (중앙일보, https://news.naver.com/main/read.nhn?mode=LSD&mid=sec&oid=025&aid=0002848810&sid1=001&lfrom=memo)아프리카 대륙 수뇌부를 베이징으로 총출동시킨 이번 중국·아프리카 협력포럼(FOCAC) 정상회의(2018년 9월3~4일)는 중국의 압도적인 영향력을 새삼 입증했다. 53명의 각국 대표 중 대통령만 41명이었다.

'신 조공외교'란 말까지 등장시킨 중국의 힘의 중요한 요인은 차이나머니의 위력이다. 중국이 아프리카에 깔아 둔 투자액은 1000억

---

17) 미국도 인도·대만·일본·호주 등 나라와 동맹 관계를 키워나가며 동아시아 세 불리기에 집중하고 있다. 최근 미·중 간 벌어지고 있는 무역전쟁의 관세 폭탄은 대부분 '중국제조 2025' 관련 제품들을 정조준하고 있기도 하다. 또한 조만한 중국을 '환율조작국'으로 지정해 압박을 더할 거란 관측도 있으니, 무역전쟁에 따른 피해가 점점 커지면서 결국 '중국제조 2025'나 '일대일로' 같은 거대한 꿈들도 하나 둘 제동이 걸릴 수 도 있다.

달러(약112조원)를 넘었는데 시진핑(習近平) 국가 주석은 이번 회의에서 추가로 600억 달러를 푼다고 약속했다.

중국은 9년 연속 아프리카의 최대 무역파트너다. 아프리카에 진출한 중국 기업은 3500곳이 넘고 현재 운영 중이거나 조성 중인 중·아프리카 공동 산업 단지도 100곳에 육박한다. 이런 추세는 일대일로(一帶一路) 프로젝트가 본격화되면서 더욱 가속화됐다. 아프리카에 건설된 철도와 도로·공항 시설 가운데 최신의 것은 중국의 설계와 기술·돈으로 놓은 것이라 보면 된다. 지난해 5월 케냐 수도 나이로비와 동아프리카 최대의 무역항 몸바사를 잇는 철도가 개통됐다. 환구시보는 "케냐에서 100여년 만에 건설된 새 철도"라고 보도했다. 실제 열차를 운행하는 기관사와 관리 요원의 다수도 중국인이다.

이러한 거대한 몸집을 맘껏 부릴 수 있는 중화 이데올로기를 가진 자신감이다. 이러한 자신감은 외교와 경제 부분에서에서 만이 아니라, 문화적인 측면에서도 강하게 힘을 발휘하고 있다. 중국에서의 한류는 드라마, 가요, 영화를 거쳐 음식, 게임, 패션, 관광 등 다양한 문화 분야로 확대는 물론 각종 소비재 수출까지 그 영역이 광범위했다. 그 이유는 중국인들의 소득 증가로 인한 중산층 형성에서 비롯된 문화적 욕구가 증가했기 때문이다. 현지 문화가 중국인들의 사회·경제적 성장과 국제적 지위 향상의 속도를 따라가지 못한 것이다. 그리고 동일한 아시아권에서 느껴지는 동질감과 한국의 우수한 문화콘텐츠를 활용한 한류 마케팅 활동이 영향을 주었다. 중국인에게 서구 문화콘텐츠는 이질감을 주는 '다른 나라의 문화와 사람이야기'이지만, 한국 문화콘텐츠에 담긴 가치와 주제는 상대적으로 '동감 할 수 있는 이야기'로 느껴지기 때문이다. 또한 한류 스타들의 스타일도 낯설지 않고 모방하기 쉽게 다가온다. 이는 곧 탈 서구화 현상으로 과거 중국의 많은 젊은 층으로부터 사랑을 받았던 팝송, 할리우드 영화 등 미국 문화의 인기가 하락한 것도 원인이기도 하다.

한류 스타들의 매력도 큰 역할을 했다. 조사에 따르면 중국인들은 한류 스타들에 대해 세련되고 아름답고, 또 친근하다고 표현한다. 여기에 K-pop의 인기도 한류 스타들의 외형적 매력이 크게 작용했다. 한류 스타를 모방한 패션과 헤어 디자인이 크게 인기를 끌고, 한국으로의 원정 성형수술도 그 영향이라고 볼 수 있다.

인터넷 방송의 확산도 큰 영향을 주었다. 2000년대 중반 이후 중국 정부의 드라마 수입제한 조치로 한국 드라마의 인기가 다소 주춤했었지만 공중파 대시 인터넷 방송을 통해 한국 드라마의 시청이 다시 늘어났고 10-20대의 젊은 시청자가 대폭 증가하기도 했다.(Chindia Journal, 2012)

현재 한반도 사드배치 효과로 1년 반 이상 한국 문화산업의 전반적 분야에 걸쳐 입고 있는 손실을 생각하면 중국내 한류를 통한 다양한 분야의 효과는 상당했던 것으로 보인다. 국가의 이미지 쇄신은 물론 한국에 대한 관심과 이해도 향상 및 경제적인 효과도 크다. 국가 이미지는 해당 국가의 방송 보도, 드라마, 영화, 광고 등과 같은 간접적인 경험과 해당 국가로의 여행, 해당 국민과의 만남, 해당 국가의 제품경험과 같은 직접적인 경험을 통해 형성된다. 그 결과 중국인들은 한국 드라마나 영화, 음악 등을 보고 듣고 또 스타들을 만나기 위해 직접 한국으로 여행을 오거나 혹은 한국인들과 교류를 하고, 한국 제품을 사용하는 등 직간접적으로 한국을 이해한다. 이러한 한국에 대한 이해는 그 이해의 시간이 길어지고 깊어질수록 중국인들이 전통적으로 지니고 있는 의식과 중국식 사회주의 체제의 모순 및 국민의 기본권과 평등, 종교문화, 존엄과 관련된 보편주의에 대한 인식과 가치 회복 적 측면에서 영향을 줄 수 있다.

중국은 민주주의적 의식이 중국내로 진입되는 것에 대한 경계의 수위를 높이고 있다. 특히 한국과 중국의 최근 정치적 상황은 정반대로 진행되는 양상을 보인다. 특히 시진핑 주석의 장기 집권과 1인 체제 강화를 위한 정치적 행보는 한국의 보편적 민주화의 진행과는 완벽하게 상반된 정치적 분위기를 형성하고 있다. 작년 겨울 한국 사회에서 대규모 평화적 '촛불혁명'을 통해 현직 대통령이 탄핵된 사건은 중국 정치계에 적지 않은 경계심을 불러 일으켰다.

중국은 한국의 한류에서 이미 '선택적 흡수'를 했고 중국식 '창조적 제련'을 거쳐 자국의 문화산업을 보호하고 발전하기 위한 기술적 향상을 마무리 했다. 중국내에서의 한류프레임은 한류가 가진 테크닉을 필요에 의해 선택적으로 흡수를 하고, 중국식으로 이미 제련해 내었다. 이것이 중국내 '한류의 프레임'이다. 이 프레임에서는 철저하게 한국적 정서와 정신적 문화는 배제되고 오직 테크닉만 요구된다.

따라서 한국의 한류에게서 중국이 가장 경계하는 것은 한국 민주주의를 중심으로 한 정서적인 문화가 유입되는 것이다. 민주, 자유, 평등 같은 서구 보편가치로 인해 중국적 사회주의 정서에 절대로 영향을 받고 싶지 않은 것이다.

중국 정부는 한류로 인해 습득한 기술을 바탕으로 재창조된 중국 문화 해외진출 전략을 수립하는 경제적 목적을 수립했고, 서구의 문화적 침입에 대한 효과적 대응 및 중국의 국력에 상응하는 국가 이미지를 상승 시키고 더 나아가 소프트파워를 기대하고 있다.

현재 중국에서 진행되고 있는 중국 문화의 해외진출방식은 첫째
는 정부가 주도하는 문화선전 방식으로 문화를 매개로 하여 중국의
대내외 정책을 홍보하는 것이고, 둘째는 협회 등이 주도하는 대외
문화교류 방식인데, 사실상 정부 주도의 문화외교 방식이다. 그리
고 세 번째는 기업이 주도하는 대외문화무역의 방식이다. 특히 대
외문화무역의 발전은 중국 경제발전방식의 전환과 산업구조의 고도
화 촉진에 있어서 대단히 중요할 뿐만 아니라 국가 이미지 수립 및
소프트파워 제고에 주요한 방식으로 인식됨으로써 최근 중국문화
해외진출의 주류 형식으로 인식되고 있다.

V. 결론

2014년 중국은 「문화 창의와 디자인 관련 산업의 융합발전 추진
에 관한 약간의 의견」, 「문화 금융 협력 추진에 대한 심도 있는 의
견」, 「소규모 문화기업 발전 지원에 관한 의견」등과 같은 조치의
문건을 발표했다. 이 문건들에서는 중국 문화산업을 활성화하여 부
강한 국가, 부흥하는 민족, 행복한 인민을 보장하는 조화로운 문화
대국으로서의 사회건설의 야망이 여실히 드러난다. 특히 시진핑(習
近平)주석은 중국이 '평화롭게 어우러지는 것'(和諧)을 중시하면서
도 반드시 사회주의를 건설해야한다고 역설했다.

21세기 중국이 소프트파워에 주목하는 이유는 그것을 통해 자국
에 대한 이미지 메이킹을 할 수 있다고 보기 때문이다. 이는 냉전
시기 이후 국제사회에 만연해왔던 중국 위협론을 불식시키기 위한

문화전략이기도 하다. 결국 시진핑의 문화강국정책과 전략은 중국의 전통문화를 근간으로 한 소프트파워의 재구성과 그것을 통해 21세기 매력국가의 이미지를 만들겠다는 강한 의지의 표현이다. 다만 이것이 20세기를 지배해왔던 서구중심주의 즉 자기중심의 동화를 당연시해왔던 서구중심주의의 문제를 극복할 수 있는 요소를 내함한 것이라면 의미가 있을 것이다. 그리고 과거 동아시아 문화공동체 패권국으로서의 위상을 되찾으려는 의지가 강하게 반영된 것이기도 하다. 2016년 한중 FTA가 발표되면서 한중간 자유무역 시대가 도래되었다. 이것은 경제적 효과뿐만 아니라 양국의 현안을 해결하고 지속적인 발전을 추진하는데 앞으로 많은 영향을 미칠 것은 분명하다. 시진핑 시대에 펼쳐지는 각종 문화정책은 중국내에만 국한되는 문제는 절대 아니다. 중국이라는 국가의 힘이 강해지면 강해질수록 전 세계 국가에서 정치, 경제, 그리고 문화적으로 일어나는 세상의 모든 변화를 함께 겪어 내어야 하는 것이다. 중국은 이미 중국적 좁은 의미의 문화에서 벗어나 문화강국, 문화패권, 그리고 '중화'라는 이데올로기 과정을 모두 끝내고 강한 경제력과 외교력에 '중화'이데올로기를 싣고 주변국을 위협하고 있다. 사드 문제를 빌미로 한국에게 가한 힘의 과시는 그 시작을 알린다. 중국은 과거의 동아시아 패권 국가로서의 위상에 다가가고 있으며, 중국 공산당이, 시진핑 주석이 그 역할을 과감하게 진행하고 있다. 현재 중국의 여러 정책들은 경제성장에 대한 자신감에 지나치게 기대어 진행되고 있다. 중국은 내부적으로 젊은이들의 반응과 또 외부적인 전 세계의 반응을 반드시 살펴야만 한다. 중국은 제국적 규모의 국민국가이기에 그 영향력이 국내에만 국한되는 것이 아니라 반드시 전 세계에 까지 영향을 준다는 것을 염두에 두어야 하기 때문이다.

참고문헌

강진석. (2011). 중화주의의 원형 재구와 당대 이데올로기 조명, 『중국학보』 제63집: 427-428.

권기영. (2012), 21세기 중국의 국가비전과 문화산업 발전 전략, 「현대중국연구」, 14(1): 1-23.

권기영. (2013). 중국 문화체재개혁의 형성과 구조적 특징, 「중국현대문학」, 66(9): 243-273.

권기영. (2015). 중국문화 해외진출 전략 및 유형 분석, 「중국문화연구」, 28(5):125-150.

김평수. (2012). 12.5 규획으로 본 중국의 국가전략과 문화산업정책, 「글로벌 문화콘텐츠」, 9: 27-50.

문인철.(2011). 중국 대내외 정책 변화와 민족주의 활용의 목적, 「국제지역학논총」, 4(2): 31-67.

백정희. (2017). 중국 문화예술정책의 흐름과 현황, 「한국무용연구」, 35권 3호.

선정규. (2011). 중국 문화산업 정책의 특징과 전략적 목적, 「한국학연구」, 37: 33-58.

유봉구. (2012). 중국의 문화산업정책의 변천과정과 그 유형 분석, 「중국연구」, 67: 299-326.

이동배. (2012). 중국의 문화정책 소고(小考), 「문화콘텐츠연구」, 2(12):205-232.

이정인. (2014). 사회주의 정신문명에서 중화문화로의 이동-개혁개방 이후 중국 문화정책의 흐름, 「중국문화연구」, 24: 61-88

이태형. (2016) 중국 문화정책의 통시적 고찰, 「문화교류연구」,5(3).

장금, 안외순. (2012). "한국와 중국 문화 교류현황과 소프트파워", 「동방학」 24.

정보은. (2018). 2018년 중국의 문화정책 방향과 '한류프레임' 재구성 문화예술지식DB 문화돋보기, 한국문화관광연구원.

최성일. (2007), 중국의 문화정책에 관한 연구, 「인문사회과학논문집」, 11(2):140-178.

황희경. (1992)철저재건론자들의 중국문화탐색, 『시대와 철학』, 제3권: 96.

毛澤東, 이희옥 역. (1989). 『모택동선집 I』, 도서출판 전인.

위치우위, 심규호 옮김. (2015). 『위치우위, 문화란 무엇인가』 이다미디어.

유중하. (2007). 『중국은 과연 어떻게 대국으로 '굴기'할 셈인가』, 플랫폼.

胡惠林. (2003). 『文化政策學』, 上海人民出版社.

「国家 "十一五"时期文化发展规划纲要」(2006)

「国家 "十一五"时期文化发展规划纲要」(2006)

「文化产业振兴规划」(2009)

「文化体制改革中经营性文化事业单位转制为企业的规定」(2008)

「文化体制改革中支持文化企业发展的规定」(2008)

「关于深化文化体制改革推动社会主义文化大发展大繁荣若干重大问题的决定」
(2011)

「国家 "十二五"时期文化改革发展规划纲要」(2012)

「十二五时期文化产业培增计划」(2012)

「关于文化事业若干经济政策意见的报告」(1991)

「中共中央关于制定国民经济和社会发展第十个五年计划的建议」(2000)

国务院, 「文化产业振兴规划」(2009)

关于制定国民经济和社会发展第十个五年计划的建议. (2000).<국민경제와 사회
발전 제10차 5개년 계획의 제정에 관한 건의>

한국문화콘텐츠진흥원. (2006). 『문화산업 클러스터 지형도 작성을 통한 지역
문화산업 육성방안』 p.67-99.

『경향신문』시진핑 주석의 19차 당대회 주요 내용 [Online]. Available: http://news.
khan.co.kr/kh_news/khan_art_view.html?artid=201710182236005&code
=970204#csidxb4f48f6959f1cbbbb305a36b895e97a [2017.1018]

『서울경제』 시황제의 중국몽에 시름하는 지구촌···한국의 운명은, [Online].
Available: https://news.naver.com/main/read.nhn?mode=LSD&mid=sec&
oid=011&aid=0003395335&sid1=001&lfrom=memo [2018.9.14]

『중앙일보』,[예영준의 차이 나는 차이나] 미국이 주저하는 새 ··· 1000억 달러
로 아프리카 삼킨 중국 [Online]. Available: https://news.naver.com/
main/read.nhn?mode=LSD&mid=sec&oid=025&aid=0002848810&sid1
=001&lfrom=memo [2018.09.15]

『News1 Korea』시진핑, 베네수엘라 경제지원···마두로 "일대일로 협력"
[Online]. Available: http://news1.kr/articles/?3427521 [2018.09.15]

『상하이방』(http://www.shanghaibang.com)[Online]. Available:http://news.xin huanet.com/politics/2016lh/2016-03/17/c_1118366322.htm

코트라 보도자료 - 시진핑 2기 경제 3大 키워드로 본 中 진출유망산업, 코트 라 베이징 무역관. [2017. 12. 27]

中国文化报.「2018 年文化工作要点」2018년 중국 문화정책, [Online]. Avai lable:http://www.xinhuanet.com/culture/2018-01/08/c_1122227961.ht m [2018-01-08]

05

일본의
해양정책

사토노리코·김진기

Ⅰ. 서론

일본의 국토면적은 38만km2로서 세계 60위에 불과하지만, 영해와 EEZ(배타적경제수역)약 448만 km2는 미국, 프랑스, 오스트레일리아, 러시아, 캐나다에 뒤이은 세계 제6위의 규모를 나타내고 있다. 그리고 이 지역들의 해저에는 광물자원, 특히 풍부한 에너지자원이 매장되어 있음이 확인되고 있다. 그러나 이 지역들의 상당부분이 중국이 주장하는 수역과 겹칠 뿐 아니라 중국의 해양진출이 활발하게 전개되면서 일본정부와 해양관련전문가들도 이를 그대로 방치할 경우 일본의 해양권익이 침해당할 염려가 있다는 위기감에 2007년 해양기본법을 제정하여 해양권익의 보호에 나섰다. 뒤이어 2008년에는 해양기본계획이 제정되었으며, 해양문제에 대한 연구저변을 확대하기 위하여 해양정책연구회가 설립되었다(사토 노리코・김진기 2012, 3).

센가쿠열도/댜오위다오를 둘러싼 양국의 영토분쟁과 동중국해의 중첩되는 지역, 구체적으로는 배타적 경제수역(EEZ)과 대륙붕에 대한 중국과 일본의 인식 차이, 그리고 중첩되는 영역에서의 탐사활동을 둘러싼 양국의 갈등은 향후 이 지역의 자원개발 뿐 아니라 지역해양질서에 있어서 매우 중요한 사안이다. 특히 동중국해의 대륙붕에 대한 '자연연장론'의 입장을 취하고 있는 중국의 입장에 대한 일본의 대응과 정책은 중국과 마찬가지로 '자연연장론'의 입장을 취하고 있는 우리에게도 시사하는 바가 크다. 이러한 측면에서 본 논문의 목적은 동중국해에 대한 일본의 해양 정책이 어떻게 나타나고 있는지를 살펴보는 데에 있다.

이 지역에서 나타나는 일본의 해양 정책을 다룬 기존의 연구들은 크게 보아 영토분쟁에 초점을 맞춘 연구와 해양경계에 초점을 맞춘 연구, 그리고 법적 측면에 중점을 두어 해양문제를 살펴본 연구들로 나누어 살펴볼 수 있다. 영토분쟁을 다룬 연구들은 센가쿠열도/댜오위다오를 둘러싼 일본과 중국간의 영토분쟁을 다양한 측면에서 살펴본 연구들이다. 이들 연구들은 센가쿠/댜오위다오를 둘러싼 양국 간의 갈등을 대체적으로 역사적 측면, 양국의 국내정치의 역동성, 그리고 역내 지역패권경쟁 등의 측면에서 살펴보고 있다. 김진기(2005)는 역사적, 국제법적, 정치적 배경이라는 측면에서 영토분쟁지역-북방영토, 센가쿠/댜오위다오, 독도-에 대한 일본정부의 접근법을 비교분석하고 있으며, 이정태(2005)와 박정현(2004)은 센가쿠/댜오위다오를 둘러싼 양국 간 갈등을 역내 지역패권경쟁으로 파악하여 중국의 대응에 초점을 두고서 분석하고 있다. 최희식(2010)은 양국관계의 변화 속에서 이 지역의 영토분쟁이 어떠한 경과를 거쳐 왔는지를 살펴보고 있으며, 이명찬(2013) 또한 동중국해에서 벌어지고 있는 양국의 갈등을 센가쿠/댜오위다오에 대한 역사적, 국제법적 측면에서의 고찰과 함께 중일 간 파워시프트 속에서 파악하고 있다. 이 외에도 동중국해에서 전개되고 있는 양국 간 갈등을 해양자원과 해양 정책과의 관련 하에 살펴본 연구로는 손기섭(2007, 2008)과 최은봉·석주희(2012)의 연구를 들 수 있다. 전자의 경우, 센가쿠/댜오위다오와 북방영토에 대한 일본과 상대국간의 구조적 변화와 해양자원, 그리고 일본 국내정치환경을 중심으로 분석한 것이라면, 후자의 경우 일본 내 행위자들의 상호작용을 변수로 상정하여 일본해양정책의 변화를 설명하고 있다.

두 번째 범주의 연구는, 동중국해에서 전개되고 있는 중국과 일본의 갈등을 대체적으로 국제법적 측면에서 접근한 연구들이다. 이들 연구는 한편으로는, 동중국해에서의 해양경계획정문제를 배타적 경제수역 또는 대륙붕에 대한 상이한 주장과 이에서 생겨나는 문제점 또는 유엔해양법협약과 대륙붕한계위원회를 중심으로 살펴보는가 하면(원영철 2012, 金懸洙 2007, 이창열 2012), 또 다른 한편으로는, 동중국해 자원개발이란 측면에서 경계획정논의를 살펴보고 있다(양희철 2012, 김관원 2012). 이들 연구는, 그 강조점은 조금씩 다를지라도 동중국해에서 벌어지는 중일간 경계획정이 우리나라에 어떤 의미를 갖는가라는 점에 의미를 두고 있다는 점에서 공통적이라고 할 수 있다.[1]

마지막으로 두 번째 범주의 연구와 유사하면서도 해양에 관한 국내외 제도들의 법적 측면을 주로 조사한 연구들을 들 수 있다. 이들 연구들은 UN대륙붕협약에 의해 설치된 '대륙붕한계위원회'가 어떤 법적 권한을 가지는지(이기범 2012), 그리고 해양관할권에 대한 각국의 입법적 노력이 어떻게 전개되고 있는지를 광물자원, 어족자원, 해양과학조사관리 측면에서 살펴보고 있다(이석우・신창훈・박영길 2010). 이 중에는 2007년 일본의 해양기본법 제정에 대하여 우리의 대응방안을 한중일 세 나라의 해양행정체계를 비교하여 분석한 연구도 있다(박성욱・양희철 2008). 분과학문적 측면에서 본다면, 첫 번째 범주의 연구들이 주로 정치학자들을 중심으로 이루어지고 있다면, 두 번째, 세 번째 범주의 연구들은 주로 해양전문가 또는 국제법 전문가들을 중심으로 연구가 이루어지고 있다.

---

[1] 이러한 측면에서 본다면 동중국해에서의 중일간 갈등이 한일간 해양경계획정문제와도 전혀 관련이 없지는 않지만, 논의의 편의상 한일 양국간의 문제에 초점을 맞춘 연구들은 이 글에서 제외한다. 이에 대해서는, 박춘호(1994), 김은수(1999), 박창건(2011)을 참고할 것.

이상에서 언급한 연구들은 센가쿠/댜오위댜오를 둘러싼 중일의 갈등과 국내정치적 배경, 그리고 이 해역의 자원개발을 둘러싼 양국의 해양경계획정, 구체적으로는 배타적 경제수역과 대륙붕의 경계 획정 등에 대한 국제법적 해석과 분석을 시도하고 있다는 점에서, 이 해역을 둘러싸고서 벌어지고 있는 양국 간 갈등을 이해하는데 크게 기여하고 있다. 그럼에도 불구하고 이들 연구들은 일본의 해양 정책이 내부적으로 어떠한 변화를 보이고 있는지에 대한 분석은 그다지 이루어지고 있지 않다. 실제로 일본은 2007년 해양기본법을 제정하여 그동안 산만하게 전개되고 있던 해양 정책에 대한 연구와 논의를 체계화하는 움직임을 보여주고 있다. 즉 해양기본법 제정과 함께 내각총리대신을 장으로 하는 종합해양정책본부가 설치되었을 뿐만 아니라 해양정책담당대신이라는 직책도 설치함으로써 해양 정책을 총괄하는 정부기구를 탄생시킴으로써 해양에 관한 종합적이고도 체계적인 정책을 추진하는 움직임을 보이고 있는 것이다.

이러한 측면에서 본 논문에서는 일본의 해양 정책을 해양기본법이 성립하기 이전과 이후로 나누어 비교하여 살펴봄으로써, 동중국해에 대한 일본의 해양 정책이 해양기본법을 전후하여 어떠한 변화가 나타나고 있는지를 살펴보고자 한다. 구체적으로, 해양기본법 성립 이전과 이후에 발생했던 다음과 같은 주요 사건들에 대한 일본정부의 대응 또는 정책연구를 중심으로 살펴보고자 한다. 첫째, 해양기본법 성립 이전 양국간 주요쟁점으로 부각되었던 2004년 춘샤오/시라카바가스전에 대한 중국의 채굴을 둘러싼 양국 간의 갈등이다. 이 사례에서 일본이 나타내었던 대응양상을 살펴봄으로써 해양기본법 제정 이전 일본이 취하고 있었던 해양 정책의 일단을 엿

볼 수 있을 것이다. 둘째, 해양기본법 성립 이후 일본의 주요성청 또는 해양관련 기관에서 나타났던 연구결과물에 대한 검토이다. 이를 통해 해양기본법 성립 이후 일본 해양 정책의 중점이 어디에 맞추어져 있는지를 간접적으로 살펴볼 수 있을 것이다. 셋째, 2010년 발발했던 일본 해상보안청의 순시선과 중국 어선의 충돌사건, 그리고 2012년 센가쿠에 대한 일본정부의 국유화를 둘러싸고서 초래되었던 양국 간 갈등에 대한 일본의 대응태도이다.

요컨대 동아시아 해역에 대한 중국의 채굴에 대한 일본의 대응, 해양기본법 제정 전과 이후 나타난 해양관련 일본연구의 관심사 비교, 그리고 해양기본법 제정 이후 센가쿠/댜오위다오에서의 사건들에 대한 일본의 대응이라는 일련의 흐름들을 시계열적으로 살펴봄으로써 해양기본법 제정 이전과 이후 일본의 해양 정책에 어떠한 변화가 나타나고 있는지를 살펴보고자 하는 것이다.

마니컴(Manicom)은 일본의 해양정책을 분석하면서 캘더(Calder)의 '반응국가'(reactive state)를 원용하고 있다. '반응국가'란 외압이 있을 때에만 반응을 보인다는 점에서 매우 수동적이고, 비효율적이며 위험을 피하려는 대외정책으로 설명된다. 애초 일본의 대외경제정책을 설명하는데 적용되었으나 이후 일반적인 대외정책을 설명하는 데에도 적용되어, 많은 논자들이 일본의 대외정책을 이러한 시각에서 설명하고 있다(Calder 1988, Hellmann 1988, Potter 2008). 캘더의 '반응적' 외교정책이란 "정책변화의 추동력이 외부압력으로 이루어지는 것"으로서, 반응국가는 두 가지 특징적인 점을 갖고 있다. 첫째, 파워와 국가적 동기가 있음에도 불구하고 자주적인 대외경제정책의 주도권을 취하지 못한다. 둘째, 외부압력에 반응하여 정책변화를 하게 되지만 매우 비체계적이고 불완전하며 비정상적인 (erratically) 반응을 보인다(Calder 1988, 519).

일본이 반응국가적 정책을 취하는 이유로서 캘더는 국가전략에 대한 고려, 국제체제의 특성, 국가의 내부구조를 들고 있다. 제2차 세계대전 후 일본의 국가전략은 국제문제에 개입 또는 적극적 역할을 하는 것과는 거리가 멀었다. 전후 일본은 경제성장에 집중하기 위해 국제문제에 개입하거나 적극적 역할을 하는 것을 피해왔다. 전후 패권국가로서 미국이 압도적 지위를 누리고 있었기 때문에 거의 모든 부분에서 미국 의존적이었던 일본은 국제문제에 대한 주도권 또는 독자적인 정책을 펼칠 필요가 없었다. 이의 결과 국제문제에 있어서 일본의 미국에 대한 의존은 더욱 심화되었다(Calder 1988, 526-527).

마니컴은 일본의 해양 정책을 분석하면서 일본이 독자적인 해양 정책을 갖고 있지 않기 때문에 외적위협에 대한 정책적 일관성이 없는 태도를 취하는 "반응국가"(reactive state)라는 특성을 강조하고 있다(Manicom, 2010; Potter and Sudo 2003). 그러나 이와 같은 수동적 정책은 2007년 해양기본법 제정으로 적극적 해양 정책 (proactive ocean policy)으로 바뀌었으며 이러한 변화에는 중국의 압력이 매우 크게 작용했다는 것을 강조하고 있다(Manicom, 2010).

필자 또한 '반응국가'적 관점에서 해양기본법 제정 이전과 이후 동중국해에서 나타나고 있는 일본의 해양 정책을 비교해서 살펴보고자 한다. 그러나 마니컴과 다르게 필자는 이 글에서 해양기본법 제정을 전후한 일본의 해양 정책에서 큰 변화는 없으며 이는 여전히 '반응적' 해양 정책으로 나타나고 있다고 주장한다. 즉 동중국해에서 벌어지는 중국과의 갈등 또는 이에서 파생되는 중국과의 외교 문제에 접근하는 일본의 해양 정책은 갈등을 회피하려는 전략 또는 사안에 따른 임기응변적인 태도로 나타남으로써, 해양기본법 제정에도 불구하고 일본의 해양 정책은 여전히 뚜렷하지 않은 형태로 전개되고 있다는 것이다.

이의 주된 이유로서 필자는 앞서 캘더가 반응국가적 태도를 취하는 이유로서 언급한 국가전략에 대한 고려, 국가의 내부구조, 국제체제의 특성이라는 측면에서 살펴보게 될 것이다. 즉 해양 정책에 대한 일본의 국가전략이 마련되어 있는지, 해양 정책을 위한 국가 내부의 제도적 기반이 이루어져 있는지, 그리고 마지막으로 동아시아 해역에서 일본이 독자적 정책을 펼칠 수 있는 국제적 환경이 마련되어 있는지를 구체적으로 살펴봄으로써 해양기본법 제정을 전후한 일본의 해양 정책에 어떠한 변화가 나타나고 있는지를 밝히고자 하는 것이다.

II. UN 해양법 협약과 일본의 해양기본법 성립

1. UN 해양법 협약의 성립과 동중국해에 대한 중일의 인식차이

1973년부터 시작된 UN해양법회의의 결과 1982년 UN 해양법협약(UNCLOS, United Nations Convention on the Law of the Sea)이 체결되어 새로운 레짐으로서 배타적 경제수역이 규정되었다. 그럼에도 불구하고 일본은 공해 상에서 일본어선의 활동을 추진할 목적으로, 각국이 배타적 경제수역을 설정하고 그 영역에서의 주권을 행사하는 것에 반대해왔다. 그러나 미국과 구소련이 UN 해양법회의가 진행 중이던 1976년, 1977년 배타적 경제수역의 전신인 배타적 어업수역(EFZ, Elclusive Fisheries Zones)을 설정하게 되자, 일본의 공해상 어장은 종래의 1/2로 축소되었다(Manicom: 310-312). 나아가 1990년대에는 일본근해에서 한국과 중국의 어획량이 증대된 결과, 일본 근해에서의 상대적 어획량은 감소하는 추세를 보였다. 이같은 상황에 대처하기 위하여 일본은 배타적경제수역(EEZ)을 인정하여 1996년 '배타적 경제수역 및 대륙붕에 관한 법률'을 공포, 국내입법화함으로써 자국영해에서의 권익을 보호하고자 하였다.2)

그러나 이 UN 해양법협약이 동중국해에서의 근본적인 문제를 해결하기에는 미흡했다. 무엇보다도 오랜 기간의 논의에도 불구하고 UN해양법협약에서 논의된 배타적 경제수역의 성격, 그리고 대륙붕에 대한 경계획정원칙이 명확하지가 않다는 점이었다. 즉 UN 해양법 협약에서는 배타적 경제수역의 법적 성격이 통일되어 있지 않을 뿐 아니라, 해양경계 획정 방식 또한 정해져 있는 것이 아니어서 동중국해 주변국들이 각자 자신에게 유리한 원칙을 주장할 여지가 있었다.

우선 배타적 경제수역의 법적 성격에 대한 주장은 영해설, 공해설, 특별수역이라는 세 가지 견해로 정리될 수 있다. 첫 번째, '영

---

2) 인접국인 한국과 중국 또한 1998년 들어서야 배타적 경제수역법을 국내입법화하여 도입하게 된다. 이와 같이 동아시아 3국이 이 법을 늦게 도입한 이유로서는 이들 국가들이 선진적인 원양어업국이었기 때문에 배타적 경제수역을 서둘러 도입하는 것이 국익에 도움이 되지 않을 뿐 아니라 이 해역에는 독도, 센가쿠(댜오위다오)와 같은 영유권문제, 그리고 무엇보다도 각국이 200해리를 주장하게 되면 서로 중복되는 영역이 발생하기 때문이었다.(원영철 2012, 445)

해설'의 경우 200해리까지 영해를 확장하여 연안국의 권리를 확보하려는 입장이다. 두 번째 견해인 '공해설'의 경우, '영해와 공해'라는 전통적 해양의 이원적 구분의 관점에서 연안국의 권리를 제한하려는 입장이다. 마지막으로, 200해리 해역이 영해나 공해가 아닌 제3의 수역으로서 그 자체의 특성을 지닌 특별한 수역이라는 주장이다(원영철 2012, 439-442). 그러나 여기서 문제는 이 세 가지 견해에 대한 각국의 합의가 이루어진 것이 아니라는 점이다.

이와 같은 문제점은 배타적 경제수역의 경계를 획정하는 일반원칙에서도 나타난다. 경계획정에 대한 일반원칙은 합의의 원칙, 등거리(중간선)의 원칙, 관련인접국 간 형평의 원칙에 의하여 합의로써 결정한다는 형평의 원칙으로 정리될 수 있다. 합의의 원칙은 해양경계 분쟁해결의 가장 기본적인 원칙으로서 해양경계획정은 당사국의 합의를 통해 이루어져야 한다는 원칙이다. 두 번째로 등거리(중간선)의 원칙은 인접국 간에 영해 기선의 가장 가까운 지점 또는 영해기선의 가장 가까운 지점으로부터 같은 거리에 있는 모든 점을 연결한 선을 경계획정의 방법으로 사용해야 한다는 원칙이다. 마지막으로, 형평의 원칙이란 공평성과 합리성에 의거하여 경계획정을 해야한다는 것이다. 그러나 1982년의 UN 해양법협약에서는 형평의 원칙에 대한 직접적 또는 명문화된 규정을 두고 있지는 않다.

이상에서 살펴본 배타적 경제수역에 대한 UN해양법협약의 모호성은 대륙붕에 대한 규정에서도 그대로 나타나고 있다. 대륙붕이란 원래 대륙과 섬을 둘러싼 완만한 경사의 대지를 이루는 해저지역을 지칭하며, 통산 수심 200미터까지의 범위를 말하는 지리적 개념이었다. 1945년의 "트루먼선언"에서 말하는 대륙붕도 지리적 개념의

대륙붕이었으나, 이는 1958년의 대륙붕 조약의 규정으로 크게 변화했다. 대륙붕조약에서는 연안 해저의 형상과는 관계없이 적어도 수심 200미터까지의 영역을 대륙붕으로 하고, 나아가 그 이상이라도 개발가능하면 그 영역은 연안국의 대륙붕이 되었다. 그러나 1982년의 UN해양법협약에서는 '지형'이나 '개발가능성'이 아닌 '영토의 자연 연장'이라고 하는 새로운 기준을 대륙붕 획정의 척도로서 채용함으로써 그 외측 한계를 최대 350해리까지 확장하였다. 다만 영해기선으로부터 200해리를 넘어 대륙붕의 한계를 설정하고자 하는 연안국은 UN해양법협약에 의해 설치된 대륙붕한계위원회(CLCS, Commission on the Limits of the Continental Shelf)에 관련정보를 제출, 이에 대한 위원회 권고로 대륙붕의 한계가 최종적으로 설정되고 구속력을 갖는 것으로 하고 있다. 이에 따라 일본 또한 장기간에 걸친 대륙붕조사를 거쳐 2008년 11월 12일 CLCS에 신청서를 제출했다(みずほ総合研究所 2008).

그러나 여기서 문제가 되는 것은 일본의 신청에 대한 대륙붕한계위원회의 권고가 나온다고 하더라도 중국이 이를 무시할 경우 일본으로서는 마땅한 대응책이 없다는 것이다. UN해양법협약의 기본이념은 해양의 평화이용이지만 연안국이 대륙붕한계위원회에 대하여 대륙붕한계연장신청을 제출함으로써 주변국과 대륙붕경계획정의 문제가 나타날 수도 있다. 더욱이 대륙붕한계위원회는 인접한 국가들의 대륙붕한계 연장신청에 대하여 체결국보다 우위의 지위에서 제재하고 결정할 권한은 갖고 있지 않기 때문에 중복되는 대륙붕에 관한 체결국간의 의견조정은 당사자 간의 의견조정에 위임하고 있다는 점이다. 이는 곧 대륙붕한계위원회에서 일본의 의견이 받아들여진다 하더라도 중국이 이에 대한 이의를 제기할 경우의 해결책은 없다는 것이다.

이상에서 살펴본 바와 같이 UN 해양법협약이 정식 발효되었다고 하더라도 배타적 경제수역과 대륙붕에서 연안국이 갖는 권리, 의무 등이 모두 규정된 것도 아니며 관할권 또한 명시적으로 정해진 것은 아니었다. 이에 일본은 '중간선'론의 입장을 취하였으며, 중국은 '자연적 연장론'의 입장에서 EEZ의 경계를 삼았다. 일본은 동중국해에서 대륙붕을 갖고 있지 않기 때문에 중간선의 입장을 취한 반면, 중국은 UN 해양법에서 해안선의 길이와 형세, 해저의 지질학적 구조 등과 같은 지리적 요소가 국제법원에서 중요한 요소로 작용하고 있기 때문에 '자연적 연장'이라는 입장을 취한 것이었다 (원영철 2012, 445-446). 이의 결과 동중국해의 경계에 대한 일본과 중국의 입장 차이가 나타나게 되었던 것이다.

2. 동중국해 자원개발에 대한 양국의 갈등과 해양기본법의 제정

1) 동중국해 자원개발을 둘러싼 중국과 일본의 갈등

동중국해의 해양경계선에 대한 일본과 중국의 입장 차이는 이 해역의 자원개발을 둘러싸고서 촉발되었다. 즉 중국이 이 해역에서의 탐사활동에 적극 나섬으로써 양국 간 갈등이 표면화되어 나타나게 되었던 것이다. 2004년 중국은 중간선으로부터 중국 쪽으로 불과 4 킬로미터의 거리에 위치하고 있는 시라카바/춘샤오(白樺／春晓)가스전에서 채굴을 시작했다. 동중국해에서 중국이 가스전 탐사와 개발에 나서면 빨대효과로 일본측 해역에 위치한 가스전으로부터도 가스가 빠져나갈 가능성이 있다는 점에서 일본은 적극적 대응에 나서게 되었다.

중국에 대한 대항조치로서 일본은 일중중간선의 일본 측 광구 시굴권을 2005년 7월 당시 제국석유(현 国際石油開発帝石홀딩스)에 부여했다. 이에 대하여 중국정부는 이 해역이 중국의 EEZ 내에 있다는 점에서, 일본정부가 일본기업에 시굴권을 부여한 것은 중국의 주권과 권익에 대한 중대한 도발인 동시에 침해라고 항의했다. 9월에는 이 가스전 부근에 중국해군 최신예함을 포함한 함대를 배비함과 동시에 일본의 P3C초계기를 향하여 포를 겨누는 사태에 이르러, 양국의 관계가 긴장되었다. 일본정부는 UN해양법협약 74장 제3조를 들어 양국이 자국의 EEZ라고 주장하는 분쟁중의 해역에서 중국이 단독으로 가스와 석유채굴을 해서는 안된다는 점을 주장하면서 이 해역에서 중국의 석유와 가스탐사, 채굴을 저지하려고 한 반면, 중국정부는 자국의 EEZ에서 자원탐사와 채굴을 할 권리를 주장할 수 있다고 주장하고 나섰던 것이다(Robert C Beckman and Bernard 2011: 15; Valencia 2007: 131-2). 이와 같은 양국 간 갈등은 2006년 4월, 중국해사국(中國海事局)이 핑후(平湖, Pinghu)가스전 확장공사를 위해 중간선부근에서의 선박항행을 금지한다고 발표하고, 이에 대해 자유민주장 간사장인 다케베 쓰토무(武部)가 비판하고 나섬으로써 한층 증폭되는 양상을 보였다(The Japan Times April 17 2006). 요컨대 양국의 갈등은 앞서 언급한 '중간선'론과 '자연연장론'의 입장차이에서 비롯된 것에 다름 아니었다.

동중국해에서의 자원개발을 둘러싸고서 전개되었던 갈등을 완화하기 위하여 양국은 2004년부터 2008년까지 총 11차례의 협상을 추진하였다. 협상에도 불구하고 동중국해에 대한 양국의 입장은 상호의견을 확인하는 정도였으나 2006년 제6차 회담에서는 실질적인 진전을 보았다. 즉 양국이 동중국해에서의 돌발 상황에 대비하기 위한 연락체계 구축에 대한 합의를 도출함으로써 중요한 전환점을 마련하였던 것이다. 이후 2007년 10차, 11차 회담을 거쳐 2008년 양국은 전면적 호혜관계 구축과 함께 6월 동중국해 자원의 공동개발에 합의하게 되었다. 그럼에도 불구하고 이 합의가 양국의 국내 절차 이행완료를 통한 협정으로 이어지기 위해서는 정치적 장애와 함께 합의문 해석을 둘러싼 갈등이 나타날 가능성이 내포되어 있다는 점에서 그 효과는 미미했다(양희철 2012, 29-44).

이상에서 살펴본 바와 같이 동중국해에서의 자원개발을 둘러싼 양국의 갈등은 2004년 중국의 춘샤오/시라카바 가스전의 본격개발로 촉발되어 2008년 공동개발에 대한 합의문 발표로 일단락되었다고 할 수 있다. 이와 같은 양국의 합의는 기존의 대립관계보다는 상당히 진전된 것이라고 할 수 있다. 그러나 앞서 언급한 바와 같이 해양경계에 대한 양국의 입장 차이, 그리고 영해에 대한 양국의 인식차이가 근본적으로 해결되지 않고 있는 점, 그리고 이에서 비롯된 여러 가지 문제점은 여전히 남아있기 때문에 양국 간 갈등은 여전히 재연될 수 있는 여지를 갖고 있었다. 즉 양국 모두 표면적으로는 문제를 증폭시키지 않는데 합의했지만 이면적으로는 다시 나타나게 될 분쟁에 대비하지 않으면 안 되었던 것이다. 즉 이 사건을 계기로 일본은 자국의 해양 정책을 되돌아보게 되었던 것이다.

2) 해양기본법의 제정과 해양기본계획

중국에 의한 동중국해에서의 탐사와 개발이 진전되면서 일본정부는 통일된 해양 정책을 입안할 필요성을 인식하기 시작했다 (Manicom 2010: 319-320). 왜냐하면 당시까지 일본의 해양문제는 각각의 담당 성청에서 정책이 논의, 입안되는 실정이었기 때문에 대외적으로 일관된 입장을 보여줄 필요성이 있었으며 이를 위해서는 종합적인 정책수립이 필요했기 때문이다. 즉 외무성은 영토와 영해문제, 경제산업성은 해양자원개발, 국토교통성은 해양교통분야를 담당하는 등 해양 정책에 관한 각성청간의 연대가 어려워 일관된 해양정책을 입안하는 것이 어려운 상황이었다. 이에 2005년 해양정책연구재단(OPRF)이 일본재단과 함께 해양기본법 초안을 작성하여 2007년 이를 법제화하게 된다.

해양기본법은 총칙과 해양기본계획, 기본적 시책, 종합해양정책본부라는 총 4개장 38개조와 부칙으로 구성되어 있으며, 해양개발과 이용, 과학적 지식의 충실, 해양의 종합적 관리, 해양안전의 확보, 해양산업의 건전한 발전, 국제적 협조라는 6가지 기본이념을 밝히고 있다. 이 외에도 해양기본계획을 5년마다 수립하고 이에 필요한 재정적 조치를 강구할 것, 그리고 기본적 시책으로서 해양자원의 개발과 이용, 배타적 경제수역의 개발, 해상수송확보, 해양안전 확보, 이도(離島)의 보전 등을 규정하고 있다.3) 그리고 해양기본법 제정과 동시에 일관된 해양정책을 추진할 목적으로 내각총리대신을 장으로 하는 종합해양정책본부가 설치되었다.4) 그리고 해양정

---

3) <http://www.kantei.go.jp/jp/singi/kaiyou/>(검색일. 2013/02/25)

4) 종합해양정책본부가 하는 일은, 첫째, 해양기본계획안의 작성 및 실시, 추진에 관한 사무. 둘째, 관계행정기관이 해양기본계획에 근거하여 실시하는 시책의 종합조정에 관한 사무, 셋째,

책담당대신이라는 직책도 설치됨으로써 해양 정책을 총괄하는 정부 기구로 탄생했다(Terashima 2012: 175-176). 이듬해인 2008년 3월 에는 '해양기본법' 규정에 의하여 해양에 관한 종합정책을 추진하기 위한 '해양기본계획'이 나타났다.

해양기본계획은 해양에 관한 시책을 종합적이고 계획적으로 추진하기 위해 정부가 책정한 계획으로 이는 해양기본법의 규정에 근거하여 대략 5년마다 책정된다. 또한 정부는 해양에 관한 시책의 기본방침과 시책추진에 필요한 사항 등을 정하여 예산확보 등 계획 실시에 노력하도록 하고 있다.5) 해양기본법 제정에 기여한 OPRF 의 데라지마(寺島紘士)에 의하면, 일본은 해양기본법 제정으로 국제연합의 UNCLOS나 지속가능한 개발을 실현하기 위한 아젠다21, 그리고 WSSD(지속가능한 개발에 관한 세계수뇌회의)의 틀에 근거하여 해양 정책을 추진할 수 있게 되었다는 점에서 일본은 세계 해양 정책에 공헌할 수 있게 되었다고 주장하고 있다(Terashima 2012: 175). 한편, 해양기본법 제정과 함께 해양문제에 대한 연구 저변을 확대하기 위하여, 2008년 일본해양정책연구회가 설립되었으며 이 활동을 확대하기 위하여 일본해양정책학회6)로 명칭을 변경하여 해양 정책에 대한 연구를 본격화할 움직임을 보였다.

이상에서 간략히 살펴본 바와 같이 해양기본법이 나타나게 된 배경에는 중국의 해양진출위협에 대한 대응이 가장 주요한 요인이라

그 외 해양에 관한 중요시책의 기획, 입안, 종합조정에 관한 사무를 실시한다고 하고 있다.(http://www.kantei.go.jp/jp/singi/kaiyou/)

5) 그럼에도 불구하고 해양기본법성립후의 일본정부 및 일본해양관계자의 논의를 보게 되면, 중국과 일본 사이에 존재하는 배타적 경제수역에 관한 인식의 차이나 해저가스전을 둘러싼 문제에 적극적으로 착수하기 위한 정책은 추진되고 있지 않다.

6) 이에 대해서는, <http://oceanpolicy.jp/>를 참조.

할 수 있으며, 법의 내용 또한 주변해역의 자원개발과 영토를 둘러싸고서 발생할 수도 있는 중국 및 한국과의 갈등을 염두에 두고 있음을 알 수 있다. 즉 중국의 해양진출에 대한 반응으로 나타난 것이기는 하지만, 일본은 "정부가 일체가 된 체제의 구축, 그리고 해양에 관한 시책을 종합적이고 일체적으로 추진할 필요성"(內閣官房總合海洋政策本部事務局)에서 해양기본법을 제정하고, 이 추진체제로서 종합해양정책본부를 정부 내에서 총리 산하에 설치함으로써 제도적 정비를 마련했던 것이다. 이런 측면에서 보게 되면 해양 정책에 대한 국가전략, 그리고 해양 정책에 대한 국가기구의 제도적 정비는 해양기본법을 계기로 마련되었다고 할 수 있을 것이다.

요컨대 해양기본법 제정 이전 일본의 해양 정책은 캘더가 언급한 '반응형 국가'의 전형적 모습을 보이고 있으며, 마니콤은 이를 '위기대응'형 정책이라고 언급하고 있다(Manicom 2010: 320). 그러나 중국과의 증폭되는 갈등에 대응하여 일본은 해양기본법을 제정하고 국가제도를 정비함으로써 종전까지의 '반응형 국가'에서 벗어나고자 하는 모습을 드러내었다. 그렇다면 해양기본법 제정 이후 일본은 동중국해와 관련된 어떠한 해양 정책을 제시하거나 실행하고 있는가.

Ⅲ. 2007년 해양기본법 제정 이후의 해양 정책

1. 해양기본법 제정 이후 해양 정책을 둘러싼 연구

앞서 언급한 바와 같이 해양기본법에는 중국의 적극적인 해양개발을 의식한 내용들이 많이 포함되어 있다. 즉 원칙적인 언급이긴 하지만 해양기본법의 내용에는 동아시아 해역에서 중국과의 사이에서 발생할 수 있는 거의 모든 사항들 - 해양자원개발과 이용, 환경보전, 배타적 경제수역, 해상수송의 확보, 해양조사, 섬(離島), 국제적 연대와 국제협력 등 - 이 포함되어 있다. 그럼에도 불구하고 해양기본법 제정 이후 나타난 일본의 해양 정책이나 연구에서 중국을 의식한 구체적 또는 실무적 차원의 대책이나 연구는 그다지 많이 나타나고 있지 않다. 즉 중국의 적극적인 해양개발에 위협을 느껴, 해양자원의 개발과 이용, 배타적 경제수역의 개발, 이도(離島)의 보전 등의 문제에 대처해야 한다고 해양기본법에 명기했음에도 불구하고 해양기본법 제정 이후 유효한 대책이나 연구는 행해지고 있지 않다. 실제로 해양기본법 제정 후에도 일본은, 일본이 주장하는 일본의 EEZ 내에서 실시되는 중국의 조사활동이나 탐사활동을 제한하지 않는 모습을 보였던 것이다.

나아가 해양기본법 초안을 제작했던 해양정책연구재단(OPRF, Ocean Policy Research Foundation)과 일본해양정책학회에서 나타난 논문이나 연구과제 또한 센가쿠/댜오위다오 문제 또는 중국을 직접적으로 다룬 연구과제는 나타나고 있지 않다. 1996년 이후 나타난 해양정책연구재단의 보고서나 출판물을 살펴보면, 해양 관측·정보 168건, 해양기술개발 74건, 환경보호와 보전 57건, 연안 해역관리 30건 등의 순으로 나타나고 있어, 중국과의 갈등에 대한 일본정부의 입장을 나타내는 연구나 보고는 거의 나타나고 있지 않다. 또한 해양기본법이 참의원에서 가결되어 정식 시행되었던 2007년 7월 20일 이전과 이후 해양정책연구재단에서 나타난 연구를 살펴보아도

그다지 뚜렷한 변화를 찾아보기는 어렵다.[7]

2002년 10월부터 통상적으로 월 1회 개최되는 해양포럼에서 다루는 주제 또한 <표-1>에서 보는 바와 같이 해양기본법 제정을 전후하여 내용에 뚜렷한 변화가 나타나고 있지는 않다. 특히 해양기본법 제정의 배경이 되었던 가장 중요한 요인이 중국과의 갈등이었다고 한다면, 이 대상이 되는 센가쿠/댜오위다오를 다루거나 이 지역에서의 자원개발과 안보환경 등을 다룬 포럼은 전체 100회의 포럼 중 손에 꼽을 정도이다. 센가쿠의 경우 2012년 11월의 제96회 포럼과 2010년의 제75회 포럼에서 2회에 걸쳐 다루어졌으며, 동아시아해역의 안전보장문제에 대해서는, 2011년의 제84회 포럼에서 한번 다루어지고 있다. 이 외에 2007년의 제42회 포럼에서는 "중국의 해양 정책과 일본"이라는 주제로 해사해운정책(海事海運政策)을 다루고 있다.

〈표-1〉 해양정책연구재단 해양포럼의 주요 주제(2002.10.-2013.3)

	해양정책/ 법제	안보	연안 해역 관리	환경 보호/ 보전	생물	자원/ 에너지	EEZ/도서/ 대륙붕	기타
2002	1			1				
2003	3	2		2			1	2
2004		1		1	2		2	4
2005	1	1					2	3
2006	4				3			2
2007/7	2				1		3	
2007. 7. 해양기본법 시행								
2007/8	1			1			1	
2008	1	2		2			1	3

---

7) 이에 대해서는, 일본 해양정책연구재단 홈페이지(<http://www.sof.or.jp/>)를 참조.

2009		2	2	3	2				1
2010	3	1	1	1	1	1		1	1
2011	1				3	1		1	5
2012	2	1	1			2		2	2
2013			1			1			1

출처 : 일본 해양정책연구재단 홈페이지(<http://www.sof.or.jp/>)를 토대로 필자가 작성.

이 외에도 해양정책연구재단이나 해양정책학회 등에서 나타난 연구를 대표적으로 몇 가지만 살펴보면, 해상수송과 해상교통의 안전 확보(해적대책 등)(OPRF의 Marint Monthly Report 2011)[8], 해상과 항공수송을 결합한 효율적 물류의 추진(Sea & Air 輸送の推進に関する調査・検討業務報告書　国土交通省 2009)[9], 3.11 동일본 대지진 이후, 강조되고 있는 연안해역의 종합관리계획(OPRF가 지원한 東京海洋大學의 합동세미나[10] ; 来生 2012 ; 中原 2011, 2012), 해양에너지와 자원분포조사 및 그 개발 가능성[11]経済産業省 2009 ; 山崎　2009), 해양생물, 환경의 보호(Seino 2009), 어업자원관리(猪又 2012) 등으로 나타나고 있다.

이들 연구 및 정책과제를 보면, 일본은 국제연합 등이 주장하는 지속가능한 해양개발의 틀을 적용함으로써 자국의 해양자원개발을 계획, 실행하는 방안을 모색하고 있는 것으로 나타나고 있다. 바꾸어 말하면, 연구과제가 일본의 EEZ나 영해에 관한 문제, 그리고 이 해역에서의 자원개발에 대한 언급이 거의 나타나고 있지 않다는 것이다. 이 같은 태도는 중국정부와의 동중국해 가스전 공동개발을 제

---

8) <http://www.sof.or.jp/en/monthly/2012.php>

9) <http://www.mlit.go.jp/common/000040217.pdf>

10) <http://www.kaiyodai.ac.jp/event/1101/17472.html>

11) 자원개발에 관련한 EEZ나 영해문제에는 언급하고 있지 않다.

안하는 교섭에서도 나타난다. 과거 일본과 중국 양 정부가 합의했던 시라카바/춘샤오 가스전개발에 대한 일본의 참가, 그리고 翌桧/龍井 가스전 남쪽 중일 중간선에 걸쳐있는 남측 해역에서의 공동개발의 경우, 실제 채굴에는 공동개발이 아니라 일본 측이 '출자'하는 형태로 합의를 보았던 것이다. 이는 EEZ에 관한 양국의 인식 차이에 대한 논의가 없이, 중국과의 "공동개발"이 가능하다면 양국의 자원개발에 관한 문제가 해결된다는 것과 같은 애매한 태도로서 자원개발 교섭에 응했던 결과라고 할 수 있다(日本政策センター2008).

2. 해양기본법 제정 이후 센가쿠/댜오위다오를 둘러싼 일본의 대응

영해문제에 대한 언급회피, 또는 이를 다른 논의로 바꾸려는 시도는 센가쿠/댜오위다오 부근에서 2010년 9월에 발행한 일본 해상보안청의 순시선에 중국국적의 어선이 충돌한 사고 때도 나타났다. 당시 중국어선의 선장은 공무집행방해로 일본 측에 체포되었으나 중국정부가 센가쿠/댜오위다오는 중국고유의 영토라고 하는 주장을 근거로 일본 측 주권에 근거한 사법조치에 항의했다. 그 결과 센고쿠(仙谷) 관방장관 용인 하에 오키나와 검찰청은 억류되어 있던 선장을 석방했다. 이 경우에도 영해 내에서의 주권행사에 관한 문제는 당시나 그 이후에도 더 이상 거론되지 않았다. 이는 일본정부가 일반에게 공개를 금지했던 충돌사건의 비디오가 해상보안관에 의해 유튜브에 무단공개되어 언론의 논의가 이것에 집중된 탓도 있지만, 그 이후에도 이 해역에서의 주권행사문제는 더 이상 거론되지 않았던 것이다.

물론 사건 초기에는 일본의 관할 하에 놓여진 센가쿠/댜오위다오에 미일안전보장조약이 적용된다는 주장을 함으로써 미국을 끌어들이려는 시도도 있었다(読売新聞09.24.2010a; 09.24.2010b). 그러나 이 논의는 비디오누출사건에 관한 논의로 바뀌어 버림으로써 섬 영유권 문제는 의도적으로 묻혀버렸다. 그 배경에는 이 해역에서의 영해나 국토방어에 대한 논의가 중국과의 외교관계를 악화시킬 뿐 해결책을 마련하기가 쉽지 않다는 점과도 관련이 있을 것이다. 그러나 좀 더 현실적인 관점에서 접근한다면, 중국으로부터의 관광객 감소가 관광업계와 소비관련업계에 타격을 입히고 있었다는 점, 그리고 중국 측이 희토류의 수출을 제한하는 경제제재의 가능성을 언급하면서 일본 측을 압박한 것에 따른 결과였다(株式ニュース 2010). 이와 같은 측면에서 보게 되면 센가쿠/댜오위다오를 둘러싼 중국과의 대립에서 일본은 섬 영유권 또는 배타적 경제수역 등과 같은 본질적인 문제의 해결보다는, 외교상의 리스크를 피하여 당장의 이익을 우선시한다는 태도를 나타냄으로써 문제를 회피하는 태도를 보였던 것이다. 이와 같은 일본의 태도는 이미 자신들이 이 섬을 이미 실효지배하고 있다는 점에서 문제화시키지 않고자 하는 의도와도 일치한다고 할 수 있다.

이와 같은 일본의 태도는 이후 센가쿠 국유화를 둘러싸고서 전개되었던 사태에서도 나타났다. 즉 2012년 4월 16일 동경도지사 이시하라(石原)가 센가쿠열도를 소유자로부터 구입할 계획을 진행시키고 있다고 발표하면서 모금활동을 개시하자,12) 일본정부는 9월

---

12) 이시하라가 구입계획을 밝힌 이래 불과 한달 반 만에 7천 6백만엔의 섬구입 기부금이 국민으

해상보안청이 이를 사들이는 형태로 국유화하는 조치를 취했다. 이 국유화는 이시하라 도쿄도지사의 섬 구입계획이 가져올 중국의 반발을 무마하기 위한 것이었으나, 일본정부의 의도와는 다르게 중국정부는 강력히 반발하였을 뿐 아니라 중국 각지에서 반일소요가 발생하는 사태를 초래했다. 나아가 중국정부는 센가쿠/댜오위다오를 영해기선으로 하는 해도를 UN에 제출하였을 뿐 아니라 중국의 해양감시선을 이 해역에 대거 출동시키는 등 사태가 오히려 악화되는 양상을 보였다. 이후 센가쿠/댜오위다오를 둘러싼 양국의 갈등은 양국의 해양감시선이 서로 대치하는 등 현재까지도 이어지고 있다.

이런 측면에서 보게 되면 해양기본법이 제정된 이후 나타난 센가쿠/댜오위다오에서 나타난 중국어선의 처리과정, 그리고 국유화를 둘러싼 일본정부의 대응에서 일관된 기준이나 원칙을 찾기는 어렵다. 오히려 중국과의 관계를 악화시키지 않기 위한 임기응변적인 언술이나 대응에 그치고 있다고 할 수 있다. 즉 해양기본법의 제정과 해양관련 국가기구의 정비에도 불구하고 일본의 해양 정책은 여전히 '반응형 국가'의 정책에 머무르고 있다. 이의 원인으로서는 캘더가 '반응국가'의 요인으로 들었던 '국제체제의 성격'을 들 수 있다. 즉 센가쿠/댜오위다오를 둘러싼 영토분쟁이 중일간의 문제인 동시에 '국제체제의 성격'을 띠고 있기 때문이다.

'국제체제의 성격'이란 측면에서 동아시아해역을 둘러싼 중일 간의 갈등에서 가장 주목해야 할 점은 중국의 부상이다. 실제로 2000

로부터 모였다.(The Wall Street Journal 2012b) 당초 구입가격은 최대 15억엔으로 예상되었으나 일본정부가 실제로 사들인 가격은 20억 5천만엔이었던 것으로 알려졌다. 또한 야후 저팬의 여론조사에 의하면 229,060인 중 92%가 센가쿠열도 구입을 지지하고 있다고 하였다.(The Wall Street Journal 2012a) 이같은 일본시민의 태도는 영해, 영토, 자원문제에 시민이 관심을 가지기 시작하고 있다는 것을 나타내고 있는 것이다.

년대 들어 두드러지게 나타난 중국의 부상과 이의 연장선상에서 나타난 '세력전이'(power shift) 논의는 국제질서의 재편에 관한 논의로까지 이어지고 있다.13) 미국과 중국을 중심으로 한 국제질서의 논의에서 일본의 해양 정책은 독자성을 갖기 어렵다. 즉 향후 미중관계의 전개양상에 따라 동아시아 해역에 대한 일본의 해양 정책 또한 영향을 받을 수밖에 없는 구도가 되어 있는 것이다. 다시 말하면, 동아시아 해역에 대한 일본의 해양 정책은 미국의 대중정책과 동아시아 정책을 좇아서 전개될 수밖에 없다는 것이다. 구체적으로는 동아시아 해역에서 나타나는 중국과 일본, 그리고 아세안 국가들 간의 해양 분쟁에 대한 미국의 대응양상에 따라 동아시아 해역에 대한 일본의 해양 정책은 전개될 것이다. 이런 측면에서 보게 되면 일본의 해양 정책은 전후 일본이 취해온 미국추수적인 정책의 연장선상에 놓여있다고 할 수 있을 것이다.

Ⅳ. 결론

해양기본법 제정 이전 시기에 동아시아 해역에서 문제가 발생했을 경우, 일본정부는 문제의 핵심을 의도적으로 회피함으로써 중일관계를 악화시키는 것을 피해 왔다. 국가전략으로서의 해양 정책은 마련되어 있지 않았으며 해양에 대한 정부 내부의 의사결정구조 또한 적극적인(pro-active) 해양 정책을 펼칠 수 있는 구도는 아니었다. 해양에 관한 정책이라도 영해와 영토문제, 해양수송, 해양산업, 해양

---

13) 이에 대해서는, 金珍基(2013), 한석희(2012), Zhu(2006)를 참고할 것.

환경, 해양자원개발 등으로 각 성청의 업무가 나뉘어져 있었으며, 이의 결과 해양에 관한 정책결정이 분절화되어 나타남으로써 일관된 해양 정책을 입안, 시행하기가 어려웠다. 이 시기에는 중국 또한 표면적으로 문제를 증폭시키려는 움직임은 보이지 않았다. 미국의 패권이 절대적으로 관철되는 국제체제 하에서 국제문제에 관한 한 일본은 전적으로 미국에 의존함으로써 자국의 독자적인 해양 전략을 가질 필요가 없었다. 반응국가적 정책을 취하는 이유로서 캘더가 제시했던 국가전략, 국가의 내부구조, 국제체제의 특성이라는 측면에서 본다면, 해양기본법 제정 이전 시기에 나타났던 일본의 해양 정책은 전형적인 '반응형' 대응이었다고 할 수 있을 것이다.

이러한 측면에서 본다면 일본이 국가전략으로서 해양 정책을 마련하게 된 계기 또한 외부로부터의 자극에서 비롯되었다는 점은 새삼스러운 것이 아니다. 즉 이 해역에 대한 중국의 탐사와 개발이 진전되면서 일본정부는 종합적인 해양 정책의 입안, 그리고 제도적인 측면에서 각 성청에 분산되어 있던 해양 정책을 일원화할 필요성을 인식하기 시작했던 것이다. 해양기본법 제정을 계기로 국가전략으로서의 해양 정책은 큰 틀에서 마련되었다. 해양 정책을 둘러싸고서 성청 간에 나타났던 고립적이고 파편화된 정책 또한 일관성 있게 전개될 수 있도록 국가기구의 정비가 이루어졌다.

그럼에도 불구하고 해양기본법 제정 이후 동중국해에 대한 일본의 해양 정책이 '반응형' 대응을 벗어났다고 보기는 어렵다. 동중국해에서 중국과의 사이에 문제가 발생했을 때 일본정부가 보이는 태도는 여전히 논의의 초점을 회피하는 양상을 보이고 있다. 논의의 초점을 다른 방향으로 전환하고자 하는 일본정부의 전략은 해양기본법 이전과 이후에 그다지 큰 차이점을 보이고 있지 않다. 이는 해양기본법 제정 이후 나타난 관련기관과 전문가들의 연구, 그리고 이 해역에서 발발한 중국어선과의 충돌사건이나 센가쿠/댜오위다오의 국유화를 둘러싸고서 벌어진 중국과의 갈등에 대한 일본정부의 대응양태에서 드러나고 있다. 다시 말해 일본정부나 전문가들은 양국간에 나타나고 있는 제반 문제점들을 해결할 구체적인 방안을 입안하고 실행해야 할 과제에 직면해서도 직접적으로 이 문제를 다루거나 제기하지는 않았다. 따라서 동중국해에 대한 일본의 해양 정책은 기본적으로 '반응적' 대응에 머물러 있을 뿐 아니라 뚜렷한 방향성을 갖고 있지도 못하다. 이의 배경에는 2000년대 들어 뚜렷해진 중국의 부상과 그 연장선상에서 나타나고 있는 새로운 국제질서에 대한 논의, 그리고 동중국해를 둘러싼 지역질서의 변화가 있다.

동아시아 해역에서 중일간의 분쟁 강도가 높아지면서 이 해역에 대한 일본의 해양 정책은 과거 그 어느 때보다도 명확한 방향을 요구받고 있다. 해양기본법 제정과 해양관련 국가기구의 정비는 이러한 요구에 대한 대응이었다. 그럼에도 불구하고 동중국해의 자원개발과 영토문제에 접근하는 일본의 태도는 중국과의 갈등을 회피하려는 모습으로 나타나고 있다. 문제해결에 있어서는 한편으로는, 이 해역에서의 에너지개발에 대하여 국제기구를 통한 접근과 문제해결이라는 다소 이상주의적인 측면, 또 다른 한편으로는 미국에 기대어 문제를 해결하고자 하는 지극히 현실주의적 태도가 뒤섞여 나타나고 있다. 반면 이 지역에서 나타나는 중국의 움직임은 일본의 접근에 대한 의도적인 무시 또는 문제발생시 일방적인 힘의 과시라는 양태로 나타나고 있다. 요컨대 동중국해의 자원개발과 영토를 둘러싼 일본과 중국의 움직임은, 국제기구를 통한 해결책의 모색과 일방적인 힘의 과시라는 이상주의와 현실주의의 대립양상 또는 미국을 끌어들여 중국의 해양진출을 저지하고자 하는 지극히 현실주의적 처방의 대립양상으로 나타나고 있는 것으로 보인다. 동아시아 해역에서 일본이 보여준 '반응적 국가'의 밑바탕에는 전후 국제문제에 대한 일방적인 미국추수정책이 있으며, 미국추수의 관성이 지속되는 한 일본의 해양 정책이 '반응적' 대응에서 벗어나기는 어려울 것으로 보인다.

참고문헌

김관원. 2012, "동중국해 대륙붕 경계획정 문제에 대한 소고: 잠정적 공동개발 가능성 검토를 중심으로."『영토해양연구』Vol.4. 64-87.

김은수. 1999. "한국과 일본간 남부대륙붕 경계획정에 관한 법적 문제점 소고."『국제법학논총』제44권 2호. 35-53.

김진기. 2005. "영토분쟁 지역에 대한 일본 정부 접근법의 비교연구."『국제지역연구』제9권 제1호. 22-45.

金珍基. 2013. "東アジア安保秩序の変化と日・韓安保条約."『동북아문화연구』제34집. 453-467.

金懸洙. 2007. "韓日間 東中國海 해양경계획정에 관한 일본주장의 대응논리."『國際法學會論叢』. 第52卷 第1號(通卷 第107號) 43-66.

박성욱・양희철. 2008. "일본의 해양기본법 제정과 우리의 대응방안 연구 : 한중일 해양행정체계 비교를 중심으로." Ocean and Polar Research Vol. 30(1). 119-128.

박정현. 2004. "근대 중국의 해양인식과 영유권 분쟁." 『아세아연구』48(4). 174-281

박창건. 2011. "국제해양레짐의 변화에서 한일대륙붕협정의 재조명: 동(북)아시아의 미시-지역주의 관점으로." 『한국정치학회보』제45집 제1호.165-319.

박춘호. 1994. "한반도 주변 대륙붕 경계문제의 현황 : UN 해양법협약 발효에 즈음하여."『해양정책연구』제9권 2호. 219-229.

사토 노리코・김진기. 2012. "일본의 해양자원정책." 국제지역연구학회.『여수엑스포 기념 춘계학술대회 발표논문집』.

손기섭. 2007. "일본과 중국 간의 동중국해 해양영토 분쟁."『21세기 정치학회보』17(3). 447-470.

손기섭. 2008. "북방4도와 센카쿠열도 해양분쟁의 특성."『日本文化研究』제27집. 387-411.

양희철. 2012. "중일 동중국해 자원 개발 합의의 법적 해석과 우리나라의 대응방안."『國際法學會論叢』. 第57卷 第1號(通卷 第124號). 11-53.

원영철. 2012. "배타적 경제수역의 경계획정."『法學硏究』第45輯. 435-459.

이기범. 2012. "200해리 이원에 존재하는 대륙붕에 대한 중첩된 근원과 대륙붕한계위원회 역할의 한계."『國際法學會論叢』. 第57卷 第3號(通卷 第126號). 151-173.

이명찬. 2013. "센카쿠제도를 둘러싼 중·일간 갈등과 동북아."『국제정치논총』제53집 1호. 255-293.

이석우·신창훈·박영길. 2010. "해양관할권 관리시스템 구축을 위한 주요 해양국가의 입법상의 노력.『法學研究』. 第13輯 第1號. 29-60.

이정태. 2005. "중·일해양영토분쟁과 중국의 대응."『대한정치학회보』13(2)

이창열. 2012, "유엔해양법협약 및 관련 규칙의 해석을 통해 본 대륙붕한계위원회의 역할과 한계."『國際法學會論叢』. 第57卷 第4號(通卷 第127號). 113-135.

이창휘. 2005. "대륙붕 한계의 변화와 법적 성질에 대한 고찰."『해사법연구』제17호 1호.

최은봉·석주희. 2012. "중일 간 센카쿠열도 분쟁과 일본의 해양정책."『담론』201 15(1). 45-66.

최희식. 2010. "중일 첨각열도 해양영토분쟁 : 평화적 관리 방식의 전환기."『JPI정책포럼』32.

한석희. 2012.『국제정치이론에서 본 중미관계의 미래: 2008년 세계금융위기 이후를 중심으로』EAI중국연구패널보고서.

経済産業省. 2009.『海洋エネルギー・鉱物資源開発計画』

国土交通省. 2009.『Sea & Air 輸送の推進に関する調査・検討業務報告書』

內閣官房總合海洋政策本部事務局.『海洋基本法と海洋基本計画について : 海洋の総合的管理に向けて』
<http://www.mlit.go.jp/common/000020423.pdf>

読売新聞. 2010a. 「尖閣に日米安保適用」2010年9月24日°週刊オブジェクト.
<http://obiekt. seesaa.net/article/163423024.html>

_____. 2010b. 「日米同盟中国に示す狙い」2010年9月24日°週刊オブジェクト. <http://obiekt.seesaa.net/article/163423024.html>

來生 新. 2012. "海洋の総合的管理の各論的展開に向けて".『日本海洋政策學會誌』第2号.

武石令司. 2000.『富士通総研経済研究所 研究レポート アジアにおけるエネルギー協力と日本の課題』

みずほ総合研究所. 2008.『みずほリポート;海洋資源開発を巡る展望と諸問題』.

白石悟´永井紀彦´鈴木高二朗´田中陽二´牛山泉´西沢良史´細見雅生´小
　　川路加. 2011.「中型風車をコアとする沿岸域ローカルスマートエネリ
　　ギー利用システムの提案および実現への課題」日本海洋政策学会第3回
　　年次大会－3. 11後の海洋立国を構想する－日本海洋政策学会事務局°

山崎哲生. 2009.「「海洋資源メジャー」を日本に創ろう」日本海洋政策学会第１
　　回年次大会－総合的な海洋政策の形成を目指して－日本海洋政策学会
　　事務局°

神門正雄. 2012.「海洋再生可能エネルギーの利用促進に向けた政府の取り組
　　みについて」第88海洋フォーラム要旨°<http://www.sof.or.jp/jp/forum/
　　88.php>

日本政策センター. 2008.「なぜ中国の脅威を論じないのか」2008年　2　月4
　　日.<http://www. seisaku-center.net/modules/wordpress/index.php?p=497>

猪又　秀夫. 2012. "国際共同体と漁業資源管理: コモンズ論からの一考察".『日
　　本海洋政策學會誌』第2号.

株式ニュース. 2010.「<焦点>尖閣諸島沖の中国漁船衝突事件´経済的影響
　　を見る」モーニングスター社2010年 9月 21日.
　　<http://www.morningstar.co.jp/portal/RncNewsDetail
　　Action.do?rncNo=362914>

中原　裕幸. 2011. "沿岸域総合管理に関する一考察-地方公共団体の管轄範囲を
　　めぐって-".『日本海洋政策學會誌』創刊號.

中原　裕幸. 2012. "沿岸域の総合的管理に関する一考察(Ⅱ)-海洋基本法・海洋
　　基本計画と政府年次報告の対比分析を手掛かりに-"『日本海洋政策學
　　會誌』第2号.

中原裕幸. 2011.「海洋基本計画に対する政府の年次報告(21・22・23年版)の対
　　比研究－「沿岸域の総合管理」をめぐって－」日本海洋政策学会第３回
　　年次大会－3. 11後の海洋立国を構想する－日本海洋政策学会事務局°

清野聡子. 2009.「「日本海洋保護区」の方向性－国内制度と国際展開の統合に
　　向けて」日本海洋政策学会第１回年次大会－総合的な海洋政策の形成
　　を目指して－日本海洋政策学会事務局°

総合海洋政策本部. 2008.『海洋基本計画(平成20年4月26日閣議決定)』
　　<http://www. kantei.go.jp/jp/singi/kaiyou/kihonkeikaku/080318kihonn
　　keikaku.pdf>

Calder, Kent. 1998. "Japanese Foreign Economic Policy Formation: Explaining the Reactive State," *World Politics*, vol. 40, no. 4(1988). 517-541.

Hellmann, Donald. 1988. "Japanese Politics and Foreign Policy: Elitist Democracy Within an American Greenhouse." in Inoguchi, Takashi and Daniel I. Okimoto(eds.), *The Political Economy of Japan, Vol.2 : The Changing International Context.* Stanford University Press. 345-378,

Blaker, Michael. 1993. "Evaluating Japan's Diplomatic Performance." in Curtis, Gerald L., *Japan's Foreign Policy After the Cold War: Coping with Change.* NY: M.E. Sharpe.

Hirata, Keiko. 1998. "Japan as a Reactive State?: Analyzing Japan's Relations with the Socialist Republic of Vietnam." Japanese Studies, vol. 18, no.2. 1-31.

SEINO S., KOJIMA A., HINATA H, MAGOME S. and ISOBE A., 2009. "Multi-Sectoral Research on East China Sea Beach Litter Based on Oceanographic Methodology and Local Knowledge," *Journal of Coastal Research*, Si 56,

Manicom, James, 2010. "Japan's Ocean Policy: Still the Reactive State?" *Pacific Affairs*: Volume 83, no. 2. 307-326.

Ocean Policy Research Foundation, 2011. "OPRF Marint Monthly Report September 2011."

Potter, David, M. 2008. "Evolution of Japan's Postwar Foreign Policy." *Bulletin* No.9, Center for International Education, Nanzan University, Japan.

Potter, David, M. and Sudo Sueo, 2003. "Japanese Foreign Policy: No Longer Reactive?" *Political* Studies Review, vol. 1, no. 3(2003). 317-332.

Sinodefence 2012. 851 (DONGDIAO 232) Electronic Intelligence Ship. <http://www.sinodefence.com/navy/research_survey/851.asp>

Terashima, Hiroshi, 2010. "Japan's Ocean Policymaking, Coastal Management," Coastal Management vol.40, no.2, 172-182.

The Wall Street Journal, 2012a. "Tokyo Governor Steams Ahead With Island Purchase Plan," The Wall Street Journal April 24 2012. <http://blogs.wsj.com/japanrealtime/2012/04/24/tokyo-governor-steams-ahead-with-island-purchase-plan/>

_____, 2012b. "Tokyo Governor's Island Buying Scheme Rakes in Big Bucks," The Wall Street Journal May 2 2012.
<http://blogs.wsj.com/japanrealtime/2012/05/02/tokyo-governors-island-buying-scheme-rakes-in-big-bucks/>

United Nations Convention on the Law of the Sea PART XIII MARINE SCIENTIFIC RESEARCH.
<http://www.admiraltylawguide.com/conven/unclospart13.html>

Zhu, Zhiqun. 2006. *US-China Relations in the 21st Century*. London and New York: Routledge.

한국-멕시코 문화간 비즈니스 커뮤니케이션

김우성

Ⅰ. 들어가면서

오늘날과 같은 지구촌시대에는 문화가 다른 사람들과 접촉하고 상호작용하는 것이 피할 수 없는 현실이 되었다. 우리의 경우에도 최근 들어 사업, 이민, 관광, 학술 교류 등을 통해 과거 어느 때와도 비교할 수 없는 인적, 물적 교류가 이루어지고 있다. 경제의 세계화로 인해 기업들은 국가라는 장벽을 넘어 전 세계에 지사나 공장을 설립하여 직원들을 해외에 파견하거나 현지인을 고용하는 일이 빈번해졌다. 따라서 문화적 배경이 다른 사람들과 같은 회사에서 근무할 수 있는 기회가 더욱 많아졌다. 이렇게 점점 더 세계화되는 시대에 성공적인 기업경영을 위해서는 현지문화에 대한 이해 및 상호존중이 무엇보다도 중요하다. 왜냐하면 상대방의 문화에 대해 이해가 부족하거나 자신의 문화와의 차이를 지각하지 못하는 사람들은 문화가 서로 다른 사람들이 같이 일하는 조직에서 많은 문제를 일으킬 수 있기 때문이다. 예를 들어 해외 진출 기업의 업무과정에서 문화가 다른 직원 간의 원활하지 못한 커뮤니케이션은 높은 이직률, 낮은 직무수행 그리고 기업의 생산성의 저하로 이어질 수 있다.

이와 같은 우리 삶의 세계화는 외국어 구사능력 함양의 중요성을 인식시키는 계기가 되었으나 다른 한편으로 외국어 능력만으로는 해결할 수 없는 다른 차원의 소통 문제들을 제기했다. 지금과 같은 국제화 시대에는 서로 다른 문화와 배경을 가진 사람들과 접촉했을 때 그들의 문화를 이해하고 존중하며 그 문화에 적합한 행동을 할 수 있는 능력인 문화간 커뮤니케이션 능력(intercultural communication competence)의 함양이 무엇보다도 중요해졌다.

한국기업이 해외에서 비즈니스 활동을 하는 과정에서 여러 가지 문제가 발생할 수 있다. 우선 현지 국가의 경제정책이나 경제상황과 같은 거시적인 경제 문제들도 있겠지만, 미시적인 측면에서 보면 현지에 진출한 기업과 그 소속 직원이 문화가 다른 현지인들과 업무를 수행하는 과정에서 발생하는 문제일 수도 있다. 다시 말하면, 문화 차이와 그로 인해 상호간 커뮤니케이션에서 발생하는 장애가 그 원인이 되는 경우가 많다.

박명석(1997)은 문화적 배경이 서로 다른 사람들 간의 커뮤니케이션은 각기 다른 가정(assumption)과 가치관에 따라 이루어지기 때문에 성공적인 소통이 이루어지기 위해서는 서로 상대방의 가치관이나 가정을 이해하는 것이 필요하다고 말한다. 그는 문화 간 커뮤니케이션에서 갈등이 끊이지 않는 이유는 각 문화마다 소중히 여기는 적극적 가치가 서로 다르기 때문으로 한국 기업들의 해외에서의 사업 실패는 자금이나 기술 부족보다는 해외 실정에 대한 어두움, 특히 문화 차이의 무지에서 야기된 부적응과 가치관과 사고방식의 차이에서 생기는 커뮤니케이션 상의 갈등에서 오는 것이 대부분이라고 말한다. 다시 말하면, 해외 진출 한국기업의 실패 원인의 많은 부분은 미흡한 문화간 커뮤니케이션 능력에서 비롯된다는 것이다.

인간은 태어나서부터 가정, 학교, 직장 혹은 지역사회를 거치면서 교육받고 내재화된 고유한 가치관을 기준삼아 판단하고 행동하게 된다. 따라서 문화가 다른 사람들과의 상호작용에서 자신의 문화적 가치관을 잣대로 상대방을 다루려고 하지, 상대방의 문화적 패턴을 이해하려 하지 않기 때문에 오해나 갈등이 발생하는 것이다. 그러므로 문화간 커뮤니케이션에서는 각자가 자신의 문화와 다른 상대방 문화를 배우고 이해하려는 노력만이 문화적 차이에서 오는 갈등을 극복할 수 있는 첩경이라는 것은 자명한 사실이다(김우성 2013, 22).

대한무역진흥공사(KOTRA)의 보고서(2018)에 따르면 한국의 대(對)멕시코 투자는 1991년부터 본격화돼 1994년 멕시코의 북미자유무역협정(NAFTA)체결을 기점으로 꾸준히 증가하고 있다. 1994년 북미자유무역협정(NAFTA) 체결은 멕시코의 북미 시장 진출을 가능하게 한 원동력으로, 멕시코의 값싼 노동력을 이용해 미국 진출을 꾀하고 있는 한국 가전기업과 협력업체의 진출이 본격적으로 시작됐다. 우리나라의 대(對)멕시코 투자는 1억 2,000만 명의 소비시장을 가진 멕시코 내수시장 진출, 미국, 캐나다 등 NAFTA 권역 시장 진출, 동일 문화권 중남미 시장 진출 확대 차원에서 추진되고 있다.

현재 멕시코에는 삼성, LG, 기아 등과 같은 대기업을 비롯한 200여개의 기업이 진출하여 현지에 생산 공장을 세우고 현지인들을 고용하여 기업 경영을 하고 있다. 하지만 멕시코에 진출한 한국 기업들 가운데 대다수에서 한국인 직원과 멕시코 직원 사이에 존재하는 문화 차이로 인해 오해나 갈등이 발생하고 있고, 이는 노사분규의 원인이 되어 그 결과 현지 종업원의 높은 이직률과 함께 기업의 생산성 저하와 같은 어려움을 겪고 있는 것도 사실이다. 따라서 현지 진출 기업에서 일하는 사람들에게 문화적 차이로 인한 오해나 갈등을 해소하고 원활한 업무를 수행할 수 있는 능력이 필수적으로 요구되는 상황이다.

따라서 본 연구에서는 멕시코에 진출한 한국기업에서 근무하는 한국인 직원들과 멕시코 직원들 간의 커뮤니케이션에서 발생하는 오해와 갈등의 유형을 파악하고 장애요인을 분석하고자 한다. 이러한 목적을 달성하기 위해 다음과 같은 연구주제를 설정하였다.

(1) 양국 직원들은 상호간의 커뮤니케이션에서 어떤 어려움을 겪는가?
(2) 양국 직원들은 상호간 커뮤니케이션에서 문화차이를 인지하는가?
(3) 양국 직원들의 상호간 커뮤니케이션에서 나타나는 오해나 갈등 그리고 장애요인은 무엇인가?

이를 위해 2017년 4월부터 9월까지 멕시코에 진출한 복수의 한국기업에 근무하는 한국인 직원 62명과 멕시코 직원 77명, 총 139명을 대상으로 설문조사를 실시하였다.

Ⅱ. 문화와 문화 간 커뮤니케이션

2.1. 문화의 개념과 층위

문화(culture)란 본래 토양을 경작한다는 의미의 라틴어 cultus에서 유래한 것인데 시대의 변화와 함께 그 의미가 다양해져서 한 마디로 정의하기는 어렵다. 다층적인 의미를 지닌 문화의 본질을 파악하기 위해 많은 인류학자들이 문화에 대한 일관성 있는 정의를 내리고자 노력했다.

1871년 영국의 인류학자 Taylor(1958, 7)는 "문화, 즉 문명이란 민족연구라는 넓은 관점에서 볼 때 지식, 신앙, 예술, 도덕, 법률,

관습 등 인간이 사회 구성원으로서 획득한 능력과 습성의 복합적 총체"라고 정의하였는데 이러한 정의와 함께 문화가 오늘날과 같은 인류학적인 개념을 갖게 되었다.

Kluckholn(1951, 86)은 "문화는 상징에 의해 주로 습득·전달되고 인공물에서의 구현을 포함하며, 인간집단의 독특한 업적을 구성하는, 생각하고 느끼고 반응하는 유형화된 방식이다. 문화의 가장 중요한 핵심은 전통적인(즉, 역사적으로 도출되고 선택된) 관념들과 그들의 부가된 가치들로 구성된다."라고 문화에 대한 통합적인 정의를 내린다. 또한 Ting-Toomey(1999: 10)에 따르면 문화란 한 공동체의 구성원들이 상호작용함으로써 다양한 정도로 공유하는 전통, 믿음, 가치, 규범, 상징, 의미에 대한 방식을 구성하는 판단기준을 의미한다. 이 같은 정의를 바탕으로 Hofstede(2010)는 문화를 컴퓨터에 프로그램을 입력하는 것에 비유하여 한 인간집단의 구성원들을 다른 집단의 사람들과 구별해주는 집단적 정신 프로그램이라고 정의했다. 그에 따르면 한 사람의 정신 프로그램은 그가 자라고 생활경험을 축적한 사회환경 속에 뿌리를 두고 있으며, 그 프로그램의 주입은 가족 안에서 시작되고 이어서 이웃, 학교 동아리, 직장, 지역사회에서 일어난다.

Hofstede는 문화를 문화 1과 문화 2로 구분하는데, 문화 1은 문명 혹은 '정신의 세련화'와 그 결과로 생기는 교육, 예술, 문학 등을 의미한다고 했다. 이는 외국어 교육에서 말하는 대문화[1]의 개념

---

1) Brooks(1968)는 문화를 대문화(Culture)와 소문화(culture)로 나누는데, 대문화란 성취문화로서 역사, 지리, 예술, 문학, 정치제도, 경제제도 등 해당 언어를 사용하는 국가의 문화적 산물을 말하는 것이고, 소문화란 행동문화로서 그 국가 사람들의 행동양식, 신념, 가치관 등 집단이 공유하는 행동과 사고방식으로 구성된다.

과 같은 것으로 인간이 일상생활 속에서 좀 더 고양되고 세련된 상태를 추구하면서 성취하는 여러 가지 결과물들이라고 할 수 있다. 문화 2는 사회인류학에서 사용하는 문화의 개념으로 온갖 형태의 생각, 느낌, 행동을 포괄한다. 그에 따르면 "문화 2에는 정신을 세련화하는 활동뿐만 아니라 일상생활의 평범하고 사소한 일들인 인사, 식사, 느낌의 표출 또는 억제, 다른 사람과의 일정한 물리적 거리 유지, 성교, 또는 건강의 유지 등이 모두 포함된다"(Hofstede 2010, 25-26). 이는 인간 사고와 행위의 총체에 해당하며 일상생활과 밀접하다. 본 연구의 대상인 한국인과 멕시코인의 문화간 커뮤니케이션의 문화는 Hofstede의 문화 2에 해당한다고 말할 수 있다.

한편 그는 문화를 인간성(human nature)과 개인의 성격(personality)과도 구별을 하는데 인간성은 모든 인간이 공유하는 것으로 개인의 정신 프로그램 중 보편적인 수준을 나타낸다고 본다(예를 들어 두려움, 노여움, 사랑, 기쁨, 슬픔을 느낄 수 있는 능력, 다른 사람과 어울리려는 욕구 등). 그러나 공포, 기쁨, 슬픔 등을 표현하는 방식은 문화에 따라 다르게 나타난다. 개인의 성격은 다른 사람들과 공유하지 않는 그 사람 고유의 정신 프로그램의 모음이라고 정의한다.

Hofstede는 문화층위를 가치, 의식, 영웅, 상징으로 구분한다. <그림 1>에서 볼 수 있는 것처럼 문화의 가장 피상적인 수준에 해당하는 것이 상징이며 가장 심층적인 수준에 해당하는 것이 가치이다. 그는 문화의 각 층위를 다음과 같이 정의한다(Hofstede 2010). 상징은 어떤 문화를 공유하는 사람들에게만 통하는 특별한 의미를 지닌 말, 동작, 그림 또는 대상을 가리킨다. 한 나라의 언어를 구성하는 낱말이나 언어가 대표적이고 그밖에 의상, 헤어스타일, 코카콜라, 국기, 지위 상징 등도 이 범주에 속한다. 끊임없이 새로운 상징이 등장하며 옛 상징은 사라진다.

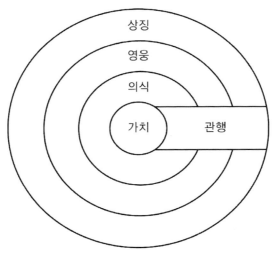

〈그림 1〉 문화표현의 여러 층위

영웅이란 어떤 문화 안에서 높이 받드는 특징을 지닌, 그래서 행동의 귀감이 되는 사람들을 말한다. 의식(rituals)은 엄밀한 의미에서 원하는 목표 달성에는 불필요한 것이지만 한 문화 안에서 사회적으로 없어서는 안 될 것으로 간주되는 집합적인 활동을 가리킨다. 그러므로 이러한 의식은 의식 그 자체를 목적으로 거행된다. 인사하는 법과 존경을 표하는 법, 사회적·종교적 의식들이 그 예이다.

지금까지 설명한 세 층위는 모두 외부 관찰자들이 볼 수 있는 것이기 때문에 관행이라 말한다. 그러나 이들의 문화적인 의미는 외부인이 볼 수 없으며 그 문화권의 사람들이 내리는 관행의 해석이 바로 그 문화의 의미가 된다.

가치란 한 문화의 핵으로 어떤 상태보다 다른 상태를 선호하는 포괄적인 경향성을 말하는 것으로 '선 대 악', '깨끗함 대 더러움', '아름다움 대 추함'과 같은 긍정적인 면과 부정적인 면을 가지고 있다. 가치는 인간 정신의 근본적인 방향성으로 인간이 어떻게 행동해야 할지를 결정하게 도와주며, 인간의 태도와 감정에 지대한 영향을 준다. 발달심리학의 연구결과에 따르면, 10세 이전에 이미 대부분의 어린이들에게 기본적인 가치체계가 확고하게 자리 잡기 때문에 그 이후에는 변화를 기대하기 어렵다고 한다. 이와 같이 인생의 아주 이른 단계에서 가치체계를 습득하기 때문에 많은 가치들이 사람의 정신 속에 무의식적으로 남아 있게 된다(Hofstede 2010).

가치관은 문화적 맥락에서 습득되기 때문에 문화에 따라 선호하는 경향성도 다르고 선호하는 정도도 차이가 난다. 이러한 문화적 가치의 차이에 따라 문화간 커뮤니케이션에 참여하는 사람들이 동일한 상황에서 서로 다른 행동을 보이고 다른 기대를 하는 경향이 있다. 따라서 문화적 가치를 알면 심층에 숨겨져 있는 이러한 행동양식의 배경을 보다 더 잘 이해할 수 있을 것이다.

2.2. 문화 간 커뮤니케이션의 정의

커뮤니케이션이란 언어와 비언어적 상징을 (비)의도적 혹은 (무)의식적으로 사용하여 다른 사람들과 상호교류하며 사회생활을 영위해 나가는 과정을 의미한다. 커뮤니케이션의 주된 수단은 언어와 제스처와 표정 같은 비언어이며 상징이란 이러한 언어와 비언어가 가진 의미를 나타내는 단위이다(정현숙 2001, 35).

문화간 커뮤니케이션이라는 개념은 1959년 Hall의 저서인 『침묵의 언어』에서 처음으로 사용되었다. 그는 문화간 커뮤니케이션을 다른 문화를 가진 사람들 간의 소통이라고 정의하였다. 또한 Samovar & Porter(2007, 36)는 "문화간 커뮤니케이션이란 문화적 지각과 상징체계가 달라 커뮤니케이션 과정을 바꿀 수 있는 사람들 간의 커뮤니케이션이다."라고 정의하면서 이러한 커뮤니케이션이 일어날 수 있는 상황은 메시지의 생산자가 한 문화의 구성원이고 메시지의 수용자는 다른 문화에 속하는 사람일 때라고 설명한다. 여기서 문화란 한 특정 집단이 공유하는 가치관, 관습, 신념, 사고 방식, 행동양식 등을 말한다. 따라서 문화간 커뮤니케이션에서는 사람들 간에 서로 다른 가치관, 신념, 사고방식, 문화적 배경, 행동 양식 등의 정보가 교류된다.

학문으로서의 문화간 커뮤니케이션은 문화와 커뮤니케이션 사이의 긴밀한 관계를 연구하는 영역으로 한 집단에서 공통적으로 나타나는 특정한 커뮤니케이션 행위를 그 집단이 공유하는 문화의 특성을 통해 또는 그 집단의 문화적 특성을 그들이 공유하는 커뮤니케이션 행동양식을 통해 이해하려는 것이다(정현숙 2002, 67).

본 연구는 문화간 커뮤니케이션 상황 중에서도 한국인과 멕시코인 사이에 이루어지는 커뮤니케이션에서 발생하는 갈등상황에 초점을 맞추어 진행되었다. 갈등이란 상호의존적인 관계를 갖고 있는 개인들 사이에 이해의 상충이나 목표, 요구, 태도, 가치, 신념의 차이로 인해 충돌 또는 분쟁이 일어나는 경우를 말하며 대개는 소통이 원활하게 이루어지지 않는 경우에 발생한다(Simons 1972).

Ⅲ. 국가문화와 문화분석 모델

사람은 거의 대부분 많은 집단 또는 사람의 범주에 동시에 속해 살기 때문에 어쩔 수 없이 자신 안에 여러 겹의 정신적 프로그램(문화)을 함께 가지고 있다. 예를 들면, 국가 수준의 문화, 지역, 인종, 종교, 혹은 언어집단에 따른 문화, 성별에 따른 문화, 세대에 따른 문화, 사회계층에 따른 문화, 조직 혹은 기업의 문화 등이 그것이다. 그러나 이와 같은 다양한 정신프로그램들이 반드시 조화로운 것만은 아니며 이들 사이에는 종종 부분적인 마찰이 존재한다(Hofstede 2010). 이 중에서 본 연구는 국가 문화에 초점을 맞춰 진행되었다.

Hofstede(2010, 35)에 따르면 "오늘날의 국가들은 대체로 인류학자들이 연구하는 것 같은 고립된 미개사회만큼의 내부 동질성을 갖지는 못하지만, 그들 국민들에게 상당한 양의 공통된 정신프로그램을 주입하는 원천이 된다." 그러므로 국가 문화는 한 국가와 다른 국가를 구별해주는 집합적인 속성이라고 할 수 있으며 이는 국가마다 특유의 사고, 감정, 행동 양식으로 나타난다.

3.1. Hofstede의 문화차원

국가문화가 문화 연구에서 중요한 대상으로 등장하게 된 것은

1980년대 초에 발간된 네덜란드 조직심리학자 홉스테드의 『문화의 결과』(Culture's Consequences(1980)라는 책을 통해서이다(신인아 2001). 그는 1967년에서 1973년 사이에 미국의 다국적 기업 IBM을 대상으로 이 회사의 세계 각국의 지사에서 근무하는 직원들의 일과 관련된 문화적 가치관을 조사하였다. 연구 결과 IBM이라는 동일한 회사에서 근무하더라도 각 지사의 조직문화는 그 지사가 위치한 국가에 따라 다르다는 사실을 발견했다. 이를 통해 그는 국가 문화가 존재할 뿐만 아니라 그것이 각 나라 사람들의 의식구조와 일하는 방식을 이해하는 데 중요한 단서를 제공한다는 것을 알게 되었다. 그는 연구결과를 토대로 국가 간의 문화 차이를 측정하고 구분하기 위해 개인주의/집단주의, 권력거리, 불확실성의 회피, 그리고 남성성/여성성으로 구분되는 4가지 문화차원을 제시했다. 그 후 연구가 서양에 편중되었다고 생각하여 동양적 가치관인 유교적 역동성 - 장기지향/단기지향 - 을 다섯 번째 문화차원으로 추가했다. 그리고 2010년에 펴낸 저서 『문화와 조직』(Cultures and Organizations: Software of the Mind)에서 Minkov(2008)의 세계 가치조사 분석을 토대로 여섯 번째 문화차원인 자적/자제 지수를 포함시켰다.

Hofstede의 6가지 문화차원 지수는 조사 대상국에 대해 그가 제시한 다양한 차원을 기준으로 분석하여 점수화시킨 것으로 그 점수는 절대 값이 중요한 것이 아니라 다른 국가와의 상대적 가치를 비교하는 척도로서 중요성을 갖는다.

그가 제시한 6가지 문화차원을 보면 다음과 같다(Hofstede 2010, 79-334).

3.1.1. 개인주의/집단주의

먼저 개인주의 문화에서는 집단의 이익보다 개인의 이익이 우선시 하고 개인의 고유함이 최고의 가치를 지니며 개인의 독립성을 강조한다. 또한 인간관계보다는 업무를 우선시하며 경쟁을 통한 개인의 능력 발휘, 자아실현, 개인의 행복 추구를 최고의 미덕으로 생각한다. 개인주의 문화는 명시적인 의사소통을 중요시하는 저맥락 문화로 명료한 언어 사용을 강조한다. 개인주의 문화에서 회사는 돈을 벌기 위한 곳이며 동료 간에는 서로 도와줄 의무가 없다고 생각한다. 또한 직원은 자기가 맡은 일만 잘 하면 된다고 여긴다.

반면에 집단주의 문화에서는 내집단(in-group)과 외집단(out-group)을 엄격하게 구분하고, 개인의 이익보다 집단의 이익을 우선시하며, 외집단에는 배타적이고 내집단에는 강한 충성심을 보인다. 또한 업무보다는 인간관계가 우선이고 대결보다는 집단 구성원간의 화합을 강조한다. 집단주의 문화에서 회사는 가족과 같은 곳으로 직원은 의리를 보여주어야 한다. 커뮤니케이션에서 대부분의 정보는 맥락 속에 들어 있는 고맥락 문화로 우회적인 소통방식이 사용된다. 그리고 집단 구성원들은 서로 도와주어야 한다고 느낀다.

3.1.2. 권력거리

권력거리 차이는 사회에서 권력을 덜 가진 자들이 권력의 불평등을 인정하고 이를 정상적인 것으로 간주하는 정도를 말한다. 권력거리 차이가 큰 사회에서는 권력과 권위는 엄연한 현실이라고 믿고, 사회에서 자신이 갖는 위치를 인정하며 각자의 위치에 따라 권위를 부여하거나 인정한다. 직장 내에서는 상사와 부하 직원 사이에 위계질서가 뚜렷하고 가정에서는 자녀들에게 복종을 가르치며 부모를 공경하는 것을 미덕으로 생각한다. 조직에서 상급자의 질책은 용인되고 받아들여야 하고 하급자는 상급자의 의견에 반대하는 일이 드물다. 또한 하급자는 상급자가 지시한 대로 일을 한다.

반면에 권력거리 차이가 작은 문화에서는 지위고하를 막론하고 평등한 관계를 유지하고, 위계질서는 편의상 설정된 역할에 불과하며 기본적인 불평등을 의미한다고 생각하지 않는다. 직장 내 상사와 부하직원 간에는 협의를 통한 업무처리가 이루어지고 직장 밖에서는 서로 독립된 개인으로 사생활의 자유가 보장된다. 상사의 질책은 받아들이지 않으나 합리적인 지적이나 실수에 따른 조치는 수용한다.

3.1.3. 불확실성의 회피

불확실성 회피는 한 문화의 구성원들이 불확실한 상황이나 미지의 상황으로 인해 위협을 느끼는 정도를 말한다. 불확실성을 강하게 회피하는 문화는 매사에 불확실한 것과 모호한 것을 기피하려는 경향이 두드러진다. 또한 불확실성을 해소하기 위해 감정적으로 바빠야 한다고 생각하고 열심히 일을 하지 않으면 불안감을 느낀다. 또한 빠른 결과를 기대한다. 우리의 빨리빨리 문화가 대표적이다.

반면에 불확실성 회피가 약한 문화에서는 최소한의 규칙을 바람직한 것으로 여기고, 규범이나 형식에서 벗어나도 관용적이며 개인의 독창적이고 창의적인 생각을 쉽게 수용한다. 또한 게으름을 피워도 불안감을 느끼지 않고 필요할 때만 열심히 일하면 된다고 생각한다. 그리고 느린 결과에 대한 인내심이 있다.

3.1.4. 남성성/여성성

남성성과 여성성은 사회의 구성원들이 남성과 여성의 사회적 역할을 얼마나 분명하게 구분하는가를 나타낸다. 남성성이 강한 문화에서는 남녀 간의 사회적 역할이 명확하게 구분되어 있어, 남성들은 자기주장이 강하고 야심 있고 경쟁적이며 물질적 성공을 중요시한다. 또한 남성성이 강한 문화는 성취문화로 겸손보다는 자신을 과시하는 것을 선호한다. 또한 자신이 하는 일에 자부심이 강하고 실수를 인정하려고 하지 않는 경향이 있다.

반면 여성성의 경향이 높은 문화일수록 물질적인 성공보다는 인간과 환경을 중요시하고 양성평등을 강조하며 약자에 대한 배려를 강조한다. 또한 겸손을 미덕으로 여기며 언제나 조화가 유지되는 것을 바라고 직접적인 대립은 피한다. 따라서 절대적인 진실보다는 상황논리를 선호한다.

3.1.5 장기지향성/단기지향성

장기지향성이 높은 문화에서는 전통을 존중하고 현재와의 연관성을 찾으려는 경향이 있으며 사회질서와 장기적인 목표들을 소중하게 생각한다. 따라서 끈기와 추진력, 근검과 절약이 중요시되며 신세진 것에 대한 보답이 상식으로 여겨진다. 반면에 단기지향성이 높은 문화에서는 사회적 지위에 커다란 중요성을 두지 않으며 단기적인 결과에 더 관심을 두어 당장 눈앞의 이익을 추구하는 경향이 강하다. 또한 은혜에 대한 보답은 중요하게 생각되지 않는다.

3.1.6. 자적문화/자제문화

자적/자제 지수는 인생을 즐기고자 하는 기본적인 욕망을 자유롭게 충족할 수 있도록 허용하느냐 아니면 억제하느냐의 정도를 나타내는 것이다. 자적지수가 높은 문화에서는 매우 행복한 사람의 비율이 높고 여가시간이 중요하며 도덕적 절제력이 덜하고 낙관주의자가 많다. 반면에 자제지수가 높은 문화일수록 매우 행복한 사람의 비율이 낮고 여가시간이 중요하지 않으며 절약을 중요하게 생각하고 도덕적으로 절제하며 비관주의자가 많다.

3.2. Hall의 문화차원

인류학자 Hall은 문화가 다른 사람들 간에 이루어지는 소통 방식의 유사성과 차이점을 밝혀주는 효과적인 방법을 제안했다. 그는 맥락과 커뮤니케이션의 관련성을 토대로 문화를 저맥락 문화와 고맥락 문화로 범주화했다. 다시 말하면, 커뮤니케이션 상의 진의가 비언어적 표현이나 전후 상황과 같은 맥락에 많이 의존하는가 아니면 교환되는 말 자체에 나타난 명시적인 의미에 주로 의존하는 가에 따라 전자를 고맥락 문화로, 후자를 저맥락 문화로 구분했다(Hall 1983). 그는 고맥락과 저맥락을 다음과 같이 정의한다.

> 고맥락(HC, High Context) 메시지의 대부분 정보는 사람이 이미 갖고 있는 것이며, 극히 적은 정보만이 부호화되고 명시적으로 전달된 메시지에 들어 있다. 한편, 저맥락(LC, Low Context) 커뮤니케이션은 그 반대다. 거의 모든 정보의 덩어리가 명시된 부호 속에 들어 있다(Hall 1990, 6).

Hall에 의하면 중남미, 일본, 한국, 아랍, 중국 등과 같은 고맥락 문화에서는 사람들이 의사소통 할 때 의미가 종종 말로 표현되지 않고 비언어적 요소와 상황적 요소(시간, 장소, 지위, 사람들 간의 관계)를 통해서 전달되기도 한다. 그리고 간접적인 방식으로 소통하는 경우가 많다.

독일, 스위스, 스칸디나비아, 미국 등 저맥락 문화에서는 언어로 표현된 메시지 자체에 대부분의 정보가 들어 있으며 아주 적은 정보만을 맥락 속에서 찾을 수 있다. 이런 문화에서는 직설적이고 명시적인 표현방식을 사용하는 경향이 강하다.

Hall(1983)은 또한 커뮤니케이션 형태로서의 시간을 구분하여 설명하면서 문화권은 단일시간(monochronic) 또는 복합시간(polychronic) 중 하나로 조직화된다고 말한다. 단일시간으로 분류된 문화에서는 시간은 절약의 대상이고 정확한 일정과 약속을 통해서 통제되어야 할 귀한 자원이다. 또한 한 번에 한 가지 일을 처리하고 인간관계보다는 업무를 중요시 한다. 약속시간(마감일자)을 중요하게 여기며 비즈니스에서는 미리 계획하고 계획에 따라 움직이며 처음 세운 계획을 지키는 것을 선호한다. 독일, 오스트리아, 스위스, 미국 등이 단일시간 문화권으로 분류된다.

반면 복합시간 문화에서는 동시에 여러 가지 일을 처리하고 조화로운 관계의 유지를 중요한 것으로 생각하며 유연하고 융통성 있는 시간 관리를 한다. 따라서 약속시간은 반드시 지켜야 하는 것이 아니라 가능하면 이행해야 할 대상으로 생각하는 경향이 있다. 일상에서 시간약속보다는 인간관계를 중시한다. 그래서 시간엄수가 강조되지 않는다. 중남미, 아시아, 아랍 등이 복합시간 문화권에 속한다.

Ⅳ. 결과 분석

4.1. 연구조사 대상의 일반적 특성 분석

본 연구의 목적인 멕시코 진출 한국기업에서 근무하는 한국인과 멕시코인 사아에 이루어지는 문화간 커뮤니케이션에서 나타나는 오해와 갈등을 발생시키는 장애요인을 파악하기 위해 설문조사를 실시하였으며 설문 응답자에 대한 인구통계학적 특성은 아래의 표와 같다.

〈표-1〉 조사대상자 인구통계학적 특성

한국인				멕시코인			
구분	분포범위	표본수	백분율	구분	분포범위	표본수	백분율
성별	남	39	62.9%	성별	남	39	51.3%
	여	23	37.1%		여	38	48.7%
	합계	62	100%		합계	77	100%
연령	20대	23	37.1%	연령	20대	28	37.3%
	30대	17	27.4%		30대	25	33.3%
	40대	15	24.2%		40대	16	21.3%
	50대	7	11.3%		50대	6	8.1%
	합계	62	100%		합계	75	100%
최종학력	초졸	1	1.7%	최종학력			
	중졸	1	1.7%				
	고졸	5	8.3%		고졸	17	22.7%
	대졸	52	86.6%		대졸	54	72.0%
	대학원이상	1	1.7%		대학원이상	4	5.3%
	합계	60	100%		합계	75	100%
업종	제조업	49	83.1%	업종			
	서비스업	3	5.1%		제조업	59	76.7%
	무역업	4	6.7%		서비스업	5	6.5%

	기타	3	5.1%		광공업	13	16.8%
	합계	59	100%		합계	77	100%
업무	생산직	2	3.3%	업무	생산직	27	35.1%
	관리직	54	90.0%		관리직	41	53.3%
	기타	4	6.7%		기타	9	11.6%
	합계	60	100%		합계	77	100%
소재 회사 규모	100명미만	10	16.4%	소재 회사 규모	100명미만	16	20.7%
	100-200명	9	14.8%		100-200명	11	14.3%
	200-500명	11	18.0%		200-500명	16	20.8%
	500-1,000 명	16	26.2%		500-1,000명	19	24.7%
	1000명이 상	15	24.6%		1000명이상	15	19.5%
	합계	61	100%		합계	77	100%
현지 근무 경력	1년 이하	15	24.6%	현지 근무 경력	1년 이하	17	22.1%
	1-2년	11	18.0%		1-2년	15	19.5%
	2-5년	14	23.0%		2-5년	15	19.5%
	5-10년	8	13.14%		5-10년	14	18.1%
	10년 이상	13	21.3%		10년 이상	16	20.8%
	합계	61	100%		합계	77	100%
업무 상 멕시 코인 과 접촉 정도	매우 적다.	1	1.6%	업무 상 한국 인과 접촉 정도	매우 적다.	3	3.9%
	적다	4	6.5%		적다	4	5.2%
	보통	8	12.9%		보통	8	10.4%
	많다	27	43.5%		많다	34	44.2%
	매우 많다	22	35.5%		매우 많다	28	36.3%
	합계	62	100%		합계	77	100%
사용 언어	스페인어	45	72.5%	사용 언어	스페인어	35	46.1%
	영어	4	6.5%		영어	6	7.9%
	스페인어, 영어	6	9.7%		스페인어,영 어	30	39.5%
	영어,스페 인어,한국 어	4	6.5%		영어,스페인 어,한국어	2	2.6%
	기타	3	4.8%		기타	3	3.9%
	합계	62	100%		합계	76	100%

위의 표에서 볼 수 있듯이 설문 대상자의 총수는 139명으로 한국인 62명, 멕시코인 77명이다. 이를 성별로 나누어 보면 남성 78명, 여성 51명으로 남성 응답자가 여성 응답자보다 많았다. 연령은 대부분 20대에서 40대로 전체 한국인 대상자의 88.7%, 전체 멕시코인 대상자의 91.9%를 차지했다. 학력은 대학 졸업자가 대부분이고 양국 직원들 간에 커다란 차이가 없었다. 근무하는 회사의 규모도 중소기업에서부터 대기업에 이르기까지 골고루 분포되었고 현지 근무한 햇수도 1년 이하에서부터 10년 이상까지 다양하게 나타났다. 양국 직원들 간의 접촉 정도도 비슷한 비율을 보이는데, 전체 한국인 대상자의 76%가 멕시코인 직원들과 빈번하게 접촉한다고 답했고 멕시코인의 80%가 한국인과 자주 접촉하는 것으로 나타났다.

회사에서 쓰는 언어는 양국 직원들 간에 차이를 보이는데, 한국인의 72.5%는 스페인어를, 9.7%는 스페인어와 영어를 사용하여 멕시코인들과 소통하는 것으로 나타났고, 반면에 멕시코인의 46.1%는 스페인어를, 39.5%는 스페인어와 영어를 사용하여 회사 업무를 수행한다고 답했다.

4.2. 설문조사 방법 및 결과

설문지는 객관식 질문과 주관식 질문으로 구성되었으며 응답자가 겪은 다양한 구체적인 사례를 얻기 위해 자유 기재를 위한 빈칸이 제공되었다. 한국인과 일하는 멕시코인 응답자와 멕시코인들과 같이 일하는 한국인 응답자에게 다음과 같은 3가지 질문을 하여 그들이 인지하는 상호간 커뮤니케이션에서 나타나는 오해나 갈등을 유발하는 장애요인과 특징들을 파악할 수 있었다.

-나는 회사에서 멕시코인(멕시코인 응답자인 경우에는 한국인)과 의사소통할 때
어려움을 겪는 적이 있다.
(a. 있다.   b. 없다.)
-만약 '있다.'라고 답하셨다면 어려움을 적은 사례를 2가지만 적어 주시기 바랍니다.

-나는 회사에서 한국과 멕시코의 문화적 차이로 어려움을 겪은 적이 있다.
(a. 있다.   b. 없다.)
-만약 '있다.'라고 답하셨다면 어려움을 겪은 사례를 2가지만 적어 주시기 바랍니다.

-나는 회사에서 멕시코인들의(멕시코인 응답자인 경우에는 한국인) 행동(사고)방식
이나 업무스타일로 인해 당황하거나 짜증난 적이 있다.
(a. 있다.   b. 없다.)
-만약 '있다.'라고 답하셨다면 구체적인 사례를 2가지만 적어 주기 바랍니다.

객관식 질문에 대한 결과는 통계 프로그램을 이용하여 빈도분석을 했고, 객관식 질문에 대한 응답은 내용분석을 실시하였다. 내용분석에서는 우선 오해나 갈등을 유발하는 장애요인을 크게 언어적 요인과 문화적 요인으로 구분하였다. 문화적 요인은 앞에 소개한 Hofstede와 Hall의 이론을 바탕으로 설문 분석 목적에 적합한 범주를 만들었다. 다음으로 응답 내용을 분석한 후 각 범주별로 분류해서 각 항목 수를 산출했다.

먼저, 객관식 설문에서 상호 의사소통 시 어려움을 겪느냐는 질문에 한국인 응답자의 77.1%, 멕시코인 응답자의 60.5%가 어려움을 겪고 있다고 답했다. 한국인이 멕시코인보다 의사소통에 어려움을 더 겪는다고 답한 것은 회사 내에서 사용되는 언어가 주로 멕시

코인들의 모어인 스페인어이기 때문인 것으로 생각된다. 의사소통 시 어려움을 겪는 주된 이유로는 언어적 요인으로 양국 직원 모두 한국인의 스페인어 구사능력 부족을 꼽았다.

〈표-2〉 언어적 요인

언어적 요인			
멕시코인이 인식하는 한국인		한국인이 인식하는 멕시코인	
예	사례수	예	사례수
언어(스페인어, 영어)능력 미흡, 전문용어 이해부족, 문어 능력 부족, 공손한 표현 미 사용, 애매모호한 소통 스타일, 몸짓언어 이해부족, 큰 목소리, 한국식 스페인어, 논리적 말하기 미흡,	50	빠른 말씨, 영어구사력 미흡, 예/아니오 불분명, ahorita, 우회적 표현, 멕시코 스페인어 사용	14

위의 표에서 볼 수 있듯이 멕시코인들은 한국인들이 전반적으로 스페인어 구사력이 미흡하여 의사소통 시 어려움을 겪는다고 답했다. 특히 한국인이 스페인어의 공손한 표현을 잘 몰라 멕시코인들의 기분을 상하게 하는 경우가 많은 것으로 조사되었다2). 한국인들은 멕시코인들과 의사소통할 때 멕시코인들의 빠른 말씨, 말을 직설적으로 하지 않고 빙빙 돌려서 말하는 우회적인 표현방식 그리고 멕시코 스페인어에 대한 이해 부족 등을 어려운 점으로 꼽았다. 또한 한국인들은 비즈니스 활동과 관련한 전문적인 용어를 잘 몰라 멕시코인들과 소통할 때 많은 어려움을 느끼는 것으로 나타났다.

두 번 째 질문인 회사에서 문화적 차이로 인해 어려움을 겪는 적

---

2) 멕시코인들에 따르면 업무를 지시할 때 그들이 선호하는 방식은 강압적인 명령조의 언행이 아니라 제안하는 것과 같은 형태의 공손한 언행이라는 것이다.

이 있는지 여부 대해 한국인 응답자의 **77.1%**, 멕시코인 응답자의 **55.3%**가 어려움을 겪은 적이 있다고 대답했다. 또한 한국인 응답자의 **88.5%**, 멕시코 응답자의 **57%**는 회사에서 서로의 행동(사고) 방식이나 업무스타일로 인해 당황하거나 짜증난 적이 있는 것으로 나타났다. 이러한 차이들로 인해 회사에서 한국인이 멕시코인보다 어려움을 더 겪고 있는 것은 설문조사 대상 한국인의 대부분이 멕시코인들을 관리하는 위치에 있는 사람들이고 멕시코인들의 대부분은 한국인의 지시에 따라 수동적으로 일을 하는 사람들이기 때문인 것으로 생각된다[3].

두 번째 및 세 번째 주관식 설문의 내용을 분석한 결과 양국 직원들 사이에 오해를 유발하는 장애요인들 대부분은 문화 차이에 기인한 것으로 한국인들은 멕시코인들과의 커뮤니케이션에서 다음과 같은 범주에서 문화 차이를 인지하는 것으로 나타났다.

〈표-3〉 한국인이 느끼는 문화차이 범주

범주	사례수	백분율
집단주의/개인주의	60	54.5%
권력거리	5	4.5%
남성성/여성성	14	12.7%
불확실성 회피	9	8.3%
장기지향/단기지향	8	7.3%
시간관념	14	12.7%
합계	110	100%

위의 표에서 볼 수 있듯이 한국인들이 멕시코인들과 회사에서 업

---

3) 또한 상대방에게 부정적인 말을 회피하려는 성향이 강한 멕시코인들의 성격으로 인해 한국인에게 부정적인 답변을 한 응답자가 한국인 응답자에 비해 상대적으로 적었기 때문이기도 하다.

무를 하면서 느끼는 문화 차이는 집단주의/개인주의 범주가 54.5%
로 가장 많고, 이어서 남성성/여성성 범주(12.7%), 시간관념 범주
(12.7%), 불확실성 회피 범주(8.3%), 단기지향/단기지향 범주
(7.3%), 권력거리 범주(4.5%)순으로 나타났다.

한편, 멕시코인들이 한국인과 회사에서 업무를 하면서 느끼는 문
화 차이는 다음과 같은 범주로 분류할 수 있다.

〈표-4〉 멕시코인이 느끼는 문화차이 범주

범주	사례수	백분율
집단주의/개인주의	8	11.8%
권력거리	19	27.9%
남성성/여성성	7	10.3%
불확실성 회피	27	39.7%
장기지향/단기지향	6	8.8%
시간관념	1	1.5%
합계	68	100%

멕시코인들이 회사에서 한국인과의 커뮤니케이션 상황에서 겪는
문화 차이는 불확실성 회피 범주가 39.7%로 가장 많은 것으로 나
타났고, 뒤이어 권력거리 범주가 27.9%, 남성성/여성성 범주가
10.3%, 집단주의/개인주의 범주가 11.8%, 장기지향/단기지향 범주
가 8.8% 마지막으로 시간관념 범주가 1.5%로 나타났다.

<표 -5>에서 볼 수 있듯이 한국인이 멕시코인에게서 느끼는 문화
차이는 집단주의/개인주의 범주에 해당하는 응답이 가장 많았다. 이
범주에 속한 응답들을 분석하면 한국인들은 멕시코인들이 개인주의
적인 성향이 강하다고 인지하고, 반면에 멕시코인들은 한국인들이
강한 집단주의적인 성향을 지닌다고 생각하는 것으로 나타났다.

〈표-5〉 양국 직원이 인식하는 집단주의/개인주의 차원의 문화차이

집단주의/개인주의			
멕시코인이 인식하는 한국인		한국인이 인식하는 멕시코인	
예	사례수	예	사례수
과도한 애사심, 가족보다 일이 우선, 포괄적 지시, 눈치 빠름	8	책임감 부족, 애사심 부족, 주인의식 결여, 일보다 개인이 우선, 성실성 부족, 이기주의, 팀워크 부족	60

　　권력거리 범주에서는 멕시코인들이 한국인들은 상명하복과 같은 엄한 위계질서에 익숙한 문화에 속하는 것으로 인식하는 것으로 나타났고, 반면에 한국인들은 같이 근무하는 멕시코인들이 한국보다 위계질서가 덜 엄한 비교적 권력거리가 작은 문화에 익숙한 사람들로 느끼는 것으로 나타났다.

〈표-6〉 양국 직원이 느끼는 권력거리 차원의 문화차이

권력거리			
멕시코인들이 인식하는 한국인		한국인들이 인식하는 멕시코인	
예	사례수	예	사례수
엄격한 위계질서, 상명하복, 하급자 무시, 장유유서, 공개적인 질책	19	보고 미흡, 상사지시 불이행, 예의 부족, 상사의 질책을 수용하지 않음	5

　　남성성/여성성 범주에서는 한국인과 멕시코인 모두 서로를 남성성이 강한 성향을 지닌 것으로 인식하는 것으로 나타났다.

⟨표-7⟩ 양국 직원이 느끼는 남성성/여성성 차원의 문화차이

남성성/여성성			
멕시코인들이 인식하는 한국인		한국인들이 인식하는 멕시코인	
예	사례 수	예	사례 수
남성중심주의, 공감능력 부족, 빈말, 약속 불이행, 차이 불인정	7	실수 불인정, 거짓말, 약속 불이행, 강한 자존심, 여가 선호	14

불확실성 회피 범주에는 주로 한국인의 빠른 업무처리 속도, 멕시코인의 느린 업무처리 속도 그리고 한국인의 낮은 이문화 수용력에 관련된 응답이 많았다.

⟨표-8⟩ 양국 직원이 느끼는 불확실성 회피 차원의 문화차이

불확실성 회피			
멕시코인이 인식하는 한국인		한국인이 인식하는 멕시코인	
예	사례 수	답변의 예	사례 수
자민족중심주의, 외국인 혐오, 급한 성격, 빠른 업무 속도, 과도한 격식	27	느린 업무 속도, 융통성 결여, 여유로운 마인드	9

설문지 답변을 분석한 결과 멕시코인들은 한국인들이 강한 불확실성 회피성향을 보이는 것으로 인식하고, 반면에 한국인들은 멕시코인들이 상대적으로 한국인보다는 약한 불확실성 회피성향을 지니고 있는 것으로 생각했다.

장기지향/단기지향 범주에 속한 답변들을 분석한 결과를 보면 한국인들은 멕시코인들이 끈기가 부족하고 신세진 것을 갚을 줄 모르는 단기지향성이 강한 사람이라고 인식한 반면에, 멕시코인들은 한

국인들이 끈질기고 돈에 인색한 장기지향성이 강한 사람들로 생각하는 것으로 나타났다.

〈표-9〉 양국 직원이 느끼는 장기지향/단기지향 차원의 문화차이

장기지향/단기지향			
멕시코인이 인식하는 한국인		한국인이 인식하는 멕시코인	
예	사례 수	예	사례 수
일과 돈만 생각, 추진력 강조	6	끈기 부족, 은혜를 모름	8

시간관념 범주에서는 답변의 대부분이 멕시코인들의 시간약속 불이행에 관련된 것으로 한국인들은 멕시코인들이 시간약속을 잘 지키지 않는다고 인식하는 것으로 나타났다.

〈표- 10〉 양국 직원이 인식하는 시간관념 차원의 문화차이

시간관념			
멕시코인이 인식하는 한국인		한국인이 인식하는 멕시코인	
예	사례 수	예	사례수
약속 불이행(시간약속, 마감시간, 납기일), 내일로 미룸, ahorita	14	출퇴근 시간 미엄수	1

4.3. 장애요인 분석

4.3.1. 언어적 요인

문화 간 커뮤니케이션이 원활하게 이루어지기 위해서는 외국어 구사능력이 가장 중요한 요소이다. 따라서 외국에 진출한 기업의 경우 현지에 파견된 직원들의 현지어 구사능력은 현지 직원들과 원

활한 소통을 통한 기업 목표의 달성을 위한 필수적인 요소라고 할 수 있다. 또한 현지어를 사용함으로써 현지인들의 문화적 정체성을 인정하고 더불어 그들과의 돈독한 인간관계를 구축할 수 있을 것이다. 특히 멕시코처럼 일보다는 인간관계를 우선시 하는 나라의 경우에는 더욱더 그렇다고 본다.

본 연구의 대상인 멕시코에 진출한 한국기업에서는 앞서 <표-1>에서 보았듯이 한국인 직원들과 멕시코인 직원들은 주로 스페인어를 사용하여 소통을 하고 있는 것으로 나타났다. 그러나 한국인 직원은 물론 멕시코인 직원들 역시 한국인들의 스페인어 구사능력 부족으로 상호 커뮤니케이션에서 어려움을 겪고 있다고 답했다. 스페인어를 못하는 한국인 직원의 경우 영어를 사용하여 멕시코인들과 소통을 하나, 한국인과 멕시코인의 영어 구사능력 미흡으로 인해 상호간의 소통이 원활하지 못한 것으로 나타났다.

스페인어로 멕시코인들과 의사소통 시 한국인 직원들은 멕시코인들의 말의 속도가 빨라 이해하는 데 어려움이 많다고 답했다. 또한 회사에서 멕시코인이 한국인에게 불만이 있는 경우 한국인이 말을 잘 알아듣지 못하도록 일부러 말을 빨리 한다고 생각하는 한국인도 있었다.

한국인들뿐만 아니라 멕시코인들 역시 한국인 직원의 어휘력 부족을 상호간의 의사소통을 가장 어렵게 만드는 요인으로 꼽았다. 어휘 중에서도 기술, 세금, 노동법과 관련된 전문용어에 대한 이해 부족으로 인해 업무 관련 구어 및 문어 커뮤니케이션에서 어려움을 겪고 있다고 지적했다.

멕시코인들의 'no'를 못하는 커뮤니케이션 스타일 역시 한국인 직원이 의사소통 시 어려움을 겪는 중요한 요인 중의 하나로 나타났다. 멕시코에서는 직설적인 화법이 아닌 간접적인 화법으로 소통하는 경향이 강하기 때문에, 좋지 않은 소식을 전할 경우 상대방의 체면을 고려하여 사실을 그대로 표현하지 않을 뿐만 아니라, 소위 말하는 선의의 거짓말도 문화적으로 용인된다(Condon 1997). 이러한 간접 커뮤니케이션 방식으로 인해 멕시코 사람들은 상대방의 기분을 상하지 않기 위해 실제로는 그렇지 않은 경우에도 '예'라고 말하는 경향이 있다. 그래서 멕시코 문화에 익숙하지 못한 외국인들은 멕시코인들의 '예'라는 대답이 언제가 진짜 '예'라는 의미이고 언제가 그냥 예의상 하는 말인지를 구별하는 것이 중요하다. 멕시코의 간접 커뮤니케이션 방식을 나타내는 언어 표현 중 긍정적인 표현이지만 실제적으로는 'no'를 나타내는 표현으로 한국인 응답자들이 오해를 많이 한 것은 ahorita이었다. 이 말은 '지금'을 의미하는 ahora의 축소사이다. 그래서 ahorita는 ahora가 나타내는 '지금'보다는 빠른 시간을 의미해야 하나 실제로는 '한 시간 후', '내일', '5년 후' 아니면 일이 일어나지 않을 수도 있다는 것을 의미한다. 이러한 의미를 이해하지 못하고 '바로 지금' 어떤 일이 이루어질 것으로 기대한 한국인은 오해를 하는 경우가 많다. 설문조사에서도 한국인 직원들은 멕시코인들이 사용하는 ahorita의 이러한 의미를 잘 이해하지 못하고 멕시코인들이 약속을 잘 지키지 않다는 선입견을 가지고 있는 것으로 나타났다. 예를 들어 한국인 상사가 아침에 출근하면서 멕시코인 직원에게 고객사에게 제시할 견적서를 만들어 달라고 요청하는 경우 멕시코 직원은 지체 없이 Ahorita se lo entrego.(바로 드리겠습니다.)라고 말할 것이다. 그러나 실제로는 오후나 돼서 가져오거나 재촉을 하지 않으면 가져오지 않는 경우도 많다는 것이 한국인 설문 응답자들의 공통된 답변이다.

또한 멕시코인들은 한국인들에 비해 책임을 지지 않으려는 성향이 강해 실수를 바로 인정하지 않고 말을 장황하게 우회적으로 하는 경우가 많아 한국인들이 멕시코인들과 소통하는 데 많은 어려움을 겪는 것으로 나타났다. 이 경우 한국인들은 간단하게 요점만 얘기를 하는 것을 선호한다. 따라서 한국인들 눈에는 멕시코인들이 쓸 데 없이 말을 많이 하는 것으로 보이고 멕시코인들에게는 한국인들이 필요한 말만 하는 인간미가 없는 무미건조한 사람으로 비춰지는 것으로 나타났다.

작업을 지시하는 경우에서도 한국인과 멕시코인들 사이에는 커뮤니케이션 방식에 있어서 커다란 차이를 보이는데, 한국인은 포괄적으로 작업 지시를 하는 데 익숙하고 멕시코인들은 세부적으로 작업 지시를 받기를 원한다. 따라서 이러한 방식의 차이가 양국 직원들 간의 소통에서 많은 문제점을 유발하는 것으로 나타났다.

그 밖에도 몸짓언어에 대한 이해 부족, 한국인의 큰 목소리, 멕시코 스페인어에 대한 지식 부족 등이 한국과 멕시코 직원들 간의 의사소통에 장애요인으로 작용하는 것으로 지적되었다. 특히, 한국인이 멕시코인에 비해 목소리가 크기 때문에 비록 한국인들이 약간만 크게 얘기를 하더라도 멕시코인들은 고함을 지르는 것으로 느끼고 기분 나쁘게 생각하는 것으로 조사되었다.

4.3.2. 문화적 요인

이미 언급하였듯이 문화적 차이로 인한 커뮤니케이션 장애요인

들을 Hofstede와 Hall의 연구결과를 바탕으로 분류하면 개인주의/
집단주의, 권력거리의 차이, 불확실성의 회피, 남성성/여성성, 단기
지향성/단기 지향성, 시간관념의 범주로 나눌 수 있다.

1) 개인주의 / 집단주의

한국인들은 멕시코 문화가 개인주의적인 지향성을 띠는 것으로
인식한다는 것을 알 수 있었다. Hofstede(2010)의 연구에서도 한국
보다는 멕시코의 개인주의 지수가 높게 나타났다. 그의 연구에 따
르면 멕시코인의 개인주의 지수는 30점(76개국 중 48-50위)이고 한
국은 18점(76개국 중 65위)으로 양국 모두 집단주의 문화권에 보다
가깝다고 할 수 있다. 그러나 멕시코는 한국과 비교할 때 상대적으
로 개인주의적 성향이 높은 나라이므로 양국은 서로 다른 특징을
보인다.

먼저 공동체 의식에 있어서 양국은 내집단(in-gropu)과 외집단
(out-group)을 엄격하게 구분하고 공동체는 내집단을 의미한다. 멕
시코의 경우에는 내집단의 구성원은 가족과 친한 친구로 한정된다.
반면에 한국의 내집단의 구성원은 혈연, 지연, 학연을 중심으로 가
족을 벗어나 학교, 직장, 동호회까지 확대되며, 이들 구성원들 사이
에 복잡하게 얽혀 있는 네트워크가 형성되는 특징을 갖는다. 다시
말하면, 내집단은 한국인의 인간관계에 가장 큰 영향력을 끼치는
연줄에 의해 형성된다.

한국의 회사는 하나의 공동체이며 직원들은 가족과 같은 내집단
구성원으로 간주 된다4). 따라서 한국에서는 가족에 대해 갖는 충성

---

4) 따라서 한국의 기업체의 광고 문구에서도 구성원들 간의 결속성을 나타내는 '00 가족'과 문구를

심이 조직, 다시 말하면 직장으로 전이되는 것이 일반적이어서 가족보다는 직장을 우선시하는 경향이 높다. 반면 멕시코에서는 가족에 대해서는 절대적인 충성심을 보이나 회사는 생계유지를 위해 일을 하는 장소 정도로 여기기 때문에 회사보다는 가족을 중시하는 경향이 강하다. 또한 가족에 대해 갖는 충성도도 조직, 즉 회사로 향하는 것이 아니라 회사 내의 개인인 상사에게 향하는 것이 일반적이다(Kras 1995).

이러한 조직문화의 차이는 양국 직원들의 의사소통 과정에서도 장애요인으로 나타나는데 회사보다 가정을 더 중요시하는 멕시코인 직원들이 맡은 일이 끝나지 않았는데도 불구하고 퇴근 시간이 되면 일을 중단하고 퇴근하거나 시간 외 근무를 회피하려는 것을 보고 한국인 직원들은 애사심이 없다고 판단한다[5]. 반면에 가정보다는 회사를 더 중요하게 생각하는 한국인들이 일과시간이 끝났는데도 회사에 남아 장시간 일을 하면서 한국인의 일하는 방식을 배울 것을 강요하는 경우 멕시코인들은 한국인들이 자기중심적이라고 생각한다.

또한 설문조사에서는 한국인들은 가정보다는 회사에 우선순위를 두고 정시에 출근하는 것이 성실성을 나타내는 척도로 보기 때문에 멕시코인들이 집안일 때문에 회사에 나오지 않거나 지각을 하는 경우 이를 이해하지 못한다고 답했다. 한편 멕시코인들은 가족보다는 회사를 먼저 생각하는 한국인들이 가정을 소홀히 한다고 생각하는

쉽게 볼 수 있다.

[5] 이러한 애사심 부족에 대해 멕시코인 관리자들은 자신들이 한국계 회사에서 늦게까지 일을 하지 않는 이유로 같이 근무하는 한국인 직원들과는 달리 승진의 기회가 주어지거나 충분한 금전적인 보상이 주어지는 것이 아니어서 애사심을 가지고 일을 하기에는 동기부여가 부족하다. 따라서 먼 장래에 희망을 두기보다는 실익을 중요시 하는 것이 당연하다고 생각한다.

것으로 나타났다.

한국과 같이 집단주의적인 성향이 강한 사회에서는 공동체의 구성원들이 상호의존적이고 상호간의 관계에 있어서 서로를 배려하는 것이 대인관계에서 중요하다. 그러나 가족 외에는 강한 개인주의적인 성향을 보이는 멕시코에서는 서로를 배려하는 문화가 미흡하다. 이로 인해 한국인과 멕시코인들 사이에 오해가 발생하는 경우가 많다. 설문조사 결과분석을 보면 한국인들은 같은 직장에서 동료의 일까지 도와주면서 다 같이 일을 마치고 퇴근하려는 성향이 강하나 멕시코인들은 자신의 업무만 마치면 모든 업무가 다 끝나지 않았는데도 퇴근한다는 것이 한국인 직원들의 불만이다. 그러나 멕시코인들은 동료가 자신의 임무를 정해진 기한 내에 마치지 못하는 것은 그의 능력부족으로 생각하지 자신이 도와서 일을 마쳐야 한다고 생각하지는 않는다.

높은 공동체 의식과 함께 한국문화의 중요한 가치는 의리이다. 의리의 사전적인 의미는 '사람으로서 지켜야 할 바른 도리'로 정의되는데, 이승환(1998)은 이를 좀 더 구체적으로 인간관계로 맺어진 소규모 집단 안에서 구성원들(친구, 동지, 동료 등) 상호 간에 서로에게 기대되는 인간적 도리로 정의했다. 의리는 의무감, 책임감, 충성, 충실, 신의, 성실, 정의 등의 의미를 내포한다(Li 2012, 91).

의리라는 가치가 지배하는 한국사회에서는 회사에 취직을 하면 조직에 대한 의리, 즉 애사심, 책임감, 충성심, 성실함이 강조된다. 그러나 멕시코에서는 이러한 가치가 가정에서는 중요한 것으로 간주되나 회사에서는 그다지 중요하게 생각되지 않는다. 이미 언급한 것처럼 멕시코에서는 개인(직속 상사)에게는 충성심을 보일 수 있지만 회사 자체가 충성의 대상이라고 생각되지는 않는다.

이러한 가치관의 차이로 인해 한국인과 멕시코인의 의사소통에서 많은 어려움이 발생한다. 설문조사 분석결과에 따르면 한국인들이 멕시코인들이 애사심이 부족하다는 것을 지적하는 것은 아주 흔한 일이다. 이에 대해 멕시코인들은 한국인들이 회사에 대한 과도한 충성심을 강요한다고 느낀다. 또한 한국인들은 멕시코인들이 주인의식이 없어 상사가 시키는 일만 하고 자신의 실수에 대해 책임을 지지 않고 남에게 미루려는 경향이 강하다고 불평을 하는 경우가 많은 것으로 나타났다.

개인주의적인 성향이 강한 멕시코에서 책임감은 명확하게 자기가 맡은 일에 한정된6) 반면에 한국에서는 책임감은 의리의 일부로서 자신의 일뿐만 아니라 개인 차원을 벗어난 집단의 일 대한 것일 수도 있다. 다시 말하면, 회사에서 자신의 업무도 있지만 동료가 없을 경우에는 동료의 일을 대신 해주어야 하는 책임감도 느낀다. 이러한 차이로 인해 한국인과 멕시코인들이 서로 오해하는 경우도 많은 것으로 나타났다.

한국인보다 개인주의 성향이 강한 멕시코 직원, 특히 관리 직원들의 경우에는 자신감과 개인적인 능력이 사회적으로 높이 평가되는 가치로 간주되기 때문에 자신의 잘못을 인정하지 않거나 자신의 행위를 정당화하려고 노력하는 경향이 강하다. 이러한 행위는 한국인의 입장에서 보면 변명 혹은 말대꾸를 하는 것으로 겸손하지 않는 행동으로 인식된다. 이로 인해 짜증이 난다는 한국인의 답변이

---

6) 따라서 멕시코에 진출한 한국인 관리자의 답변에 따르면 멕시코인들을 채용할 때는 자신들의 업무를 명확하게 구분해주어야 하는 것이 중요하다. 그렇지 않으면 업무처리가 제대로 되지 않는다고 한다.

많았다.

2) 권력거리

Hofstede(2010)에 따르면 권력거리란 사회에서 권력을 덜 가진 자들이 권력의 불평등을 받아들이고 이를 정상적으로 간주하는 정도를 말하는 것으로 한국의 권력거리지수는 60(76개국 중 41-42위)이고 멕시코는 81(76개국 중 11-12)로 멕시코가 한국에 비해 권력 거리 지수가 더 큰 문화권에 속한다. 이는 사회 각 분야에서 불평 등의 정도가 전반적으로 높다는 것을 의미한다.

한국과 멕시코에서는 모두 뚜렷하고 엄격한 서열체계가 사회 구석 구석에 나타난다. 예를 들면 사람을 부를 때를 제외하고는 사람의 이름보다 서열, 즉 권력을 나타내는 직함, 직위, 친족명칭 등이 사용된다. 그러나 한국인의 경우에는 친족명칭도 서열에 따라 보다 더 세분화되어 나타난다. 멕시코의 공용어인 스페인어에는 단순히 남자형제를 가르키는 hermano와 여자형제를 나타내는 hermana가 있지만 한국어에는 '형(hermano mayor)', '남동생(hermano menor)'. '누나(hermana mayor)', '여동생(hermana menor)', '오빠(hermano mayor)', '언니(hermana mayor)'처럼 친족관계도 서열에 따라 정해진다.

또한 한국에서는 사람을 부를 때 성과 함께 그 사람이 속한 조직의 직위를 나타내는 말을 사용한다(예: 김 대리, 이 과장, 송 부장님, 박 사장님 등). 그러나 멕시코에서는 사람을 부를 때 그 사람의 전문 직종을 나타내는 칭호를 사용하는 것이 일반적이다(예: ingeniero, licenciado, doctor, arquitecto 등).

서열의 위치를 결정하는 데는 여러 요인들이 영향을 미치는데 한국의 경우 결정적이고 중요한 역할을 하는 것은 나이이다7). 그러나 멕시코에서는 연령의 차이가 서열의 위치에 그다지 큰 영향을 미치지 않고 직업, 지위, 교육수준과 같은 요인들이 보다 결정적인 요인으로 작용한다. 따라서 나이에 따른 서열 위치에 민감하지 못한 멕시코인들은 나이가 많은 사람 앞에서 나이가 적은 사람들이 말을 신중히 하고 행동을 조심해야 하는 것을 이해하지 못해 양국 사람들 사이의 커뮤니케이션에서 많은 문제가 발생한다.

한국의 회사에서는 나이가 많은 사람, 먼저 입사한 사람, 직위가 높은 사람이 윗사람이 된다. 이 경우 윗사람이 아무리 친한 사이라도 그 사람에게 지시, 지적, 반대, 반박을 하는 것은 쉽지 않다. 반면에 멕시코에서는 자신의 직속 상사는 윗사람으로 인정하지만 나머지 사람들은 나이와 상관없이 동료로 취급한다. 이들과는 동등하게 존중받기를 원하고 친밀감이 있으면 지적이나 반박, 반론을 할수도 있다. 따라서 멕시코인들은 능력보다는 나이를 우선하고 상사에게 반대를 허용하지 않는, 상명하복을 강조하는 한국기업의 문화에 적응하는 데 많은 어려움을 겪고 있는 것으로 조사되었다.

이러한 상명하복 문화는 한국인 상사들이 대부분 30 - 50대 남성들이어서 이들이 익숙한 유교적인 전통으로부터 유래한 가부장적인 사고와 엄격한 위계질서 의식에 더해 군복무에서 형성된 군사문화의 영향이 큰 것으로 생각된다. 따라서 위계질서 의식이 강한 한국인 상사들은 멕시코인들에게 일이 잘못 되었을 경우 소리를 지르

---

7) 한국사회에서 서열에 부여하는 중요성 때문에 처음 만나는 사람에게 나이와 같은 사적인 질문을 하고 명함을 많이 사용한다고 생각된다. 이는 상대방이 나보다 윗사람인지 아랫사람인지를 알아야 이에 상응하는 적절한 행동과 말을 결정할 수 있기 때문이다. 그러나 멕시코에서는 서열에 부여하는 중요성이 우리처럼 크지 않기 때문에 나이와 같은 프라이버시에 해당하는 사항을 질문하는 경우가 거의 없고 명함을 교환하는 일도 우리처럼 그렇게 많지 않다.

는 경우가 종종 있는데, 이러한 행동에 대해 멕시코인들은 한국인들이 직책이 높다고 자신들을 함부로 대하는 것으로 보고 불쾌하게 생각하는 것으로 나타났다.

한편 한국에 비해 상대적으로 권력거리 지수가 큰 멕시코에서는 직원들이 일을 알아서 하지 않고 상사로부터 지시를 받아 업무를 수행하는 데 익숙하다. 따라서 멕시코인들에게 업무를 지시할 때는 구체적이고 명확하게 하고 각자에게 임무를 정해줄 때도 분명하게 해야 한국인들이 원하는 결과를 얻을 수 있다는 것이 한국인 설문조사 응답자의 공통된 답변이었다.

한국인의 권위주의와 관련해서 멕시코인 설문조사 응답자들은 양국 직원들 간의 커뮤니케이션에서 문제를 야기하는 것으로 한국인들은 항상 명령하고 고함을 지르며 잘못을 하는 경우에도 인정을 하지 않는 것을 들고, 이로 인해 한국인들의 현지 직원에 대한 리더십에 문제가 있다고 답했다.

멕시코에서는 하급자가 실수를 하는 경우에 냉정하게 회사의 내규에 따라 조치를 하거나 경고를 몇 번 한 다음에 해고를 하는 것이 일반적이나 한국회사에서는 아버지가 자식을 나무라는 것처럼 부하직원을 다른 사람들이 보는 앞에서 혼내는 경우도 많다. 그러나 회사를 가족의 연장선으로 보는 한국인 직원들은 상사의 이러한 행동을 용인하지만, 개인의 자존심이 강한 멕시코인들은 한국인 상사의 공개적인 비판이 자신의 영혼을 모독하는 것으로 간주하고 굴욕으로 받아들인다. 그 결과는 상대방과의 인간관계 단절로 이어지는 것이 일반적이다. 이러한 문화적인 차이는 양국 직원들 간의 소통에서 갈등의 요소로 작용하는 것으로 나타났다[8]. 설문조사에서 멕시코인들은 회사에서 아버지 같은 인자한 상사를 원하나 많은 한국인 상사들은 권위주의적인 독재자처럼 행동한다고 답변했다.

3) 남성성 / 여성성

Hofstede(2010)에 따르면 남성적 사회는 인화보다는 업적, 인간관계보다는 일을 더 중요하게 생각하고 겸손성보다는 자기주장이 강한 사회이다. 반면에 여성적 사회에서는 조화, 인간관계, 겸손성이 강조된다.

그의 연구결과를 보면 한국의 남성성 지수는 39(76개국 중 59위)이고 멕시코는 69(76개국 중 8위)로 한국은 여성성이 강한 문화권에 속하고 반면에 멕시코는 남성성이 강한 문화권에 속한다. 그러나 본 설문조사 결과를 보면 Hofstede의 연구결과와는 다른 특징을 나타낸다. 우선, 한국인들은 멕시코인들이 여성적 사회의 특징인 인간관계를 일보다 더 중요시 한다고 답했다. 설문조사에 응한 한국 인력업체 시장에 따르면 멕시코인들은 인간관계를 통해 업무를 해결하려는 의식이 강하다고 하면서 비인간적으로 보이더라도 처음부터 인간관계와 업무처리를 분리하고 일정 거리를 유지하는 것이 필요하다고 답했다.

일반적으로 여성적 사회가 삶의 질을 강조하고 반면에 남성적 사회는 물질적인 성공에 더 많은 관심을 두는 특징을 갖는다(Hofstede 2010, 168). 그러나 설문조사에서 멕시코인들은 한국인 직원들이 일하기 위해서 사는 것처럼 보인다고 답했다. 반면에 한국인들은 멕시

---

8) 설문조사에서 한국인 관리자들은 이러한 행동의 부작용을 잘 알고 있는 한국기업에서는 한국인 직원들에게 멕시코인들과 소통 시 소리를 지르거나 다른 사람이 보는 앞에서 공개적으로 질책하지 말고 비판할 일이 있으면 따로 불러 개인적으로 할 것을 교육시키고 있다고 답했다.

코인들이 살기 위해 일하는 것 같다고 답했다. 이는 일을 바라보는 양국인의 인식의 차이를 나타내는 것으로 서로를 이해하는 데 좋은 시사점이 될 것으로 생각된다.

자신을 내세우지 않고 낮추는 태도인 겸손성이 사회적으로 중요한 덕목으로 간주되는 한국과는 달리 멕시코에서는 겸손성보다는 자기주장성이 더 높이 평가된다. 따라서 어떤 일이 잘못되었을 때 자신의 고집을 굽히지 않고 정당화하려는 멕시코인들의 태도는 한국인들게 겸손한 행동으로 인식되지 않아 상호소통에서 갈등요소로 작용한다.

한편 한국인의 겸손성에는 자신에 대한 칭찬을 사양하는 것뿐만 아니라 자신의 잘못을 인정하는 것도 포함된다. 따라서 한국인들은 잘못을 한 경우 이를 바로 인정해야 겸손한 사람으로 간주되어 실수를 용서받는다. 그래서 한국에서는 사과의 언행이 빈번히 이루어진다. 반면에 멕시코인들은 잘못을 한 경우에 이를 인정하지 않고 변명을 하려는 경향이 강하다. 그래서 사과의 언행을 듣는 것이 매우 이례적이다. 이러한 차이로 인해 한국인들은 멕시코인들과 소통에서 많은 어려움을 느낀다고 답했다.

또한 남성적인 사회에서는 성차별이 심하고 남성을 우대하며 남성을 선호하는 것이 특징이고 여성적인 사회의 특징은 남녀의 역할이 비슷하고 성차별이 없는 것이다. 그러나 설문조사에서 멕시코인들은 한국인들이 여성을 무시하는 경우가 많고 한국 남자직원들이 직급에 관계없이 여성들보다 월급을 더 많이 받으며, 남자직원들은 여자직원들이 자기들에게 반대의견을 제시하는 것을 허용하지 않는다고 답했다. 이는 멕시코 진출 한국기업에 팽배한 남성중심의 문화를 잘 나타낸다고 볼 수 있다.

여성성이 강한 사회의 대표적인 특징 중의 하나가 공감능력이다. 그러나 같은 회사에 근무하는 멕시코인들이 본 한국인 직원들은 공감능력이 부족한 것으로 나타났다. 다시 말하면, 상대방 문화에 대한 이해가 부족하고 멕시코 예절을 지키지 않으며 멕시코 직원들과 어울리려고 하지 않는 다는 것이다.

마지막으로 여성적 사회의 특징인 인간관계의 조화로운 유지를 중요시 하는 한국인들은 멕시코인들에게 빈말을 잘하고 약속을 잘 지키지 않는 경향이 있는 것으로 나타났다. 그러나 이는 멕시코인들이 한국인의 빈말은 상대방의 기분을 좋게 만들어 조화로운 관계를 형성·유지하기 위한 것이지 구속력이 있는 약속이 아니라는 사실을 이해하지 못한 데서 오는 것이라고 생각된다.

4) 불확실성의 회피

미래의 예측 불가능한 일에 대해 참는 정도는 문화에 따라 다르게 나타난다. 불확실성 회피란 한 문화의 구성원들이 불확실한 상황이나 미지의 상황으로 인해 위협을 느끼는 정도를 말하는데 Hofstede(2010)에 따르면 한국은 85점(76개국 중 23-25위), 멕시코는 82점(76개국중 26-27위)으로 두 나라의 불확실성 회피정도는 상당히 높은 것으로 나타났다. 그러나 설문조사에서는 양국 직원들이 서로 다른 특징을 보여준다.

불확실성의 회피정도가 높으면 낯설고 다른 것에 대한 두려움이 크다. 이러한 두려움으로 인해 다양성에 대한 수용력이 감소되고 자민족중심주의, 인종차별, 극단적으로는 외국인 혐오증까지 나타난다. 양국은 불확실성의 회피가 강한 나라이므로 서로에 대해 포용적이지 못하고 배타적일 가능성이 높다.

그러나 설문조사에서는 이러한 특징이 한국인 직원들 사이에서만 나타나는 것으로 조사되었다. 멕시코인 응답자들은 한국인들이 멕시코인들에 대해 불신이 많고 우월감을 가지며 한국식 업무방식에 동화될 것을 요구한다고 답했다. 또한 한국회사의 고위직은 한국인들로만 채워져 있고 한국인이라는 이유만으로 같은 일을 해도 멕시코인들보다 월급을 더 많이 준다고 불평한다.

불확실성 회피가 높은 사회에서는 안정성을 추구하기 위해 많은 규칙들을 만들어 이를 준수할 것을 요구한다. 그러나 규칙준수에 있어서 한국인들과 멕시코인들 사이에는 상당한 차이가 존재한다. 예를 들면 회사에서 상사에게 업무진행 상황을 수시로 정확하게 보고해야 하는 규칙이나 마감시간 규칙 같은 것은 한국인의 경우에는 철저하게 지키지만, 멕시코인들은 거의 대부분 지키지 않는 것이 일반적이어서 한국인들이 멕시코인들과 일할 때 많은 어려움을 겪는 것으로 나타났다.

한국의 근현대사는 불확실성의 질곡으로 점철된 시대였기 때문에 한국인들은 본능적으로 불확실성에 대한 공포를 가지고 있다. 한국의 대표적인 '빨리 빨리' 문화 이면에는 바로 이 불확실성에 대한 공포가 자리 잡고 있다(강준만 2002). 멕시코인들은 여가를 즐기고 게으름을 조금 피워도 문제가 없다고 생각하는 반면에 한국인들은 게으름을 피우면 마음이 불안해진다. 이러한 불안감을 낮추기 위해 열심히 그리고 바쁘게 생활하려고 노력한다. 설문조사에서도 한국인들은 멕시코인들의 업무처리 속도가 느린 것에 대해 불평을 하고 멕시코인들은 한국인의 '빨리 빨리' 문화를 따라갈 수가 없어 불만이 많은 것으로 나타났다. 또한 멕시코인들은 한국인들이 일을 너무 성급하게 결정하고 빨리 빨리 하려고 해, 손해를 보는 경우가 많다고 지적하면서 일의 속도보다는 시간이 걸리더라도 일을 제대로 하는 것이 효과적이라고 충고한다. 업무지시와 관련해서 멕시코인들이 갖는 또 다른 불만은 일을 완성하기 위해 소요되는 시간을 충분히 고려하지 않고 일을 시킨 후 빨리 일을 마치지 못했을 때 질책을 하거나 사전에 계획이 없는 본사의 업무지시로 일을 빨리 끝내야 한다고 요구하는 것이다.

Hofstede(2010, 226-248)에 따르면 불확실성회피 지수가 강한 나라에서는 일반적으로 앞서 언급한 열심히 일하고 감정적으로 항상 바빠야 한다는 필요성 이외에 커뮤니케이션을 할 때 목소리를 높이거나 감정을 보이거나 테이블을 탕탕치는 행동이 사회적으로 용납된다. 멕시코에서는 이러한 행동이 무례한 것으로 간주되나 멕시코 진출 한국기업에서는 어렵지 않게 볼 수 있는 행동으로 조사되었다. 멕시코인 응답자들은 회사에서 문제가 생겼을 때 한국인들이 화를 내고 소리를 지르고 물건을 툭툭 치는 경우가 많아 스트레스를 받는다고 답변했다.

5) 장기지향성/단기지향성

Hofstede의 연구에서 한국의 장기지향 지수는 75점(23개국 중 5위)으로 장기지향적인 국가에 속하는 것으로 조사되었다. 그러나 멕시코가 조사대상에 포함되지 않아 양국의 장기지향지수를 비교하는 것이 가능하지 않으나 세계 가치조사(World Values Survey:

WVS)9) 자료를 바탕으로 한 장기지향 지수를 보면 한국은 100점 (93개국 중 1위)으로 장기지향 국가에 속하고 멕시코는 24점(93개국 중 74-76위)으로 단기지향 국가에 속하는 것으로 나타났다 (Hofstede 2010, 289-291). 따라서 한국은 멕시코에 비해 장기지향성이 매우 높은 국가라고 할 수 있으며, 교육에 대한 열의, 근면, 책임감, 근검과 절약, 인내와 끈기 그리고 일에 대한 추진력이 보다 중요시된다.

설문조사에서도 한국인들은 멕시코인들이 책임감이 부족하고 끈기가 없는 것으로 인식하는 반면 멕시코인들은 한국인들을 책임감이 강하고 일에 대한 추진력이 강하다고 생각하고 있는 것으로 나타났다. 예를 들어 멕시코인들과 같이 일하는 한국인 직원들은 멕시코인들에게 일을 시켰을 때 모르는 게 있으면 질문을 해서 알아보고 해야 하는데 질문도 하지 않고 그냥 하다가 안 되면 중단해 버려 많은 어려움 있다고 답했다. 또한 문제가 생겼을 때 한국인들은 먼저 스스로 문제의 원인을 찾아서 해결해보려고 하지만 멕시코 직원들은 아무런 생각 없이 한국인 관리자에게 와서 문제가 생겼으니 해결해 달라고만 한다는 것이다10).

한국인과 멕시코인이 같은 직장에서 일할 때 많이 부딪히는 문제는 한국인들은 그날 해야 할 일이 끝나지 않으면 늦게까지 남아 마무리를 하고 가는 것이 일반적인데 멕시코의 경우에는 퇴근시간이

---

9) 1980년대 초 유럽의 신학대학 여섯 곳이 여론조사 방법을 통해 공동 조사한 유럽 가치조사 (European Values Survey)가 미국의 사회학자 Inglehart의 주도로 확장되면서 세계 가치조사 (WVS)로 발전하게 되었다(Hofstede 2010, 70).

10) 원자재의 부족으로 고객사의 라인이 스톱되었는데, 담당직원은 재고가 없다고만 말할 뿐 아무런 조치를 취하지 않는다거나, 고객사에서 품질문제가 발생했을 때 구체적으로 어떤 제품에 불량이 있는 지를 파악하지 않고 그냥 불량만 있다고 보고 하는 경우가 구체적인 사례이다.

되면 하던 일을 중단하고 바로 퇴근하는 것이다11).

멕시코인들의 미래에 대한 계획성 부족 역시 한국인들이 멕시코인들과의 소통에서 당황하는 요인 중의 하나이다. 예를 들어 봉급(멕시코에서는 15일마다 지급함)을 받는 경우 한국인들은 계획을 세워서 다음 봉급날까지 잘 분배를 해서 돈을 쓰는 것이 일반적이지만 멕시코 직원들, 특히 생산직에 근무하는 직원들은 봉급을 받은 다음날 회사에 와서 가불을 요청하는 경우가 많다는 것이다.

멕시코에 진출한 한국기업이 겪는 어려움 중의 하나는 현지 직원들의 높은 이직률이다. 멕시코인들이 이직하는 이유 중 가장 큰 것은 금전적인 것이다. 그런데 한국인들이 이해하기 어려운 것은 단 1페소의 차이에도 이직을 고려하는 경우가 대부분이라는 점이다12).

장기지향성이 강한 한국사회에서는 인사치레가 중요하기 때문에 신세를 지면 언젠가는 보답을 하는 것이 상식으로 생각되며 일상이든 업무상이든 서로 선물을 주고받는 것이 매우 일반적이다. 그러나 멕시코인들은 신세에 대해 보답해야 한다고 생각하지 못한다. 그 자리에서 '고맙다'라고 말하면 끝이다. 예를 들어 멕시코인들은 같이 일하는 한국인들이 야근 후에 저녁을 사주거나 택시비를 주거나 혹은 선물을 주거나 시간을 내서 도와주는 경우 한국인들이 원래 그렇게 친절하고 관대하다고 생각하거나 상대방이 좋아서 하는 것이라고 생각한다. 그러나 한국인들은 언젠가는 상대방이 당연히

---

11) 이에 대해 한국인 관리자들은 우스개 소리로 한국인의 퇴근시간은 하던 업무가 완료되는 시점이고 멕시코인들의 퇴근시간은 근로계약서에 나와 있는 시간이라고 말한다.

12) 설문조사 결과에 따르면 멕시코인들이 이직을 하는 이유로는 급여, 근무조건, 상사와의 관계, 근무지의 위치 등으로 나타났다.

자신이 베푼 호의에 보답할 것이라는 생각을 갖는다. 이러한 가치관의 차이로 인해 한국인들은 신세를 갚을 줄 모르는 멕시코인들의 행동에 대해 배은망덕하다고 실망하는 것이다[13].

6) 시간관념

시간은 일직선으로 흘러간다고 생각하는 직선적 시간관을 갖는 한국인들은 오늘은 오늘 할 일이 있고 내일은 내일 할 일이 있다고 생각하기 때문에 오늘 할 일을 내일로 미루지 않는 것이 일반적이다. 그러나 순환적인 시간관을 가지고 있는 멕시코 문화에서는 시간은 일직선으로 흘러가는 것이 아니라 계절처럼 반복되는 것이고 낮과 밤처럼 순환하는 것으로 생각한다. 따라서 멕시코에서는 오늘 어떤 일을 끝마치지 못하면 다음 날 마치면 된다고 생각하는 경향이 강하다. 멕시코사람들의 이러한 시간관을 잘 나타내는 mañana는 글자 그대로 '내일'을 의미하는 것이 아니라 '다음날'을 나타낸다고 할 수 있다.

복합시간 체계를 갖는 멕시코 문화에서 시간은 부족하기 때문에 아껴 써야할 대상이 아니라 항상 넘쳐나는 대상으로 생각된다. 반면에 단일시간 체계를 갖는 한국문화에서는 시간은 아껴 써야 하는 대상이다. 멕시코의 속담에 '건강, 돈, 사랑 그리고 시간은 즐기려고 있는 것이다.'라는 말이 있다. 이는 '시간의 가치는 시간이 주는 혜택을 즐기는 데 있다.' 라는 의미이다. 이와는 달리 한국에는 '시간은 금이다.'라는 격언이 지배적이다. 이는 인생을 즐기는 중요한

---

13) 멕시코에 진출한 한국회사의 관리자들이 흔히 하는 불평 중의 하나가 평소 멕시코직원들에게 잘 해줬는데 회사 사정으로 부득이하게 해고를 하면, 바로 노동청에 가서 부당 노동행위로 고발을 하는 경우가 많다는 것이다.

방식으로서 시간을 인식하는 것이 아니라 시간을 허비하는 것은 곧 돈을 낭비하는 것과 같다는 한국인의 인식을 반영하는 것이라고 할 수 있다. 때문에 한국에서는 시간약속을 지키는 것이 무엇보다도 중요하다. 그러나 멕시코에서는 시간약속은 반드시 지켜야 할 것이 아니라 지키는 것이 바람직스런 것이라고 생각한다. 시간약속보다는 인간관계를 더 중요하게 여긴다. 따라서 시간약속을 지키지 않는 경향이 높다. 다시 말하면 한국은 시간이 인간관계와 관련된 행동을 통제하지만 멕시코에서는 인간관계가 시간과 관련된 행동을 통제한다.

설문조사에서 한국인들은 멕시코인들이 약속에 15분 정도 늦는 경우 사과를 하지 않는다고 했다. 왜냐하면 그들에게 이 정도 시간은 상대방을 무시한 것이라고 생각되지 않기 때문이다. 그러나 한국인에게 약속시간에 늦는 것은 무례한 행동으로 인식된다. 양국 간의 이러한 시간개념의 차이는 마감날짜에서도 나타나는데 한국인들의 경우에는 마감날짜를 맞추기 위해 야간작업도 마다하지 않지만 멕시코인들은 보다 느긋하게 생각한다는 것이다. 이는 멕시코인들이 마감날짜에 대해 일이 향해가는 목표로 보기는 하지만 비즈니스의 최종 종결점이라고 생각하지 않기 때문이다. 그래서 멕시코인들은 마감날짜를 맞추지 못할 경우 자신들은 최선을 다했고 가능한 일을 빨리 끝내려고 노력했다는 것은 인정해주기를 기대한다 (Keener 2000).

설문조사에서 한국인들은 한국 사회에 비해 멕시코 사회에서는 아직 시간엄수의 중요성이 크게 인식되고 있는 것 같지 않다고 말한다. 그래서 모임이나 회의가 정시에 시작되는 경우는 드물다는 것이다14).

또한 한국인 응답자들이 멕시코인들에게서 초대를 받는 경우 초대한 시간에 정확하게 도착하면 아직 준비가 되어 있지 않고, 다른 손님들도 없어서 당황하는 경우가 많다고 답했다. 멕시코에서는 파티에 정시에 가면 결례라는 말이 있다. 왜냐하면 항상 30분 이상 늦게 시작하는 것이 관례이기 때문에 손님이 정시에 도착하면 그 시간에 비로소 초청한 사람은 손님을 맞기 위해 준비(화장)를 시작하기 때문이다. 그러므로 초대를 받을 때에는 아메리칸 타임인지 아니면 멕시칸 타임인지를 묻는 경우도 있다(Keener 2000).

마지막으로 관공서나 기업의 고위직을 만나러 가는 경우 한국에서는 약속시간보다 먼저 도착하는 것이 예의라고 생각하는데, 멕시코에서는 오히려 이를 당황스럽게 생각한다. 또한 일찍 도착하더라도 앞서 온 사람들과 미팅이 길어져 약속시간보다 늦게 만나는 경우가 많다고 한다. 이는 앞에 온 사람들과의 원만한 인간관계 유지를 위해 약속된 시간을 넘겨가면서까지 응대하기 때문이다.

V. 나가면서

지금까지 멕시코에 진출한 한국기업에 근무하는 한국 직원들과 멕시코 직원들 사이에 이루어지는 문화 간 커뮤니케이션 과정에서 이들이 겪는 어려움과 이를 유발하는 장애요인에 대해 살펴보았다.

---

14) 회사에서 회의를 하는 경우에도 한국인과 멕시코인이 갖는 회의 시작 시간에 대한 인식이 다르다고 한다. 예를 들어 회의가 10시라고 하면 한국인들은 회의가 10시에 시작하기 때문에 5-10분 전에 회의실에 도착해야 한다고 생각하는 반면에 멕시코인의 경우에는 10시에 회의실에 도착하면 된다고 생각한다는 것이다.

먼저 양국 직원들 간의 소통에서 가장 큰 장애요인은 언어 문제로 한국인 직원의 스페인어 구사능력 부족이 주된 요인이다. 구어 및 문어 스페인어 구사능력 부족뿐만 아니라 전문용어, 멕시코 스페인어 그리고 멕시코인의 간접적인 의사소통방식에 대한 이해부족으로 인해 멕시코 직원들이 하는 말을 이해하지 못하는 경우가 많아 업무수행에 많은 어려움이 있는 것을 알 수 있었다. 이는 한국 기업이 직원들을 멕시코에 파견할 때 현지어인 스페인어 교육을 보다 더 강화해야 할 필요성이 있다는 것을 의미한다.

언어문제 이외에도 양국 간의 문화의 차이로 인해 직원들 상호간의 소통에서 오해나 갈등이 발생하는 것으로 나타났다. 설문조사에서 나타난 오해나 갈등을 유발하는 요인들은 개인주의/집단주의, 권력거리의 차이, 불확실성의 회피, 남성성/여성성, 장기 지향성/단기 지향성, 시간관념이라는 항목으로 분류할 수 있었다.

먼저 개인의 삶과 가족을 우선시하는 멕시코인의 개인주의 가치관과 개인이나 가족보다는 회사를 먼저 생각하는 한국인의 집단주의 가치관이 충돌하여 서로간의 소통을 어렵게 한다.

지위에 상관없이 인간은 평등하다고 생각하는 멕시코인에게 상명하복의 엄격한 위계질서를 강조하는 한국인의 권위주의 문화는 양국 직원들 간의 소통에서 넘기 어려운 장애물로 작용하는 것 또한 사실이다.

멕시코의 업무방식을 수용하지 않고 한국의 업무방식을 따를 것을 강요하고 한국인 직원에 비해 멕시코 직원에게 차별대우를 하며 한국인이 멕시코 사람들보다 우월하다고 생각하는 한국인의 자민족 중심주의 앞에 멕시코 직원들은 멕시코 정복 당시 스페인 사람들을 떠올린다고 한다.

일의 시급성을 고려하지 않고 느긋하게 업무를 처리하고 상사가 지시한 후 중간에 점검을 하지 않으면 일이 진척되지 않으며, 약속한 기간 내에 일을 마치지 못하는 멕시코 직원들의 업무 스타일과 빠른 업무속도를 요구하고 고강도의 업무를 수행하며 세부적으로 일일이 확인하지 않는 한국인 직원들의 업무스타일 사이에는 커다란 간극이 존재한다. 이 간극을 메우기 위해서는 양국의 직원들이 서로를 이해하려는 노력을 경주해야 할 것이다. 한국인과 멕시코인이 가지고 있는 시간관의 차이, 즉 약속시간을 엄수하지 않는 멕시코인들의 행동으로 인해 한국인들이 많은 어려움을 겪고 있다.

이상과 같이 멕시코에 진출한 한국기업에서 일하는 한국인 직원들과 멕시코 직원들을 대상으로 한 설문조사에서 도출된 상호간 소통과정에서 나타난 갈등의 요인들을 종합해 보면 한국기업의 멕시코 현지적응에 다소간 문제점이 있는 것으로 보인다. 이를 해소하기 위해서는 한국기업에서 현지어 교육뿐만 아니라 문화간 커뮤니케이션 교육 역시 그 필요성이 절실하다고 생각된다.

참고문헌

김우성(2013), 「멕시코 비즈니스 커뮤니케이션의 문화적 특징」, 『이베로아메리카』, 15(2), 21-43.

대한무역진흥공사(2018), 『2018 국별 진출전략: 멕시코』서울: KOTRA.

박명석(1997), 「문화간 가치체계와 커뮤니케이션」, 『한국커뮤니케이션학』, 5, 7-17.

신인아(2001), 「문화란 무엇인가?」, 김숙현 외(편), 『한국인과 문화간 커뮤니케이션』, 서울: 커뮤니케이션북스, 11-29.

이승환(1998), 『유가사상의 사회철학적 재조명』, 서울: 고려대학교 출판부.

Li, Tatiana(2012), 「러시아권 학습자를 위한 한국어 문화교육 연구 : 비즈니스 맥락의 간문화적 의사소통을 중심으로」, 석사학위 논문, 서울대학교.

정현숙(2001), 「우리는 왜 커뮤니케이션을 알아야 하나」 『한국인과 문화간 커뮤니케이션』, 서울: 커뮤니케이션북스, 31-44.

_____(2002), 「문화간 커뮤니케이션」, 한국스피치 커뮤니케이션 학회 학술대회 자료집.

Brooks, N.(1968), "Teaching Culture in the Foreign Language Classroom", *Foreign Language Annals*, Vol. 1(3), pp. 204-217.

Condon, J. C.(1997), *Good Neighbors: Communicating with the Mexicans*, Yarmouth: Intercultural Press.

Hall, E. T.(1959), *The Silent Language*, Garden City N.Y.: Doubleday.

_____(1983), T*he Dance of Life: The Other Dimension of Time,* N.Y.: Doubleday.

_____(1990), *Understanding cutural differences: Germans, French and Americans*, Yarmouth: Intercultural Press.

Hofstede, G.(1980), *Culture's Consequences*, Beverly Hills: Sage Publications.

_____.(2010), *Culture and Organization: Software of the Mind,* London: Mcgraw-Hill Book Co., 차재호·나영은 역(2010) 『세계의 문화와 조직』, 학지사.

Keener, Patti(2000), "Improving intercultural Relations and Communication in International Business: Japan and Mexico", Senior *Thesis Project,*

1993-2002, http://trace.tennessee.edu/utk_interstp2/45 (2018. 9. 03)

Kluckholn, C.(1951), "The study of culture" in D. Lerner & Laswell(Eds.) *The Policy Science,* Stanford: The Stanford University Press, pp. 57-68.

Kras, E. S.(1995), *Management in Two Cultures: Bridging the Gap between U.S. and Mexican Managers,* Yarmouth: Intercultural Press.

Minkov, M.(2008), Self-enhancement and self-stability predict school achievement at the national level, *Cross-Cultural Research,* 42, 172-196.

Samovar, L. A. & Richard E. Porter(2007), *Communication between Cultures,* Thomson, 정현숙 외 역(2007), 『문화간 커뮤니케이션』, 서울: 커뮤니 케이션북스.

Simons, H. W.(1972), "Persuasion in Social Conflicts: A Critique of Prevailing Conceptions anf a Framework for Future Research", *Human Relations,* 40, 227-247.

Taylor, E. B.(1958), *Primitive Culture (Part I, The Origin of Culture),* New York: Harper & Brothers Publishers.

Ting-Toomey, S.(1999), *Communicating across Cultures,* New York: Guilford Press.

07

말비나스
영유권 분쟁

노용석

Ⅰ. 들어가며

2012년 3월 27일 언론의 보도에 의하면, 1980년 노벨평화상 수상자인 아르헨티나의 아돌포 페레스 에스키벨(Adolfo Pérez Esquivel)은 "영국이 말비나스(Islas Malvinas) 섬의 영유권 문제와 관련해 아르헨티나와 협상을 시작해야 한다"고 주장했다. 이와 더불어 에스키벨은 과테말라의 리고베르타 멘추(1992년 노벨평화상 수상), 북아일랜드의 메어리드 코리건 매과이어(1976년), 남아프리카공화국의 데스몬드 투투(1984년), 미국의 조디 윌리엄스(1997년), 이란의 시림 에바디(2003년) 등 역대 노벨평화상 수상자 6명의 서명이 담긴 서한을 소개했다. 이들은 모두 말비나스 섬에 대한 아르헨티나와의 협상을 거부하고 있는 영국에 대해 비판적인 시각을 나타냈다.[1]

또한 2012년 4월 15일 콜롬비아의 까르따헤나에서 개최된 제6차 미주 기구(OAS) 정상회의(미주정상회의)에서는 마약 퇴치 협력과 미국의 쿠바봉쇄 해제, 말비나스 섬을 둘러싼 영국-아르헨티나 간의 갈등이 주요 의제로 다루어졌다. 여기서 미주정상회의 회원국인 대부분의 중남미 국가 들은 말비나스 문제에 있어서 아르헨티나에게 지지를 보냈으며, 영국의 성의 있는 협상 참여를 촉구하였다. 이에 반해 현재 말비나스 제도에 대한 실효적 지배를 하고 있는 영국은 이 문제가 거론될 때마다 즉각적인 반응을 자제하여 왔지만, 2012년 2월 2일, 영국 왕실의 서열 2위인 윌리엄 왕자를 말비나스에 직

---

[1] 데이비드 캐머런 영국 총리 앞으로 보내는 이 서한에서, 이들은 "영국 정부가 대화 거부 자세를 재고하기 바란다"면서 말비나스 영유권 논란과 관련해 양국에 협상을 촉구한 유엔 결의안을 따를 것을 주문했다.

접 파견하거나 인근 해안에 구축함을 배치하는 등의 다소 공격적인 행보를 이어나가고 있다. 이러한 영국의 행보는 아르헨티나를 자극하여, 아르헨티나에 소재한 HSBC 등의 영국계 금융회사가 군중들로부터 공격을 당하는 사태가 발생하기도 하였다.

이렇듯 말비나스 제도의 영유권을 둘러싼 공방은 아이러니하게도 '말비나스 전쟁' 발발 30주년인 2012년을 맞이하여 더욱 가열되었다. 특히 이 문제는 전통적인 '영유권'이라는 단일 주제를 벗어나 좀 더 확대된 영역으로 발전하고 있는데, '해양자원'과 '식민주의' 논쟁은 그 중 대표적인 것이라 할 수 있다. 또한 해양자원의 문제는 베네수엘라와 같은 라틴아메리카 여타 국가에서 인지되고 있는 '자원민족주의' 문제로 귀결될 수도 있다.

이에 본 논문에서는 말비나스 전쟁 30주년을 맞이하여, 현재까지 진행된 영유권 문제의 진행 과정을 정리해보고, 이 과정에서 아르헨티나의 관점에서 핵심적인 문제로 대두될 수 있는 이슈가 무엇이며 이를 어떻게 해석해야 하는 가를 중점적으로 고찰해 보고자 한다. 특히 말비나스 분쟁에 대한 아르헨티나의 최근 정책이 탈식민주의와 자원민족주의를 강화하는 측면에서 이루어지고 있는바, 이에 대한 세부적인 과정을 소개하고자 한다. 또한 말비나스 문제가 예전과는 달리 아르헨티나에 대한 라틴아메리카 대부분 국가의 지지를 바탕으로 하고 있으므로, 이와 같은 지지가 범라틴아메리카적 탈식민주의 및 자원민족주의와 어떠한 연관성을 갖고 있는가에 대해서도 언급하고자 한다.

Ⅱ. 말비나스 분쟁 일지

1. 초기 영유권 분쟁 과정

말비나스 제도는 남서대서양에 위치한 12,713㎢ 면적의 섬들을 말하며, 그란 말비나스 섬(Isla Gran Malvina), 솔레달 섬(Isla Soledad) 등 약 700개의 섬으로 구성되어 있다. 이 제도는 척박한 기후의 땅으로 아르헨티나 본토로부터 480 내지 700km 떨어져 있다. 외형적으로 자치정부를 수립하고 있으며 수도는 스탠리(Stanly) 이다. 현재 약 3,000여 명의 주민이 거주하고 있는데, 약 98%의 주민이 영국계로써 영국의 정책을 적극 지지하는 편이라 할 수 있다.

말비나스 제도가 분쟁의 중심에 놓이게 된 것은 이 섬이 가지고 있는 독특한 역사에 기인하고 있다. 말비나스 제도에는 1690년 영국의 존 스 트롱이 처음으로 상륙하고, 1764년 프랑스의 루이 앙트완 드 부갱빌이 최초의 정착민을 이주시켰다. 이후 1766년에는 프랑스 정착촌의 존재를 모르는 채로 영국 정착촌이 세워졌고, 이로 인해 1711년에는 프랑스 정착촌의 권리를 넘겨받은 스페인과[2] 영국이 전쟁의 위기로 몰리기까지 하였다. 하지만 영국과 스페인은 각기 1776년과 1811년에 경제적인 이유로 말비나스에서 철수하였다. 이후 말비나스에 대한 영유권 주장을 한 국가는 아르헨티나였다. 1816년 스페인으로부터 독립을 선언한 아르헨티나는 'uti possidetis juris'[3]에

---

[2] 1766년 프랑스와 스페인은 프랑스가 말비나스의 세인트 루이스 항구(Port Saint Louis)에 대한 권리를 스페인에게 양도하고, 스페인이 프랑스가 정착촌을 개척할 당시 들어간 비용을 보전해 주는 조약을 성사시켰다. 이로써 프랑스는 말비나스 제도 문제에 있어서 완전히 물러나게 되었으며, 스페인이 새로운 강자로 떠오르게 되었다.

[3] 식민지 시대 국경 혹은 행정경계선을 독립 이후에도 그대로 인정한다는 '현재의 소유권 인정 원칙'을 말한다. 특히 이 원칙은 19세기 초 라틴아메리카에서 스페인의 식민지들이 독립할 때 적용되었던 것이었다(김대순 2007, 788).

의거해 주변의 스페인 땅은 모두 자신들의 땅이라며 말비나스의 영유권을 주장하기 시작하였다. 하지만 1831년, 아르헨티나는 말비나스 인근에서 조업하던 미국 포경선을 나포하게 되는데, 이에 대한 보복으로 말비나스의 정착촌이 미 해군에 의해 완전히 파괴되는 사태가 발생하였다. 미국은 말비나스 정착촌을 파괴한 후, 말비나스가 누구의 영토도 아님을 선포하게 된다. 하지만 미국의 이 같은 행동은 당시 식민 종주국이었던 영국의 '본능'을 새롭게 깨우는 계기가 되었다. 1833년 당시 가장 막강한 제국주의 세력이었던 영국은 말비나스가 자신들의 영토임을 강조하며 동 제도를 식민지화함으로써 본격적인 영국과 아르헨티나의 분쟁이 시작되었다. 이후 영국은 현재까지 일부 시기 (1982년 아르헨티나의 군사행동 시기)를 제외한 모든 시기에서 말비나스를 실효적으로 점령하기 시작했다.

말비나스 문제는 1960년대 들어 새로운 차원의 영유권 분쟁으로 본격화되기 시작하였다. 1964년 '유엔 탈식민지 위원회'는 말비나스의 지리적 위치를 문제 삼으며 유엔에 이 문제를 제기했으며, 이 위원회의 보고서에 따라 1965년 12월 16일, 유엔은 '모든 지역에서의 식민지가 없어져야 한다는 희망'과 더불어 '말비나스(포클랜드) 제도 주민들의 이익에 의거해 국가 사이에 존재하는 모든 거주지들이 평화로워야 한다는' '결의안 2065호'를 의결하였다.[4] 이후 1966년 양국은 2차 세계대전 후 최초로 영유권에 대한 회담을 시작하였으나 별다른 결론 없이 마무리되었고, 1973년 아르헨티나는 다시 유엔에 말비나스 제도의 영유권 문제를 제기하였으나 결과는 마찬

---

4) "A/RES/2065(XX). The Question of the Falkland Islands(Malvinas)".
http://www.un.org/depts/dhl/resguide/r20.htm(2012. 5. 12).

가지였다.[5)]

이 시기 아르헨티나가 주장한 주요 내용들은 말비나스 제도가 자국 영토인 것에 대한 당위성 들이었다. 먼저 아르헨티나는 역사적으로 1493년 로마 교황 알렉산데르 6세의 칙서와 1494년 토르데시야스(tordesillas) 조약 등을 통해 볼 때[6)], 현 말비나스 제도의 영토는 스페인령에 속하는 것이었으며, 1816년 독립 이후 스페인령에 대한 모든 영토를 아르헨티나가 승계했으므로, 현재 말비나스에 대한 영유권 주장은 정당하다고 보고 있다. 또한 지리적 근접성으로 볼 때도 말비나스 제도는 아르헨티나가 위치한 남아메리카에 근접해 있으므로, 당연히 이 영토에 대한 권한은 아르헨티나에 있다고 주장하였다. 그러므로 아르헨티나에 있어서 영국의 말비나스 점거는 일종의 식민지배로 인식되었고, 말비나스에 대한 아르헨티나의 주권을 확인하는 것은 식민 상황에 대한 종식을 의미하였다. 말비나스 제도에 대한 이와 같은 아르헨티나의 공식적 입장은 현재까지 변함없이 유지되고 있다. 하지만 분쟁의 당사자인 영국은 말비나스 제도에 대한 실효적 지배를 계속 이어나가고 있었던 만큼, 아르헨티나의 움직임에 격한 반응을 보이지 않았던 것이 사실이었다.

---

5) 영국의 데일리 신문은 아르헨티나 일간지인 '라 나시온'을 인용해 영국 외무부의 비밀문서와 외교관들의 증언을 통해 볼 때, 1974년 6월 11일 영국이 부에노스아이레스 주재 자국 대사를 통해 아르헨티나 외무장관에게 말비나스(포클랜드) 섬을 공유할 것을 제안했으며, 하지만 이러한 제안은 20여 일 후 페론 대통령이 사망하면서 실현되지 못했다고 한다(연합뉴스 2012. 3. 14).

6) 교황 알렉산데로 6세는 스페인 출신으로서 1492년 교황의 자리에 올랐다. 그는 1493년 5월 4일 스페인과 포르투갈의 영토분쟁과 관련한 '칙서'(Inter Caetera)를 발표하였다. 칙서의 세부적 내용은 아조레스 군도와 까보 베르데에서 서쪽으로 100 레구아 떨어진 곳에 가상의 선을 긋고, 그 선의 동쪽에 대해서는 포르투갈이 모든 권리와 사법권을 인정받고, 서쪽에 대해서는 스페인 국왕이 모든 권리와 사법권을 인정받는다는 것이었다. 하지만 이 칙서에 대해 포르투갈의 국왕인 주앙 2세는 강력하게 반발하였고, 이에 교황이 '칙서'에서 정한 경계선을 베르데 곳에서 서쪽으로 370레구아 옮겨 변경하였는데, 이를 토르데시야스 조약이라 한다. 위의 '칙서'와 토르데시야스 조약에 근거해 볼 때 말비나스 제도는 스페인령에 속하게 된다..

2. '더러운 전쟁'(Dirty War)과 말비나스 전쟁

말비나스 제도 영유권 분쟁과 관련하여 극도의 침묵 정책을 유지해오던 영국은 1982년 자신들의 입장을 크게 바꾸지 않을 수 없었다. 이유는 바로 말비나스 전쟁의 발발이었다. 1982년 4월 2일, 아르헨티나 군대는 기습적으로 군사작전을 감행하여 말비나스와 인근 제도 3개 섬에 대한 탈환을 완료하였다. 이 행동은 곧 영국을 비롯한 국제사회에 큰 반향을 불러일으켰다. 군사작전 이후 곧바로 영국은 아르헨티나와 유엔 등에 '침공'을 격하게 항의하였으며, 4월 3일 유엔 안전보장이사회에서는 아르헨티나군이 즉각적으로 말비나스에서 철수해야 한다는 결의안(502호)이 채택되기도 하였다. 하지만 전쟁을 결정한 아르헨티나 군부의 입장에는 큰 변화가 없었다. 이러한 이유는 아르헨티나 군부의 입장에서 말비나스 전쟁이 영유권 분쟁 이외에 또 다른 의미를 가지고 있었기 때문이었다. 제2차 세계대전을 계기로 중요 산업국의 지위를 획득하며 승승장구하던 아르헨티나는 1970년대 이후부터 불황과 실업, 인플레이션 등으로 인해 국력이 쇠약해져 갔다. 이러한 경제적 침체는 연쇄적으로 정치적 불안을 야기하였으며, 급기야 1976년에는 아르헨티나 역사상 가장 강압적인 군사정권이 들어서게 되었다. 1976년 3월, 호르헤 비델라 장군 (General Jorge Videla)을 위시한 아르헨티나 군부는 쿠데타를 일으켜 정권을 장악하였다. 이후 아르헨티나 군사통치위원회(Junta Militar)는 이사벨 페론(Isabel Perón) 대통령을 몰아내고 이른바 '국가 재건 과정'(Proceso de Reorganización Nacional)이라는 미명하에 전 세계적으로 보기 드문 철권통치를 실시하였는데, 이를 일명 '더러운 전쟁(dirty war)'이라 일컫는다. '더러운 전쟁' 기간인 1976년부터 1983년까지 아르헨티나에서는 군부의 철권 통치에 의해 약 10,000명 이상의 실종자(desaparecidos)[7]와 수천 명의 국외 망명자가 발생하였다(Shelton, Dinah L. 2005, 65). 이 당시 발생한 희생자와 실종자들은 대부분 '아르헨티나식 생활양식'을 지키지 않는 '마르크스주의자'와 노조원, 학생운동 가담자, 언론인 등이었으며, 법적 절차를 무시한 채 납치되어 불법적으로 희생되었다.

군부의 강압 정치는 수많은 아르헨티나 국민들의 반발을 불러일으켰고, 실종자 문제 해결 및 민주화를 요구하며 '오월광장 어머니회'(Mothers of the Plaza de Mayo)와 같은 단체들이 결성되기 시작하였다. 1982년 3월 18일, '오월광장 어머니회'는 실종자 문제 해결을 위한 가장 큰 규모의 철야 기도회를 실시하였고, 3월 30일에는 수천 명에 달하는 '노동자 연대'(Confederación General del Trabajo, CGT) 소속의 노동자들이 부에노스아이레스에 집결하여 민주화를 요구하는 시위를 벌였다. 사실 아르헨티나 군부에게 가장 부담스러운 아킬레스건은 쿠데타의 정당성과 자국의 민주화였다. 지속적인 민주화 및 실종자 문제 해결 요구는 군부의 상황을 고립시켰다. 이렇듯 아르헨티나 민중으로부터 군부가 철저하게 고립되어 있던 시기에 말비나스 전쟁이 시작된 것이다. 말비나스 전쟁이 시작된 1982년 4월

---

7) 군부독재가 물러난 이후 집권한 민선 알폰신(Raúl Alfonsín) 대통령은 1984년 실종자 및 군사독재정권의 범죄행위를 청산하기 위하여 '실종자 진상조사 국가위원회'(Comisión Nacional sobre la Desaparición de Personas, CONADEP) 설립하게 된다. 이 위원회는 9개월간의 조사활동을 펼친 후 '더러운 전쟁' 기간 동안 발생한 각종 국가범죄 사실을 기록한 보고서를 발간하였는데, 그것이 '눈까마스'(Nunca Más ; never again)이다. '눈까마스'에서는 실종자의 수를 약 8,960명으로 기재하고 있으나, 많은 연구자들은 실제 실종자의 수가 이보다 더 많을 것이라고 전망하고 있다. 또한 여러 인권단체들의 보고서에는 실종자의 수가 약 30,000명에 이를 것이라고 기재하고 있다.

2일은 노동자 연대의 시위가 발생한 3일 후이다.

전쟁의 결정은 전격적이었지만, 계획은 이미 수년 전에 수립되어 있었다. 1981년 호르헤 아나야(Jorje Anaya) 장군에 의해 계획된 말비나스 '탈환' 계획은 갈띠에리(Leopoldo Galtieri) 군사독재가 국내에서 수세에 몰리자 실행되었다(Bouvard 1994, 120). 전쟁이 시작되자 아르헨티나 국민들은 군부의 바램대로 변화하기 시작했다. 군부독재를 규탄하기 위한 시위는 말비나스 공격을 지지하는 행사로 교체되었고, 노동운동도 자신들의 불만을 잠시 거둔 채 전쟁의 향방에 관심을 두었다(Kohut 외 2010, 156)[8]. 하지만 아르헨티나 군부의 몇 가지 커다란 착각은 전쟁을 미궁 상태로 몰고 갔으며, 결국 6월 14일 벤하민 메넨데스(Benjamin Menéndez) 장군이 영국에 '조건 없는 정전과 항복'을 선언하게 되었다. 아르헨티나 군부의 가장 큰 착각은 전쟁이 시작되었을 때 미국이 자신들을 적극 지지할 것이라는 생각과 말비나스에 대한 영국의 대응이 소극적일 것이라는 예상이었다. 하지만 이러한 아르헨티나의 예상은 보기 좋게 깨졌는데, 미국의 레이건 행정부는 전쟁 발발 이후 영국을 적극 지지하였고, 영국의 대처 수상은 국가의 모든 힘을 동원하여 아르헨티나와 맞섰다.

분석적인 측면으로 볼 때, 아르헨티나군이 무력으로 말비나스를 점령한 것은 영유권을 확보하기 위함이기보다는, 아르헨티나 군사독재에 의한 내부 문제를 외부로 분산하려는 고전적인 정치 수단의 일환이었다. 즉, 인플레이션과 실업, 정치 혼란, 실종자 문제 등에

---

8) 말비나스 전쟁이 발발한 이후 아르헨티나의 많은 반군사독재 투쟁이 소강상태를 보였으나, '오월광장 어머니회'의 운동은 이전과 마찬가지로 계속 진행되었다.

대한 국내 비판을, 전쟁을 통한 '애국주의'로 교체하기 위함이었던 것이다. 하지만 이러한 애국주의는 전쟁을 승리로 이끌지 못했으며, 오히려 전쟁의 기획자였던 군부독재가 자멸하는 결과를 가져왔다. 이 전쟁에서 패배한 아르헨티나 군부독재 정권은 내부의 위기를 외부에서 해결하려 하다가 거꾸로 패착이 되어 민간인에게 정권을 이양하지 않을 수 없었고, 그 후 아르헨티나는 민주화를 추진할 수 있게 되었다. 하지만 말비나스 전쟁의 본질이 군사독재를 연장하고 국내정치 불만을 희석하는 데 있었다 할지라도, 많은 아르헨티나 국민들은 전쟁의 '불순한 의도'와는 관계없이 말비나스에 대한 주권 의지를 가진 것이 사실이었다. 이러한 관점은 전쟁이 발발한 지 30년이 지났지만, 아직까지 아르헨티나에서 이어지고 있다.

3. 자원을 둘러싼 영유권 분쟁

말비나스 전쟁 이후 영국과 아르헨티나의 국교는 1990년이 되어서야 재개되었다. 1989년 알폰신에 이어 평화적 수평 정권교체로 대통령에 당선된 메넴(Carlos Saúl Menem)은 외무부 장관인 디떼야(Guido Di Tella)를 통해 영국과의 국교 재개 협상을 시작하였고, 1990년 마침내 국교가 정상화되었다. 집권 이후 메넴 정부는 아르헨티나의 경제를 활성화한다는 목표하에 시장 개방과 자유 무역 정책을 실시하였다. 메넴 정부는 말비나스 제도 문제에 있어서도 이러한 기조를 적용하여, 제도 인근에서의 어업권과 같은 문제들을 시급히 해결하기 위해 영유권 문제와 같은 민감한 문제를 '별개'로 처리하는, 'sovereignty umbrella' 정책을 구사하였다. 이러한 기조에 힘입어 영국과 아르헨티나는 1990년 '어업 보존에 관한 공동성명'9)과 1995년 '연안 활동에 관한 공동선언'10), 그리고 1996년 '공동 유전지역 개발' 등을 잇달아 성사할 수 있었다.

하지만 이와 같은 입장을 취하면서도, 한편으로 아르헨티나의 말비나스 제도 영유권 주장은 계속 이어졌다. 이것은 1990년 공동성명 제1조와 1995년 공동선언 제1조에서도 확인할 수 있는데, 여기에는 위의 선언들이 말비나스(포클랜드)의 영유권에 대한 양국 입장을 변경하는 것으로 해석되지 않으며, 양국의 어떠한 행위도 양국의 주장을 지지하거나 부인하는 근거가 되지 않는다고 명확히 명시하고 있다(최재선 외 2009, 152-153). 1994년 8월 22일, 아르헨티나 의회는 주권확인 조항을 새롭게 수정하면서, 말비나스 제도와 사우스 조지아(Georgias del Sur) 및 사우스 샌드위치(Sandwich del Sur)제도가 아르헨티나 영토임을 확인하였다.11) 이에 대해 영국은 1994년 말비나스(포클랜드) 제도 인근 해역에서의 어로 한계선을 확대 발표하고, 1997년 1월에는 이 해역에서의 경계를 늦추지 않을 것임을 천명하였다. 이와 같은 공방 속에서, 양국의 상황은 1995년 영국의 어로수역 확대가 발표될 때 위기가 고조되기도 하였다. 이처럼 아르헨티나와 영국은 남대서양해 자원 문제와 관련해서 서로 간의 의견을 주고받거나 협의를 진행하였지만, 실제적인 주권 및 영유권 문제와 관련해서는 자신의 주장을 굽히지 않고 있었다. 다

---

9) "Joint Statement issued on behalf of the Government of the United Kingdom and Argentina at Madrid on 15 February 1990"

10) "Joint Declaration of 27 September 1995 Cooperation over Offshore Activities in the South West Atlantic". 이 합의는 말비나스(말비나스) 제도 인근 해역에서의 원유 등 자원탐사에 대한 영국과의 협력을 규정하고 있다.

11) "Constitución Nacional". http://www.senado.gov.ar/web/interes/constitucion/ cuerpo1.php.(2012. 5. 13).

만 이렇게 불편한 관계가 메넴 정부의 경제우선 정책에 의거해 명확하게 보이지 않았을 뿐이었다.

이렇듯 자원과 영유권 이슈가 서로 분리되어 진행되던 말비나스 문제는 2003년 들어 급격한 변화를 맞이하기 시작한다. 2003년, 새로운 아르헨티나 대통령에 당선된 키르츠네르(Nestor Kirchner)는 전임 정권과는 다른 말비나스 정책을 펼치기 시작했다. 키르츠네르 정부는 말비나스 문제를 단순히 경제적 문제가 아닌 국가 자존심 회복의 단초로 보면서, 강력한 영유권 회복 드라이브를 구사하기 시작했다.

먼저 키르츠네르 정부는 2007년 3월 27일, 1995년 영국과 합의한 남대서양해 원유와 천연가스 공동개발 합의(연안 활동에 관한 협력 선언)를 파기한다고 아르헨티나 주재 영국 대사에게 통보하였다. 이것은 아르헨티나가 취한 일방적 합의 파기로서, 이러한 움직임의 원동력은 이미 2003년 정권교체 이후부터 외형화 되기 시작하였다. 키르츠네르 정부는 2003년부터 칠레와 말비나스의 수도 스탠리를 연결하는 비행노선의 취항을 통제했으며, 2005년부터는 영국 정부에 말비나스 수역 어업 제도 변경에 대해 지속적인 항의를 취해왔다.[12] 또한 아르헨티나 하원은 2006년 6월, 말비나스 문제를 좀 더 정치적으로 지원하기 위해 하원의원 7명과 전문가 7명으로 구성된 '말비나스 의회 전망대'(Parliamentary Observatory on Malvinas Islands)를 구성하였다. 이와 같은 일련의 움직임들은 메넴 정부와는 달리 말비나스 제도 정책에 있어서 강경한 모습을 보이는 키 르츠

---

12) 말비나스 당국은 2006년부터 말비나스(포클랜드) 연안 어업 허가 기간을 1년 단위에서 25년으로 변경하였다.

네르 정부의 특성을 보여주고 있으며, 이러한 움직임의 절정이 2007
년 실행된 영국과의 합력 선언 파기라 할 수 있다.[13]

하지만 키르츠네르 정부의 위와 같은 움직임이 단순히 '애국심'
에만 기초하고 있는 것은 아니었다. 이를 보여주는 중요한 사례로
서, 2006년 스페인을 방문한 키르츠네르 대통령은 말비나스 제도
인근 남대서양에 스페인 석유회사 'Repsol-YPF'의 진출을 긍정적
으로 보는 메시지를 전달했다. 왜냐하면, 말비나스 제도 인근 남대
서양해는 상당한 양의 자원(석유 및 천연가스)이 매장된 것으로 알
려져 있기 때문이었다. 말비나스 제도 인근은 스페인 이외에도, 브
라질의 석유회사인 Petrobras와 베네수엘라의 PDVSA 등이 큰 관
심을 보이고 있는 지역이기도 하였다.[14]이와 같은 상황에서 아르헨
티나가 관심 기업들과 투자협정을 맺기 위해서는 먼저 1995년 영
국과의 협력 선언을 폐기해야 할 필요성이 있었으며, 한층 더 나아
가 이 지역의 영유권을 영원히 확보해야만 했다. '말비나스 의회
전 망대'는 바로 이와 같은 상황에서 말비나스 영유권 회복에 대한
아르헨티나의 통일된 정치, 사회, 문화적 담론을 생산하기 위해 만
들어진 것이다[15]). 이렇듯 키르츠네르 정부의 말비나스 정책은 메
넴 정부와는 달리 상당히 '민족주의적'이고 '애국심'에 호소하는 경
향이 있었으나, 이러한 경향의 세부적인 측면은 자원 및 경제 부분

---

13) 하지만 당시 아르헨티나 야당은 키르츠네르 정부가 실시한 영국과의 협력 파기를 '애국주의'
   에 편승해 2007년 말에 실시될 대통령 선거에서 유리한 위치를 점하려 는 여당의 음모라고 비
   판하였다. 2007년 아르헨티나 대통령 선거에서는 여당인 '승리를 위한 전선'의 후보인 크리스
   티나 키르츠네르가 44.92%를 득표해 대통령에 당선되었다. 크리스티나는 2011년 대통령 선거
   에서도 53%의 지지를 받아 재선에 성공했다.

14) 말비나스 제도 인근의 남대서양은 상당량의 석유 및 천연가스 등이 매장된 것으로 알려져 있
   어서, 많은 기업들에게 호기심의 대상이었다.

15) "Merco press". 2006년 6월 27일자. http://en.mercopress.com/2006/06/27/. (2012.04.30).

과 밀접하게 연결되어 있었다. 2009년부터 말비나스 인근의 자원과 관련한 영국과 아르헨티나의 공방은 더욱 치열하게 전개되고 있다. 영국은 2009년 초 말비나스 제도 인근에 약 180억 배럴 이상의 석유가 매장되어 있다는 조사 결과를 발표하였다. 하지만 이때까지도 영국은 아르헨티나와의 영유권 협상에 적극적으로 반응하지 않고 있었다.16) 결국 2009년 4월 22일, 아르헨티나는 매장 자원 문제와 연관하여 유엔 대륙붕경계위원회(CLCS)에 말비나스 제도 및 사우스 조지아, 사우스 샌드위치를 포함하는 지역에 대륙붕 한계 확장을 신청하게 된다. 이와 같은 조치는 말비나스 제도를 자국의 영토로 인식고자 하는 아르헨티나의 강한 의지를 보게 하는 대목이다. 영국은 이에 대해 즉각 반발하면서, 불과 한 달 후인 5월 11일 아르헨티나가 지목한 동일한 지역의 해저 120만㎢에 대해 영유권을 신청하는 문서를 유엔 대륙붕경계위원회(CLCS)에 제출했다. 영국의 문서 제출 소식이 확인되자 아르헨티나는 즉각 반발하였으며, 호르헤 타이아나(Jorje Tiana) 외무장관은 영국이 말비나스 제도 인근의 영유권을 주장하는 것은 불법이라고 논평하였다.17) 이후 2009년 12월, 아르헨티나는 말비나스 제도를 주권이 미치는 최남단 주로 확인한 법률 제26,552조를 공포하게 된다.

위와 같은 아르헨티나의 공세에도 불구하고, 영국의 입장은 크게 변한 것이 없었다. 즉 아르헨티나의 공세에 대해 반발은 있었지만, 실효적 지배를 하고 있는 만큼 커다란 액션을 취하지는 않았다. 그

---

16) 2009년 3월 28일, 영국의 고든 브라운 총리와 아르헨티나의 크리스티나(Cristina Fernandez de Kirchner) 대통령이 칠레에서 만났을 때, 브라운 총리는 크리스티나에게 '말비나스(포클랜드)의 영유권과 관련해서는 할 말이 없다'고 말했다.("The Times". 2009년 3월 28일자. http://times online.co.uk/tol/news/politics/article5991995. (2012.04.15).

17) "중앙일보". 2009년 5월 13일 자.

러나 2010년 이후 드러난 영국의 태도는 그 이전과는 사뭇 달랐다. 2010년 2월부터 영국의 석유회사가 말비나스 제도 일대를 대상으로 석유탐사를 시작하였다. 이것은 이전과는 상당히 다른 영국의 모습이었으며, 아르헨티나를 좀 더 자극하게 하는 계기가 되었다. 결국 아르헨티나는 2010년 6월, 말비나스 제도 문제를 유엔의 탈식민지위원회[18](Special Committee on Decolonization; C-24)에 회부하기에 이르렀다. 이것은 아르헨티나가 '식민지'라는 색다른 개념으로 말비나스 문제를 바라본다는 것이며, 또한 외교협상을 통한 문제 해결이라는 유엔의 권고 사항을 따른 것이기도 하다. 물론 탈식민지위원회 회부 이전에도 아르헨티나는 말비나스 문제를 식민지와 연관시킨 적이 있었다. 하지만 이처럼 국제기구를 중심으로 본격적인 행보를 시작한 것은 2010년부터라고 할 수 있다.

2011년 9월 16일, 영국 석유회사 록호퍼는 말비나스 제도 북부 지역에서 유전을 발견하였으며, 2016년부터는 20억 달러를 투자해 본격적인 시추를 시작할 것이라고 발표하였다.[19] 또한 2012년 4월 23일에는 영국의 석유회사인 보더스&서던 페트롤리엄 PLC가 말비나스 해역에서 가스층을 찾아냈다고 밝혔다. 이 회사는 "구체적인 매장량을 확인할 수는 없으나 상당량의 가스가 매장된 것으로 추정된다"고 말했다. 이제 말비나스 문제는 본격적인 자원 분쟁 문제로도 분화될 것으로 보인다. 이에 영국과 아르헨티나는 자국에게 유리할 수 있는 상황을 조성하기 위해 다양한 활동을 시도하고 있다. 예를 들어 2012년 1월, 영국 정부가 말비나스 제도 인근 사우

---

18) 유엔 탈식민지위원회는 1960년 12월 14일 유엔 총회 결의 1514호에 의거해 1961년 창설되었다.
19) "연합뉴스". 2011년 9월 17일 자. http://app.yonhapnews.co.kr/YNA/Basic/article/_new_search/ YIBW_showSearchArticle_(2012.05.02).

스 조지아 섬 주변 해역에 '해양보호수역'을 설정할 계획이라는 사실이 보도되었다. 이 수역은 사우스 조지아 섬 주변 100만 평방 킬로미터에 달하며, 메로, 펭귄, 바다사자, 바다코끼리, 범고래, 바다표범의 천연서식지를 대상으로 하고 있다.[20] 하지만 현재 상황에서 위와 같은 영국의 조치가 정말 멸종해가고 있는 '펭귄' 및 '바다사자'를 위한 조치인가에 대해서는 고민해 볼 필요가 있다. 영국의 해양보호수역 설정에 대해 아르헨티나 하원 외무위원회의 루뻬르또 고도이(Ruperto Godoy)는 '사우스 조지아 섬은 아르헨티나의 완전한 영토이므로, 영국은 국제법을 준수하여 모든 섬들을 아르헨티나에 반환해야 한다'고 주장하였다.[21]

Ⅲ.탈식민주의와 자원민족주의

말비나스 제도의 영유권과 관련한 영국-아르헨티나 간의 공방은 흡사 한국과 일본의 독도 영유권 분쟁을 떠올리게 한다. 많은 한국인들이 말비나스 영유권 문제에 관심을 갖고 있는 것 역시 이러한 이유 때문이다. 이와 같은 영유권 분쟁은 현재 전 세계의 많은 지역에서 발생하고 있으며, 모두 18세기 이후 견고화된 근대국민국가 체제와 깊은 연관성을 가지고 있다. 전 세계는 근대국민국가(nation-state) 체제로 정비된 이후 빠르게 각 국가의 정체성 및 영토적 주권을 강화하는 방식으로 나아갔다. 즉 '국민(민족)성'을 강

---

20) 아르헨티나는 영국과 함께 '남극해양생물보존위원회'(CCAMLR) 서명국에 가입한 상태이다.
21) "원양산업뉴스". 2012년 1월 2일 자. http://www.ofis.or.kr/rb/?c=Information/news&cat.(2012. 05.02).

조하여 하나의 국가를 상징화함과 동시에, 이의 물적 기반인 영토에 대해서도 재빠른 정비를 시도한 것이다.

말비나스 문제를 영토 보전의 측면과 더불어 탈식민주의로 상정하는 이유는 이 문제에 대한 아르헨티나의 끈질긴 주장 때문이다. 아르헨티나는 지정학적 위치 및 역사적 상황을 고려할 때 말비나스 문제를 명확히 19세기 제국주의의 식민지 정책에 지배되어 있다고 보고 있다. 이러한 탈식민주의 논쟁에서 라틴아메리카는 상당히 독특한 사례들로 이루어진 지역이라 할 수 있다. 대다수의 라틴아메리카 지역은 19세기 초반까지 스페인 및 포르투갈 등의 식민지배를 받았고, 이후 발생한 독립전쟁에서는 광범위한 라틴아메리카 지역이 통합 독립구역으로 설정되기도 하였다. 물론 독립과정에서 행위 주체의 소수성과 제국주의의 권력 구도가 작용하긴 했지만, 라틴아메리카 전역에 피식민 지배와 이의 극복이라는 어느 정도의 일체감이 형성되었던 것이다.

이것은 라틴아메리카 '탈식민주의'(de-colonialism)의 가치와 연관된 것이다. 탈식민주의는 라틴아메리카 독립 이후 수백 년간 이어져 오던 스페인-포르투갈의 정신을 새로운 개념으로 대체하는 것이었다. 또한 끄리오요와 같은 지배계층을 중심으로 독립국가를 건설했지만, 이후에도 여전히 전 세계의 정치경제에서 '주변부'로 낙인찍혀 있던 라틴아메리카를 변화시키는 것이었다. 하지만 라틴아메리카에서 탈식민주의를 통한 변화 방향이 '라틴성'을 강화하거나 세계체제를 벗어나 독자적 영역을 추구한 것은 아니었으며, 특히 이와 같은 현상은 아르헨티나에서 두드러지게 나타난다. 탈식민주의의 비슷한 사례로서, 1955년 4월 18일 인도네시아의 반둥에서 열린 '아시아-아프리카 회의'(AA)는 탈식민주의와 비동맹 체제의 가치를 잘 보여주고 있다. 제2차 세계대전 이후 독립한 아시아- 아프리카 29개국은 인도네시아 반둥에 모여 반제국주의, 반식민주의, 민족자결의 정신을 강조했다. 이 회의에서는 위의 정신에 입각하여 기본적인 인권과 유엔 헌장의 목적과 원칙 존중, 모든 국가의 주권과 영토 보전 존중, 모든 나라의 평등 인정, 타국의 내정에 대한 불간섭, 국토방위권 존중, 다른 나라에 대한 압력 불행사, 무력행사 금지, 평화적 수단에 의한 국제분쟁 해결, 상호 이익과 협력 촉진, 정의와 국제의무 존중을 강력히 주장하였다. 즉 이전 식민지배와의 완전한 단절을 통한 새로운 개념의 근대국민국가를 만드는 것이었다.

물론 반둥회의에 라틴아메리카 국가들이 참여한 것은 아니었다. 라틴 아메리카 국가들의 대부분은 19세기 전반에 정치적 독립을 이루었기 때문에 제2차 세계대전 이후의 탈식민주의 논쟁에 적극적으로 참여하지 않았다(김은중 2009, 131). 하지만 독립 이후 라틴아메리카의 많은 국가들이 반둥회의에서 제기되었던 비슷한 논제들을 분명히 인식하였을 것이며, 이러한 사고가 'uti possidetis juris'라는 영토 보전에 대한 사고로 이어졌을 것이다. 아르헨티나가 말비나스에 대한 영토를 계속 주장하는 이유 역시 이러한 사고에 근거한 것이다. 그러나 반둥회의의 상황과 라틴아메리카, 특히 아르헨티나를 동일하게 인식하는 데는 조금의 차이가 발생한다. 반둥회의 참석국의 대부분이 외형적인 정치형태로서 '비동맹 체제' 혹은 '제3세계'라는 '새로운 개념'을 지향한 반면, 아르헨티나는 영토문제에 있어서는 탈식민주의를 견지하였지만 궁극적 국가의 상은 사뭇 다른 방향을 견지하고 있었다.

19세기 후반 아르헨티나는 스스로를 미국과 비슷한 국가라고 생각했다. 아르헨티나는 19세기말 유럽 이민의 물결을 수용하면서, 자신들이 이웃의 원주민이나 흑인으로 구성된 나라보다 더욱 우월하다는 자부심을 항상 가지고 있었다. 이러한 사고의 확장은 결국 아르헨티나 발 '명백한 운명'(Manifest Destiny)22)을 결정하는 데 지대한 영향을 끼쳤다. 즉, 백인만이 살고 있는 아르헨티나는 남미 전체에 개발의 복음을 전파할 의무가 있다고 생각한 것이다(Smith 2000, 132-134). 초기 아르헨티나의 탈 식민은 영토를 보전하기 위한 방침이었지, 자신들의 처지를 '주변부'로 생각하지는 않은 것이다.

이러한 경향은 아르헨티나의 발전된 경제력에 의해서도 증명되었다. 아르헨티나는 1870년대부터 1930년까지 급속한 경제성장을 경험했으며, 이로 인해 사회 내부에 탄탄한 중산층 및 노동자 계급이 형성되어 참여 민주주의가 발전하는 계기가 되었다(Vanden 2009, 398). 1920년대 후반 이미 세계 7위의 경제부국으로 성장했던 아르헨티나는 자신들의 처지가 이웃 라틴아메리카 국가와 명백히 다름을 인식하고 있었던 것이다. 20세기 초반까지 아르헨티나에서 경제와 민주주의 발전은 자신들의 정체성을 주변 타국가와 분리하는 중요한 요소였다. 이렇듯 독립 이후 아르헨티나에서 발생한 사조는 강렬한 '미국 혹은 유럽 지향 주의'였다고 할 수 있다.

사실 이와 같은 아르헨티나의 사조는 자국의 경제가 쇠퇴기에 접어든 1970년대까지도 유지되고 있었다. 영토문제에서는 탈식민을

---

22) 19세기 중후반 미국에서 유행한 사조로서, 미국이 북미 전역의 정치, 사회, 경제를 지배하고 발전시킬 신의 계시를 받았다는 주장이다. 이것은 허버트 스펜스 등의 '백인의 짐'(whitemen's burden) 등의 개념과 더불어 서구 제국주의가 식민지를 개척하고 강탈하는데 중요한 사상적 근거를 제공했다.

바라지만 전통적인 자신들의 가치는 오히려 식민지배 국가의 이상을 지지하는 듯한, 탈식민을 바라보는 아르헨티나의 상당히 모순되는 점이었다. 이렇듯 탈식민에 있어서 상반된 아르헨티나의 정책은 냉전(cold war)과도 연관성을 가지고 있다. 주지하는 바와 같이, 아르헨티나의 역사는 수많은 군사쿠데타와 독재정권의 상흔으로 얼룩져 있다. 특히 1970년대 이후, 미국의 CIA에 의해 주도된 것으로 밝혀진 '콘도르 작전'(Operación Condor)은 라틴아메리카 내 공산주의자를 발본색원한다는 미명하에 수많은 민간인이 실종되고 학살된 사건이었다. 이렇듯 미국의 대공산주 의 정책에 기반한 아르헨티나의 독재 권력 구조는 무작정 '탈식민'을 외치며 독립적인 국가 구조를 이루기에는 취약한 구조였다. 물론 아르헨티나가 1964년 유엔 탈식민지위원회에 말비나스 문제를 제소하면서 1960년 유엔의 '식민지 독립 부여선언'을 강력히 주장한 사실은 있다. 하지만 이것이 자신들의 처지가 포괄적인 측면에서 식민지라는 것을 의미하지는 않았으며, 여타 라틴아메리카 국가와 자신들이 같은 범주에 속한다는 것을 말하는 것도 아니었다.

말비나스 전쟁은 이러한 아르헨티나의 사고에 상당한 전환점을 제공한 사건이었다. 사실 아르헨티나가 말비나스 전쟁을 일으킨 이유는 영토 회복에 대한 집념이었기보다는 '제1세계'에 대한 강력한 믿음을 바탕으로 한 '내부 문제의 희석'이었다. 1982년 4월 말비나스 전쟁이 시작될 무렵, 아르헨티나의 깔띠에리 정부는 개전 후 미국을 비롯한 여러 국가의 지지를 어느 정도 예상하고 있었다. 하지만 현실은 상당히 다르게 전개되었다. 미국의 레이건 정부는 아르헨티나의 말비나스 '침공'에 대해 공개적으로 비판했으며, 동일한 라틴아메리카 국가인 칠레로부터도 아르헨티나는 '탈환의 정당성'을 외면당해야만 했다. 결국 아르헨티나는 '동일한 백인국가'라고 자부하던 서구세계와, 같은 역사적 상황에서 식민지 독립을 쟁취하였던 이웃 국가 모두에게 외면을 당했던 것이다. 식민과 탈식민, 중심부와 주변부로 인식되는 이원론적 대립에서 아르헨티나의 위치는 상당히 애매한 위치였고, 결국 자신들의 위치가 한낱 '주변부'에 지나지 않음을 인식하게 된 것이다. 아르헨티나는 이러한 위치를 올바르게 수정하기 위해서 자신들이 취한 정책을 전면적으로 바꾸지 않을 수 없었다. 이러한 변화를 인식하는데 말비나스 전쟁은 어느 정도 기여한 것으로 보인다.

최근 들어 말비나스와 연관된 아르헨티나의 입장은 바로 변화된 정책의 일부라고 볼 수 있다. 이전의 아르헨티나 정책이 탈식민주의를 국가 영토(말비나스)의 확보라는 측면에서만 강조하였다면, 현재의 입장은 대륙적 연대를 통한 새로운 탈식민주의의 완성을 말한다. 즉 적극적으로 라틴아메리카라는 공동체로 들어가 새로운 아르헨티나의 위상을 정립하고자 한다. 전술한 바와 같이 아르헨티나는 남미공동시장(Mercosur)과 남 미국가연합, 라틴아메리카-카리브 국가공동체(CELAC), 미주기구(OAS) 등 중남미 지역 국제기구들의 지지를 이끌어내며 말비나스 문제를 외교적으로 해결하려는 의도를 나타내고 있다. 이것은 과거 그들이 설정했던 영토적 측면과 국가이상적 측면에서의 다소 상이한 탈식민주의 입장이 아니다. 현재 남미공동시장 회원국들은 말비나스 인근에서 영국 선박의 항해나 시추 탐사 등에 상당히 부정적 입장을 견지하고 있으며, 자국 항구의 사용을 엄격하게 제한하고 있다. 이러한 '범라틴아메리카'

적 대응은 시몬 볼리바르 등에 의한 독립 투쟁과 빅토르 라울 아야 데 라 토레 (Victor Haya de la Torre)의 아메리카혁명민중동맹 (Alianza Popular Revolucionaria Americana, A.P.R.A) 결성 당시 제기되었으나, 오랜 기간 동안 가시화되지 않았던 부분들이었다 (Holden 2000, 128). 하지만 이러한 경향들은 현재 말비나스 영유권과 연관하여 적극적으로 진행되고 있으며, 이를 통해 아르헨티나는 영유권 분쟁과 관련하여 국제적으로도 큰 동력을 얻고 있다. 23) 이처럼 말비나스 전쟁 이후 영유권 분쟁은 1980년대 이전까지 깨닫지 못하던 아르헨티나 내부의 '식민성'을 깨닫게 했고, 이를 통해 새로운 탈식민주의를 추구하고자 하는 아르헨티나의 변화된 양상을 볼 수 있게 한다.

이러한 변화를 설명하기 위해서는 단지 아르헨티나 외교 정책의 수정만으로 설명할 수 없는 부분이 발생한다. 특히 1980년대 후반 냉전의 해체는 현재의 상황을 가능하게 한 가장 중요한 변수였으며, 이로 인해 새롭게 등장한 자원민족주의 또한 중요한 요인으로 설명할 수 있다. 제2차 세계대전 이후부터 1980년대 후반까지 지속되어온 냉전은 라틴아메리카 국가들을 제3세계로 편입하는데 상당한 장애물이 되었다. 라틴아메리카의 모든 국가는 미국과 소련이라는 두 개의 이원론적 대립에 얽혀 있었으며, 이로 인해 독자적인 '범라틴연맹'을 발족하는 데 한계를 느낄 수밖에 없었다. 하지만 냉전의 해체는 이원론적 세계관을 탈피하는 데 지대한 영향을 끼쳤으

---

23) 예를 들어, 2010년 오바마 정부는 전통적으로 영국의 입장을 지지하던 외교에서 벗어나 영국과 아르헨티나 간 평화적 협상의 재개를 공식적으로 지지하고 나섰다. 또한 아르헨티나의 주장은 남미 국가뿐만 아니라 시리아, 모로코, 앙골라, 모 잠비크와 같은 국가에서도 지지하고 있다.

며, 이로 인해 지역별 대륙을 중심으로 한 자원민족주의가 라틴아메리카에서 강화되기에 이르렀다. 특히 21세기 들어 강화된 신자유주의의 공세는 이러한 움직임에 더욱 가속을 붙였다. 베네수엘라의 차 베스나 볼리비아의 모랄레스로 대변되는 라틴아메리카발 '신좌파'의 자원 국유화 정책은 라틴아메리카 제국가 뿐만 아니라 전 세계적으로 정치 지형 변화에 영향력을 미치고 있다. 현재 말비나스 제도 인근의 자원민족주의는 단순한 '자원독점'의 문제만으로 설명될 수 없으며, 위에서 서술한 탈식민주의의 가치와 변화한 새로운 범 라틴아메리카적 운동과 밀접하게 연관되어 있다고 할 수 있다.

Ⅳ. 소결 및 향후 과제

말비나스 제도와 관련한 영유권 분쟁은 단순히 토지를 둘러싼 영국과 아르헨티나 간의 대결이라고 볼 수 있다. 하지만 현재 진행되고 있는 움직임은 역사적인 부분을 고찰했을 때 상당히 다양한 분석을 요하고 있다. 예를 들어 아르헨티나의 변화한 탈식민주의 정책과 범라틴아메리 카 운동, 그리고 이와 연관된 자원민족주의 문제들은 아르헨티나를 중심으로 한 일국적 현상이 아니라 새로운 체제의 '반둥회의'가 라틴아메리카 에서 형성되는 것처럼 보인다. 그러므로 말비나스 영유권 분쟁은 라틴아메리카의 새로운 조류를 읽을 수 있는 하나의 '창'으로서 충분히 기능할 수 있다.

이 글은 현재까지 진행된 말비나스 영유권 분쟁의 역사와 현황 과제를 제기하는 데 중점을 두었다. 그러므로 앞에서 제시했던 말비나스와 연 관된 탈식민주의 및 자원민족주의 등의 주요 키워드에 대해서는 향후 심도 깊은 논의가 필요하다고 본다. 특히 현재 영국은 아르헨티나의 탈식민주의 주장에 맞서 '개방적이고 지속적이고 효율적인 소유, 점유, 행정'이 말비나스(포클랜드)에서 이루어지고 있고, 유엔 헌장에 명시된 자결원칙에 따라 말비나스(포클랜드)가 자국의 영토임을 강조하고 있다. 이렇듯 현재 말비나스에 거주하고 있는 대부분의 주민들은 국제사회의 분쟁과는 상관없이 현재의 상태를 유지하고자 한다. 말비나스 주민들의 대부분이 영국의 거주지 이전 정책으로 인해 유입된 이들이란 점을 감 안할 때, 이와 같은 주장은 당연하다고 여겨진다. 하지만 많은 연구들이 실제 거주민들보다는 국제사회의 분쟁에 초점이 맞추어진 점을 감안한 다면, 향후 실제 거주민을 중심으로 한 다소 에믹(emic)적 연구도 필요하다고 본다.

참고문헌

김대순(2007), 국제법론, 서울, 삼영사.

김은중(2009), 탈식민성과 라틴아메리카 연구, 이베로아메리카, 부산외국어대학교 이베로아메리카연구소, pp.11-2.

박경일(2010), 한국의 해상강압 대응전략에 관한 연구, 경남대학교 정치외교학과 박사학위논문.

이성훈(2003), 탈식민주의와 라틴아메리카니즘. http://www.latin21.com/board3/view.php. (2012.03.27).

최재선 외(2009), 배타적 경제수역(EEZ) 해양자원 개발방안 연구, 한국 해양수산개발연구원.

Bouvard, Marguerite Guzmán(1994), *revolutionizing Motherhood : The Mothers of the Plaza de Mayo,* Scholarly Resources Inc.

Holden, Robert H.(2000), *Latin America and The United States: A Documentary History,* Oxford University Press.

Kohut, D. and Vilella, O.(2010), *Historical Ditionary of the "Dirty Wars",* Toronto: The Scarecrow Press Inc.

Laurio H. Destéfani(1982), *The Malvinas, the South Georgias and the South Sandwich Islands,* the conflict with Britain, Buenos Aires.

Lewis, Paul H.(2002), *Guerrillas and generals : The "Dirty War" in Argentina,* Praeger Publisher.

Romero, Luis Alberto(1994), *A History of Argentina in the twentieth,* The Pennsylvania State University Press.

Shelton, Dinah L.(2005), *Encyclopedia of Genocide and Crimes Against Humanity,* Thomson Gale.

Smith, Peter H.(2000), *Talons of the Eagle: Latin America, the United States, and the World.* Oxford University Press, 이성형 외(2010), 아메리카, 미국, 세계, 서울, 까치글방.

Vanden, Harry E.(2009), *Politics of Latin America: The Power Game,* New York: Oxford University Press.

08

동남아시아의 도시화가
경제성장에 미치는 영향

나희량

I. 서 론

일반적으로 국가의 경제발전 단계에서 도시화의 진행은 인구집중을 통한 규모의 경제, 지식이전 및 내수의 증가 등으로 경제성장에 긍정적인 영향을 주는 것으로 알려져 있다(Bertinelli & Black 2004, Lucas 1993, Davis & Dingel 2012, Glaeser & Gottlieb 2009, MGI 2009, 박상우 1985). 도시화(urbanization)란 인구의 도시집중 현상을 의미하며 일반적으로 경제, 사회적 변화로 인해 농촌 지역 등 비도시 지역에 거주하던 인구가 도시로 빠르게 이주하면서 나타난다. 또한 도시화는 비도시 지역이 도시적 성격의 지역으로 변화되는 것을, 혹은 어떤 지역에 도시적 요소가 점차 늘어나는 현상을 의미하기도 한다. 도시화는 동종 산업의 기업들이 지리적으로 가깝게 입지함으로써 특정 산업의 총 생산규모가 증가함에도 그 산업 또는 개별 기업의 평균생산비가 감소하는 긍정적 외부효과를 발생시킨다. 하지만 도시화는 임대료 상승, 교통문제, 환경오염 등의 부정적 외부효과도 발생시키게 되는데 결국 도시화가 경제성장에 미치는 영향 등의 경제적 효과를 판단하기 위해서는 이러한 긍정적, 부정적 효과를 종합적으로 고려해야한다.

특히 개도국의 경우 도시화의 경제적 파급효과와 경제성장에 미치는 영향이 크다고 알려져 있다. 개도국 경제성장의 요인으로 도시화의 영향을 다루고 있는 대부분의 선행연구에서는 개별 국가(예를 들면 중국) 또는 국가군의 패널 자료를 활용한 도시화와 경제성장 간의 관계에 대해서 다루고 있다. 또한 국내 연구만 보더라도 도시화와 경제성장 사이에는 대체적으로 정(+)의 상관관계가 있는 것으로 나타나고 있다(김상욱 2009, 김종섭2009, 2011, 원종준 2013, 정상은 2013, 지혜란·우명제·강명구 2014, 최병헌 2001, 최필수 외 2012, 황진영·정상은 2009, KB금융지주 경영연구소 2013).

본 연구에서는 위의 기존연구와 방법론 등을 바탕으로 최근 견고한 경제성장을 바탕으로 주요한 신흥경제권 중 하나로 주목받고 있는 동남아시아 국가들을 사례로 도시화가 경제성장에 미치는 영향에 대해 분석한다.[1] 이를 통해 동남아시아 지역 및 개별 국가의 경제성장에 있어서 도시화가 가지는 의미와 시사점을 살펴보고자 한다. 이를 위해 본 연구에서는 Williamson(1965)이 제기하고 Berinelli & Black(2004)가 이론적 체계를 정립한 소위 Williamson의 가설(역U자형 모델)을 활용하여 동남아시아의 도시화와 경제성장 간 관계를 분석하고자 한다.

동 가설은 거대도시로의 인구집적 등 도시화의 진행이 경제발전 초기단계에는 경제성장에 도움이 되지만, 경제발전단계가 일정 수준에 도달한 이후에는 오히려 경제성장을 저해할 수 있다는 내용을 토대로 한다. 다시 말해, 소득수준이 낮은 국가에서는 도시화를 통한 외부경제효과 및 경제적 효율성의 증대로 경제성장에 긍정적 효과가 더 크게 나타날 것이다. 하지만 소득수준이 증가할수록 도시화의 진전은 인구과밀에 따른 후생손실, 지역 간 경제격차의 확대 및 형평성의 악화에 따라 오히려 부정적 효과(비용)가 더 크게 나타날 수 있다. 따라서 도시화와 경제성장 간에는 비선형인 역U자 관계가 성립할 것이다. 위 가설이 타당하다면 경제발전단계 및 소득수준이 상이한 동남아시아 국가들의 도시화가 경제성장에 미치는

---

[1] 동남아시아 경제는 2008년 글로벌 금융위기와 연이은 EU 재정위기 등으로 인한 세계경제의 전반적인 침체에도 불구하고 안정적인 성장세를 지속하고 있다. 2009년 이후 동남아시아의 연 평균 경제성장률은 5~6% 수준으로 비교적 높은 성장세를 기록하고 있다.

영향은 상이하게 나타날 수 있고 이에 따른 도시화의 의미 및 정책적 시사점도 개별 국가의 상황에 따라 달리 제시되어야 할 필요가 있을 것이다.

본 연구는 Williamson의 가설(역U자형 모델)을 전제로 경제성장을 종속변수, 도시화의 진전 정도를 나타내는 도시화수준을 독립변수, 이외 생산을 위해 투입되는 자본, 노동 등의 주요 생산요소 및 경제개방도 등을 설명(통제)변수로 활용하여 실증분석을 실시한다. 실증분석 결과 추정된 각 변수의 계수(coefficient)들의 부호(sign)와 크기(magnitude), 그리고 그 통계적 유의성(statistical significance)을 확인하고 위에서 제기한 가설의 타당성에 대해 살펴볼 수 있다.

예를 들어 도시화의 수준을 나타내는 변수의 경제성장에 대한 계수가 정(+)으로 나타나고 통계적으로도 유의하다면 다른 조건이 일정하다고 할 때 도시화의 진전이 경제성장에 긍정적인 영향을 미치고 있음을 의미한다. 또한 비선형 함수를 전제로 하는 동 모델을 활용하면 도시화가 경제성장에 미치는 영향이 정(+)에서 부(−)(또는 그 반대)로 바뀌는 도시화 수준 및 소득수준의 임계값(threshold) 또는 변곡점(inflection point)을 구할 수 있다. 이를 통해 동남아시아 지역과 개별 국가들의 도시화 수준 및 소득의 임계값 및 실제로 현시점에서의 도시화 수준 및 소득과의 비교분석을 통해 개별 국가 차원에서 도시화가 갖는 의미에 대해서도 생각해 볼 수 있다.2)

본 논문은 아래와 같이 구성된다. 우선 다음 장에서는 도시화가 경제성장에 미치는 영향에 대한 기존연구들을 소개하고 동남아시아

---

2) 임계값은 개별국가들의 도시화가 경제성장에 미치는 효과가 정(+)에서 부(−)로 바뀌는(기울기가 0이 되는 변곡점) 도시화 수준 및 소득수준을 의미한다.

의 도시화 현황에 대해 기술한다. 3장에서는 도시화의 경제성장에 미치는 영향에 대한 분석의 전제가 되는 Williamson의 가설을 소개하고 실증분석을 위한 변수 및 데이터에 대해 기술한다. 4장에서는 3장의 내용을 바탕으로 도시화의 경제성장 간 관계에 대한 실증분석을 실시하고 그 분석결과를 통해 동남아시아 도시화의 의미 및 그 시사점에 대해 논의한다. 그리고 5장에서는 위의 내용들을 요약, 정리하고 본 논문의 한계 및 향후 연구과제에 대해 언급한다.

II. 기존문헌 연구 및 동남아시아의 도시화 현황

1. 기존문헌 연구

기존의 도시화와 관련된 선행연구를 살펴보면 주로 한 국가에서 나타나는 도시로의 인구집중 또는 도시로의 자원의 집적이 경제성장에 어떠한 메커니즘을 통해 긍정적 또는 부정적인 영향을 미치는가에 대한 연구가 주를 이룬다. 그 선구적 연구로는 시발점이라고 할 수 있는 Williamson(1965)의 연구를 들 수 있을 것이다. 동 연구에서는 거대도시로의 인구집적이 경제발전 초기단계에는 경제성장에 도움이 되지만 소득수준이 일정수준에 도달한 이후부터는 인구의 과밀화로 인한 환경, 주택, 교통, 보건, 빈부격차 등의 비용이 효용을 초과하게 되고 이로 인한 소위 외부불경제(negative external economies)의 확대로 인해 오히려 경제성장에 부정적인 영향을 미칠 수 있음을 제시하였다. 다시 말해, 소득수준이 낮은 국가에서는 도시로의 인구집적이 생산 및 소비 등에서 규모의 경제(economies of scale)를 발생시키는 등 효율성을 증가시키기도 하지만 소득수준이 증가할수록 인구의 도시집중은 과밀화로 인한 후생손실 및 도시, 농촌 간 격차의 확대와 같은 비용 등이 커지고 되고 결국 경제성장을 저해하는 요소로 작용할 수 있다는 것이다.

위의 Williamson의 연구 이후에는 동 가설의 타당성과 적용 가능성에 대한 논의를 중심으로 다수의 연구가 진행되어왔다. Williamson의 가설이 입증되는 연구로 Martin(1999)은 소득수준이 증가할수록 정책결정자들이 도시화를 지원할 것인가 아니면 지역적 격차를 해소하는데 힘을 기울일 것인가 하는 것에 대한 선택의 문제에 직면하게 됨을 제시하였다. Bertinelli & Black(2004)은 경제성장은 집적화된 도시화를 통해서 나타날 수 있음을 제시하였다. 아울러 이 경우 집적의 동태적 이익이 정태적 차원의 과밀화의 비경제성 또는 외부불경제와 비교되어야 하며 이러한 두 가지의 상충되는 효과의 상대적 크기는 한 국가의 경제발전단계에 따라 상이할 수 있다는 실증분석결과를 제시하였다. 이를 근거로 도시화의 진전이 단순하게 경제성장에 긍정적인 영향만을 미치지 않을 수 있음을 보여주었다. 또한 Henderson(2003)은 1960~1990년 기간 70개 국가의 패널자료를 활용하여 도시화와 경제성장 간 상관관계에 대한 실증분석을 실시하였다. 분석 결과 도시화율(총인구 대비 도시인구의 비율) 자체가 경제성장에 긍정적인 영향을 준다는 가설은 통계적으로 유의하지 않은 것으로 나타났다. 하지만 소득이 낮은 국가군에서는 그 국가의 총인구 대비 인구수가 가장 많은 도시의 인구비율이 경제성장에 긍정적인 영향을 주고 있다는 결과를 얻었다. Brulhar & Sbergami(2009)는 1960~2000년 기간 105개 국가의 패널자료를 활용하여 한 국가에서의 지리적 집중을 나타내는 지수(Thile 지수)를 도출하고 동 지수와 경제성장 간 관계를 분석함으로써 Williamson의 가설이 유효함을 입증하였다. 또한 황진영·정상은(2009)은 1976~2005년 기간 107개 국가의 패널자료를 이용하여 거대도시로의 인구집중이 경제성장에 역U자형의 비선형적 관계를 갖고 있음을 제시하였고 더 나아가 경제성장에 미치는 도시화의 영향이 최대화되는 다시 말해 역U자의 최고점에서의 도시화 수준의 임계값을 산출하였다.

한편 중국의 도시화에 대한 연구들도 상당히 이루어진 것으로 보이는데 이는 중국이 급속한 경제성장과 도시화가 병행되었다는 점에서 사례연구로 적합하기 때문인 것으로 보인다. 정상은(2010)은 중국의 27개 성시 별 패널자료를 이용하여 도시화와 경제성장 간 관계를 추정하였는데 거대도시로의 인구집중이 경제성장에 역U자 형태의 비선형적 영향을 미친다는 분석결과를 제시하였다. 이와는 달리 김종섭(2012)은 중국의 동부해안지역과 중국전체를 대상으로 도시화와 경제성장 간의 관계를 분석하였고 도시화가 경제성장에 미치는 영향이 역U자형이 아님을 보여주었다. 최필수 외(2012)는 중국의 성별 자료를 이용해서 도시화와 경제성장 간의 관계를 분석하였는데 중국의 지역별 도시화는 경제성장에 정(+)의 영향을 미치지만 중국 지역 내 가장 큰 도시는 부(−)의 영향을 미치는 것으로 분석하였다. 도시화 변수의 제곱근 변수들은 통계적으로 유의하지 않았기 때문에 도시화가 경제성장에 미치는 비선형효과(non-linear effect)는 없는 것으로 판단하였다.

2. 동남아시아의 도시화 현황

동남아시아는 세계에서 도시화가 빠르게 진행되고 있는 지역 중 하나로 지난 20~30년 동안 급격한 산업화, 공업화와 함께 도시화도 빠르게 진행되어 왔다. 예를 들어 전체인구 대비 도시인구 비율을 의미하는 도시화율은 지난 1980년대 20%대에서 2013년 50%대 수준으로 급증하였다. 2050년경이 되면 동남아시아의 인구는 2억 명 이상 증가할 것으로 예측되고 있는데 이중 70% 이상이 도시인구의 증가에서 비롯될 것으로 예상되고 있다(Schneider A. *et al*. 2015).

먼저 본 절에서는 급속히 진행되고 있는 동남아시아 개별 국가들의 도시화 현상을 데이터 확보가 가능한 2000~2013년(도시면적은 2000~2010년) 기간의 도시면적(urban land) 확대와 도시인구(urban population) 증가라는 두 가지 측면에서 분석하고 이를 통하여 동남아시아 도시화의 현황 및 향후 예상되는 도시화의 구도와 그 의미에 대해서도 살펴보고자 한다.

동남아시아의 경우 2000~2010년 약 10여 년의 기간 동안 도시면적은 $31,130.1km^2$에서 $35,785.4km^2$로 약 $4,655.3km^2$(15.0%) 증가하였는데, 이는 서울 면적($605.2km^2$)의 약 7.7배에 달하는 크기이다. 또한 동남아시아의 도시인구는 2000년 165.6백만 명에서 2010년 292.1백만 명으로 약 76.4% 급증한 것으로 나타났다. 도시화율의 경우에도 31.9%에서 45.9%로 10여 년 기간 동안 약 14.0%p증가하였다. 특히 도시면적의 증가율에 비해 도시인구의 증가율이 더 크다는 것은 그만큼 도시인구의 집중 또는 도시의 과밀화가 가속화되고 있음을 의미한다. 도시인구의 과밀화는 ASEAN6

및 **CLMV** 대부분의 동남아시아 국가들 가운데서 나타나고 있는데 이는 오히려 총 인구증가의 정체 및 감소에 따라 도시화율이 감소되고 있는 미국, 유럽, 일본 등의 선진국들과 대조되는 것이다.[3] 따라서 동남아시아 도시화는 과밀화를 통제하거나 억제하는 것보다는 경제적 효율성을 극대화하는 동시에 환경, 용수, 보건, 안전, 빈부격차 등의 문제와 같은 도시화로 인한 비용 또는 부작용을 효과적으로 줄이는 것이 보다 현실적이고 중요한 정책적 과제가 된다고 할 수 있다.

<표1>은 동남아시아 및 중국, 한국의 2000년과 2010년의 전체면적, 도시면적, 도시면적비율(전체면적 대비 도시면적 비율), 도시면적의 연평균증가율을 나타낸 것이다.[4] 먼저 동남아시아 전체적 차원에서 살펴보면 도시면적의 경우 위에서 언급한 바와 같이 2000년 $31,130.1\,km^2$에서 2010년 $35,785.4\,km^2$로 $4,655.3\,km^2$ 확장되었는데, 연평균 증가율은 1.4%이다. 도시면적비율도 0.70%에서 0.81%로 증가하였다. 동남아시아 국가들 중 **ASEAN6**의 경우 2000년 24,710.5 km^2에서 $28,143.6\,km^2$로 $3,433.1\,km^2$ 확장되었는데, 연평균증가율로는 1.3%이다. 6개국 도시면적비율은 0.82%에서 0.93%로 증가하였다. **CLMV**의 경우 2000년 $6,419.6\,km^2$에서 $7,641.8\,km^2$로 1,222.2 km^2 확장되었는데, 연평균증가율은 1.8%로 **ASEAN6**에 비해 높은

---

3) 일반적으로 동남아시아에 대한 분석의 경우 동남아시아 국가들의 경제적 격차와 경제발전단계의 상이성 등으로 인해 선발국들인 싱가포르, 태국, 말레이시아, 인도네시아, 필리핀, 브루나이 6개 국가를 ASEAN6로, 후발국들인 캄보디아, 라오스, 미얀마, 베트남 4개국을CLMV로 나누어 분석하는 경우가 많다.

4) 동남아시아 도시화 수준에 대한 상대적인 비교분석을 위해 도시화가 상당 수준 앞서 있는 한국과 동남아시아의 도시화 수준과 비슷하다고 할 수 있는 중국의 경우도 같이 살펴볼 필요가 있다. 도시의 기준은 각 국가마다 다를 수 있으나 본 논문에서는 통일된 기준을 위해 국토면적 및 도시면적 관련 데이터 출처로 많이 활용되고 있는 GADM(Global Administrative Areas, www.gadm.org)의 기준을 따른다. 이에 의하면 도시는 인구 10만 명 이상의 행정단위로 정의된다.

증가율을 기록하였다. 도시면적비율은 0.46%에서 0.54%로 증가하였지만 ASEAN6에 비해서는 아직 낮은 수준을 보이고 있다.

위에서 살펴본 동남아시아의 도시면적 관련 통계를 중국과 한국에 비교해 보면 도시면적비율의 경우 한국(2000년 2.83%, 2010년 3.23%)에 비해서는 현저히 낮고, 중국(2000년 1.05%, 2010년 1.34%)에 비해서도 낮은 수준임을 알 수 있다. 도시면적 연평균증가율의 경우 한국(1.3%)에 비해 약간 높은 수준을 나타내고 있지만 중국(2.5%)에 비해서는 낮다. 도시면적을 기준으로 할 때 동남아시아의 도시화 속도는 지난 십 수 년 동안 10% 이상의 급격한 경제성장 및 도시화가 진행되어 온 중국에 비해서는 느리지만, 고도성장기가 지나 도시화가 안정화 또는 정체되고 있는 한국에 비해서는 빠른 것으로 보인다. 이는 동남아시아의 도시화가 한국과 중국의 중간 단계에 위치하고 있고 앞으로 동남아시아의 산업화와 더불어 경제성장이 가속화될 경우 도시면적의 증가도 더욱 빠르게 증가할 수 있음을 의미한다.

한편, 동남아시아 개별 국가 차원에서 살펴보면 ASEAN6 중에서는 말레이시아가 도시면적비율이 2010년 1.63%로 국토면적 자체가 작은 싱가포르와 브루나이를 제외하면 가장 높은 수준을 보이고 있다. 이에 반해 인도네시아는 0.74%로 가장 낮은 수준을 기록하였다. 하지만 도시면적 연평균증가율의 경우 필리핀이 2.2%로 가장 높고 인도네시아가 1.0%로 가장 낮은 수준을 나타냈다. CLMV의 경우에는 베트남의 도시면적 비율이 2010년 1.55%로 가장 높은 수준을 보였고 다음으로 미얀마(0.30%), 캄보디아(0.16%), 라오스(0.10%) 순으로 나타났다. 도시면적 연평균증가율의 경우 라오스가 3.2.%로 가장 높고 다음으로 캄보디아가 2.9%, 베트남 2.0%, 미얀마 1.0% 순으로 나타났다. 이렇게 볼 때 동남아시아 국가들 중 도시면적비율이 낮은 필리핀, 캄보디아, 라오스 등에서 도시면적이 빠르게 증가하고 있음을 알 수 있다.

〈표1〉 도시면적을 통해 본 동남아시아의 도시화 관련 지표

국가	국토면적(A), km^2	도시면적(B), km^2		도시면적비율(B/A), %		도시면적 연평균증가율 %
		2000	2010	2000	2010	
인도네시아	1,890,972.7	12,635.5	13,921.9	0.67	0.74	1.0
태국	514,093.0	4,616.1	5,365.6	0.90	1.04	1.5
말레이시아	329,424.2	4,644.3	5,364.4	1.41	1.63	1.5
필리핀	295,987.7	2,332.9	2,907.9	0.79	0.98	2.2
싱가포르	755.4	337.3	403.5	44.65	53.42	1.8
브루나이	528.5	144.4	180.3	27.32	34.12	2.0
ASEAN6	3,031,761.5	24,710.5	28,143.6	0.82	0.93	1.3
미얀마	670,746.8	1,838.4	2,030.1	0.27	0.30	1.0
베트남	328,385.3	4,200.9	5,098.2	1.28	1.55	2.0
라오스	229,878.0	162.0	222.6	0.07	0.10	3.2
캄보디아	181,354.0	218.3	290.9	0.12	0.16	2.9
CLMV	1,410,364.1	6,419.6	7,641.8	0.46	0.54	1.8
동남아시아	4,442,125.6	31,130.1	35,785.4	0.70	0.81	1.4
중국	9,453,309.3	98,819.4	126,661.1	1.05	1.34	2.5
한국	100,229.2	2,835.9	3,232.4	2.83	3.23	1.3

주: 국토면적 및 도시면적 관련 데이터 출처는 GADM, Global Administrative Areas, www.gadm.org.

한편, <표2>는 2000년과 2014년의 총인구, 도시인구, 도시화율 (총인구 대비 도시인구 비율), 총인구 및 도시인구의 연평균증가율을 나타낸 것이다.5) 먼저 동남아시아 전체차원에서 살펴보면 도시인구의 경우 2000년 165.6백만 명에서 2013년 292.1백만 명으로 약 126.5백만 명 증가하였고 연평균 증가율은 4.5%이다. 이는 총인구 연평균증가율인 1.6%에 비해 상당히 높은 수준이다. 도시화율의 경우 31.9%에서 45.9%로 14.0%p 증가하였다. ASEAN6의 경우 도시인구가 2000년 132.7백만 명에서 2013년 237.4백만 명으로 104.7백만 명 증가하였고 연평균 증가율은 4.6%로 총인구 연평균 증가율인 2.7%에 비해 높은 수준이다. ASEAN6의 도시화율도 35.6%에서 51.0%로 15.4%p 증가하였다. CLMV의 경우 도시인구가 2000년 22.5백만 명에서 2013년 31.9백만 명으로 증가하였고 연평균증가율로는 4.0%로 총인구의 연평균증가율인 1.3%에 비해 상당히 높은 증가세를 보이고 있다. 하지만 ASEAN6에 비해서는 약간 낮은 수준인 것으로 나타났다.

위에서 살펴본 동남아시아의 도시인구 통계를 중국, 한국 및 세계와 비교해 보면 2013년 기준 도시화율(45.9%)의 경우 한국 (83.7%)에 비해서는 현저히 낮고 중국(53.1%) 및 세계(53.0%)에 비해서도 낮은 수준임을 알 수 있다. 하지만 도시인구의 연평균증가율(1.6%)의 경우에는 중국 0.5%, 한국 0.3%, 세계 1.2%에 비해 높은 수준으로 도시인구가 빠르게 증가하고 있다. 다시 말해 도시인구를 기준으로 할 때 도시화율은 상대적으로 아직 낮은 수준이지만 도시인구의 증가속도는 상당히 빠르다는 것을 알 수 있다. 이는

---

5) 동남아시아 국가들의 도시화율 시계열 추이는 <Appendix>의 <그림A1>을 참조할 것.

향후 동남아시아의 도시화가 본격적으로 진행될 경우 도시인구의 규모가 더욱 빠르게 증가할 수 있음을 의미한다.

한편, 동남아시아 개별 국가 차원에서 살펴보면 ASEAN6 중에서는 말레이시아가 도시화율이 74.0%로 국토면적 자체가 작은 싱가포르와 브루나이를 제외하면 가장 높은 수준을 보이고 있다. 그 다음으로 인도네시아 52.2%, 필리핀 49.4%를 기록하였고 태국이 34.9%로 가장 낮은 수준을 기록하였다. 하지만 도시인구의 연평균 증가율의 경우 필리핀이 8.1%로 가장 높고 말레이시아 5.2%, 인도네시아 3.6%, 태국은 3.3%로 가장 낮은 수준을 나타냈다. 그러므로 ASEAN6의 경우 싱가포르와 브루나이를 제외하면 말레이시아, 필리핀의 도시화 수준 및 속도가 가장 높고 빠른 반면 태국은 도시화가 가장 느린 것으로 나타났다. CLMV의 경우에는 라오스의 도시화율이 36.4%로 가장 높고 다음으로 미얀마(33.8%), 베트남(32.3%), 캄보디아(20.4%) 순으로 나타났다. 도시인구 연평균증가율의 경우 라오스가 17.7%로 가장 높고 캄보디아가 7.8%, 미얀마 6.3%, 베트남 2.2%의 순으로 나타났다. 이렇게 볼 때 CLMV중에서는 라오스와 캄보디아에서 도시화가 빠르게 진행되고 있다고 할 수 있다.

〈표2〉 도시화율을 통해 본 동남아시아의 도시화 관련 지표

국가	총인구(C), (백만 명)		도시인구(D), (백만 명)		도시화율(D/C), %		총인구 연평균증가율, %	도시인구 연평균증가율 %
	2000	2013	2000	2013	2000	2013		
인도네시아	206.3	253.6	83.5	132.4	40.5	52.2	1.6	3.6

태국	61.9	67.7	15.5	23.6	25.0	34.9	0.7	3.3
말레이시아	23.3	30.1	11.6	22.3	49.8	74.0	2.0	5.2
필리핀	76.8	107.7	19.4	53.2	25.3	49.4	2.6	8.1
싱가포르	4.1	5.6	2.54	5.6	62.0	100.0	2.4	6.3
브루나이	0.3	0.4	0.16	0.3	53.3	76.7	2.2	5.0
ASEAN6	**327.7**	**465.1**	**132.7**	**237.4**	**35.6**	**51.0**	**2.7**	**4.6**
미얀마	50.1	55.7	8.45	18.8	16.9	33.8	0.8	6.3
베트남	77.6	93.4	22.9	30.2	29.5	32.3	1.4	2.2
라오스	5.4	6.8	0.3	2.5	5.6	36.4	1.8	17.7
캄보디아	12.7	15.5	1.2	3.2	9.4	20.4	1.5	7.8
CLMV	**145.8**	**171.4**	**32.9**	**54.7**	**22.5**	**31.9**	**1.3**	**4.0**
동남아시아	**518.5**	**636.5**	**165.6**	**292.1**	**31.9**	**45.9**	**1.6**	**4.5**
중국	1,267.4	1,355.7	453.3	719.9	35.8	53.1	0.5	3.6
한국	47.0	49.0	29.0	41.0	61.7	83.7	0.3	2.7
세계	6,118.1	7,174.6	2,875.5	3,802.5	47.0	53.0	1.2	2.2

주: 총인구는World Bank. 2015. World Bank Open Data. http://data.worldbank.org/. 도시인구는
ASEAN Statistical Yearbook,
http://www.asean.org/resources/2012-02-10-08-47-55/statistical-publications.

한편 위의 <표1>과 <표2>의 도시화 관련 데이터를 활용하여
2000년과 2013년의 도시면적 $1km^2$당 인구수를 구할 수 있다. <표
3>은 도시면적 $1km^2$당 인구수(도시인구밀도) 및 그 연평균증가율
을 나타낸 것이다. 도시면적의 경우 2000년 및 2010년 데이터를
가지고 계산한 2000~2010년 연평균증가율을 활용하여 2013년의
도시면적을 산출하였다. 도시인구밀도는 도시에 인구가 얼마만큼
과밀화되어 있는지, 다시 말해 도시의 인구밀도 또는 과밀화 지표

로 활용할 수 있다.

우선, 동남아시아 전체적 차원에서 살펴보면 도시인구밀도는 2000년 5,320명에서 2013년 7,828명으로 47.1% 증가되었는데, 연평균증가율은 3.0%이다. ASEAN6의 경우 도시인구밀도가 2000년 5,370명에서 2013년 8,112명으로 51.1% 증가하였고 연평균증가율은 3.2%를 기록하였다. CLMV의 경우 도시인구밀도가 2000년 5,125명에서 2013년 6,793명으로 32.5% 증가하였고 연평균증가율은 2.2%를 기록하였다. CLMV의 도시인구밀도는 ASEAN6 평균에 비해서는 낮은 수준이고 그 증가세도 약간 낮은 수준을 보이고 있음을 알 수 있다. 또한 중국 및 한국과 비교해 보면 동남아시아의 도시인구밀도는 2013년 기준 한국의 12,196명에 비해서는 현저히 작지만 중국의 5,276명에 비해서는 높은 수준이다. 동남아시아의 경우 도시면적비율 및 도시화율 등에서는 중국에 비해서는 낮은 수준을 보이고 있는 반면 도시의 과밀화 정도를 나타내는 도시인구밀도의 경우 중국보다 높은 수준을 보이고 있다. 이는 동남아시아의 도시화의 단계 및 속도가 중국에 비해서는 뒤떨어지고 있지만 도시화로 인한 인구과밀화의 정도는 중국에 비해 높은 수준임을 의미한다.

한편, 동남아시아 개별국가 차원에서 도시인구밀도를 살펴보면 ASEAN6 중에서는 필리핀과 싱가포르가 각각 17,125명, 13,152명으로 가장 높은 수준을 보이고 있고 다음으로 인도네시아 9,238명, 태국 4,204명, 말레이시아 3,981명, 브루나이 1,557명의 순으로 나타났다. 이렇게 볼 때 도시화가 상당히 빠르게 진행되고 있는 필리핀, 인도네시아의 경우 도시화의 속도가 빠를 뿐만 아니라 도시인구의 과밀화 현상도 동시에 진행되고 있는 것으로 보인다. 도시화율이 높은 말레이시아는 오히려 도시인구밀도가 상대적으로 낮은 것을 알 수 있는데 이는 말레이시아의 경우 도시화가 어느 정도 진행되었음에도 불구하고 도시인구의 과밀화 현상은 상대적으로 크지 않은 것을 의미한다. CLMV의 경우에는 라오스의 도시인구밀도가 10,210명으로 가장 높고 그 다음으로 캄보디아(10,093명), 미얀마 (8,989명), 베트남(5,589명) 순으로 나타났다. 도시인구밀도의 연평균증가율의 경우에도 라오스가 14.0%로 가장 높고 미얀마가 5.3%, 캄보디아가 4.8%, 베트남 0.2%의 순으로 나타났다. 이렇게 볼 때 CLMV 중에서는 라오스, 캄보디아의 도시과밀화 수준이 가장 높고 베트남은 상당히 낮은 것을 알 수 있다.

〈표3〉 동남아시아의 도시인구밀도(도시면적 $1km^2$당 인구수, 명)

국가	2010	2013	연평균증가율, %
인도네시아	6,608	9,238	2.6
태국	3,358	4,204	1.7
말레이시아	2,498	3,981	3.7
필리핀	8,316	17,125	5.7
싱가포르	7,530	13,152	4.4
브루나이	1,108	1,557	2.6
ASEAN6	**5,370**	**8,112**	**3.2**
미얀마	4,596	8,989	5.3
베트남	5,451	5,589	0.2
라오스	1,852	10,210	14.0
캄보디아	5,497	10,093	4.8

CLMV	**5,125**	**6,793**	**2.2**
동남아시아	**5,320**	**7,828**	**3.0**
중국	4,587	5,276	1.1
한국	10,226	12,196	1.4

다음으로 <그림1>~<그림6>은 동남아시아 국가들의 도시화 현황을 종합적으로 알아보기 위해 2000년, 2013년 기준 도시면적비율, 도시화율, 도시인구밀도 등을 그래프로 나타낸 것이다. 먼저 <그림1>과 <그림2>는 2000년, 2010년 도시면적비율을 나타낸 것이다. 동남아시아 전체 도시면적비율을 기준으로 각 국가별 도시면적비율을 비교해 보면 2000년, 2010년 모두에서 인도네시아를 제외한 ASEAN6국가들은 기준보다 높은 수준을 보였고 CLMV국가들의 경우 베트남을 제외하면 기준보다 낮은 수준을 나타냈다. 또한 동남아시아 전체 도시면적비율의 경우 증가하였지만 한국 및 중국과 비교하면 2000년의 격차(각각 0.35%p, 2.13%p)에 비해 2010년의 격차(각각 0.53%p, 2.42%p)가 더욱 커졌음을 알 수 있다.

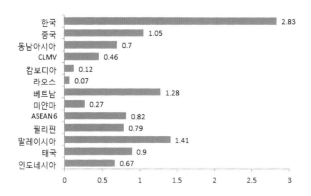

〈그림1〉 동남아시아의 도시면적비율(2000년, %)

21세기 환태평양지역의 문화변동과 글로벌리제이션

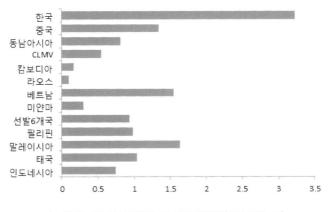

〈그림2〉 동남아시아의 도시면적비율(2010년, %)

또한 <그림3>과 <그림4>는 2000년 및 2013년 도시화율을 나타
낸 것이다. 동남아시아 전체 도시화율을 기준으로 하여 각 국가별
도시화율을 비교해 보면 2000년 ASEAN6 중 태국과 필리핀을 제
외한 인도네시아, 말레이시아, 싱가포르, 브루나이 4개국은 기준보
다 높은 수준을 나타냈고 CLMV는 4개국 모두 기준보다 낮게 나
타났다. 2013년에는 ASEAN6 경우 인도네시아를 제외한 5개국에
서 기준보다 높은 수준을 나타냈고 CLMV의 경우는 4개국 모두에
서 기준보다 낮은 수준을 나타내고 있다. 한국, 중국 및 세계와 비
교하면 2000년의 격차(각각 29.3%p, 3.3%p, 15.1%p)년에 비해
2013년의 격차(각각 37.3%p, 7.2%p, 7.1%p)가 세계를 제외하면
더욱 커졌음을 알 수 있다. 이러한 분석 결과는 동남아시아의 도시
화가 세계 전체 평균에 비해서는 높지만 한국과 중국의 도시화 속
도에 비해 상대적으로 뒤처지고 있다는 것을 의미한다.

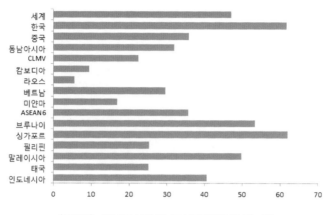

〈그림3〉 동남아시아의 도시화율(2000년, %)

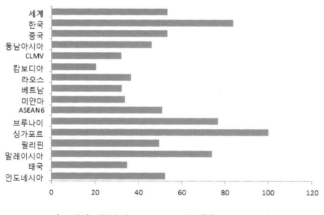

〈그림4〉 동남아시아의 도시화율(2013년, %)

<그림5>와 <그림6>는 2000년 및 2013년 동남아시아의 도시인구밀도를 나타낸 것이다. 동남아시아 전체 도시인구밀도를 기준으로 각 국가별 도시인구밀도를 비교해 보면 2000년 ASEAN6 중 인도네시아, 싱가포르, 필리핀은 기준보다 높은 수준을 보였지만 태

국, 말레이시아, 브루나이는 기준보다 오히려 낮은 수준을 보였다. CLMV의 경우에는 베트남, 캄보디아가 기준보다 약간 높았고 미얀마, 라오스는 기준보다 낮게 나타났다. 2013년의 경우에는 2000년과 마찬가지로 ASEAN6 중 인도네시아, 싱가포르, 필리핀은 기준보다 높은 수준을 보였지만 태국, 말레이시아, 브루나이는 기준보다 낮은 수준을 기록하였다. CLMV의 경우에는 미얀마, 캄보디아, 라오스는 기준보다 높았고 베트남은 기준보다 낮게 나타났다. 2013년 동남아시아 전체 도시인구밀도는 2000년에 비해 중국과의 격차는 733명에서 2,552명으로 커지는 대신 한국과의 격차는 4,906명에서 4,368명으로 좁혀지는 양상을 보였다. 이러한 분석 결과는 동남아시아의 도시인구의 과밀화가 상대적으로 빨리 진행되고 있음을 의미한다.

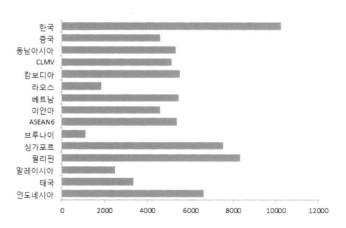

〈그림5〉 동남아시아의 도시인구밀도(2000년, 명)

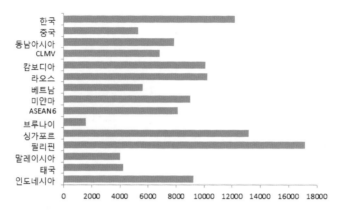

〈그림6〉 동남아시아의 도시인구밀도(2013년, 명)

또한 <그림7>과 <그림8>은 2000년, 2010년 도시면적비율 및 도시인구밀도의 분포도를 나타낸 것이다. 동남아시아 전체 도시면적비율 및 도시인구밀도를 기준으로 각 국가별 분포를 네 개의 사분면으로 구분할 수 있다. 1사분면은 도시면적비율과 도시인구밀도가 기준에 비해 모두 높은 국가군, 2사분면은 도시면적비율은 낮고 도시인구밀도는 높은 국가군, 3사분면은 도시면적비율과 도시인구밀도가 모두 낮은 국가군, 4사분면은 도시면적비율은 높고 도시인구밀도는 낮은 국가군으로 구분할 수 있을 것이다.

2000년의 경우 1사분면에는 필리핀, 베트남이, 2사분면에는 인도네시아, 캄보디아가, 3사분면에는 미얀마, 라오스가, 4사분면에는 태국, 말레이시아가 포함된다. 참고로 중국은 4사분면에, 한국은 1사분면에 위치하고 있다. 일반적인 도시화의 과정을 보면 도시면적비율과 도시인구밀도가 모두 낮은 3사분면에서 시작하여 도시면적비율과 도시인구밀도가 모두 높은 1사분면으로 진행하게 된다고 할 수 있는데 동남아시아의 경우 이러한 일반화된 과정을 거치는 것보다는 비교적 다양하게 분포되어 있음을 알 수 있다. 특히 선발국이라고 할 수 있는 태국, 말레이시아의 경우는 도시인구밀도가 동남아시아 전체 기준보다 낮은 수준임을 알 수 있다.

2010년의 경우 3사분면을 제외하고 1사분면에는 필리핀이, 2사분면에는 라오스, 캄보디아, 미얀마가, 4사분면에는 말레이시아, 태국, 베트남이 포함된다. 참고로 2000년과 마찬가지로 중국은 4사분면에 한국은 1사분면에 위치하고 있다. 2000년에 비해 라오스와 미얀마의, 특히 라오스의 도시인구밀도가 빠르게 증가하였음을 알 수 있고 베트남은 오히려 도시인구밀도가 동남아시아 전체보다 낮아져 그 증가속도가 상대적으로 느림을 알 수 있다. 필리핀의 경우에도 도시인구밀도가 빠르게 증가하였음을 알 수 있다. 이렇게 볼 때 동남아시아는 전체적으로 도시면적비율에 있어서는 한국과 중국의 격차가 더욱 벌어지고 있는 반면 도시인구밀도는 중국과의 격차는 커지고 한국과의 격차는 좁혀지는 양상을 보였다. 이러한 분석 결과는 동남아시아의 도시면적의 증가세에 비해 도시인구의 과밀화의 증가세가 더욱 빨리 진행되고 있음을 의미한다.

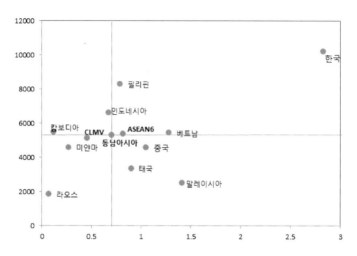

〈그림7〉 동남아시아의 도시면적비율 및
도시인구밀도 분포도(2000년, %, 명)

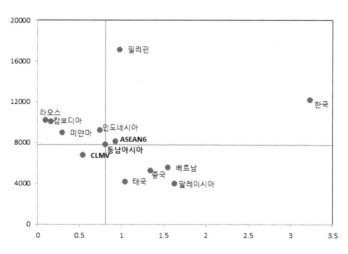

〈그림8〉 동남아시아의 도시면적비율 및
도시인구밀도 분포도(2010년, %, 명)

마지막으로 <그림9>과 <그림10>은 2000년, 2013년 도시화율 및 도시인구밀도의 분포도를 나타낸 것이다. 동남아시아 전체 도시화율 및 도시인구밀도를 기준으로 각 국가별 분포를 네 개의 사분면으로 구분할 수 있다. 1사분면은 도시화율과 도시인구밀도가 기준에 비해 모두 높은 국가군으로, 2사분면은 도시화율은 낮고 도시인구밀도는 높은 국가군으로, 3사분면은 도시화율과 도시인구밀도가 모두 낮은 국가군으로, 4사분면은 도시화율은 높고 도시인구밀도는 낮은 국가군으로 각각 구분할 수 있을 것이다.

먼저 2000년의 경우 1사분면에는 인도네시아, 싱가포르가, 2사분면에는 필리핀, 캄보디아, 베트남이, 3사분면에는 태국, 미얀마, 라오스가, 4사분면에는 말레이시아, 브루나이가 포함된다. 참고로 중국은 4사분면에 한국은 1사분면에 위치하고 있다. 위에서와 마찬가지로 일반적인 도시화 과정은 도시화율과 도시인구밀도가 모두 낮은 3사분면에서 시작하여 도시화율과 도시인구밀도가 모두 높은 1사분면으로 진행하게 된다고 할 수 있는데 동남아시아의 경우 이러한 일반화된 과정을 거치는 것보다는 비교적 다양하게 분포되어 있음을 알 수 있다. 특히 선발국이라고 할 수 있는 태국, 필리핀의 경우 도시화율이 동남아시아 전체 기준보다 낮은 수준이고 태국은 도시인구밀도에 있어서도 동남아시아 전체 기준보다 낮은 수준임을 알 수 있다.

2013년의 경우 1사분면에는 인도네시아, 필리핀, 싱가포르가, 2사분면에는 미얀마, 라오스, 캄보디아가, 3사분면에는 태국, 베트남이, 4사분면에는 말레이시아, 브루나이가 포함된다. 참고로 2000년과 마찬가지로 중국은 4사분면에 한국은 1사분면에 위치하고 있다.

여기서도 2000년에 비해 미얀마, 라오스, 캄보디아 등 CLMV의 도시화율과 도시인구밀도가 빠르게 증가하였음을 알 수 있다. 베트남은 도시화율의 증가속도가 상대적으로 느린 것으로 보인다. 필리핀의 경우에도 도시화율이 동남아시아 전체 수준보다 빠르게 증가하였음을 알 수 있다. 이렇게 볼 때 동남아시아는 전체적으로 도시화율에 있어서는 한국과 중국과의 격차가 더욱 벌어지고 있는 반면 도시인구밀도는 중국과의 격차는 커지고 한국과의 격차는 좁혀지는 양상을 보였다. 이러한 분석 결과는 동남아시아의 도시화율의 증가세에 비해 도시인구밀도가 더욱 빨리 증가하고 있다는 것을 보여주고 있고 이는 동남아시아의 도시가 인구과밀화 현상이 더욱 빨리 진행되고 있음을 의미한다고 할 수 있다.

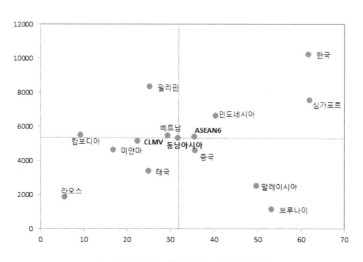

〈그림9〉 동남아시아의 도시화율 및
도시인구밀도 분포도(2000년, %, 명)

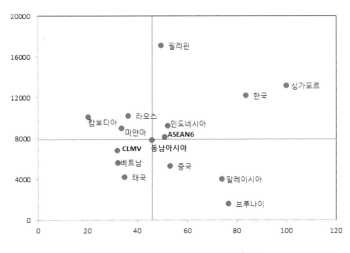

〈그림10〉 동남아시아의 도시화율 및
도시인구밀도 분포도(2013년, %, 명)

Ⅲ. 모델 및 자료

본 연구에서는 동남아시아의 도시화와 경제성장 간 관계에 대한
실증분석을 위해 한 국가의 도시화 수준에 대한 변수로 선행연구들
에서 다수 활용되고 있는 총 인구 대비 도시인구의 비율, 즉 도시
화율(urbanization ratio)을 사용한다. 또한 선행연구의 일부 사례와
같이 Williamson의 가설의 타당성을 알아보기 위해 도시화율과 함
께 도시화율의 제곱항 및 도시화율과 일인당 실질국민소득을 곱한
교차항을 독립변수로 추가하여 사용하였다. 만약 경제성장에 대해
도시화율의 추정계수가 정(+)의 값으로 나타나고 제곱항 및 교차항
의 추정계수가 부(−)의 값이고 통계적으로 유의하다면 역 U형의
Williamson의 가설이 지지됨을 의미한다.

또한 본 연구에서는 동 가설이 지지되어 도시화가 경제성장에 미치는 영향이 역U자 형태로 파악된다면 경제성장을 극대화할 수 있는 도시화의 수준(도시화율) 및 소득수준의 임계값도 산출한다. 이를 통해 동남아시아 각 국가들의 현재 도시화 수준과 소득수준이 임계값과 비교해서 어느 수준에 있는지 분석한다. 분석결과에 따라 동남아시아 개별 국가가 당면한 도시화 관련 정책의 실효성 및 유의성에 대해서도 판단해 볼 수 있을 것이다. 아울러 지역 간 균형발전 및 특정 지역 우선발전정책 등과 같은 상충되는 정책적 결정에 있어서도 그 우선순위에 대한 유용한 정책적 시사점을 제시할 수 있을 것으로 기대할 수 있다.

본 연구의 실증분석은 Williamson의 가설을 전제로 하기 때문에 우선 도시화와 경제성장 간에 역U자형 관계가 성립한다고 가정한다. 이 경우 다수의 선행연구의 방법론처럼 경제성장을 종속변수로 도시화 수준을 독립변수로 하는 추정방정식을 설정할 수 있다. 아래 식(1)은 도시화가 경제성장에 미치는 영향을 함수로 나타낸 것이다.

$$Y = f(U, X)$$
(1)

여기서 경제성장 Y는 도시화 수준을 나타내는 U와 생산요소인 자본, 노동 및 생산성 등 그 밖에 경제성장에 영향을 미치는 요인을 표시하는 X의 함수로 표시될 수 있다. 위에서 언급한 Williamson의 모델에서 가정하고 있는 경제성장과 도시화 수준의 관계를 토대로 도시화가 경제성장에 미치는 영향에 대해 통계적으로 추정 가능한

방정식은 아래 두 개의 식 (2)와 (3)으로 설정할 수 있다.[6]

$$y = c + \alpha_1 u + \alpha_2 u^2 + \beta_k x + \epsilon$$

(2)

$$y = c + \alpha_3 u + \alpha_4 (u \times i) + \beta_k x + \epsilon$$

(3)

위 식 (2), (3)의 방정식에 y는 경제성장을 나타내는 변수, u는 도시화 수준을 나타내는 변수, i는 일인당 국민소득을 나타내는 변수, x는 도시화 수준 이외의 경제성장에 영향을 미치는 자본(capital), 노동(labor), 생산성(productivity) 등 생산요소 및 이외 경제성장에 영향을 미칠 수 있는 기타 변수들을 의미한다. Williamson 가설에 의거하여 본 연구에서는 위 추정방정식에서 계수(coefficient)의 부호(sign)가 각각 $\alpha_1 > 0$, $\alpha_2 < 0$, $\alpha_3 > 0$, $\alpha_4 < 0$ 및 $\beta_k > 0$일 것으로 예상한다.

본 연구에서는 변수선택에 있어 경제성장은 실질국민총생산(GDP)의 연간성장률(y), 도시화 수준은 도시화율(u), 국민소득은 일인당 국민총생산(i), 물적자본은 실질GDP 대비 고정자산액 비율(k), 노동은 총노동인구(l), 그리고 대외의존도가 높은 동남아시아

---

[6] 동 추정방정식은 도시화를 독립변수로 경제성장을 종속변수로 가정하고 도시화가 경제성장에 미치는 영향에 대해 추정하기 때문에 경제성장이 도시화에 미치는 영향은 없다고 가정한다. 하지만 실제로 경제성장이 도시화에 미치는 영향도 존재할 수 있기 때문에 소위 내생성문제(endogeneity problem)로 인해 계수 추정치의 편이 가능성이 있다. 내생성문제를 해결하기 위해서는 도구변수(instrumental variable) 등을 활용한 추정방법 등을 고려해 볼 수 있지만 적절한 도구변수의 개발 등 이에 필요한 연구는 향후 연구과제로 남기고자 한다. 따라서 본 연구에서는 경제성장이 도시화에 미치는 영향은 없거나 미미하다는 가정을 전제로 한다.

국가들의 경제적 특성을 고려하여 실질GDP 대비 무역액 비율인 무역의존도(t)를 각 변수로 활용한다. 그러므로 위의 변수들을 활용하여 식 (2), (3)를 다시 쓰게 되면 아래 식 (4), (5)와 같다.

모델 I: $y_{it} = c_1 + \alpha_1 u_{it} + \alpha_2 u_{it}^2 + \beta_1 k_{it} + \beta_2 \log l_{it} + \beta_3 t_{it} + \epsilon_{it}$ (4)

모델II: $y_{it} = c_2 + \alpha_3 u_{it} + \alpha_4 [(u \times \log i)]_{it} + \beta_4 k_{it} + \beta_5 \log l_{it} + \beta_6 t_{it} + \epsilon_{it}$

(5)

여기서 c는 상수항, ϵ는 오차항을 나타내고, 아래 첨자인 i와 t는 각각 동남아시아 10개 국가 및 연도(2000~2013)를 의미한다. 식 (4)와 (5)를 추정하기 위해 본 연구에서는 통합최소자승법(Pooled Least Squares: Pooled LS), 표면무관회귀분석(Seemingly Unrelated Regressions: SUR) 및 각 개별 국가의 특성을 반영할 수 있는 고정효과(Fixed Effect)모형 등 세 가지 추정방법을 통해 분석한다. 또한 통계적 추론을 위한 t-값들은 동남아시아 10개국의 경제적 편차가 크다는 현실적 측면을 고려해 이분산성(heteroskedasticity)을 가정하고 이를 처리하기 위해 White의 추정방법을 활용한 수정된 분산-공분산 행렬(variance-covariance matrix)을 이용하여 도출한다.

다음으로 경제성장을 극대화하는 도시화율과 소득수준의 임계값을 산출하기 위해 위 식 (4)와 (5)를 u에 대해 각각 편미분하면 다음 식 (6)과 (7)이 도출된다.

$$\frac{\partial y_{it}}{\partial u_{it}} = \alpha_1 + 2\alpha_2 u_{it}$$

(6)

$$\frac{\partial y_{it}}{\partial u_{it}} = \alpha_3 + \alpha_4 \log i_{it}$$

(7)

위 식 (6)과 (7)이 0이 될 때(기울기가 0)의 도시화율(u) 및 소득수준(i)을 구하면 경제성장(y)에 가장 큰 영향을 미치는 임계점이 되는 도시화율(u^*) 및 소득수준(i^*)을 구할 수 있다. 이와 같이 식 (6), (7)에서 구해진 도시화율(u^*) 및 소득수준(i^*)은 아래 (8)과 (9) 와 같다.

$$u_{it}^* = -\left(\frac{\alpha_1}{2\alpha_2}\right)$$

(8)

$$i_{it}^* = e^{-\left(\frac{\alpha_3}{\alpha_4}\right)}$$

(9)

따라서 식 (4), (5)의 추정을 통해 각 변수의 계수값(α)을 구하게 되면 도시화가 경제성장에 미치는 긍정적 영향이 극대화되는 도시화수준(u^*) 및 일인당 국민소득수준(i^*)을 산출할 수 있을 것이다. 또한 이것을 활용하여 현재의 동남아시아 각 국가의 도시화율 및 일인당 국민소득수준과 비교함으로써 현 도시화의 수준이 갖는 의미와 시사점을 고찰해 볼 수 있을 것이다. 예를 들면 한 국가의 도시화율 u가 식 (8)에서 도출된 u^*보다 작다면 도시화가 경제성장에 정(+)의 영향을 미치고 있다고 볼 수 있고 반대로 크다면 도시화의 진전이 경제성장에 오히려 부정적인 영향을 미칠 수 있음을 의미한다. 또한 한 국가의 일인당 국민소득 i가 식 (9)에서 도출된 i^*보다 작다면 도시화가 경제성장에 정(+)의 영향을 미치고 있다고 볼 수 있고 반대로 크다면 경제성장에 오히려 부(−)의 영향을 미칠 수 있음을 의미한다.

본 연구에서는 위의 방법론을 통해 각 추정방정식의 계수를 추정하고 그 계수값이 Williamson의 가설에서 예상한 부호와 일치하는지, 또 그 계수값이 통계적으로 유의한지를 확인한다. 만약 추정을 통해 도출된 계수값이 예상되는 부호와 일치한다면 이를 근거로 동남아시아 각국의 도시화 수준이 경제성장을 극대화하는 수준을 이미 넘어 섰는지 아닌지 등에 대해 판단할 수 있을 것이다. 그리고 이를 토대로 도시화의 의미 및 경제성장을 위한 정책적 시사점도 각 국가의 상황에 따라 차별적으로 제시할 수 있을 것이다. <표1>은 실증분석을 위해 활용되는 각 변수들에 대한 내용 및 데이터 출처에 대한 정보를 요약, 정리한 것이다.

구분	변수	대리 변수	기호	내용	단위 및 시계열	데이터 출처
종속 변수	경제 성장	실질GDP 경제성장율	y_{it}	동남아시아 i국 t연도의 실질 GDP 경제성장율	%, 2000~2013	World Economic Outlook Database April, 2015, https://www.imf.org/external/pubs/ft/weo/2015/01/weodata/index.aspx
독립 변수	도시화 수준	전체인구 대비 도시인구 비율	u_{it}	동남아시아 i국 t연도의 전체인구 대비 도시인구 비율	%, 2000~2013	ASEAN Statistical Year book, http://www.asean.org/resources/2012-02-10-08-47-55/statistical-publications
	국민	일인당	i_{it}	동남아시아	US$,	World Economic Outlook

소득	GDP		i국 t연도의 일인당 실질GDP	2000~2013	Database April, 2015, https://www.imf.org/external/pubs/ft/weo/2015/01/weodata/index.aspx
물적 자본	실질GDP 대비 고정자산 액비율	k_{it}	동남아시아 i국 t연도의 실질 GDP 대비 고정자산액 비율	%, 2000~2013	World Economic Outlook Database April, 2015, https://www.imf.org/external/pubs/ft/weo/2015/01/weodata/index.aspx
노동력	총 노동 인구	l_{it}	동남아시아 i국 t연도의 노동 인구수	명, 2000~2013	http://data.worldbank.org/
대외개 방도	무역의 존도	t_{it}	동남아시아 i국 t연도의 실질 GDP 대비 무역액 비율	%, 2000~2013	World Economic Outlook Database April, 2015, https://www.imf.org/external/pubs/ft/weo/2015/01/weodata/index.aspx, WITS, http://wits.worldbank.org/

Ⅳ. 실증분석 결과 및 시사점

1. 실증분석 결과

위의 분석방법 및 데이터를 활용한 동남아시아의 도시화가 경제성장에 미치는 영향에 대한 추정결과는 <표5>와 <표6>에 요약되어 있다.7) 또한 이렇게 추정된 각 변수의 계수 값을 활용하여 식 (8), (9)에서와 같이 경제성장율(y)에 가장 큰 영향을 미치는 도시화율 및 일인당 국민소득의 임계값을 도출할 수 있다. <표7>은 각 임계값을 <표8> 및 <표9>는 임계값과 현재 동남아시아 각 국가들의 도시화율과 일인당 국민소득을 비교 분석한 결과를 나타낸 것이다.

---

7) 싱가포르의 경우 도시화율이 2000년대 이후 100%를 기록하고 있어 추정에서 제외하였다.

우선 모델I, II 또는 식 (4), (5)의 추정을 위해 Pooled LS(통합최소자승법), SUR(표면무관회귀분석), Fixed Effect(고정효과)모형을 활용하였다. Pooled LS는 각 국가들의 회귀식의 모수값(parameter)이 동일하다고 가정하고 또한 모수는 기간에 대해 고정되어 있다고 가정한다. SUR의 경우 모든 기간에 대해 오차항들이 동시적으로 상호 연관되어 있다고 가정한다. Fixed Effect모형의 경우 기울기의 모수는 변화하지 않으며 절편의 모수만이 각 국가의 특성을 반영하여 변화하고 시간에 대해서는 변하지 않는다고 가정한다. 그리고 오차항은 모든 국가 및 기간에 대해 독립적이라고 가정한다. 개별 국가들 사이에 그리고 시간의 흐름에 따라 발생하는 모든 행태적인 차이는 절편으로 설명된다.[8]

또한 오차항의 자기상관(autocorrelation) 문제를 해결하기 위해 1계 자기회귀모형(1st order autocorrelation model)을 가정하고 추정식에 $e_{it} = \hat{\rho} e_{it-1} + u_{it}$ 을 포함하였다. 그리고 위에서 언급하였듯이 이분산(heteroskedasticity)을 고려하여 이를 처리하기 위한 White 추정법을 이용하여 위 세 가지 추정을 실시하였다. <표5>는 각각의 추정결과를 나타내고 있는데 먼저 세 개의 추정방법 모두에서 도시화율(u)이 경제성장(y)에 부(-)의 영향을 미치는 것으로 나타났는데 이는 예상과는 반대의 결과이다. 추정된 α_1의 값을 살펴보면 다른 조건이 일정하다고 할 때 도시화율이 1% 증가하면 경제성장률은 각각 0.345%, 0.362%, 0.325% 감소한다. 각 계수의 통계적 유

---

8) 패널분석을 위한 추정방법으로 고정효과모형 외에 확률효과(Random Effect)모형도 고려해 볼 수 있다. 확률효과모형과 고정효과모형 중 어느 방법이 더 바람직한가를 판단하기 위해 Hausman검정을 실시하였고 오차항이 설명변수들과 상관관계가 없다는 귀무가설이 기각되었다. 이는 확률효과모형의 추정치가 일치성을 충족하지 못한다는 것을 의미하므로 본 연구에서는 고정효과모형을 활용한다. Hausman검정 등에 대한 통계분석결과는 논의의 전개 상 크게 문제되지 않으므로 생략하기로 한다.

의성도 각각 1%, 1%, 5% 유의수준에서 유의한 것으로 나타났다. 도시화에 따른 경제성장에 대한 외부불경제의 효과를 나타내는 α_2의 값은 세 가지 방법 모두 0.003으로 정(+)의 값을 가지는데 이 또한 예상과는 반대의 결과이다. t값은 1%, 1%, 10% 유의수준에서 통계적으로 유의한 결과를 나타냈다. 위의 추정결과를 근거로 다른 변수들이 통제되었을 때 도시화율이 1% 증가하면 경제성장률은 각각의 추정방법에서 $(-0.345+0.006u_{it})$%, $(-0.362+0.006u_{it})$%, $(-0.325+0.006u_{it})$% 증가하는 것으로 나타났다.

통제변수인 k_{it}, l_{it}, t_{it} 계수값의 경우 세 가지 추정방법에서 모두 정(+)의 값으로 예상한 바와 같이 경제성장에 긍정적인 영향을 주고 있음을 알 수 있다. 하지만 Pooled LS에서는 t_{it}만이 1% 유의수준에서 통계적으로 유의한 결과를 나타냈고 SUR에서는 l_{it}과 t_{it}가 1% 유의수준에서, 고정효과모형에서는 k_{it}만이 5% 유의수준에서 통계적으로 유의하였다.

이러한 실증분석 결과는 경제발전단계 및 소득수준이 낮은 국가인 경우 도시화가 경제성장에 부정적 영향을 미치지만, 소득수준이 일정수준을 넘어서게 되면 도시화가 오히려 경제성장에 긍정적인 영향을 미칠 수 있다는 것을 의미한다. 이는 본 연구가 앞에서 제기한 Williamson의 가설과는 반대되는 결과라고 할 수 있다.

〈표5〉 모델 I을 활용한 도시화율(u)과 경제성장(y) 간 추정결과

	Pooled LS	SUR	Fixed Effect
c	11.060***	8.330***	−5.615
	(4.149)	(2.648)	(50.254)
u	−0.345***	−0.362***	−0.325**
	(0.124)	(0.072)	(0.155)

u^2	0.003*** (0.001)	0.003*** (0.001)	0.003* (0.002)
k	0.059 (0.041)	0.010 (0.015)	0.098** (0.038)
$\log l$	0.215 (0.261)	0.480*** (0.183)	1.024 (3.195)
t	0.017*** (0.008)	0.017*** (0.003)	0.009 (0.012)
ρ	0.622*** (0.074)	0.581*** (0.054)	0.412*** (0.106)
$adj\,R^2$	0.618	0.886	0.640
DW	1.896	2.080	1.752
$F\,stat.$	27.431***	127.441***	13.440***
$obs.$	117	117	117

주: ***, **, * 는 각각 1%, 5%, 10% 유의수준에서 통계적으로 유의함을 의미.주: ***, **, * 는 각각 1%, 5%, 10% 유의수준에서 통계적으로 유의함을 의미.

모델II 또는 식 (5)의 추정을 위해 위와 마찬가지로 Pooled LS, SUR, 고정효과(Fixed Effect)모형을 활용하였다. 자기상관(autocorrelation) 문제를 해결하기 위해 오차항에서 1계 자기회귀모형으로 가정하여 추정식에 $e_{it} = \hat{\rho} e_{it-1} + u_{it}$ 을 포함하였다. 그리고 이분산(heteroskedasticity)을 고려하여 이를 처리하기 위한 White 추정법을 이용하고 수정된 분산-공분산 행렬을 통해 위 세 가지 추정을 실시하였다. <표6>은 각각의 추정결과를 나타내고 있는데 먼저 세 개의 추정방법 모두에서 예상과는 반대로 도시화율(u)이 경제성장(y)에 부(−)의 영향을 미치는 것으로 나타났다. 각각의 추정방법에 따란 추정된 α_3의 값은 다른 조건이 일정하다고 할 때 도시화율이 1% 증가하면 경제성장률이 각각 0.178%, 0.131%, 0.346% 감소함을 의미한다. 각 계수의 통계적 유의성도 각각 10%, 1%,

5% 유의수준에서 유의한 것으로 나타났다. 또한 일인당 국민소득의 증가에 따라 도시화의 부작용이 더 커지는 외부불경제의 효과를 나타내는 α_4의 값도 예상과 달리 0.026, 0.021, 0.044로 정(+)의 값을 가지며 t값도 5%, 1%, 5% 유의수준에서 통계적으로 유의한 결과를 나타냈다. 위의 추정결과를 근거로 다른 변수들이 통제되었을 때 도시화율이 1% 증가하면 경제성장률은 각각의 추정방법에서 ($-0.178+0.026\log i_{it}$)%, ($-0.131+0.021\log i_{it}$)%, ($-0.346+0.044\log i_{it}$)% 증가하는 것으로 나타났다.

아울러 통제변수인 k_{it}, l_{it}, t_{it}의 계수 값의 경우 세 가지 추정방법에서 모두 양(+)의 값으로 예상과 같이 경제성장에 긍정적인 영향을 주고 있음을 알 수 있다. 하지만 Pooled LS에서는 모두에서 통계적으로 유의하지 않았고 SUR에서는 k_{it}과 l_{it}가 1% 유의수준에서, 고정효과모형에서는 k_{it}, l_{it}, t_{it}모두에서 각각 1%, 10%, 10% 유의수준에서 통계적으로 유의하였다.

이러한 결과는 위 모델I과 같이 경제발전단계 및 소득수준이 낮은 국가인 경우 도시화가 경제성장에 부정적인 영향을 미치지만, 소득수준이 일정수준을 넘어서게 되면 도시화가 오히려 경제성장에 긍정적인 영향을 미칠 수 있다는 것을 의미한다.

이상에서와 같이 <표5> 및 <표6>의 추정결과는 Williamson의 가설에 기초한 본 연구의 가설 또는 전제가 동남아시아의 경우에는 지지 또는 적용되지 않고 오히려 반대되는 의미로 해석될 수 있음을 나타낸다. 이는 기존의 도시화 현상에 대한 해석과 추론이 동남아시아의 경우에 직접적으로 적용되지 않음을 의미한다. 이는 도시화의 긍정적 측면을 강조하는 측면에서 동남아시아의 도시화와 경제성장 간의 관계가 해석될 때 보다 설득력이 있게 됨을 의미한다고 할 수 있다.

〈표6〉 모델 II를 활용한 도시화율과 경제성장 간 추정결과

	Pooled LS	SUR	Fixed Effect
c	11.224** (4.521)	10.410*** (1.475)	18.654** (9.349)
u	−0.178* (0.104)	−0.131*** (0.039)	−0.346** (0.151)
$u \times \log i$	0.026** (0.010)	0.021*** (0.004)	0.044** (0.020)
k	0.009 (0.058)	0.038* (0.021)	0.123*** (0.044)
$\log l$	0.264 (0.311)	0.247** (0.097)	1.140* (0.584)
t	0.000 (0.008)	0.004 (0.003)	0.024* (0.015)
ρ	0.370*** (0.088)	0.388*** (0.086)	0.422*** (0.092)
$adj R^2$	0.457	0.795	0.571
DW	2.155	2.134	2.129
$F stat.$	17.262***	76.101***	12.043***
$obs.$	117	117	117

주: ***, **, * 는 각각 1%, 5%, 10% 유의수준에서 통계적으로 유의함을 의미.

다음으로 <표5>과 <표6>의 추정결과를 활용하여 도시화 수준(u)이 경제성장(y)에 가장 큰 긍정적 영향을 미치는 도시화율 및 일인당 국민소득의 임계값을 산출해 보면 아래 <표7>과 같다. 먼저 식 (4), (5)의 α값 및 식 (8), (9)을 활용하여 도시화율의 임계값(u^*) 및 일인당 국민소득의 임계값(i^*)을 구해보면 u^*는 각각의 추정방법

에서 61.4%, 61.1%, 48.4%가, i^*는 936.6달러, 586.6달러, 2,669.4 달러가 산출된다. 각각의 추정방법에 의해 도출된 임계값들을 비교해 보면 상당한 격차가 존재함으로 알 수 있다. 현실적으로 보면 Pooled LS와 SUR의 경우 도시화율의 임계값은 상당히 높은 반면 일인당국민소득의 임계값은 상당히 낮은 수준이라고 볼 수 있다. 반면에 패널모형의 경우 도시화율 및 일인당국민소득의 임계값이 현실적으로 수용 가능한 수준으로 보인다. 추정방법의 우수성 정도에 있어서도 패널모형이 우선된다는 점에서 Fixed Effect의 추정방법을 통해 도출된 임계값이 가장 적절하고 설득력이 있다고 할 수 있다.

〈표7〉 도시화율(%) 및 일인당 국민소득(US$)의 임계값

	Pooled LS	SUR	Fixed Effect
u^*	61.4	61.1	48.4
i^*	936.6	586.6	2,669.4

한편 <표8>은 위의 임계값들을 근거로 동남아시아 각 국가의 최근 도시화율과 일인당국민소득을 나열하고 임계값과 비교한 것이다. 또한 임계값에 가장 근접한 연도가 언제인지도 분석하였다. 이 결과를 보면 ASEAN6의 경우에는 태국을 제외한 5개국은 이미 도시화율의 임계값을 넘어선 것으로 보인다. 그 외 태국 및 CLMV의 경우는 아직 도시화율의 임계값을 넘어서지 않은 것으로 나타났다. 일인당 국민소득의 경우에도 위와 비슷한데 ASEAN6는 이미 임계값을 넘어선 것으로 보이고 CLMV는 아직 임계값에 도달하지 못한 것으로 보인다.

또한 <표8> 및 <표9>에서 동남아시아 국가 간 현재 실제 수준

과 임계값들 간의 차이를 비교할 경우 캄보디아, 베트남, 미얀마, 라오스 순으로 도시화가 경제성장에 부정적 영향을 줄 수 있음을 알 수 있다. 하지만 이는 이들 국가들이 임계값에 아직 도달하지 못하고 그로 인해 도시화가 경제성장에 부정적인 영향을 준다는 것은 현재의 상황을 이야기 하는 것이지 이러한 이유로 인해 도시화의 진전이 필요하지 않다거나 도시화가 경제성장에 미치는 부정적 영향만을 확대 해석하는 여지를 제공하는 것은 아니다. 오히려 임계값에 가까워질수록 계수값이 0에 수렴하는데 이는 도시화의 경제성장에 미치는 부정적 영향보다 긍정적 영향이 점차 커짐을 의미한다고 할 수 있다. 따라서 임계값에 다다르지 못한 국가들의 경우에도 도시화의 진전은 그 필요성에 있어서 타당성이 있다고 할 수 있다.

한편 임계값을 이미 넘어선 ASEAN6의 경우에는 도시화의 진전이 경제성장에 긍정적 영향을 줄 수 있음을 의미한다. 더욱이 도시화율이 임계값 보다 크면 클수록 경제성장에 미치는 긍정적 영향이 더욱 커진다는 것을 의미한다.[9] 이는 ASEAN6의 경우 정부의 도시화 관련 지원정책들이 경제성장을 위해 주효할 수도 있음을 의미한다.

---

9) 임계값을 초과한 도시화가 다시 경제성장에 부정적 영향을 미칠 가능성에 대한 분석을 위해 식 (2)에 u^3 항을 추가하여 $y_{it} = c_1 + \alpha_1 u_{it} + \alpha_2 u_{it}^2 + \alpha_3 u_{it}^3 + \beta_1 k_{it} + \beta_2 \log l_{it} + \beta_3 t_{it} + \epsilon_{it}$ 의 3차 방정식을 추정하였으나 모든 경우에서 u^3 의 계수가 통계적으로 유의하지 않았다. 이는 동남아시아의 경우 임계값을 넘어선 과도한 도시화로 인한 경제성장에 미치는 부정적 영향이 아직 현실화되지는 않았음을 의미한다고 볼 수 있다.

〈표8〉 도시화율 임계값과 실제 도시화율 비교

국가		u_{2013}	$u_{2013} > u^*$ 여부			임계값에 가장 근접한 연도		
			u^* =61.4%	u^* =61.1%	u^* =48.4%	Pooled LS	SUR	Fixed Effect
ASEAN6	인도네시아	52.2	×	×	○	-	-	2009
	태국	34.9	×	×	×	-	-	-
	말레이시아	74.0	○	○	○	2002	2002	2000
	필리핀	49.4	×	×	○	-	-	2011
	싱가포르	100.0	○	○	○	2000년 이전	2000년 이전	2000년 이전
	브루나이	76.7	○	○	○	2000년 이전	2000년 이전	2000년 이전
CLMV	미얀마	33.8	×	×	×	-	-	-
	베트남	32.3	×	×	×	-	-	-
	라오스	36.4	×	×	×	-	-	-
	캄보디아	20.4	×	×	×	-	-	-

〈표9〉 일인당 국민소득 임계값과 실제 일인당 국민소득 비교

국가		i_{2013}	$i_{2013} > i^*$ 여부			임계값에 가장 근접한 연도		
			i^* =936.6	i^* =586.6	i^* =2,669.4	Pooled LS	SUR	Fixed Effect
ASEAN6	인도네시아	3,680.1	○	○	○	2002	1988	2009
	태국	5,670.1	○	○	○	1987	1980	2004

	말레이시아	10,456.9	○	○	○	1980 이전	1980 이전	1991
	필리핀	2,790.9	○	○	○	2001	1986	2012
	싱가포르	55,979.8	○	○	○	1980 이전	1980 이전	1980 이전
	브루나이	39,658.8	○	○	○	1980 이전	1980 이전	1980 이전
CLMV	미얀마	1,113.4	○	○	×	2010	2007	-
	베트남	1,901.7	○	○	×	2007	2004	2013
	라오스	1,593.6	○	○	×	2009	2006	-
	캄보디아	1,018.2	○	○	×	2012	2007	-

2. 시사점

우리는 위의 실증분석을 통해 동남아시아의 경우에는 도시화와 경제성장 간 관계가 U자형이 될 수 있음을 알 수 있었다. 도시화와 경제성장 간 관계가 비선형인 U자형이 된다는 것은 임계점에 이를 때까지는 도시화의 진전이 경제성장에 부정적인 영향을 준다는 것을 의미한다. 물론 그 부(−)의 크기(기울기)는 도시화가 진행될수록 줄어들 것이다. 그리고 임계점에 이르러서는 도시화가 경제성장에 주는 부의 영향이 최소화되고 결국 효용과 비용이 상쇄되어 0에 이르게 될 것이다. 그리고 도시화가 임계점을 지나 더욱 진행되게 되면 경제성장에 미치는 영향이 부(−)에서 정(+)으로 바뀌게 되고 그크기(기울기)도 도시화가 진전될수록 더욱 커지게 될 것이다. 이는 동남아시아의 경우 도시화가 진행될수록 경제성장에 미치는 긍정적인 영향이 커짐을 의미한다. 또한 이러한 해석은 도시화를 옹호하고 도시의 긍정적 역할을 강조하는 주장에 대해 보다 많은 논리적 타당성 및 정책적 정당성을 부여하는 역할을 할 수 있을 것이다.

동남아시아의 경우 도시화가 임계점을 지나면 경제성장에 지속적으로 정(+)의 영향을 주고 그 크기도 커진다는 것은 도시화가 진행될수록 인구과밀화로 인한 비용의 증가보다는 산업생산을 위한 양질의 저렴한 노동력의 공급, 생산과 소비 부문에서의 규모의 경제, 지식의 이전 등 경제적 효용의 증가가 더 크다는 것을 의미한다. 동남아시아의 경제성장의 특징 중 하나는 지역 간 균형발전보다는 대도시 지역을 중심으로 하는 불균형적 발전전략이 주효했다는 점이다. 동남아시아는 지난 수 십 년 동안 주로 수도권 및 지역의 중심권역 등 특정지역을 중심으로 대도시의 확장이 이루어졌고 이러한 대도시를 중심으로 한 외국인자본의 투자 및 산업화 과정을 통해 비교적 빠른 경제성장을 지속해 왔다. 이러한 동남아시아의 도시화와 관련된 경제성장의 특징이 위에서 살펴보았듯이 Williamson의 가설과 상반되는 결과로 반영된 것으로 보인다.

이러한 동남아시아의 도시화와 경제성장 간의 관계가 그렇다고 예외적인 것은 아니다. Henderson(2000)은 도시화의 정도에 따라 경제성장에 미치는 영향이 다를 수 있음을 보여주었는데 도시화가 너무 과밀화 될 경우도 그렇지만 너무 낮을 경우에도 오히려 경제성장에 부정적인 영향을 줄 수 있다는 점을 실증적으로 분석하였다. 또한 Bertinelli & Black(2004)은 도시화와 경제성장 간의 관계가 모든 국가에서 동일한 형태로 나타나지 않는다는 것을 밝혔고 인위적인 도시화의 제한보다는 도시의 공간적인 재균형 정책을 통해 도시 과밀화 문제를 해소할 수 있을 것이라고 제안하였다. Brulhar & Sbergami(2009)는 도시화와 경제성장 간의 관계가 경제발전단계에 따라 다름을 주장하였다. 김종섭(2012)도 중국 동부해안지역과 중국 전체를 대상으로 한 도시화와 경제성장 간 관계에 대한 분석에서 Williamson의 가설이 명확히 지지되지 않음을 밝히고 중국에서 아직도 도시화가 경제성장에 긍정적 영향을 주고 있음을 주장하였다.

도시화를 통한 경제적 효용의 증가는 집적경제(economies of agglomeration)의 개념을 통해서도 분석할 수 있다. 집적경제는 일정 지역에 기업들이 집중해서 입지함으로써 발생하는 경제적 이익을 의미하며 이는 지역화경제(localization economy)와 도시화경제(urbanization economy)의 두 가지로 구분할 수 있다(박상우 1985). 지역화경제는 동종 산업의 기업들이 동일 지역에 위치함으로써 생기는 긍정적인 외부효과로서 특정 산업의 총생산규모가 증가함에 따라서 평균 생산비도 감소함을 의미한다. 도시화경제는 도시의 총 생산규모가 증가함에 따라 개별기업들의 평균생산비용도 감소함을 의미한다.[10] 또한 이러한 도시화의 긍정적 경제효과 외에 최근에는 지식이전(knowledge spillover)의 동적 외부효과(dynamic externality)가 주목받고 있다.

이러한 도시화로 인한 집적경제가 경제성장에 미치는 영향에 대해서 Marshall(1920)은 경제주체들의 공간적 집중에 따른 외부효과를 이론화하였고 지식이전을 외부효과 혹은 집적경제를 구성하는

---

[10] 한편 도시화는 경제적인 이익만 발생시키는 것이 아니라 임대료 상승, 교통체증, 환경오염 등의 부정적인 외부효과도 발생시키며, 이를 집적불경제(diseconomies of agglomeration)라고 일컫는다. 결국 집적의 영향은 집적경제와 불경제가 상호보완적으로 나타나는 결과라고 할 수 있다.

중요한 요소로 간주했다. Lucas(1993)는 도시 존재 자체가 그 지역의 생산성을 향상시키는 자원의 집적에 의한 수확체증의 결과물이라고 보았다. Glaeser & Gottlieb(2009)은 일부 제조업 클러스터(Cluster)는 생산비를 절감해 주고 있으나, 이러한 효과보다는 현대적인 도시의 아이디어 교환과 같은 기능이 더 중요하다고 주장하였다. Davis & Dingel(2012)은 이러한 지식교환의 장소나 배움을 위한 커뮤니티로 도시가 더 큰 역할을 할 수 있음을 보였다. 또한 MGI(2009)는 중국의 도시화를 전망하면서 집중화된 도시화가 경제성장을 위해 가장 최적화된 형태라고 주장하였다.

위의 논의들을 종합해 볼 때 도시화는 지역화경제 및 도시화경제로 대표되는 집적경제를 실현할 수 있고 또한 지식이전 및 아이디어의 활발한 교환, 생산성의 향상 등을 통해 경제성장에 긍정적인 영향을 미칠 수 있다. 또한 동남아시아의 도시화와 경제성장 간 관계는 이러한 도시화가 경제성장에 영향을 미치는 다양한 경로에 대한 접근을 파악하는 것이 본 연구의 결과와 보다 부합하는 것으로 보인다.

그러므로 동남아시아의 도시화의 의미와 도시화와 경제성장 간 관계를 고찰함에 있어 본 연구의 결과는 이러한 집적경제, 지식이전 등의 긍정적 효과를 극대화하기 위한 정책적 배려와 노력이 필요할 수 있음을 제시한다. 또한 동남아시아의 경우 도시화 관련 정책에 있어 상호 상충관계가 있는 지역 간 경제균형발전과 특정지역의 집중투자를 통한 성장 추구라는 두 가지 정책적 방안 중 후자, 즉 도시화를 통한 집중화 전략이 경제성장을 위해 더 선호될 수 있다고 할 수 있다.

V. 결 론

위에서 본 논문은 동남아시아의 2000년대 이후의 도시화의 현황에 대해 도시면적비율, 도시화율, 도시인구밀도 등의 세 가지 지표를 중심으로 살펴보았다. 또한 Williamson의 가설을 활용하여 도시화가 경제성장에 미치는 영향에 대한 실증분석을 실시하였다. 그리고 추정계수를 활용하여 도시화가 경제성장에 긍정적인 영향을 미치기 시작하는 임계점을 산출하고 동남아시아 각 국가들의 현황과 비교 분석하였다.

먼저 동남아시아의 도시화 현황을 정리해 보면 도시면적의 경우 2000~2010년 연평균증가율 1.4%로 한국의 1.3%에 비해 약간 높은 수준이지만 중국의 2.5% 수준에는 아직 미치지 못하고 있다. ASEAN6와 CLMV를 비교하면 CLMV의 도시면적 증가율이 1.8%로 ASEAN6의 1.3%에 비해 높은 증가율을 보였다. 이는 2000년대 이후 CLMV의 체제전환 및 개혁, 개방이 본격화되면서 도시화가 급속하게 이루어진데 기인하는 것으로 보인다. 국가별로는 ASEAN6 중에서는 필리핀의 도시면적 증가율이 2.2%로 가장 높았고 CLMV중에서는 라오스와 캄보디아가 각각 3.2%, 2.9%로 상당히 높은 증가율을 기록하였다.

또한 총인구 대비 도시인구비율인 도시화율은 2000년 31.9%에서 2013년 45.9%로 증가하였다. 연평균증가율은 4.5%로 한국의 2.7%, 중국의 3.6%에 비해 높은 수준이다. ASEAN6의 도시화율도 35.6%에서 51.0%로 증가하였는데 연평균증가율로는 4.6%로 총인구 증가율인 2.7%에 비해 상당히 높은 수준이다. CLMV의 도시화율은 31.9%에서 45.9%로 증가하였는데 연평균증가율로는 4.0%로 총인구 연평균증가율인 1.3%에 비해 3배 이상 높은 증가세를 보이고 있다. 개별 국가 차원에서는 필리핀(8.1%)과 라오스(17.7%), 캄보디아(7.8%)가 급속한 증가세를 보였다. 하지만 동남아시아의 도시화율은 아직 한국(83.7%)에 비해 현저히 낮고 중국(53.1%) 및 세계(53.0%)에 비해서도 낮은 수준임을 알 수 있다.

반면 도시인구의 연평균증가율(1.6%)의 경우에는 중국 0.5%, 한국 0.3%, 세계 1.2%에 비해 높은 수준으로 도시인구가 빠르게 증가하고 있음을 알 수 있다. 다시 말해 도시인구를 기준으로 할 때 도시화율은 상대적으로 아직 낮은 수준이지만 도시인구의 증가속도는 상당히 빠르다는 것을 알 수 있다. 이는 향후 동남아시아의 도시화가 본격적으로 진행될 경우 도시인구의 규모가 급증할 수 있음을 의미한다.

도시의 과밀화를 나타내는 도시인구밀도의 경우 2000년 5,320명에서 2013년 7,828명으로 47.1% 증가되었는데, 연평균증가율로는 3.0%이다. ASEAN6의 경우 2000년 5,370명에서 2013년 8,112명으로 51.1% 증가하였고 연평균증가율은 3.2%를 기록하였다. CLMV의 경우 2000년 5,125명에서 2013년 6,793명으로 32.5% 증가하였고 연평균증가율은 2.2%를 기록하였다. CLMV의 도시인구밀도는 ASEAN6에 비해서는 낮은 수준을 보이고 있고 그 증가세도 약간 낮은 수준이다. 한편, 동남아시아 개별 국가 차원에서 도시인구밀도를 살펴보면 ASEAN6 중에서는 필리핀과 싱가포르가 각각 17,125명, 13,152명으로 가장 높은 수준을 보이고 있고 다음으로 인도네시아 9,238명, 태국 4,204명, 말레이시아 3,981명, 브루나이 1,557명의 순으로 나타났다. 이렇게 볼 때 도시화가 상당히 빠르게 진행되고 있는 필리핀, 인도네시아의 경우 도시화의 속도가 빠를 뿐만 아니라 도시인구의 과밀화 현상도 함께 진행되고 있는 것으로 보인다. 도시화율이 높은 말레이시아의 경우는 오히려 도시인구밀도가 상대적으로 낮은 것을 알 수 있고 이는 말레이시아의 경우 도시화가 어느 정도 진행되었음에도 불구하고 도시인구의 과밀화 현상은 상대적으로 크지 않음을 의미한다. CLMV의 경우에는 라오스, 캄보디아의 도시인구밀도가 가장 높고 베트남은 상당히 낮은 것을 알 수 있다. 동남아시아의 도시인구밀도는 중국 및 한국과 비교해 보면 한국의 12,196명에 비해서는 현저히 작은 반면 중국의 5,276명에 비해서는 높은 수준이다.

위의 세 가지 지표를 종합해 보면 동남아시아의 경우 도시면적비율 및 도시화율 등에서는 중국에 비해서는 낮은 수준을 보이고 있는 반면 도시의 과밀화 정도를 나타내는 인구밀도는 중국에 비해 높은 수준을 보이고 있다. 이는 동남아시아의 도시화 단계 및 속도가 중국에 비해서는 뒤떨어지고 있지만 도시인구 과밀화의 정도는 중국에 비해 높은 수준임을 의미한다. 또한 동남아시아는 전체적으로 도시면적비율에 있어서는 중국과 한국과의 격차가 더욱 벌어지고 있는 반면 도시인구밀도는 중국과의 격차는 커지고 한국과의 격차는 좁혀지는 양상을 보였다. 이러한 분석 결과는 동남아시아의 도시면적의 증가에 비해 도시인구 과밀화의 증가가 더욱 빨리 진행되고 있음을 의미한다. 아울러 동남아시아는 전체적으로 도시화율에 있어서는 중국과 한국과의 격차가 더욱 벌어지고 있는 반면 도시인구밀도는 중국과의 격차는 커지고 한국과의 격차는 좁혀지는 양상을 보였다. 이러한 분석 결과는 동남아시아의 도시화율의 증가세에 비해 도시인구밀도가 더욱 빨리 증가하고 있다는 것을 보여주고 있고 이는 인구과밀화 현상이 빨리 진행되고 있음을 의미한다.

한편, 실증분석결과를 보면 본 연구에서 상정한 두 가지 추정방정식 모두에서 Williamson의 가설과 반대되는 결과를 얻었다. 이는 경제발전단계 및 소득수준이 낮은 국가인 경우 도시화가 경제성장에 긍정적 영향을 미치지만, 소득수준이 일정수준(임계점)을 넘어서게 되면 도시화가 오히려 경제성장에 부정적인 영향을 미칠 수 있다는 본 연구의 가설이 지지되지 못함을 의미한다.

예를 들어 고정효과모형의 경우 도시화율의 임계값은 48.4%, 일인당 국민소득의 임계값은 2,669.4달러로 산출되었다. 이 임계값과 현재의 실제값을 비교해 보면ASEAN6중 태국을 제외한 인도네시아, 말레이시아, 브루나이, 싱가포르, 필리핀 등의 경우에는 이미 도시화율의 임계값을 넘어선 것으로 보인다. 태국 및 CLMV의 경우는 아직 도시화율의 임계값을 넘어서지 않은 것으로 나타났다. 일인당 국민소득의 경우에도 위와 비슷한데 ASEAN6는 이미 임계값을 넘어선 것으로 보이고 CLMV는 아직 임계값에 도달하지 못한 것으로 보인다.

임계값을 이미 넘어서 국가들의 경우 임계값에 가장 근접한 시기를 살펴보면 도시화율의 경우 인도네시아는 2009년, 말레이시아는 2000년, 필리핀은 2011년, 싱가포르와 브루나이는 2000년대 이전에 이미 임계점에 다다른 것으로 보인다. 다시 말해 ASEAN6의 경우 태국을 제외하면 도시화율이 경제성장에 부(−)의 영향을 미치는 시기가 2000년대 이후에 이미 경과되었음을 의미한다. 하지만 CLMV의 경우 도시화가 경제성장에 정(+)의 영향을 미치는 시기까지는 아직 다다르지 못했음을 알 수 있다. 일인당 국민소득의 경우에는 ASEAN6의 경우 이미 그 임계값을 넘어섰는데 인도네시아는 2009년, 태국은 2004년, 말레이시아는 1991년, 필리핀은 2012년, 싱가포르와 브루나이는 1980년대 이전에 이미 임계값에 다다른 것으로 보인다. CLMV의 경우 베트남만이 2013년 임계값에 다다른 것으로 나타났다. 도시화율과 비슷하게 ASEAN6의 경우에는 도시화와 관련된 일인당 국민소득이 경제성장에 부(−)의 영향을 미치는 시기가 이미 지난 것으로 보이고 CLMV의 경우 임계값에 아직 도달하지 못한 것으로 보인다.

위의 논의들을 종합해 볼 때 동남아시아의 도시화는 지역화경제 및 도시화경제로 대표되는 집적의 경제가 일정정도 실현되고 있고 또한 지식이전 및 아이디어의 활발한 교환, 생산성의 향상 등을 통해 경제성장에 긍정적인 영향을 미치고 있음을 의미한다. 따라서 동남아시아의 도시화의 의미를 고찰함에 있어 경제성장에 긍정적 영향을 미치는 집적의 경제, 지식이전 등의 효과를 극대화하기 위한 정책적 배려와 노력이 필요다고 할 수 있다.

본 논문에서는 동남아시가 각 국가들이 가지고 있는 경제발전단계, 토지소유제도의 상이성, 각 국가들이 가지고 있는 개별적 경제적 상황 등 도시화에 영향을 미칠 수 있는 다양한 변수들은 연구의 한계로 인해 분석대상에서 제외하였다. 또한 각 국가들이 시행하고 있는 도시화와 관련된 미시적 차원의 정책방안이라든지 구체적인 도시화의 상황 등에 대해서는 분석하지 않았다. 또한 도시화율 및 소득수준의 임계값과 도시화가 경제성장에 미치는 영향의 정도(계수 값)는 추정방법이나 데이터의 양과 질, 그리고 표본의 선택 등에 의해 크게 의존한다고 할 수 있다. 도시화와 경제성장 간 내생성문제도 향후 해결해야 할 과제일 것이다. 이를 위해 향후 보다 많은 시계열과 양질의 데이터 확보가 필요할 것으로 보인다. 또한 도시화의 효용과 비용을 수량화하기 위한 모델 개발과 이를 통한 도시화의 사회적 후생함수 추정도 필요할 것이다. 이러한 본 연구의 한계점에 대한 보완과 연구주제들은 향후 연구과제로 남기고자 한다.

참고문헌

김상욱. 2009. 「중국의 도시화경제와 도시규모에 관한 연구」. 『국제지역연구』. 13권 1호. pp.145~166.

김종섭. 2009. 「도시화, 산업화, 개방화 그리고 시장화간의 인과관계 및 파급 효과」. 『국토계획』. 44권 3호. pp.146~162.

김종섭. 2011. 「중국경제의 성장요인과 성장요인별 기여도에 관한 실증연구」. 『국제지역연구』. 15권 2호. pp.151~173.

김종섭. 2012. 「Williamson가설검정에 의한 중국의 도시화와 경제성장에 관한 연구」. 『국제지역연구』. 16권 3호. pp.323~341.

박상우. 1985. 「집적이익의 특성과 관련 국토개발 문제점의 재인식」. 『국토계획』. 21권 3호. pp. 21~33.

원종준. 2013. 「개발도상국에서의 ODA를 통한 인프라 자본축적 및 도시화 과정과 경제성장의 관계」. 서울대학교 박사학위논문.

정상은. 2010. 「중국의 도시화와 경제성장: 역U자 가설 검정」. 『동북아경제연구』. 22권 1호. pp.173~191.

지혜란·우명제·강명구. 2014. 「패널분석을 이용한 공적개발원조와 도시화가 개발도상국의 경제성장에 미치는 영향에 관한 연구」. 『국토계획』. 49권 4호. pp.179~194.

최병헌. 2001. 「중국의 도시화와 도시경쟁력에 관한 연구」. 『국제지역연구』. 12권 1호. pp.395~422.

최필수·이상훈·문익준·나수엽. 2012. 『중국 도시화의 시장 창출 효과와 리스크 분석』. 연구보고서 12-16. 대외경제정책연구원.

황진영·정상은. 2009. 「거대도시와 경제성장: 국가 간 자료를 이용한 역U자 가설 검증」. 『세계지역연구논총』. 27권 1호. pp.173~191.

KB금융지주 경영연구소. 2013. 「신흥국의 도시화와 경제적 영향」. 『KB daily 지식 비타민』. 13-064.

Schneider A. *et al.* 2015. "A new urban landscape in East-Southeast Asia." 2000-2010, *Environmental Research Letters* 10, pp.1-14.

Bertinelli, Luisito and Duncan Black. 2004. "Urbanization and Growth." *Journal of Urban Economics*, Vol. 56, No. 1. pp.80-96.

Brulhart, Marius and Federica Sbergami. 2009. "Agglomeration and Growth: Cross-country Evidence." *Journal of Urban Economics*, Vol. 65, No. 1. pp.48-63.

Davis, R. D. and Dingel I. J. 2012. "A spatial knowledge economy." NBER Working Paper Series, No. 18188.

Glaeser, E. L., and Gottlieb, J. D. 2009. "The Wealth of Cities: Agglomeration Economies and Spatial Equilibrium in the United States." *Journal of Economic Literature*, Vol. 47, No. 4, pp. 983-1028.

Henderson, J. V. 2000. "The Effects of Urban concentration on Economic Growth." *NBER Working Paper* No. 7503.

_____. 2003. "The Urbanization Process and Economic Growth: The So-what Question." *Journal of Economic Growth*, Vol. 8, No. 1, pp. 47-71.

Lucas, E, Robert Jr. 1993. "Making a miracle." *Econometrica*, Vol. 61, pp.251-272.

Marius Brulhar and Federica Sbergami. 2009. "Agglomeration and growth: Cross-country evidence." *Journal of Urban Economics*, Vol. 65, pp. 48-63.

Marshall, Alfred. 1920. Principles of economics, 8th ed. London: Macmillan

Martin, P. 1999. "Public Policies, Regional Inequality and Growth." *Journal of Public Economics*, Vol. 73. pp. 85-105.

MGI (Mckinsey Global Institute). 2009. "Preparing for China's urban billion." Mckinsey & Company.

UN Department of Economic and Social Affairs/Population Division. 2011.

Williamson, J. G. 1965. "Regional Inequality and the Process of National Development." *Economic Development and Cultural Change*. Vol.13, No.4. part 2.

World Population Prospects: The 2010(Volume I). 2012.

World Urbanization Prospects: the 2011 Revision.

Yeh, Anthony G.O, Jiang Xu and Kaizhi Liu. 2011. *China's Post-reform Urbanization: Retrospect, Policies and Trends*. IIED & UNFPA.

Yusuf, S. 2008. "China Urbanizes: Consequences, Strategies, and Policies." *World Bank Publications*

International Monetary Fund(IMF). 2015. World Economic Outlook Database

April 2015.
http://www.imf.org/external/pubs/ft/weo/2015/01/weodata/index.aspx
(접속일: 2015. 7. 15).

World Bank. 2015. World Bank Open Data. http://data.worldbank.org/ (접속
일: 2015. 7. 20).

<Appendix>

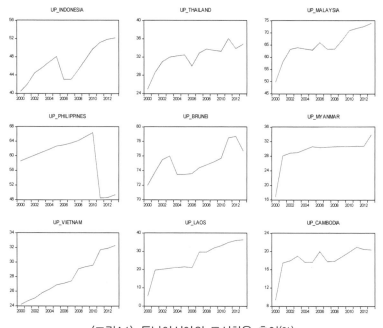

〈그림A1〉 동남아시아의 도시화율 추이(%)

09

필리핀 2017: 호전적 내치와 줄타기 외교

김동엽 · 정법모

Ⅰ. 서론

2017년은 두테르테(Rodrigo Duterete) 정부가 집권 2년차를 맞이하는 해였다. 극적으로 등장한 두테르테는 2년차를 맞아 여전히 세계의 이목을 집중시켰다. 강력한 드라이브로 마약과의 전쟁을 이어갔으며 국내외 안보에 적극적으로 나섰으며, 특히 아세안 의장국의 장국을 맡았던 2017년 필리핀은 아세안 회원국들간의 협력뿐만 아니라 세계열강들과의 외교에서 존재감을 부각시켰다. 지속적인 경제 성장과 맞물려 그는 안정적인 국민들의 지지를 받았다. 하지만 강압에 의한 치안 및 평화 유지는 인권 문제를 야기했고 갈지자 행보의 외교는 주변국과 동맹국을 불안하게 만드는 요인이 되고 있다. 한 해 동안 발생했던 중요한 사건을 중심으로 필리핀의 정치 및 외교 정책 변화를 짚어 보려 한다.

Ⅱ. 필리핀 정치

필리핀의 대통령 선거는 정당이나 이념보다는 인물에 초점이 맞추어지고, 또한 당선된 대통령의 성향은 필리핀 정치 전반에 많은 영향을 미친다. 이는 물론 대통령중심제 국가들에서 나타나는 일반적인 현상이라고 하지만, 필리핀의 경우 특히 대통령의 권한이 전 세계 대통령제 국가들과 비교해서도 월등히 강한 것으로 나타난다 (Shugart and Carey 1992: 148-66). 필리핀 대통령의 임기는 6년 단임이며, 임기 중간인 3년차에 의회를 새롭게 구성하는 총선이 실시된다. 이처럼 임기 중간에 치러지는 선거는 보통 정권에 대한 중간평가의 성격이 강하지만, 필리핀의 경우에는 현직 대통령의 영향력이 그대로 선거결과에 반영된다. 당적변경과 정당 간 연합이 빈번한 필리핀 정치에서 소속 정당은 그다지 큰 의미를 가지지 못한다. 그러나 막대한 자금과 조직 동원되는 선거에서는 소속정당, 특히 이러한 혜택을 제공할 수 있는 집권여당의 후보가 되는 것이 중요하다. 이러한 필리핀 정치의 특성 하에서 대통령 임기 중간에 치러지는 총선은 집권당 프리미엄이 그대로 반영되는 소위 '코트자락 효과'(coattail effects)가 나타나 대통령 소속 정당이 다수당으로 부상하는 계기가 된다(Kasuya 2009: 193).

필리핀에서 대통령의 집권 2년 차에는 이러한 '코트자락 효과'에 편승하려는 정치권의 성향이 드러난다. 이는 의회 의원들이 3년차에 있을 총선에서 당선 가능성이 높은 집권여당의 후보가 되거나, 아니면 최소한 집권연합 소속으로 남고자하는 성향 때문에 대통령의 정책에 순응하며 크게 비판하거나 저항하지 않는 경향을 나타낸다.[1] 2017년 필리핀 정치는 이와 같은 맥락에서 이해할 수 있다. 집권 2년차를 맞이한 두테르테 대통령은 인권문제와 가족의 비리문제 등 다양한 악재에도 불구하고 의회의 비판과 견제보다는 적극적인 지지를 통해 별다른 정치적 타격 없이 국정을 운영할 수 있었다.

2017년 필리핀 정치에서 중요한 이슈로 부상한 사안으로는 세 가지를 꼽을 수 있다. 우선 집권 초기부터 인권유린 문제로 많은

---

1) 이러한 경우에 해당하지 않는 사례도 존재한다. 에스트라다(Joseph Estrada) 대통령의 경우 1998년 당선되어 집권 2년차에 의회에서 탄핵되었으며, 결국 시민혁명(People Power II)으로 권좌에서 물러났다. 이는 에스트라다 대통령이 집권세력을 효과적으로 규합하지 못함으로써 정권을 위협할 수 있을 정도의 반대세력의 결집을 낳았기 때문이었다.

국내외적 논란을 낳았던 '마약과의 전쟁'과 이와 더불어 추진하고 있는 부패 공직자에 대한 처벌이다. 둘째로는 중동지역에서 활동하고 있는 국제테러조직(ISIS)의 동남아 현지 추종세력에 의한 민다나오 마라위시(Islamic City of Marawi) 점거사태와 이를 계기로 민다나오 전역에 선포된 계엄령이다. 셋째로는 두테르테 정부 집권 초기부터 많은 기대를 모으며 추진해 왔던 공산반군과의 평화협상 결렬을 들 수 있다.

두테르테 대통령이 취임한 2016년 6월 말부터 시작하여 지속되고 있는 '마약과의 전쟁'은 2017년 12월 초 기준으로 인권단체에서 발표한 바에 따르면, 약 12,000명의 사망자를 낳았고, 이들 대부분이 인권유린의 사각지대에 놓여있는 가난한 하층민들이라는 비판을 지속적으로 받아 왔다. 특히 경찰에 의해 무참히 살해된 10대 마약사범 사건이 언론에 보도되면서 필리핀 사회에 많은 파장을 불러일으켰다. 이를 계기로 10월 12일 두테르테 대통령은 마약과의 전쟁에서 경찰은 손을 떼고, 대신에 필리핀마약단속반(the Philippines Drug Enforcement Agency, PDEA)이 이를 전담하도록 했다. 경찰은 단지 마약단속반에게 정보를 제공하는 등의 지원 역할만을 수행할 것을 명했다. 그러나 이러한 명령은 2달 만에 철회되었으며 다시금 경찰을 마약과의 전쟁 전면에 배치했다 (Human Right Watch 2017/12/05; The Philippine Star 2017/12/05).

두테르테 대통령은 필리핀 내 마약사범이 약 300만 명이나 있는 것으로 추정하고 있으며, 이들을 모두 처단할 때까지 전쟁을 멈추지 않을 것을 천명했다. 마약과의 전쟁으로 인한 인권침해 사례는 정치적 쟁점으로 부상하기도 했으며, 이는 두테르테 대통령 개인의 과거 전력과 대통령 가족의 마약사건 연루 의혹으로 이어지기도 했다. 상원에서 개최된 청문회에서 과거 두테르테 대통령이 다바오 시장 시절 자경단(Davao Death Squad, DDS)을 운영하여 초법적 살해(extrajudicial killing)를 자행했다는 증언이 당시 자경단 단원에 의해 나오기도 했다. 또한 두테르테 대통령 자신이 시장으로 있으면서 직접 마약사범을 처단한 경험이 있다고 발언하여 '살인마 대통령'이란 말을 듣기도 했다. 또한 중국으로부터 밀수입되다가 적발된 막대한 양의 마약에 두테르테 대통령의 아들과 사위가 연루되어 있다는 증언이 나와 이들이 상원 청문회의 증인대에 서기도 했다. 하지만 제기된 모든 의혹들은 의회에서 아무런 협의도 입증하지 못하고 마무리 되었다.

마약과의 전쟁과 함께 두테르테 정부가 강력히 추진하고 있는 고위 공직자에 대한 처벌도 2017년 필리핀 정국을 요동치게 만들었다. 두테르테 대통령은 마약이나 각종 부정부패에 연루된 사람이 필리핀 공직 사회에 널리 퍼져 있으며, 정보기관을 통해 작성된 이들에 대한 명단을 발표하면서 스스로 당국에 자수하여 해명할 것을 권유하기도 했다. 이는 부패한 공직사회를 바로잡는다는 명분을 내세웠지만 두테르테 정권에 대해 비판적인 인사들에 대한 처벌이라는 측면이 부각되면서 반발이 낳기도 했다. 이전 정권에서 법무부 장관을 지냈으며 현직 상원의원인 레일라데 리마(Leila de Lima)는 두테르테 대통령의 마약과의 전쟁 방식에 대해 가장 신랄하게 비판하는 인물이다. 두테르테 집권 초기부터 시작된 양측의 논쟁은 개인 사생활까지 폭로하면서 극단으로 치달았다. 결국 지난 2월에 마약사범으로부터 불법자금을 수수한 혐의로 데 리마 의원은 체포되어 구금되었다. 데 리마 이외에도 대법원장과 옴부즈만, 선관위원장, 그리고 다수의 지방정부 수장 등 많은 고위 공직자들이 직·간접적으로 두테르테 대통령과의 불화와 관련해서 사임하거나 기소 혹은 탄핵이 추진되기도 했다. 이처럼 두테르테 대통령의 반인권적 혹은 반민주적인 권력행사 의혹에도 불구하고 정치권의 견제와 사회적 저항이 가시화 되지 않았다. 이는 현 정부에 대한 여전히 높은 여론 지지도와 이에 편승하여 차년도 총선에서 유리한 입지를 만들려는 정치인들의 태도에 기인한 것으로 해석할 수 있다.[2]

2017년 필리핀 정치의 또 다른 주요 이슈는 민다나오 전역에 선포된 계엄령 관련 문제이다. 이번 계엄령 선포는 필리핀내 테러조직인 아부사얍(Abu Sayyaf)의 조직원으로서 동남아 지역 이슬람국가(ISIS) 조직의 지도자로 알려져 있으며 막대한 현상금이 걸린 하필론(Isnilon Hapilon)을 체포하기 위한 필리핀 경찰의 작전 도중 발생한 무력충돌에서 시작되었다. 하필론이 은신하고 있던 민다나오섬의 라나오 델 수르(Lanao del Sur) 지역에서 활동하던 무슬림 반군조직이자 국제테러조직(ISIS)과 연계된 것으로 알려진 마우테 그룹(Maute Group)이 전격적으로 이 지역의 중심도시인 마라위시(Islamic City of Marawi)를 무력으로 점거한 것이었다. 러시아를 방문 중이던 두테르테 대통령은 방문일정을 중단하고 귀국하면서 5월 23일자로 마라위시가 포함된 민다나오섬 전체에 계엄령을 선포하고, 군병력을 투입하여 강력히 대응할 것을 명령했다. 일부 야권에서는 지난 수십 년 동안 지속되어 온 무슬림 테러조직의 일탈행

---

2) 필리핀의 주요 여론조사 기관인 SWS(Social Weather Station)의 조사에 따르면 2017년 3분기에 약 10%정도 하락했던 두테르테 대통령에 대한 지지도가 4분기에 다시 회복되어 71%의 높은 지지도를 나타냈다 (The Inquirer 2017/12/22).

동을 두고 해당지역인 마라위시를 넘어 민다나오섬 전역에 계엄령을 선포하는 것은 적절치 않다고 비판하기도 했다. 이에 대해 두테르테 대통령은 이번 사태를 국내 테러조직 뿐만 아니라 다국적 테러조직이 참여하여 필리핀 영토 내에 이슬람국가(IS)를 수립하려는 시도라고 보고 내란에 준하여 대응해야 한다고 말했다. 또한 테러조직의 활동범위가 이미 민다나오섬 전역에 퍼져 있다는 정보에 따라 계엄령 선포 지역을 설정했다고 설명했다. 필리핀 헌법에 따르면 대통령은 계엄령 선포 사실을 즉시 의회에 통보해야 하며, 의회의 승인을 받아야 한다. 필리핀 의회는 친여 성향의 의원들이 다수를 차지하고 있기 때문에 의회의 승인은 무난히 통과되었으며, 일부 인사가 제기한 헌법 적합성 여부에 대한 대법원의 심판도 합헌으로 판결되었다.

마라위시를 점거한 테러범에 대해 필리핀 정부는 중무장한 군인과 로켓 및 항공기를 동원하여 대대적인 폭격과 함께 진압 작전을 전개하였다 미군의 대테러 전술 지원과 정부군의 강력한 압박 작전에도 불구하고 마라위시 검거사태는 수개월이나 지속되었다. 이는 필리핀 군대가 시가전에 익숙하지 않았고, 테러범들이 건물에 저격수를 배치하여 정부군의 접근을 저지하였으며, 인질을 방패로 삼아 저항했기 때문이었다. 마라위시 점거 사태는 5개월 이상 지속되다가 2017년 10월 23일자로 공식 종료되었다. 이 사태의 공식 희생자 집계에 따르면 1,000여명의 사망자와 40만 명의 이재민이 발생한 것으로 발표되었지만, 그 정확한 실태는 알 수 없다.[3] 발표된

---

[3] 필자는 2017년 8월 10일 마닐라에서 마라위시가 고향이며 사태의 추이에 많은 관심을 두고 있던 한 대학교수(Dr. Jamel Cayamodin)를 만나 얘기를 나누었다. 그는 현지로부터 들은 소식에 따르면 언론에 알려진 사망자보다 훨씬 많은 사람들이 희생되고 있다고 말했다. 그리고 반정부

사망자 중에는 테러범이 882명, 군경이 164명, 그리고 민간인이 46명 포함되었다. 이들 테러범 사망자 중에는 외국인도 포함된 것으로 밝혀지면서 국제 테러조직의 관여가 확인되기도 했다.

이번 사태의 처리 과정에서도 인권유린 문제가 도마에 올랐다. 두테르테 대통령의 집권 이후 추진한 마약과의 전쟁에서 보여준 것처럼 인명에 대한 자의적 살상이 계엄령 선포지역에서 합법적으로 자행될 수 있다는 우려의 목소리가 나왔다. 전투에 투입된 군부대를 방문한 두테르테 대통령은 목적 달성을 위해 어떠한 행위도 용납할 수 있다는 발언을 한 바 있으며, 테러범 추적을 위해 관련자들을 고문한다는 보도도 흘러 나왔다. 필리핀 헌법은 계엄령의 유효기간을 60일로 한정하고 있으며, 이의 연장을 위해서는 의회의 동의를 받아야 한다. 두테르테 정부는 의회의 승인을 얻어 계엄령을 2017년 말일까지로 한 차례 연장한 바 있으며, 지난 연말에 재차 의회에 요청하여 계엄령을 2018년 말까지로 연장시켰다.

무슬림 반군활동으로 인해 긴장이 지속되어 온 민다나오 지역에서 계엄령의 선포가 주민들의 일반 생활에 큰 변화를 가져오는 것은 아니다. 그러나 만약 계엄령이 전국적으로 확대된다면 심각한 사태를 초래할 수도 있다. 특히 일부에서 우려하는 것처럼 두테르테 대통령의 열성 지지자들이 주장하는 혁명정부(revolutionary government) 수립이 계엄령의 전국적인 확대로 인해 가시화 된다면 자유민주주의 체제 자체가 붕괴될 수도 있기 때문이다. 두테르테 대통령은 경우에 따라서는 계엄령을 전국적으로 확대할 수

정서가 깊게 자리하고 있으며, 반군의 활동이 지속되고 있는 상황에서 실제로 일반인과 테러범을 구분하기는 쉽지 않다.

도 있다는 발언을 함으로써 독재체제의 부활에 대한 우려를 낳기도
했다. 이처럼 논란이 불거지자 두테르테 대통령은 현재로서는 계엄
령을 확대할 이유가 없다고 해명하기도 했다.

2017년이 저물어가는 시점에 필리핀 정국에 파장을 일으킨 또
다른 사건은 두테르테 대통령 집권 이후 많은 기대를 모으며 추진
해 왔던 공산반군4)과의 평화협상이 파기된 것이었다. 공산반군과의
평화협상은 과거 정부에서도 있어 온 일이지만 특히 이번 평화협상
이 기대를 모았던 이유는 두테르테 대통령이 21년간 다바오시의
시장으로 재임하던 시절 좌파 세력과 친밀한 관계를 유지했으며,
스스로를 사회주의자라고 부를 정도로 사회개혁에 적극적인 입장을
표명한 바 있기 때문이었다. 더불어 1987년 이래로 네덜란드에 망
명중인 현 필리핀 공산당 지도자로 알려진 시손(Jose Maria Sison)
은 개인적으로 두테르테 대통령과는 대학시절 스승과 제자의 관계
였으며, 2016년 4월 대선캠페인이 한창일 때 두테르테 당시 다바오
시장이 대통령에 당선되면 평화협상에 적극 임할 것이며, 이를 위
해 자신도 귀국할 의향이 있다고 밝히기도 했다.

이러한 배경 하에 지난해 7월 26일 두테르테 대통령은 국정연설
에서 공산반군에 대한 필리핀 정부군의 일방적인 정전을 선언했다.
집권 초기 정부를 구성하면서 많은 논란에도 불구하고 필리핀공산
당이 추천한 좌파인사 따귀왈로(Judy Taguiwalo)와 마리아노(Rafael
Mariano)를 복지부 장관과 토지개혁부 장관에 각각 임명하였다. 또

---

4) 현재 활동하는 필리핀 공산반군은 1968년에 시손(Jose Maria Sison)에 의해 재건된 필리핀 공산
당(Communist Party of the Philippines, CPP)과 그 산하부대인 신인민군(New People's Army,
NPA)을 말한다. 불법단체로 규정된 이들의 공식적인 대변인 역할을 필리핀의 대표적인 좌파
연합인 필리핀국민민주전선(National Democratic Front of the Philippines, NDFP)에서 하고 있
다. NDFP가 이번 평화협상에서 공산반군 측을 대변하고 있다.

한 필리핀공산당의 최고위급 지도자로서 수감 중인 티암손 부부(Benito Tiamzon, Wilma Tiamzon)를 가석방하여 평화협상의 조언자 역할을 수행토록 했다. 이러한 우호적인 분위기 속에서 2016년 8월 22일 노르웨이 오슬로에서 제1차 평화협상이 시작되었다. 평화협상이 진행되는 도중에 정부군과 공산반군 사이에 수차례의 무력충돌이 발생했으며, 이로 인해 협상이 중단되는 사태가 벌어지기도 했다.[5] 그럼에도 불구하고 양측 협상단은 막후 논의를 통해 주요 이슈에 대한 이견을 좁혔으며, 조만간 최종안에 합의할 것이라는 기대를 낳기도 했다 (The Diplomat 2017/11/25; Rappler 2017/11/25).

그러나 결정적으로 두테르테 대통령의 마음을 되돌리게 만든 사건이 지난 7월 19일에 발생했다. 당시 두테르테 대통령이 마라위시 사태에 투입된 군부대를 방문하기 위해 북코타바토(North Cotabato)를 지나던 중 대통령 경호대에게 공산반군이 공격을 가했으며, 이 사건은 두테르테 대통령의 공산반군에 대한 신뢰를 잃게 만들었다. 그리고 이틀 후 공산반군의 습격으로 네그로스 오리엔탈(Negros Oriental) 지역의 경찰서장과 경찰관 5명, 그리고 민간인 1명이 살해되고, 4명이 부상당하는 사건이 벌어지면서 두테르테 정부는 평화협상의 중단을 선언했다. 또한 두테르테 대통령이 장관으로 임명한 2명의 좌파인사가 2017년 8월과 9월에 각각 필리핀의회 인사위원회의 승인을 받지 못하고 자리에서 물러났다.[6] 또한 11월 9일

---

5) 상호 평화협상이 진행되는 도중에서 무력충돌이 지속적으로 발생하는 것에 대해 일부에서는 각 지역에 분포되어 있는 신인민군들이 중앙의 필리핀공산당 지도부의 통제 하에 있지 않고 독자적으로 활동하고 있기 때문이라고 보기도 한다 (The Philippine Star 2017/2/14, 2017/3/11).

6) 필리핀 헌법은 대통령이 임명한 장관들이 의회 인사위원회로부터 인준을 받도록 규정하고 있으며, 인사위원회 인준 절차는 보통 1년 이상 소요되므로 그 동안에는 장관서리로서 임무를 수행한다.

민다나오섬에 있는 부키드논(Bukidnon)지역에서 공산반군의 습격으로 경찰관 1명과 4달된 유아 1명이 사망하는 사건이 발생했으며, 이를 계기로 두테르테 대통령은 평화협상을 완전히 파기할 것을 선언했다 (Reuters 2017/9/8; The Philippine Star 2017/11/10).

결국 2017년 11월 23일 필리핀 정부는 대통령령(No. 360)을 공표하여 공산반군과의 평화협상을 공식적으로 철회했으며, 두테르테 대통령은 11월 29일에 필리핀군에게 공산반군을 추적하여 사살할 것을 명령했다. 그리고 12월 5일 필리핀 정부는 대통령령(No. 374)을 공표하여 공산반군을 테러단체로 규정하고, 이에 가담하는 자에게는 보안법(Human Security Act)과 다른 형법에 따라 처벌할 것이라고 발표했다. 이어서 12월 6일 두테르테 대통령은 평화협상을 위해 가석방되었던 필리핀공산당 인사들에 대한 재수감을 지시하고, 이를 위한 법적 절차를 명령했다. 12월 7일에는 루손섬 북부 누에바 에시하(Nueva Ecija)에서 오토바이를 탄 괴한이 쏜 총탄에 72세의 은퇴한 가톨릭 신부이자 시민활동가인 토토 파즈(Marcelito 'Toto' Paez)가 살해당하는 사건이 발생했으며, 공산반군 측에서는 이를 두테르테 정부의 소행으로 간주하고, 평화협상의 파기 책임을 두테르테 대통령에게 돌렸다 (Communist Party of the Philippines. 2017.12.07).

한편 필리핀 외교장관 까에타노(Alan Peter Caetano)는 국제사회에 필리핀 공산반군(CPP-NPA)의 테러단체 규정 사실을 통지하고, 이들에게 유입되는 해외 자금줄을 차단할 것이라고 밝힘으로써 외국과의 공조를 통해 공산반군 토벌에 전면적으로 나설 것임을 예고했다. 국방장관인 로랜자나(Delfin Lorenzana)도 민다나오섬 전역에 내려진 계엄령은 단지 종료된 마라위시 점거사태를 해결하기 위한 것뿐만 아니라 민다나오 일대에서 활동 중인 공산반군을 제거하기 위한 목적도 포함되어 있다고 말한 바 있다. 두테르테 대통령은 공산반군에게 조직적 혹은 재정적 지원을 제공하는 개인과 단체에게도 책임을 물을 것을 천명하고 있으며, 그는 특히 필리핀에서 사업하는 대부분의 광산회사들이 신인민군에게 혁명세를 바치고 있다고 지적하면서 이에 대한 조사를 실시할 것을 암시했다. 이러한 추세에 대해 일부에서는 두테르테 대통령이 정부 내에 있는 공산당 추종세력에 대한 대대적인 퇴출과 함께 합법적인 민주주의 사회운동까지 탄압하지 않을까 하는 우려가 나오고 있다 (The Philippine Star 2017/12/7).

이상에서 언급된 2017년 필리핀 국내정치의 주요 이슈들의 진행과정을 살펴보면 두테드테 대통령의 강력한 리더십을 엿볼 수 있다. 집권 초기부터 추진해 온 마약과의 전쟁이 수많은 인권침해 사례와 국제적인 비난, 그리고 국내 인권단체는 물론 정치권에서도 많은 우려를 낳고 있음에도 불구하고 두테르테 대통령의 추진력을 약화시키지는 못했다. 마약범죄와 연루된 것으로 알려진 지방 정치인의 집에 경찰이 진입하여 관련자를 사살하는가 하면, 이러한 경우를 당하지 않으려면 스스로 자수하라고 엄포하는 등 공포정치에 가까운 행태를 보이고 있다. 또한 무슬림 테러집단에 의해 마라위시가 무장점거 당했을 때에도 해당 지역은 물론 민다나오섬 전체에 계엄령을 선포함으로써 무슬림 테러집단에 대한 강력한 대응자세를 보여 주었다. 이는 현재 두테르테 정부와 협력하고 있는 기존의 무슬림 반군단체인 모로이슬람해방전선(MILF)와 모로민족해방전선

(MNLF)에게도 반군활동에 대한 경고의 메시지를 보낸 것으로 볼 수 있다. 공산반군과의 평화협정 철회는 표면적으로는 상호 신의를 저버린 무력충돌로 인해 발생한 것으로 보여 질 수 있다. 그러나 또 다른 측면에서는 공산반군의 태도와 요구사항이 강력한 리더십을 표방하는 두테르테 대통령의 스타일에 부합되지 않기 때문으로 해석할 수 있다. 즉 두테르테 대통령은 공산반군에게 일정 수준의 요구를 수용하면서 자신의 큰 지도력 안으로 포용하려는 의도였으나 공산반군의 요구사항이 이를 넘어섬으로써 두테르테 대통령의 리더십에 도전하는 것으로 여겨졌기 때문으로 볼 수 있다. 다른 한편으로 이와 같은 두테르테 정부의 결정은 정치적 측면에서는 보수적인 필리핀 주류사회의 정서에 부합하는 것으로서 손실보다는 이득이 큰 것으로 볼 수 있다.

이처럼 두테르테 대통령이 아무런 거침없이 강력한 리더십을 발휘할 수 있는 배경에는 여론의 높은 지지도와 정치권의 압도적인 지지, 그리고 군부와 경찰에 대한 확고한 장악력이 존재한다. 이와 더불어 6%대로 유지되고 있는 높은 경제성장률, 범죄와 테러로부터 필리핀 사회가 보다 안전해지고 있다는 국민들의 믿음, 그리고 아세안 의장국으로서 성공적인 외교적 활동과 주변 강대국과의 원만한 외교관계 정립 등이 복합적으로 작용한 것으로 볼 수 있다. 자유민주주의 이념을 기초로 한 필리핀 정치체제에서 강력한 리더십은 또 다른 측면에서는 체제가 추구하는 가치와 충돌할 수 있다. 이러한 충돌이 가시화되지 않는 이유는 필리핀 국민들이 자유민주주의라는 추상적인 가치보다 사회적 안정과 경제적 번영이라는 실질적인 가치를 보다 중요하게 생각하기 때문이다. 이러한 국민들의 생각이 독재와 흡사한 리더십을 보이고 있는 두테르테 대통령에게 여전히 높은 지지도를 보내고 있는 것이다. 그러나 두테르테 대통령에 대한 높은 여론 지지도가 언제까지 지속될지는 누구도 장담할 수 없다. 마약과의 전쟁에서 희생되는 사람들 대다수가 필리핀의 취약계층에 속한다는 점이 부각되고 있으며, 이슬람 테러집단의 마라위시 점거사태의 대처 과정에서 많은 필리핀 무슬림들이 직간접적으로 상처를 받았으며, 공산세력과의 평화협상 결렬은 필리핀 농촌사회에서 빈농들의 이익을 대변하며 사회개혁을 추구하는 시민단체들의 실망감을 높였다. 한 여론조사 기관, SWS에서 실시한 계층별·지역별 여론조사 결과에서도 나타나듯이 두테르테 대통령의 강력한 리더십은 사회질서를 바로잡아 필리핀의 중상류층에게는 보다 안전한 삶을 제공함으로써 지지도가 상승한 반면, 강력한 정책의 희생자로 전락하는 하층민과 민다나오 무슬림들의 지지도는 하락하는 추세를 보여주고 있다(Social Weather Station 2017/7/10, 2017/10/19, 2017/12/22).

Ⅲ. 필리핀 경제 및 외교 분야

2010년대 평균 6% 경제 성장을 이어온 필리핀은 2017년에도 아시아에서 중국에 이어 가장 높은 GDP 성장률을 보였다. 필리핀은 2017년 1분기 6.4%, 2분기 6.5%, 3분기 6.9%를 기록했다. 2분기 기준으로 베트남의 6.2%, 말레이시아의 5.4%, 인도네시아 5.0%, 태국의 31%에 비해 압도적인 경제 성장률을 보이며 전반적으로 탄탄한 내수와 인프라 투자 확대로 높은 성장세를 이어갈 것으로 전망되고 있다(코트라 2018: 4). 본격적으로 두테르테 정부의 경제정책이 시험대에 오른 2017년, 10가지 사회경제 아젠다라는 이름으로 정책이 발표되었다(KPMG 2018: 11). 거시경제 안정성, 포괄적 성장, 인프라 분야 투자, 세제 계획 등이 이에 포함되었고, 0순위로 '평화 및 질서(peace and order) 부문이 추가로 포함되었다. 2017-2022년의 필리핀 경제 계획의 기초가 된 이 사회경제 아젠다에는 특히 균형적인 경제 성장과 인프라 분야 투자가 강조되어, 공공 제도에서 국민들의 신뢰를 회복하고 불평등을 감소하며 경제 성장을 이루는 것을 목표로 삼았다. 이를 위해 GDP의 5.4%에 해당하는 금액, 8,660억 페소 예산이 배정되었다. 연평균 7~8%의 경제성장을 이룩하고 빈곤율을 2015년의 21.6%에서 2022년까지 14%로 낮추며, 2022년까지 높은 수준의 인간개발(Human Development)을 이룩하며, 2016년의 5.5% 실업률을 3~5%로 줄이는 것을 목표로 했다.

균형 잡힌 경제성장과 빈곤 감소로 요약할 수 있는, 이른바 두테르테 노믹스에서 경제 성장을 위해 현 정부가 큰 비중을 두는 것은 인프라 구축이다. '인프라의 황금시대'를 열겠다는 포부와 함께 GDP의 5.4% 수준인 인프라 지출을 2022년 GDP의 7%까지 확대하는 것을 계획하고 있으며, 2022년까지 총1,689억 달러(약189조 원)을 인프라 개선에 투자할 예정이다. 두테르네노믹스 정책에 따라 6개년 인프라 건설 프로그램으로 교통, 홍수 관리, 수자원, 에너지, 통신, 하수도 및 위생처리시설, 고체 폐기물 관리 등 총 4,895개 프로그램에 대한 실행계획을 갖고 있다. 필리핀 국가경제개발청은 먼저 3년 계획을 마련하여, 교통 분야에 65%, 사회기반시설에 18%, 그리고 수자원 개발에 7% 정도를 배정했다. 인프라 구축에 대한 강조는 두테르테 정부만의 공약은 아니었다. 문제는 이 계획을 실행하기 위한 재정 마련이었다.

현 정부의 이른바 'Build, build, build' 사업에 필요한 재원은 ODA로부터 15%, 세금으로부터 66%, 그리고 민관협력으로부터 18%를 채울 것이라고 하고 있다. 어쨌든 전체 재원의 70~80%는 국내에서 자체로 조달하는 것을 목표로 했었다. 인프라 개발이 필요하다는 점에는 모두들 공감하지만 차관이 차지하는 재원의 비중이 높다면 또 다른 쟁점이 된다. 과거의 정부에서 개발 사업을 위한 차관이 정치자금이나 부정 축재의 수단이 되어 국가 채무만 늘려 놓은 전력이 있기 때문이다. 전체 두테르테 노믹스의 15%를 차지하기 때문에 1980년대만큼 ODA가 채무 비중을 높이지는 않을 것이라고 보기도 하지만(Rappler 2017/6/27), 국내 조달이 계획만큼 원활히 될 것인지가 관건이어서 세제 개혁을 통한 세수 증대가 중요하게 부각되고 있다. TRAIN(Tax Reform for Acceleration and Inclusion)으로 알려진 세금 개혁 법안은 개인 및 법인의 소득세는 낮추되 부가가치세를 높이고, 석유 제품, 자동차, 성형 시술, 담배, 음료에 세금을 부과하는 것을 골자로 하고 있다. 연소득이 25만 페소(약 5백만원) 이하의 납세자에게는 첫 해의 13개월 보너스에 대한 면세 혜택이 주어진다. 이른바 죄악세(sin tax)도 증가할 것으로 보인다. 세제 개혁법이 통과되면 2018년부터 2022년까지 1조 페소 이상의 재원을 마련할 것이라고 기대하고 있다. 하지만 이렇게 하더라도 전체 두테르테 노믹스의 14%만 충당하는 것이며, 실제 상원의원을 통과할 수 있을지 미지수다. 필리핀 하원은 12월 13일 이 법안을 통과시켰다. 다만 2018년도 첫해의 1,620억 페소의 초안에 비해 훨씬 낮은 920억 페소에 그쳤다. 이 법안이 통과되면 세수로 얻는 수입의 70%는 인프라 개발에, 나머지는 사회복지서비스에 이용될 것이라는 것이 의원들의 입장이다(Reuter 2017/12/14). 세금 인상으로 인한 빈민들의 피해를 줄이기 위하여 천만에 달하는 극빈층에게 2018년에 200페소, 2019년에 300페소를 지급하는 것이 정부의 안이다. 석유 화학 제품 인상으로 인한 물가 상승이 빈민들에게 부담이 될 것이라는 우려를 반영한 것이다. 빈민보다는 부유층에게 부담을 지우는 정책이라며 빈민들에게 궁극적으로 유리할 것이라는 시각도 있지만(Rappler 2017/4/1), 부가가치세나 간접세의 증가로 인해 물가가 오르는 것은 피할 수 없을 것으로 보인다. 재원 마련을 위한 다른 하나의 방법으로 제시되는 것이 민관협력사업(PPP)이다. 하지만 두테르테 정부는 이전 아키노 정부의 PPT 사업들을 부패의 온상이라 비판한 바 있어 얼마나 적극적으로 유치할지는 의문이다. 실제 인프라 사업을 가속하며 적절한 과정을 거치지 않으면서 생겼던 부패 문제가 반복될 것이라는 우려도 있다(Asia Times 2016/5/5). 또한 인프라 구축을 이유로 천문학적인 국가 부채를 남긴 마르코스 대통령에 대한 기억도 여전히 사람들의 의문점을 깔끔히 씻지 못하게 한다(Business Mirror 2017/5/24). 두테르테의 경제 정책이 이전 정부에 비해 많이 새롭지는 않지만 희망을 품는 사람은 그의 추진력과 다바오 시에서의 시정 경험을 믿고 있다. 더욱이 새로운 정책의 실효성과 관계없이 필리핀은 지난 4년간 평균 6.6%의 경제 성장을 계속하고 있다. 연300억 달러에 달하는 해외노동자의 송금과 250억 달러가 넘는 IT-BPO 계통의 강세, 1억에 달하는 인구, 특히 중산층의 소비 주도 성장이 필리핀 경제의 기초를 튼튼하게 받쳐주고 있기 때문이다. 여전히 필리핀에서 효자노릇을 하는 경제부분은 아웃소싱 산업이다. 콜센터 분야뿐만 아니라 데이터 입력, 소프트웨어 개발 등 전문적인 영역으로 확대되었다. 2016년 기준으로 국내 총생산의 약 17%를 차지하고 250억 달러 매출을 보였으며 약 115만 명이 이 분야에서 일을 하고 있다. 이 분야는 전 세계 아웃소싱 시장의 12.6%를 차지하고 있으며, 필리핀 IT 로드맵에 따르면 세계 시장의 15%를 차지하는 것을 목표로 하고 있다.

두테르테가 내세운 계층 간·지역 간 균형 성장을 위해서는 인프라 중에 농업 생산성 향상을 목적으로 한 농장-시장간 도로, 관개시설 확충의 성패에 달려 있다고 할 수 있다(Villegas and Manzano 2016: 200). 상대적으로 주목 받지 못했던 민다나오 지방의 인프라 구축 계획도 기대를 받고 있다. 민다나오는 분쟁으로 인한 정치적 불안정과 소수 토호 세력에 의한 토지 소유 집중 등의 문제로 인하여 사회경제적으로 소외된 사람들이 많은 곳이다. 브루나이, 인도네시아, 말레이시아, 필리핀을 잇는 동아세안 성장지역(BIMP-EAGA, Brunei Darussalam-Indonesia-Malaysia-Philippines East ASEAN Growth Area)에 민다나오의 다바오나 제너럴산토스가 중요한 거점 중의 하나이며, 삼보앙가(Zamboanga)시에는 경제 특구가 예정되어 있는 등, 인프라 균형을 맞추기 위한 노력이 시도되고 있다.

필리핀 경제의 쟁점은 과연 필리핀의 계층 간, 지역 간의 균형 성장을 거둘 수 있을지의 여부이다. 현재의 대중적인 지지는 기존의 사회 질서를 변화하고 싶은 열망에 기인하고 있기 때문이다. 이전 정부로부터 이어지던 경제성장은 매우 큰 호재이지만 과연 필리핀의 경제 정책이 포괄적 발전을 이끌 것인지, 아니면 불평등의 심화가 될 것인지는 주목해야 할 부분이다. 두테르테 경제 정책의 첫 단추인 세제 개혁은 2017년 한 해 동안의 진통을 거쳐 연말에나 하원을 통과했을 뿐이다. 2018년부터 본격적으로 궤도에 올라야하지만 세재 개혁이나 국내 예산에서 크게 성과를 거두지 못했다. 2017년 약간의 경제 성장 감소가 있었는데, 유가 상승, 물가 상승, 페소가치하락 등의 원인이 이유가 되었다. 민다나오의 평화 이슈, 광산업의 불안정성, 그리고 자국기업의 해외 아웃소싱을 규제하겠다는 미국 트럼프 대통령 발언 등의 외부적 요인도 되었다. 안으로는 평화 및 질서에 대한 문제가 지역의 균등발전을 저해할 요소로 보인다. 또한 트럼프 대통령의 정책도 필리핀의 중요 경제 부문인 아웃소싱 분야에 계속적인 영향을 끼칠 것으로 보인다. 또한 두테르테 대통령 정책에 대한 반대는 외국 투자나 원조액 감소로 이어질 수 있다. 실제 2017년에 EU는 두테르테의 정책을 문제 삼아 취소하기도 했다. 이에 다시 중국과 일본의 해외원조나 PPP 사업 유치에 두테르테가 역점을 두기 시작한 이유도 이러한 맥락에서인 것으로 보인다. 그리고 이는 두테르테의 외교관계에 있어 지극히 실리적인 방향으로 선회한 이유 중의 하나로 보인다.

두테르테 정부는 2016년 6월말 취임 이후 친미 일변도의 외교노선을 버리고 지정학적 위치와 강대국들의 역학관계를 이용하여 실리는 챙기는 전략을 취하고 있다. 이러한 필리핀의 외교 노선은 ASEAN의 의장국이 된 2017년 본격적으로 시험대에 올랐다. 가장 껄끄러운 상대인 중국과 미국 정상과의 만남을 통해서 각각 남중국해 문제와 전통적인 군사동맹 유지와 관련해 원만한 해결책을 이끌었다는 평가를 받고 있다. 중국과의 친밀한 접촉으로 인하여 소원해 질 수 있는 일본과의 관계회복에도 공을 들여 안보에 있어서의 공조와 경제 협력을 약속 받았다. 전체적으로 균형과 실리 추구의 외교적 성공이라는 평가도 있지만 군사와 경제에서 대외 의존도를 높이고 있다는 평가도 상존한다.

베트남 다낭에서 11월 11일 열린 아시아태평양경제협력체(APEC) 정상회의 때 필리핀과 중국은 양국 우호를 강조하며 고위급 교류 증진, 일대일로 협력 등을 주문했다. 두테르테 대통령은 시진핑 주석과의 만남에서 "중국은 남중국해 지역의 평화와 안정, 번영을 위해 아세안 국가들과 계속 일할 것"과 "필리핀은 안전한 (남중국해) 통행권을 갖고 있으며 이는 모든 나라에 적용될 수 있다"라는 시진핑 주석의 답을 얻었다. 2016년 7월 남중국해 대부분에 대한 중국의 영유권 주장이 법적 근거가 없다는 국제상설중재재판소(PCA)의 승소 판결이 있었지만 중국에 판결 이행을 요구하는 대신 경제적 실익을 얻는데 주력했다고 해석할 수 있다(연합뉴스 2017/12/1).

헤이그 국제상설중재재판소는 중국의 9단선(남중국해에 그은 U자 형태의 선으로, 이 일대 바다의 90%를 차지함)이 법적 근거가 없다는 결론을 내렸지만 이후 필리핀은 이에 대한 이행을 촉구하는 것을 자제했다. 4월 필리핀에서 개최된 ASEAN 정상 회의에서도 의장국으로서 필리핀과 같은 문제를 안고 있는 다른 국가들과의 협의를 잘 끌어내 중국을 배려한 의장 성명을 내기도 했다. 필리핀의 경제자유구역청과 투자위원회(BOI)는 올해 1~10월 외국인 투자 유치액 가운데 중국 자금은 20억2천만 페소로 지난해 같은 기간보다 약 3.7배 급증한 것으로 집계했다(연합뉴스 2017/12/10). 두테르테 대통령은 ASEAN 정상 회의 때 중국에 필리핀 통신시장 진출 우선권을 주겠다고 제안했다. 또한 두테르테는 중국이 남중국해 관련 회담을 재개한 것에 대해 호의를 표명했다. 중국의 리커창 총리와의 회담 자리에서 남중국해에서의 석유 및 가스의 양국 공동 탐사를 재개할 수 있는 가능성을 언급했다. 이는 영토 분쟁으로 인하여 이전 정부에서 유예되었던 사업을 속개할 수 있다는 의지 표현으로 경제적 이익에는 도움이 될 수 있으나, 중국의 영토 규정상의 변화가 없는 상황에서 유사한 문제에 처한 다른 아세안회원국에도 선례가 될 여지가 있다(Philstar 2017/12/5). 이 때문에 실제적인 규제 조치를 취하지 않는 필리핀 정부에 대해, 한편으로는 전쟁도 불사하겠다고 하는 엄포와 다른 한편으로는 투자를 약속하는 중국의 전략에 손을 든 것이 아니냐는 비판도 제기되고 있다(Forbes 2017/11/15).

일본과의 관계에 있어서는, 10월말 아베 총리와의 만남에서 양국은 대북 압박 강화에 협조하기로 약속하면서 일본으로부터 마닐라 교통 체증 완화를 위한 지하철 건설 사업 등에 대한 약 1천억 엔 규모의 차관을 제공하는 계약을 체결했다. 두테르테 대통령의 일본 방문 시, 두 정상은 대테러, 초국적 범죄, 술루-술라베시 해를 둘러싼 해양 안보 등의 문제에 대한 양국 공조를 약속했으며, 일본이 다섯 대의 TC-90 정찰기를 필리핀에 공여하는데 합의했다. 아베 총리는 아세안 정상 회의 직전 두테르테 대통령의 고향인 다바오시에 방문하여 인프라 개발 및 마라위 시의 재건에 필요한 원조 공급을 약속했다. 두테르테 대통령은 일본을 "형제보다도 친한 친구"라고 언급하며 전략적 파트너로서 황금시대를 열겠다고 천명했다

(Channel News Asia 2017/11/2).

　아세안 정상회의에서는 이러한 협력 관계를 재확인함과 동시에, 아베 총리는 동남아시아와 '자유롭고 인도 태평양 지역 안보 체계 구축에서 필리핀의 중요한 역할을 강조했다(The Diplomat 2017/11/16). 아세안 정상회의 직전 일본을 방문한 두테르테의 의도에는 최근의 필리핀-중국 간의 긴밀한 접촉으로 인해 일본이 위기를 느끼는 불안감을 해소하고자 하는 전략으로 이해된다(Channel News Asia 2017/11/2).

　11월 13일 있었던 미국과의 양자회담에서 트럼프 대통령은 두테르테 대통령과 매우 좋은 관계라고 우호를 과시했고 필리핀의 마약과의 전쟁 문제에 대해서는 언급을 자제했다. 미국과 필리핀은 정상회담 이후 공동성명을 통해 "양국이 1951년 맺은 상호방위조약과 2014년 체결한 방위협력확대협정(EDCA: Enhanced Defense Cooperation Agreement)의 이행을 재확인하고 지속적인 방위협력을 다짐했다"고 밝혔다(연합뉴스 2017/11/15). 공동성명에서 두 정상은 남중국해 항행의 자유에 대한 지지 입장을 반복하고 군사화를 포함해 긴장을 고조시킬 수 있는 행위를 자제할 필요가 있다고 강조했다. EDCA는 미국과 필리핀 사이에 체결한 방문군 지위협정(VFA: Visiting Force Agreement)에 대한 후속 조치로서 2014년부터 시행된 것으로, 영구시설로서 기지는 반환되었지만 군사적 필요에 따라 언제든지 필리핀 군사 시설을 이용할 수 있도록 한 조치이다. 두테르테는 2016년 오바마 대통령이 마약과의 전쟁을 비판하자 노골적으로 EDCA의 폐기 가능성을 내비친 적이 있었다. 2017년 정상회담을 통해 두테르테는 국내 정치에 대한 미국이 비판을 피해

갈 수 있게 되었고, 미국과의 군사적 공조는 유지하는 성과를 낼 수 있게 되었다. 두테르테 대통령이 취임 이후 1년이 넘어서 미국 정상과의 만남을 추진한 것은, 필리핀 현대사에서 취임 후 가장 늦게 미국 정상을 만나는 것으로 기록될 정도로 이례적인 일이었다.

이러한 두테르테의 외교 정책은 이익을 위해 하나에 과도하게 의존하지 않고 분산한다는 의미에서 헤징(hedging) 외교, 또는 줄타기 외교라는 평가를 받는다(중앙일보 2017/11/2). 챙추위퀵 교수는 헤징 외교에 대해서, 위기가 크고 불확실성이 높을 때 경합하는 열강들 사이에서 상반되거나 모호한 입장을 취하는 전략이라고 정의한다. 주중 필리핀 대사인 산타 로마나는 양자 간의 조용한 외교, 즉 무역이나 인적 교류 등을 통해서 양자 간의 협력을 강화하는 것이 직접 분쟁문제에 접근하는 것보다 효과적으로 생각한다고 밝혔다. 그는 두테르테 정부의 독립외교정책(independent foreign policy)을 국제 관계의 권력변화에 조응하는 조치로 표현했다. 즉 아시아태평양 지역에서 필리핀의 미국과의 역사적 연대는 유지하되 대미 의존도를 낮추고, 중국과의 관계를 개선하며, 전통적인 파트너가 아니었던 러시아, 일본, 인도와의 관계를 증진하는 것을 골자로 한다고 표현했다(the Diplomat 2017/4/6). 김환권 국립외교원 교수는 "미국도 필리핀의 지정학적, 전략적 가치 때문에 등을 돌리기보다는 동맹의 틀을 깨지 않으면서 최소한의 협력관계를 유지하려 하고 있고 일본 역시 이런 미국의 입장에 동조하고 있다"고 평가했다(중앙일보 2017/11/2). 즉 미국과 중국사이의 중간지대에서 국익을 극대화하는 것이 필리핀 외교정책의 핵심이라고 할 수 있다. 실익을 얻었다는 평가도 있는 반면, 두테르테 정부의 외교정책에 일관성이 없고 자신의 마약관련 정책에 반대하지 않는 국가들에 친화적으로 나서며 실제적으로 얻는 경제적 이익도 대부분 군사적 지원이나 차관 형태의 자금이라는 비판도 존재한다(Castillo 2017).

여론조사기관인 SWS(Social Weather Station)가 9월말에 실시한 조사에 따르면 대통령의 지지율은 6월의 66%에서 9월의 48%로 하락했으나, 필리핀의 주가지수는 상승했다고 한다(Inquirer 2017/10/8). 전반적인 정치 위기에도 불구하고 경제에 대한 낙관적인 전망은 계속되어 투자자들이 안정을 찾고 있는 것으로 보인다. 그런 가운데 사단법인 아시아기자협회는 '2017 올해의 아시아 인물'로 정치부문에 두테르테 대통령을 선정했다. 마약과의 전쟁'을 통해 치안을 안정시키고 질서를 회복시킨 점이 높이 평가되었다고 한다(매경이코노미 2017/12/13).

두테르테 대통령의 이른바 독립외교는 전통적 우방과의 관계는 해치지 않되 다양한 국가들과의 경제적 실익을 추구하는 전략으로 이해된다. 현재까지는 이러한 줄타기가 성공적으로 비춰지지만, 장기적 전망에서는 오히려 불확실성을 높이고 있다. 오히려 결과적으로는 타국가의 군사적 개입이 더욱 증가하고 있으며, 대외 협력에 있어 유상원조에 의한 인프라 개발 비중이 높아지고 있다.

IV. 한국과의 외교 및 경제협력

2017년 한국정부는 문재인 대통령 당선 이후 아세안 특사로 박원순 시장을 보내 필리핀 및 아세안과의 관계 강화의 메시지를 전달했으며, 11월에 있었던 정상회의에서 안보 및 경제 협력분야에서 필리핀과의 공조를 재차 확인했다. 두테르테 대통령은 한국의 북핵 정책에 대해 전폭 지지한다는 뜻을 전했으며 문재인 대통령은 필리핀 내 인프라 확충 및 군 현대화에 적극 협력하겠다고 약속했다. FA-50기나 호위함 등을 제공하는 방산협력이 실제 진행되었다. 또한 두테르테의 인프라 구축 및 신도시 건설에 한국 기업이나 투자자를 적극적으로 유치하고 있다. 한국수출입은행은 앞으로 6년간 필리핀의 교통, 정보통신기술, 재생에너지 분야에 대외경제협력기금 10억 달러를 제공할 계획을 수립하기도 했다. 인프라 구축 및 경제협력 관련하여 한중일이 경쟁하는 형국이 되었지만 한국이 비교우위를 점하고 있지는 못한 듯하다. 2017년 중국과 일본을 방문했던 두테르테는 2018년 방한을 계획하고 있다.

V. 결론

2017년 필리핀의 두테르테 정부는 마약과의 전쟁을 이어 갔으며 부패 공직자의 처벌을 통해 정치적 입지를 강화했다. 또한 민다나오의 테러 집단과의 전쟁을 이유로 계엄령을 선포했고 집권 초기 다소 우호적이었던 공산세력과도 충돌했다. 무력충돌이 끊이지 않은 정부 정책에 대외적으로 비판과 지탄을 받았지만, 역으로 대내적 치안 유지 및 테러조직에 맞서 국제적 공조를 취하면서 안팎으로 신뢰도를 높인 효과가 있었다. 외교 관계에 있어서 두테르테 정부는 전통적인 우방과의 관계에서 벗어나 다각적이고 실리적인 방향으로 선회하여, 경제적 지원 및 안보 공조에서 일련의 소득을 얻었다.

하지만 두테르테 정부의 정책이 단순히 극단적 처방을 통한 사회적 질서 확립에만 치중하고, 사회의 불평등 구조를 해소하는 실질적인 결과를 가져오지 못한다면 지속적으로 높은 여론 지지도를 유지하기 힘들 것이다. 여론 지지도의 하락은 숨죽이고 있는 반대세력의 부상과 결집을 낳아 정권에 대한 불안정을 초래할 수도 있으며, 이에 대한 전격적인 대응은 필리핀 민주주의를 또 다시 위기에 빠트릴 수 있는 상황을 낳을 수도 있을 것이다. 국내 치안 유지 및 국제적 반테러정책 공조 등을 이유로, 두테르테 정부의 마약과의 전쟁 이슈가 수면 아래로 내려가 있는 것으로 보이지만, 계엄 하에 있는 민다나오 지역의 평화 정착 여부에 따라 불안요소로 재등장할 가능성이 있다. 고도 경제 성장률의 유지와 치안 안정을 이유로 지지를 확보하고 있으나 단기적이고 실리위주의 외교 전략이 궁극적으로 열강들의 군사적 이해가 충돌하는 장이 되게 할 가능성을 무시할 수 없다.

참고문헌

Castillo, Galileo de Guzman. 2017. "Duterte's In(depend)ent Foreign Policy." *Focus Policy Review Sep 2017*. Focus on Global South.

Kasuya, Yuko. 2009. *Presidential Bandwagon. Parties and Party Systems in the Philippines*. Manila: Anvil.

Shugart, Matthew S. and John M. Carey. 1992. *Presidents and Assemblies: Constitutional Design and Electoral Dynamics*. Cambridge: Cambridge University Press.

Villegas, Bernardo M. and George N. Manzano. 2016. "Prospects for the Philippine Economy under the Duterte Presidency." *Contemporary Southeast Asia*. Vol.38(2): 197-201.

[인터넷 자료]

매경이코노미. 2017. 12.13. "AJA, 필리핀 두테르테·알리바마 마윈·아시아 각각 위안부 할머니 '2017 아시아 인물' 선정."http://news.mk.co.kr/newsRead.php?year=2017&no=825367 (검색일: 2017.12.14)

연합뉴스. 2017.11.12. "시진핑 두테르테 APEC서 별도회담 '우호적' 남중국해 논의."http://www.yonhapnews.co.kr/bulletin/2017/11/12/0200000000AKR20171112016200084.HTML (검색일: 2017.12.01)

연합뉴스. 2017.11.15. "필리핀 두테르테의 '미중일러 줄타기'.. 경제·안보 실리 우선."http://www.yonhapnews.co.kr/bulletin/2017/11/15/0200000000AKR20171115087600084.HTML (검색일: 2017.12.01)

연합뉴스. 2017.12.10. "중국기업의 필리핀 투자 4배로 껑충. 두테르테 친중효과."http://www.yonhapnews.co.kr/bulletin/2017/12/04/0200000000AKR20171204082600084.HTML (검색일 2017.12.10.)

중앙일보. 2017.11.02. "미·중의 전쟁터 서태평양에서 파도 타는 두테르테." http://news.joins.com/article/22076513 (검색일: 2017.12.01)

Asia Times. 2016.05.05. "'Dutertenomics' envisions a golden age for the Philippines."http://www.atimes.com/article/dutertenomics-envisions-gold

en-age-philippines/ (검색일: 2017.12.30)

Business Mirror. 2017.05.24. "Where is 'Dutertenomics' taking us?"https://bu sinessmirror.com.ph/where-is-dutertenomics-taking-us/ (검색일:2017.12.30)

Channel News Asia. 2017.11.02. "Commentary: Japan and the Philippines, 'friends closer than brothers'."http://www.channelnewsasia.com/news/ commentary/commentary-japan-and-the-philippines-friends-closer-than-9 368846 (검색일: 2017.12.05)

Communist Party of the Philippines. 2017.12.07. "On Duterte's Proclamation 374."https://www.philippinerevolution.info/statements/20171207-on-dut ertes-proclamation-374. (검색일 2017.12.13.)

Forbes. 2017.11.15 "South China Sea: Duterte is Turning Into China's Spokesman."https://www.forbes.com/sites/panosmourdoukoutas/2017/1 1/15/south-china-sea-duterte-is-turning-into-chinas-spokesman/#23a179 e979a4 (검색일: 2017.12.05)

Human Right Watch. 2017.12.05. "Philippines' Duterte Reactivates Police in 'Drug War': Green Light for Extrajudicial Executions."https://www.hr w.org/news/2017/12/05/philippines-duterte-reactivates-police-drug-war (검색일 2017.12.15.)

KPMG 2018. "IT Report: Philippines: 2018 InvestmentGuide."https://home. kpmg.com/ph/en/home/insights/kpmg-ph-annual-investment-guide.html (검색일 2018.01.15)

Rappler. 2017.04.01. "Will tax reform really hurt the poor?"https://www.rap pler.com/thought-leaders/165775-tax-reform-hurt-poor (검색일 2017.12.15)

Rappler. 2017.06.27. "For Dutertenomics to work, the President has to take charge."https://www.rappler.com/thought-leaders/173879-duterte-take-c harge-economic-development-blueprint-funding (검색일 2017.12.15)

Rappler. 2017.11.25. "How Duterte sabotaged the GRP-NDFP peace process." [OPINION].https://www.rappler.com/thought-leaders/189416-how-dute rte-sabotaged-grp-nfd-peace-process-joma-sison (검색일 2017.12.13.)

Reuters. 2017.09.08. "Philippines' Duterte says no peace talks without communists' ceasefire."https://www.reuters.com/article/us-philippines-rebels/philippines-d uterte-says-no-peace-talks-without-communists-ceasefire-idUSKCN1BJ13P. (검색일 2017.12.13.)

Reuters. 2017.12.14. "Philippine Congress Approves much-awaited Tax Reform

Bill."https://www.reuters.com/article/us-philippines-economy-tax/philippi
ne-congress-approves-much-awaited-tax-reform-bill-idUSKBN1E737U?il=
0 (검색일 2018.01.05)

Social Weather Station. 2017.7.10. "Second Quarter 2017 Social Weather
Survey: Pres. Duterte's net satisfaction rating a new personal
record-high of "Very Good" +66."https://www.sws.org.ph/swsmain/artc
ldisppage/?artcsyscode=ART-20170706173742. (검색일 2017.12.13)

Social Weather Station. 2017.10.19. "Third Quarter 2017 Social Weather
Survey: Net satisfaction rating of the Duterte National Administration
at "Very Good" +58."https://www.sws.org.ph/swsmain/artcldisppage/?ar
tcsyscode=ART-20171019095516. (검색일 2017.12.13)

Social Weather Station. 2017.12.22. "Fourth Quarter 2017 Social Weather
Survey: Pres. Duterte's Net Satisfaction Rating rebounds to "Very
Good" +58; 62% oppose Martial Law extension in Mindanao; 66%
say the AFP can suppress the Maute group and Abu Sayyaf even
without MartialLaw."https://www.sws.org.ph/swsmain/artcldisppage/?ar
tcsyscode=ART-20171222105042. (검색일 2017.12.30)

The Diplomat. 2017.04.06. "What does the president's slogan actually mean
for the Philippines' diplomacy?"https://thediplomat.com/2017/04/us-chi
na-and-dutertes-independent-foreign-policy/ (검색일: 2017.12.05)

The Diplomat. 2017.11.16. "Japan, Philippines Boost Defense Ties in
Duterte-Abe Summit." https://thediplomat.com/2017/11/japan-philipp
ines-boost-defense-ties-in-duterte-abe-summit/ (검색일: 2017.12.05)

The Diplomat. 2017.11.25. "What's Next for the Philippines as Duterte Ends
Communist Peace Talks?"https://thediplomat.com/2017/11/whats-next-
for-the-philippines-as-duterte-ends-communist-peace-talks/ (검색일 2017.12.13)

The Inquirer. 2017.10.08. "SWS: Duterte's net satisfaction rating down from
'very good' to 'good'."sws-net-satisfaction-rating-3q-2017 (검색일: 2017.12.01)

The Inquirer. 2017.12.22. "SWS: Duterte's net satisfaction ratings up by 10
points in Q4 of 2017." http://newsinfo.inquirer.net/954487/sws-survey-
duterte-net-satisfaction-rating-points-fourth-quarter (검색일 2018.01.03.)

The Philippine Star. 2017.2.14. "Reinvent."FIRST PERSON By Alex Magno.
http://www.philstar.com/opinion/2017/02/14/1671993/reinvent. (검색일
2017.12.13)

The Philippine Star. 2017.3.11. "Thugs", FIRST PERSON By Alex Magno. http://www.philstar.com/opinion/2017/03/11/1679856/thugs. (검색일 2017.12.13.)

The Philippine Star. 2017.12.5. "Duterte brings back PNP to war on drugs." http://www.philstar.com/headlines/2017/12/05/1765550/duterte-brings-back-pnp-war-drugs (검색일 2017.12.15.)

The Philippine Star. 2017.11.10. "Child, cop killed after NPA ambush in Bukidnon town."http://www.philstar.com/nation/2017/11/10/1757542/child-cop-killed-after-npa-ambush-bukidnon-town. (검색일2017.12.13.)

The Philippine Star.2017.11.22. "Duterte says lifting ban on South China Sea exploration possible but."http://www.philstar.com/headlines/2017/11/22/1761460/duterte-says-lifting-ban-south-china-sea-exploration-possible-... (검색일: 2017.12.05)

The Philippine Star. 2017.11.25. "President Duterte is gaming the GRP-NDFP peace talks."http://www.philstar.com/opinion/2017/11/25/1762241/president-duterte-gaming-grp-ndfp-peace-talks. (검색일 2017.12.13.)

The Philippine Star. 2017.12.7. "Duterte to order mass arrest of communists." http://www.philstar.com/headlines/2017/12/07/1766119/duterte-order-mass-arrest-communists. (검색일 2017.12.13.)

10

인종적 정체성의 수용과 확대: 리영 리 초기시의 몸과 음식의 모티프를 중심으로

윤희수

I. 들어가는 말

정치적 소용돌이에 휘말려 중국을 떠나 인도네시아로 건너온 부모에게서 태어나 자카르타, 홍콩, 마카오 등을 전전하다가 마침내 1964년 미국에 정착한 리영 리(Li-Young Lee, 1957~)는 1986년에 출간된 첫 시집 『장미』(*Rose*)[1], 1990년에 상재한 두 번째 시집 『내가 당신을 사랑하는 도시』(*The City in Which I Love You*), 그리고 1995년에 펴낸 수상집 『날개 달린 씨앗』(*The Winged Seed*)에서 중국계 이민자가 이질적인 환경에 정착하면서 겪는 "단절과 이탈의 감정"(Moyers 32)을 표현한다. 그의 가장 대표적인 작품으로 꼽히면서 2005년 『노튼 시 선집』(*The Norton Anthology of Poetry*)에 수록된 「감」("Persimmons")이 대변하듯이 리영 리의 시는 자서전적인 시적 화자를 등장시켜 이민자가 미국 사회에 적응하면서 겪는 소외와 차별, 그리고 그가 부모로부터 물려받은 인종적, 문화적 유산에 대한 성찰을 보여준다. "자신의 전통과 유산을 이해하려 노력하는 중국계 미국인"(Kitchen 160)의 경험을 담은 그의 작품들에 대해 리영 리는 다양한 문학상들을 수상하며 미국문단에서 가장 주목받는 이민자 시인들 가운데 한 사람으로 평가 받아왔다. 소수인종의 거친 목소리를 담은 프랭크 친(Frank Chin)이나 적극적인 페미니스트 활동가 매릴린 친(Marilyn Chin) 등의 작품과는 달리 이민자로서 겪는 슬픔과 외로움, 단절과 소외의 감정을 다루는, 비교적 온건한 그의 시가 주목받아 온 것은 미국의 인종차별적 현실에 대한 공공연한 비판으로 독자를 불편하게 만드는 시 보다는 "약간

---

1) 이하 R로 약칭하며 The City in Which I Love You는 C로, The Winged Seed는 W로, Book of My Nights는 B로 각각 줄여서 표기함.

의 이국적인 문화를 맛보게 하는 소수인종 시의 소비를 선호하는 독자와 비평가들의 일반적인 경향"(Wang 49-50)을 반영한다.

리영 리의 인종적 정체성을 중심으로 그의 시, 특히 그의 두 번째 시집까지의 초기시를 바라보는 비평적 시각은 상반적이다. 그를 시인으로 이끈 제럴드 스턴(Gerald Stern)은 『장미』의 서문에서 리영 리 시의 특징이 "자의식적인 인종중심적 태도"를 보이지 않으면서도 "중국인의 사고나 기억을 추구하는 것"(9)이라 보면서 그의 아버지로 대표되는 중국인의 문화적 유산이 그의 시의 기본적인 구성요소인 것으로 파악한다. 반면에 스티븐 야오(Stephen G. Yao)는 「감」을 세밀하게 분석하면서 리영 리가 중국인으로서의 인종적 경험을 영시의 전통에 "접목"(grafting)시키는 데는 부분적으로 성공하였지만 아버지가 족자에 그린 부용꽃과 고양이가 각각 부귀영화와 장수라는 상징적 의미를 언급하지 않거나, 이를 시의 내용과 연결시키지 않는 데서 알 수 있듯이 중국 문화에 대한 이해의 부족함을 보여주는, 보다 미국적인 시인임을 지적한다. 야오가 보기에 리영 리의 "인종적 정체성의 궁극적 기반"은 "문화적 이해력"에 있기보다는 단순히 생물학적인 차원에 머문다는 것이다(18-19).

리영 리의 시적 자아의 인종적 정체성을 두고 상반적인 비평적 시각이 존재하는 현상과 마찬가지로 시인 자신도 현실에서 정체성에 대한 혼란을 경험한다. 그는 한 대담에서 중국계 미국인 사회로부터, 그리고 목회자로 활동했던 아버지를 따라 이주한 펜실베이니아 주 작은 마을의 백인 사회로부터 경험한 이중의 소외를 고백한다.

자랄 때 우리가 알던 중국계 미국인들은 우리와 아무런 관계를 맺
으려 하지 않았습니다. 그들을 만났을 때 여기서 태어난 사람들은
우리가 매우 전통적이기 때문에 너무나 중국적이라고 느꼈지만,
반대로 여기서 태어나지 않은 사람들은 우리가 너무 서구적이라
고 느꼈습니다. 아시아계 미국인 사회는 우리에게 피난처가 되지
못했습니다. . . . .우리는 정말이지 외부자였습니다. 제 말은 우리가
백인 문화 바깥에 존재했고 아시아계 미국인 문화에서도 소외되
었다는 것입니다. (Cooper and Yu 60)

아시아계 미국인 사회와 백인 사회로부터 동시에 외부자 취급을
받아왔다는 리영 리의 고백은 이민자로서 그가 걸머져온 짐이 녹록
하지 않음을 나타낸다. 단 하루도 살아본 적 없고 단 한 차례 가본
적 없이 부모로부터 전해들은 것이 전부인 중국을 자신의 인종적,
문화적 근원으로 받아들이면서 동시에 낯선 환경에 정착하고 새로
운 언어를 습득하여 주류 문화에 소속감을 느끼는 것은 여간 힘든
노릇이 아닐 것이기 때문이다. 한편으로 부모의 조국인 중국의 문
화적 전통에 대한 이해와 지식의 진정성을 요구받으면서 다른 한편
으로는 하이픈이 붙지 않은 미국인으로, 미국 시인으로 취급 받고
싶은 욕망으로부터 그가 자유롭기는 어려울 것이다. 정작 중국계
미국인 공동체로부터는 서구적이라 따돌림을 당하면서도 그와 함께
시 낭송회에 초청받은 유태계 미국 시인 필립 레빈(Philip Levine)
이 단순히 "미국 시인"으로 호칭되는 반면 자신은 "중국계 미국 시
인"으로 소개받는 현실(Cooper and Yu 61)에서 그는 "절대적으로
분리되고" "전적으로 소외된" 이민자의 처지에서 벗어나 미국 사회
에 동화되어 "고향처럼 편안해지고 싶다"는 속내를 내비치기도 한
다(Piccione and Rubin 47-48).
　리영 리는 2002년에 가진 또 다른 대담에서 자신의 어머니로 전

해들은 이야기를 바탕으로 세 살까지 말을 못하다가 인도네시아를 떠나는 배 위에서 처음으로 구사한 온전한 문장이 "집에 갈 시간이야"였다는 일화를 소개한다. 그가 시를 쓰는 일이 결국 집을 찾는 행위이며 "향수병"의 표현이라고 말하는 것(Bilyak 611-612)은 중국계 미국인으로서 이중의 소외를 겪는 현실에서 자기 정체성의 진정한 근거를 찾으려는 열망을 표현한 것으로 보인다. 『날개 달린 씨앗』이 출간된 다음 해인 1996년, 토드 마샬(Todd Marshall)과 나눈 대담에서 그는 "나는 문화적 존재와 대화하지 않습니다. 아시아계 미국인, 아프리카계 미국인 등을 꾸며낸 것은 문화입니다. 나는 그런 것에 관심이 없습니다"라고 선언한다. 이어서 그는 "어떻게 해서든 예술가는 자기 존재, 자신의 자아에 매우 본질적인 대화를 발견해야 합니다. 그것은 더 이상 문화적이거나 규범적인 것이 아니라 자신의 가장 진실한 자아, 가장 벌거벗은 정신과 나누는 대화입니다."(132)라 말하며 시는 문화적 존재를 넘어 한 인간으로서 시인이 진정한 자신과 나누는 대화의 기록이어야 함을 강조한다. 문화적 존재를 뛰어넘어 진정한 자아와의 대화를 추구해야 한다는 리영 리의 말은 지배 문화가 부여하는 인종적 정형화의 틀에서 벗어나 자신의 진정한 모습을 찾으려는 의지의 표현으로 볼 수 있다.

리영 리는 일본계 미국시인 데이비드 무라(David Mura)와 나눈 대화에서 인종차별은 "개별성을 취급하기 거부하는 것"(98)을 통해 명백하게 드러난다고 말한다. 지배집단이 보여주는 이 거부의 행위를 통해 한 개인이 지닌 특수성이나 개별성은 억압되고 지워지거나, 흔히 백인이 주도하는 유럽 중심적 문화와 동일시되거나 백인 남성의 자아를 통해 체현된 "보편성"으로부터의 일탈이라고 여겨진다(Zhou 300). 지배 집단은 이민자 각자가 가진 고유한 특성을 단순화시키고 정형화함으로써 타자화하며 그 인식의 틀 속에 타자를 가두고 고정시킨다.

그는 제임스 경진 리(James Kyung-Jin Lee)와 나눈 대담에서도 "이민에 관한 모든 상투적 관점에서 벗어나" "아무도 아닌 존재"(nobodyhood)에 도달하고 싶다는 바람을 표출한다.

> 우리가 살고 있는 문화는 "어떤 이로서의 존재"(somebodyhoods)에 관한 해석을 제공하거나 강요하는데 이는 진정으로 얕고 허위적인 것에 불과합니다. . . . 내가 만일 "아무도 아닌 존재"에 도달할 수 있다면, 이는 곧 "모든 이의 존재"(everybodyhood)와 같은 것으로서, 허위적이고, 조작된, 할리우드 잡지, 대학이나 문화가 만들어 낸 "어떤 이로서의 존재" 보다 풍부하고 잠재적 가능성으로 더욱 충만할 것입니다. (275-276)

문화가 부여하는 "어떤 이로서의 존재"가 "얕고 허위적"이라는 말은 몸, 피부색, 언어, 출신국가 등으로 한 개인을 전형화 하는 미국 사회의 인종 분류 기준의 단순성을 지적한 것이다. 따라서 그가 역설적으로 "모든 이의 존재"와 동일시하는 "아무도 아닌 존재"는 지배 집단이 소수인종으로서의 타자를 이해하는 인식의 틀에서 벗어나 고유한 개별성과 특수성을 지닌 한 개인을 가리킨다고 볼 수 있다.

이처럼 『날개 달린 씨앗』의 출간 이후 가진 여러 차례의 대담에서 인종 분류의 관행과 전형화에 대한 불만을 토로했던 리영 리의 시 세계는 세 번째 시집의 출간을 계기로 확연하게 다른 방향성을 보여준다. 두 번째 시집까지를 지배했던 부모, 가족, 기억 등의 소재들은 신, 죽음, 영원성 등 종교적 색채가 강한 어휘들로 대체된다. 그가 추상적 종교의 세계에 몰입하는 것은 자신이 "우주와 신"과 동일하다고 말하는 "진정한 본질"(Marshall 134)을 찾기 위한 것으로서 그를 중국계 미국인으로 분류하며 자신의 잠재적 가능성을 제한하는 관행을 극복하려는 방편일 수도 있다. 이러한 극적인 전환은 일차적으로 인도네시아에서 정치범으로 수감생활을 하는 동안 기독교로 개종하였고(Hesford 40) 훗날 미국에서 장로교 목회자로 활동했던 아버지로부터 받은 영향 때문이지만, 인종적 표식들이 강하게 드러났던 『장미』와 『내가 당신을 사랑하는 도시』의 시들에서 이미 충분히 예고된 것이기도 하다. 두 번째 시집의 대미를 장식하는 「쪼개기」("The Cleaving")에서 그는 자신의 인종적 정체성을 수용하면서도 자기 확장의 의지를 보여주었기 때문이다.

이 연구는 『장미』와 『내가 당신을 사랑하는 도시』에 수록된 시들을 중심으로 중국인 이민자로서의 고유한 경험을 바탕으로 자신의 인종적 정체성을 확인하고 자기 확대를 통하여 진정한 자아를 발견하려는 리영 리의 시적 궤적을 추적할 것이다. 이 연구가 특히 그의 초기 시에 나타난 몸과 음식의 모티프에 초점을 맞추려는 이유는 이 두 가지의 다분히 인종적 소재들이 단절, 이주, 차별, 소외, 그리고 가족의 결속감과 맞물린 이민자의 삶을 잘 드러내주면서 동시에 그가 열망하는 진정한 자아 찾기의 여정을 향한 디딤돌로 작용하고 있다고 판단되기 때문이다.

Ⅱ. 몸과 인종적 정체성

몸은 아시아계 이민자에게 가장 두드러진 인종적 표식이다. 미국 사회에서 동양인의 몸은 주류 인종 집단의 그것과 확연하게 구별되므로 인종성의 확실한 표현이면서 동시에 가장 편리한 차별과 타자화의 근거가 된다. 또한 몸은 유사한 신체적 특징을 지닌 인종 집단끼리의 결속감과 일체감을 확인하는 수단이 되기도 한다. 리영 리가 『장미』의 시편들에서 빈번하게 가족들의 신체적 특징을 기억하고 묘사하는 것은 자신들을 타자로 구분하고 차별하는 시선에 대한 반작용이면서 또한 자신과 유사한 신체적 특징을 지닌 가족들과의 결속감과 일체감을 표현하고 자신의 인종적 정체성의 근거를 확인하는 방법이기도 하다. 그는 「물」("Water")에서 바닷가를 배경으로 형제들과 어울리던 기억을 되살리면서 그들의 신체적 특징들을 구체적으로 묘사한다.

> 바닷가에서
> 내 형은 무릎까지 몸을 담그고
> 서있다, 탄탄한 가슴, 굵고 근육질의
> 두 팔을 드러낸 채. 수영은 하지 않는다.
> 물속에서 내 누이는 더 이상
> 외롭지 않다. 오른쪽 다리가 구부러지고
> 왼쪽 다리 보다 짧지만, 똑바로 헤엄을 친다.
> 온 몸이 번쩍거리는 한 마리 물고기이다.
>
> At the ocean
> my brother stands in water
> to his knees, his chest bare, hard, his arms
> thick and muscular. He is no swimmer.
> In water my sister is no longer

lonely. Her right leg is crooked and smaller
than her left, but she swims straight.
Her whole body is a glimmering fish. (*R* 26)

리영 리는 가족의 몸을 기억을 통해 불러냄으로써 가족을 향한
"다정함"과, 이민자로서 겪게 될 가족의 "파편화와 해체에 대한 불
안감"을 드러낸다(Wang 72-73). 화자가 형의 "탄탄한 가슴"과 "굵
고 근육질의 두 팔"을 떠올리고 "번쩍이는 물고기"에 은유된 누이
의 다리를 기억하는 것은 새롭고 이질적인 환경에 정착하는 과정에
서 해체될 수 있는 가족 공동체에 대한 강한 애착 때문이다. 팔, 가
슴, 다리가 온전한 신체의 일부이면서 그 몸을 소유한 인간을 가리
키는 제유(synecdoche)임에 주목한다면 시인은 이러한 몸의 비유를
통해 형제들을 기억 속으로 불러 모으며 친근함과 애정을 표시하고
있는 것이다. 약간의 신체적 결함을 가진 것으로 묘사된 누이가 물
속에서는 더 이상 외롭지 않게 "똑바로 헤엄을 친다"는 말은 집밖
의 위협적이고 낯선 환경에서 소외감을 느끼는 것과는 달리 가족들
과 함께 하는 시간과 공간 속에서 물고기가 물을 만나듯 활기찬 모
습을 보여준다는 의미로 해석된다. 시인이 누이의 몸을 물고기에
비유한 것은 그들이 살아가는 낯선 사회적 현실보다 더 안정적이고
덜 불확실한 자연의 상태에 대한 동경을 반영한다.

시인은 「잠든 내 사랑하는 이들」("My Sleeping Loved Ones")의
제5부에서 소파에 잠든 누이를 바라보며 "손바닥으로 그녀의 턱을
감싸 쥐고 싶지만"(though I'd love to cup her chin in my palms)
가족을 향한 "다정한 마음씨"(tenderness)(*R* 63) 때문에 그녀를 깨
우려 하지 않는다고 말한다. 또한 그는 "광대뼈," "손," "목덜미,"

"얼굴" 등 몸의 일부들을 열거하면서 그 속에 담긴 각별한 의미를 탐색한다.

내가 어머니로부터 물려받은 것은 광대뼈뿐만이 아니고,
창인 내 왼손뿐만 아니라
망치인 내 오른손뿐만 아니라,
내 목덜미에 닿는
아버지의 묵직한 손과도 같은 겸손함뿐만은 아니다.
잠든 이들에 대한 사랑도
어머니에게서 물려받았으며,
그 때문에 칭찬을 듣는다.
잠든 이의 얼굴을 살펴보거나
담요를 덮어주는 동안,
햇빛이 그들의 눈에 들지 않도록
차양을 내려주거나
그들의 머리맡에 꽃을 준비하는 동안
그들에 대한 나의 관심, 나의 특별한 다정함인 것이다.

More than the cheekbones I inherited from my mother,
more than my left hand, the spear,
or my right hand, the hammer, more
than humility, like my father's heavy hand
on the back of my neck,
it is my love
for the sleeping ones
which recommends me.
It is my attention to their needs, my special tenderness
as I study this one's face,
or tuck a blanket around that one,
as I pull the shades down
so the sun isn't in their eyes,
or arrange flowers over their heads. (*R* 64-65)

시인은 부모로부터 물려받은 신체적 특징 속에 각별한 의미가 담겨 있음을 암시한다. 「언제나 장미 한 송이」("Always a Rose")에서 그가 "내 얼굴은 내 어머니의 얼굴./내 머리칼도 어머니의 것"((M)y face my mother's face./ My hair is also hers.)(*R* 39)이라 했듯 이 어머니에게서 물려받은 광대뼈는 동양인 특유의 얼굴 윤곽을 통해 부정할 수 없는 인종성을 결정하지만 동시에 차별과 소외의 원인이 된다. 그가 자신의 양손을 창과 망치에 은유한 것은 인종적 차별에 대항하는 방어기제로서의 호전성을 가리키는 것일 수도 있다.2) 또한 시인은 명망가 출신의 의사로서 마우쩌뚱의 주치의를 역임했지만 펜실베이니아 주 시골 마을 작은 교회의 목사가 되기까지 고난의 삶을 겪은 "아버지의 묵직한 손"이 표상하는 겸손함을 물려받았으며, 어머니로부터는 가족을 향한 다정한 마음씨를 전해 받은 것이다. 이처럼 어머니의 광대뼈와 아버지의 손을 기억하는 것은 그것들이 시인에게 가족의 내력을 상징할 뿐만 아니라 자신의 인종적 정체성의 결정 요인으로 작용하면서 동시에 가족에 대한 사랑과 결속감을 불러일으키기 때문이다.

『장미』의 시편들에서 빈번하게 나타나는 가족의 몸에 대한 시인의 기억은 「이른 아침에」("Early in the Morning")에서 어머니의 머리카락에 초점을 맞춘다. 그는 어머니가 아침마다 "먹처럼 무겁고/ 검은 머리카락"(her hair, heavy/ and black as calligrapher's ink)을 "상아 빗"(ivory comb)((*R* 25)으로 빗는 모습과 이를 지켜보는 아버지를 기억 속으로 불러낸다. 먹물에 비유된 짙고 검은 머

---

2) 리영 리는 「감」에서 발음을 구별할 줄 몰라 교사에게서 체벌을 받았던 경험을 언급하며 "싸움은 내가 두려울 때 하는 짓이고,/ 두려움은 내가 싸움질을 할 때 느끼는 감정이었다."(Fight was what I did when I was frightened,/fright was what I felt when I was fighting.)(*R* 17)고 말하며 어릴 적 낯설고 적대적인 환경에 대처하는 한 가지 대응 방식을 고백한다.

리카락의 시각적 이미지와 그것을 쓸어내리는 상아 빗소리의 청각적 이미지가 결합하여 시인은 어머니가 아침마다 머리를 손질하는 장면을 생생하게 전달한다. 어머니의 검은 머리카락을 짙은 먹물에 비유하고 어머니가 수십 년 동안 매일 아침 의식을 치르듯이 정성스레 머리를 매만지는 모습을 세밀하게 묘사함으로써 리영 리는 머리 색깔과 모양이 동양인의 고유한 인종적 표식임을 암시한다.

「이른 아침에」를 지배했던 어머니의 머리카락은 이민자 가족이 차지한 고유한 민속적 삶의 공간과 그 곳을 채우는 평온과 사랑을 상징한 반면에 「머리카락을 꿈꾸며」("Dreaming of Hair")에서 "아버지의 머리카락"은 무덤을 뚫고 나와 시인의 몸을 관통하는 세대의 연속성과 불멸의 상징으로 발전된다.

무덤 밖으로
내 아버지의 머리카락이
터져 나온다. 한 가닥이
내 왼 쪽 신발창을 뚫고,
뼈를 타고 솟아올라, 갈비뼈를 지나,
부서진 심장에 꿰매진 다음,
아래로,
배와, 사타구니에서 소용돌이치다가는, 다시 아래로,
오른 발을 뚫고 나간다.

나를 이 지구와 묶는 것은 무엇인가?
죽은 자들을 기억하고
그들을 향해 자라나는 것은 무엇인가?

Out of the grave
my father's hair
bursts. A strand
pierces my left sole, shoots

up bone, past ribs,
to the broken heart it stiches,
then down,
swirling in the stomach, in the groin, and down,
through the right foot.

What binds me to this earth?
What remembers the dead
and grows towards them? (*R* 23)

휘트먼이 「내 자신의 노래」("Song of Myself")의 제6부에서 생명의 불멸성과 세대의 연속성을 상징하기 위해 사용한 "무덤의 아름답고 자르지 않은 머리카락"(the beautiful uncut hair of graves)(34)과 흡사한 "내 아버지의 머리카락"은 시인의 몸을 관통하고 그를 이 세상과 단단히 묶어준다. 머리카락은 죽음 이후에도 면면히 이어지는 생명의 연속성을 상징하면서 시인이 남겨진 낯선 현실에서의 불안한 삶을 지탱해주는 아버지의 사랑과 영향력을 표상한다. 이처럼 『장미』에 수록된 시들에서 리영 리는 가족의 몸의 이미지를 통하여 단절과 이탈의 경험 속에서 시인을 지탱시켜주는 가족애를 표현하면서 자신의 인종적 정체성의 근거를 확인한다.

그러나 리영 리는 혈육의 몸에 대한 집착에서 벗어나 점차 낯선 타인의 몸, 특히 중국계 이민자들에게로 시선을 확대하면서 이제까지의 몸의 이미지와 비유를 발전시킨다. 그는 「쪼개기」에서 시카고의 차이나타운에서 만난 "내 얼굴을 가진"(with my face) 식육점 주인의 깡마른 얼굴, "호전적인 이마"(warlike forehead), "얇은 턱 끝"(sheer edge of jaw), 무거운 칼을 움켜쥐고 휘두른 탓에 "부은 모양을 한, 근육질의 왼쪽 팔뚝"(left forearm, which is engorged, sinewy), "가는 허리"(narrow-waisted)(*C* 77-78) 등을 묘사하면서 중국인 이민자들과의 인종적 유대감을 표현한다. 또한 그는 이 몸의 묘사를 통하여 동양인의 몸을 열등하게 취급하고 비하하는 미국 주류사회의 시선에 반발한다. 아시아계 미국 시인이 아시아인들의 신체적 특징을 구체적으로 표현하는 것은 "인종적 전형화에 대한 저항의 행위"(Zhou 124)로 해석될 수 있기 때문이다. 매릴린 친이 「민족적 자아의 초상, 1990-1991」("A Portrait of the Self as Nation, 1990-1991")에서 "*잘 가 우롱차*"(*so-long Oolong*)(93), "*잘 가 작고 눈 찢어진 나비야*"(*bye-bye little chinky butterfly*)(94)라는 가사의 노래가 불리어지는 인종차별적 현실에서 "황홀감에 색깔이 있다면, 그건/ 노란색과 분홍색, 노란색과 핑크색의/ 문질러 벗겨진 몽골인의 피부일 거야"(If ecstasy had a color, it would be/ yellow and pink, yellow and pink/ Mongolian skin rubbed raw)(92)라며 동양인의 피부를 예찬하는 것은 동양인의 몸을 백인 보다 열등한 것으로 간주하는 차별적 시각에 대한 항의이며 전복 행위로 볼 수 있다.

시인은 식육점 주인의 신체적 특징을 나열하고 나서 시장 통에서 음식을 먹으며 "다양한 형상의 서로 다른 몸으로 앉은/ 피와 모양새로 맺어진 형제자매들"(Brothers and sisters by blood and design,/who sit in separate bodies of varied shapes), 즉 중국계 이민자들의 각양각색의 얼굴 생김새를 자세히 묘사한다. 이어서 이들의 특색을 "모두가 다양해서 아름답다"(All are beautiful by variety)(*C* 81)고 개괄하면서 다양하고 아름다운 신체적 특징을 간직한 동족에 대해 애정과 결속감을 나타낸다.

힘줄을 덥석 무는
저 튀어나온 턱;
그렇게 생긴 얼굴이 유발하는
주먹들과 만나는 저 넓적한 코;
대상과 마주치면 감기는 저 가느다란 눈들;
짐승의 고기를 빨아먹거나
300편의 당시를 암송하는
저 두툼한 입술들;
나의 단음절들을 깨무는 이 이빨들;
그 음절들로 영혼을 노래하게 만드는
이 광대뼈들.

that jut jaw
to gnash tendon;
that wide nose to meet the blows
a face like that invites;
those long eyes closing on the seen;
those thick lips
to suck the meat of animals
or recite 300 poems of the T'ang;
these teeth to bite my monosyllables;
these cheekbones to make
those syllables sing the soul. (*C* 81)

동족에 대해 시인이 애정을 느끼는 것은 그들이 서로 다른 모습
과 몸짓을 지니고 있지만 "피로 맺어진 형제자매들"이기 때문이다.
"튀어나온 턱," 중국인 특유의 "넓적한 코"와 "가느다란 눈," "두툼
한 입술," "광대뼈"를 열거하며 다양한 "몸과 체취"를 지닌 이민자
들에 대한 형제애를 표현하는 이 구절은 그가 애정의 범위를 혈육
에게만 국한하지 않고 다양한 외형을 지닌 중국인 전체를 향해 확
장하면서 자신의 인종적 정체성을 수용하고 있음을 나타낸다. 한
걸음 더 나아가 리영 리는 식육점 주인의 얼굴 속에서 인종과 성

별, 그리고 종교를 초월한 보편적인 인간의 모습을 발견하고 그것이 곧 자신의 얼굴임을 역설함으로써 자신에게 씌워진 협소한 인종적 울타리를 확장하려 시도한다.

> .....그의 상 왕조 시대 얼굴이 지닌
> 슬픔,
> 가느다란 눈을 가진 아프리카인의 얼굴. 그는
> 내 누이,
> 이 아름다운 베두인, 이 술람미 여성,
> 안식일의 수호자, 성서의
> 예언자, 이 어두운 피부의
> 무희, 이 유대인, 이 아시아인,
> 캄보디아인, 베트남인의 얼굴을 한 인간,
> 내가 매일 만나는 이 중국인,
> 이 이민자,
> 내 자신의 얼굴을 한 이 사람.

> ....the sorrow of his Shang
> dynasty face,
> African face with slit eyes. He is
> my sister, this
> beautiful Bedouin, this Shulamite,
> keeper of sabbaths, diviner
> of holy texts, this dark
> dancer, this Jew, this Asian, this one
> with the Cambodian face, Vietnamese face, this Chinese
> I daily face,
> this immigrant,
> this man with my own face. (*C* 86-7)

시인은 식육점 주인의 얼굴 속에서 아프리카, 중동과 유대, 캄보디아와 베트남 인의 모습을 발견함으로써 중국 민족의 부단한 이주의 역사와 그 과정에서 발생한 타 인종, 타 문화와의 부단한 결합의 가능성을 시사한다. 그를 자신의 누이라고 부르며 성별의 제약을 초월한 리영 리는 인류가 인종적, 문화적 다양성에도 불구하고 공통의 인간성을 공유하면서 서로 연결되어 있을 가능성을 암시한다. 그는 다양한 기원과 특색을 지닌 식육점 주인의 얼굴을 곧 자신의 얼굴과 동일시하면서 자신과 타인을 가르는 모든 경계와 제약의 무의미함을 역설한다. 무엇보다 시인이 식육점 주인의 얼굴에서 다양한 인종적 특색을 찾아내는 이유는 중국이 민족적 순수성을 보존하려 "미이라의 명성"을 누려온 정체된 국가임을 지적하면서 (*Journals* 378-79) "세상에서 가장 추악한 특징을 간직해 온" 인종이 바로 중국인이라는 에머슨(Ralph Waldo Emerson)의 인종차별적 발언을 염두에 두기 때문이다.

> 나는 이 인종을 집어삼켜 노래하고 싶다,
> 에머슨에 따르면
> *3, 4천년 동안 머리카락 한 올까지*
> *세상에서 가장 추악한 특징을*
> *간직해온 이 인종을.*

> I would devour this race to sing it,
> this race that according to Emerson
> *managed to preserve to a hair*
> *for three or four thousand years*
> *the ugliest features in the world.* (C 83)

에머슨은 "최상의 국가들은 가장 광범위하게 관련된 국가들이다. 전 세계적인 융합을 가져온 항해술이 국가들의 가장 강력한 발전이다.....영국의 모든 것은 서로 거리가 멀고 대립하는 원소들의 융합이

다"(*Essays* 793)이라면서 영국의 개방성을 내세워 중국인의 폐쇄적
속성을 비판한다. 중국인을 폐쇄적이고 배타적인 속성을 지닌 민족
으로 폄하하는 이러한 관점은 골드 러쉬 이후 철도 부설에 동원된
중국계 이주 노동자들을 "이 나라의 언어를 배우려들지 않아 의사
소통하기 가장 어려운" "수수께끼" 같은 인종(Kim 22)으로 간주하
고 이들의 미국 시민권 취득을 규제하고 계속적인 이주 노동자들의
유입을 금지했던 1882년 중국인 배제법(Chinese Exclusion Act)의
근거를 형성한다. 미국 역사상 특정 민족의 이민을 제한한 최초의
법안인 중국인 배제법은 표면적으로는 중국인 계약 노동자들이 미
국인들의 일자리를 빼앗고 임금을 낮춘다는 이유로 제정되었지만,
이러한 경제적 이유보다는 이질적인 문화와 가치관을 지닌 중국인
들에 대한 인종 차별적 반감이 표출된 결과였다(Miller 4). 「쪼개기」
에서 리영 리가 식육점 주인의 얼굴에서 다양한 인종적 교류와 융
합의 흔적을 발견하고 같은 시집에 실린 「내가 당신을 사랑하는 도
시」("The City in Which I Love You")에서 "잡다하게 섞인 나의
피"(my blood motley)(*C* 52)를 언급하는 것은 중국인이 순혈주의를
고집하는 폐쇄된 민족이 아님을 강조하기 위해서이다.

「쪼개기」에서 리영 리는 『장미』의 시편들에 두드러졌던 혈육의
몸에 대한 집착에서 벗어나 시선을 확대시켜 타인의 몸에서 자신과
의 동질성을 찾아내고 주류문화가 부여한 정형화된 인종적 굴레에
서 벗어날 가능성을 모색한다. 그러나 이러한 자기 확대의 가능성
이 궁극적으로는 중국계 이민자로서의 인종적 정체성의 범위를 넘
지 않았다는 사실은 자신의 인종적 근원을 부정하지 않으려는 그의
의지를 드러낸다. 결국 진실한 자아를 찾으려는 그의 노력은 부모

로부터 태생적으로 물려받은 자신의 인종성을 수용하면서도 그 속에 잠재된 인간의 공통점과 보편적 본질, 그리고 혼성적 특성을 발견하여 자신을 "모든 이로서의 존재"(everybodyhood) 또는 "아무도 아닌 존재"로 확대하려는 시도라고 볼 수 있는 것이다.

Ⅲ. 음식과 인종적 정체성

몸의 이미지와 비유를 확대한 것처럼 리영 리는 초기 시에서 가장 두드러진 시적 소재 가운데 하나인 음식의 비유를 발전시켜 자기 확대를 시도한다. "음식은 영양을 공급할 뿐만 아니라 의미를 나타낸다"는 사회학자 클로드 피쉴러(Claude Fishler)의 주장(276)이나 "음식에 관한 한 가지 확실한 것이 있다면, 그것은 결코 음식으로 그치지 않고 끝임 없이 해석될 소지가 있는, 물질화된 감성이라는 사실이다"는 테리 이글튼(Terry Eagleton)의 지적(204)처럼 음식은 다양한 의미와 감성을 내포한다. 또한 "음식은 인간의 정체성과 타자에 대한 개념을 구성하는 중요한 문화적 기호들 가운데 하나로 기능한다"(Xu 2). 식습관의 차이가 타자를 차별하는 수단이 될 수 있기 때문이다. 리영 리는 어릴 적 아버지가 목회활동을 했던 펜실베이니아 주의 작은 마을 이스트 밴더그리프트(East Vandergrift)에서 한 동급생으로부터 "아이들이 너희는 집 뒤켠 베란다에 놓인 자루 속에 뱀과 메뚜기를 넣어두고 먹는다던데. 식사예절이 없어 접시를 입까지 들어 올려 젓가락으로 음식을 밀어 넣는다고 하더라."(W 86)라는 말을 전해 들었던 일화를 소개한다. 이처럼 타 민족 고유의 음식 문화에 대한 오해와 편견은 주류문화가 이민자들을 쉽사리 열등한 타자로 배제하는 결과를 낳는다.

「감」에서 초등학교 6학년 시절 "persimmon"과 "precision"을 구별하여 발음하지 못한다는 이유로 시인의 자서전적인 화자에게 체벌을 가했던 여교사는 동양 이민자의 음식 문화에 대한 오해와 편견으로 시인을 더욱 난처한 상황으로 몰아넣는다.

> 워커 선생님은 감 한 개를 교실로 들고 와
> 자르고선
> 누구나 중국식 사과를
> 맛볼 수 있게 했다.
> 익었거나 달지 않음을 알기에
> 나는 먹지 않고 다른 급우들의 얼굴을 지켜보았다.
>
> Mrs. Walker brought a persimmon to class
> and cut it up
> so everyone could taste
> a Chinese apple. Knowing
> it wasn't ripe or sweet, I didn't eat
> but watched the other faces. (*R* 18)

감을 "중국식 사과"로 지칭하는 교사는 타 문화를 자기중심적인 관점으로 받아들이고 표현하는 주류 문화의 오만과 몰이해를 보여준다. 교사와는 다르게 감에 대해 잘 알고 있는 화자는 교사가 잘라 나눠준 덜 익은 감을 먹지 않았지만, 그 떫은 감을 먹고 분명 얼굴을 찡그렸을 동급생들로부터 또 한 차례 소외와 차별을 겪었을 것은 분명하다. 그 낯설고 불쾌한 맛을 경험한 아이들은 타 문화의 식습관에 대한 편견을 상당 기간 간직할 것이기 때문이다.

타문화에 대한 교사의 무지와 편견과는 대조적으로 화자는 잘 익은 감을 제대로 고르고 먹는 정밀한 방법을 소개함으로써 고유한 음식에 대한 문화적 이해력을 보여주고 자신의 문화적 근원을 확인한다.

감을

고르는 법. 이것이 정밀함이다.
잘 익은 감은 부드럽고 갈색의 반점들이 있다.
밑바닥을 냄새 맡아보라. 단감은
향기가 날 것이다. 먹는 방법:
칼을 치우고, 신문지를 깔아,
과육을 찢지 않도록, 껍질을 부드럽게 벗기고,
껍질을 씹어, 빨고,
삼킨다. 이제,
너무도 달콤한
과육을,
송두리째, 속까지 먹는다.

How to choose

persimmons. This is precision.
Ripe ones are soft and brown-spotted.
Sniff the bottoms. The sweet one
will be fragrant. How to eat:
put the knife away, lay down newspaper.
Peel the skin tenderly, not to tear the meat.
Chew the skin, suck it,
and swallow. Now, eat
the meat of the fruit,
so sweet,
all of it, to the heart. (*R* 17)

청각적, 시각적, 운동 감각적 이미지를 동원해 미국인들에게는 생소한 감을 제대로 고르고 먹는 방법을 세밀하게 묘사함으로써 화자는 자신이 고유한 음식과 식습관에 대한 이해가 체화된 이민자 가족의 일원임을 드러낸다. 화자를 타자화 하는 계기가 되었던 감은 한편으로 그를 육체적, 정신적, 문화적 근원인 부모와 엮어주는 매개체로서 작용하기도 한다. "어머니는 모든 감마다 그 속에 햇님이,/ 황금빛의, 빛나는 내 얼굴처럼/ 따뜻한 무엇이 들어있다고 말씀하셨다."(My mother said every persimmon has a sun/ inside, something golden, glowing,/ warm as my face.)(*R* 18)는 구절에서처럼 붉은 색 둥근 모양의 감과 그 속에 든 씨는 어머니에게 아들의 동그란 얼굴과 빛나는 태양을 떠올리게 하고, "sun"은 동음이의어인 "son"을 연상시키며 모자 사이의 변치 않는 사랑의 매개체로 발전한다. 화자가 "침실 창턱"(bedroom windowsill)에 올려놓은 "아직 익지 않은"(not yet ripe)(*R* 18) 감은, 학교에서 시인을 소외와 차별로 몰아넣었던 덜 익은 감과는 대조적으로 문화적 경험을 공유하는 모자 사이의 사랑의 감정을 강화시킨다. 시인은 어머니의 따스한 애정으로 자신을 미국 사회로 동화될 것을 훈련하는 엄혹한 교실 현장에서 겪은 훈육과 처벌을 보상받는 것이다.

리영 리는 『날개 달린 씨앗』에서 어머니와 함께 나눈 대화를 소개하면서 가족이 함께 나누는 음식을 통해 전달되는 따스한 사랑의 감정을 표현한다.

> *그 외에 살 것이 무엇이지? 나는 대답한다. 이 생선 머리요. 좋구나, 어머니가 대답한다. 생강과, 된장과, 파를 넣고 네가 좋아하는 방식으로 요리해서 주마. 눈알들은 쪄서 즙이 많은 젤리로 만들고 거기다가 영양 많은 생선 뇌도 어머니가 말씀하신다. 영양 많은 생선 뇌는 네가 먹으렴. 어머니께 감사드리며 말한다. 어머니께는*

꼬리를 튀겨 드릴게요. (*W* 96)

중국인 이민자 가족의 음식 문화를 이해하지 못하는 사람들에게 생선의 뇌, 젤리처럼 변한 생선의 눈알, 생선 꼬리 등은 혐오스러운 것일 수 있지만 시인의 가족에게 이 음식들은 사랑과 감사를 나누는 고유의 문화적 기호들이다. 생선 머리를 먹는 것은 "중국인의 식습관이 그들을 야만적이고 비인간적이라고 특징짓는 해묵은 주장에 대한 응답"이며 지배 문화의 "헤게모니와 위계질서를 뒤엎는 일"로서 "하나의 전복적인 행위"(Partridge 86)이기도 하다. 리영 리가 이 대화를 소개한 이유는 호기심을 갖고 타 문화를 들여다보는 독자들의 관음증적인 욕망을 충족시키려는 데 있기보다, 고유한 음식을 함께 나누며 가족 간의 유대감을 강화하는 일은 인종과 음식의 종류를 떠나서 인간의 보편적인 행위라는 것을 전하기 위해서일 것이다.

시인은 「함께 하는 식사」("Eating Together")에서도 고유의 토속적 음식을 함께 나누는 가족의 모습을 담담하게 그려낸다.

> 찜통 속에는 송어가 있다,
> 저민 생강 몇 조각,
> 두 가닥의 파, 그리고 참기름으로 양념을 한.
> 우리는 점심으로 그 송어를 쌀밥과 함께 먹을 것이다,
> 형제들, 누이, 생선 머리의 가장 맛있는 부위를 맛보실
> 어머니와 함께.
> 아버지가 몇 주 전에 그렇게 하셨던 것처럼
> 어머니는 능숙한 솜씨로 손가락들 사이에
> 생선 머리를 쥐신다.
>
> In the steamer is the trout

seasoned with slivers of ginger,
two sprigs of green onion, and sesame oil.
We shall eat it with rice for lunch,
brothers, sister, my mother who will
taste the sweetest meat of the head,
holding it between her fingers
deftly, the way my father did
weeks ago. (*R* 49)

　쌀밥에 찐 송어를 곁들인 점심 식사는 "시인의 아버지가 돌아가신 뒤 가족의 소속감을 세대의 연속성과 함께 결합하는 하나의 은유"이다(Partridge 82). 가족의 구심점이었던 아버지의 부재가 가져다주는 슬픔에도 불구하고 이들은 한결 같은 모습으로 익숙한 음식을 나누는 문화적 의식을 지속할 것이다. 「감」에서 시력을 잃은 아버지가 예전에 감 두 개를 담아 그렸던 족자를 매만지며 *"어떤 것들은 사람에게서 절대 떠나지 않지."*(*Some things never leave a person*)(*R* 19)라 말씀하셨듯이 고유의 음식을 나누며 공유되는 감각적, 정서적 경험이 반복되는 한 가족의 결속력은 유지될 것이기 때문이다. 이 시의 상황은 「혼자 하는 식사」("Eating Alone")에서 홀로 익숙한 음식을 준비하는 시인의 모습과 병치된다.

　흰 쌀밥이 김을 내면서 거의 다 익었다. 양파에 볶은
　달착지근한 연두콩. 마늘을 넣어 참기름에 볶은 새우.
　그리고는 나만의 외로움.
　젊은 내가 바랄 것은 무엇이 더 있을까.

　White rice steaming, almost done. Sweet green peas
　fried in onions. Shrimp braised in sesame
　oil and garlic. And my own loneliness.

What more could I, a young man, want. (*R* 33)

시인은 기대고 선 삽을 아버지의 환영으로 착각할 만큼 아버지를 그리워하고 그의 부재로 인해 외로워하면서도 늘 즐겨 먹던 토속적인 음식들을 홀로 준비하며 자립의 의지를 다진다. 양파와 함께 볶은 연두콩, 참기름으로 볶은 새우, 김이 나는 쌀밥으로 이루어진 한 끼의 고유한 식사는 아버지와 가족에 대한 기억과 사랑을 일깨우면서 그를 지탱시켜주는 정서적 자양분을 공급할 것이기 때문이다.

리영 리는 가족 간의 사랑과 결속력의 매개체였던 음식의 비유를 발전시켜 자신의 인종적 정체성과 문화적 전통을 확인하고 동시에 그가 "아무도 아닌 존재" 또는 역설적으로 "모든 이의 존재"로 표현한 보편적 인간으로의 자기 확대를 시도한다. 「쪼개기」에서 시인은 시카고 차이나타운의 한 식육점에 그로테스크한 모습으로 진열된 음식들을 자세히 묘사하고 식육점 주인이 건네주는 특정부위를 섭취하면서 중국계 이민자로서 자신의 문화적 전통에 대한 친숙함과 이해력을 보여준다. 그러나 리영 리는 이 행위를 통해 자신의 인종적, 문화적 정체성을 확인하는 것에만 그치지 않고 "세상을 집어 삼켜 표현하려는"(devour the world to utter it)(*C* 82) 적극적인 욕망을 표출하고 나아가 중국 민족에 대한 인종적 편견까지를 포용함으로써 인종적 울타리를 넘어서 자기 확장을 시도한다.

이 시의 초반부에서 시인은 "코와 어깨가 걸려/ 매달린 암돼지"(a hog hung/ by nose and shoulders), "한 마리씩 시키면 갈고리에/ 가슴과 부리가 꿰뚫린 채 매달린"(each pierced by black/ hooks through breast, bill) 오리들을 묘사하면서 "껍질 전부가 바

싹 타버려/ 그 맛이 달콤하다는 것을 나는 안다"(her entire skin burnt/ crisp, flesh I know/ to be sweet)(C 77)는 말로 미국 주류 문화의 눈에는 기괴하게 비처질 이 독특한 음식 문화에 대한 친밀감을 표시한다. 또한 식육점 주인이 칼로 가른 오리의 "두개골 속에/ 태아처럼 웅크린"(foetal-crouched/ inside the skull) 뇌를 경탄의 표정으로 바라보던 시인은 이를 눈치 챈 주인이 자신에게 건넨 부위를 집어 삼키면서 이러한 이심전심의 행위 속에 깃든 문화적 함의에 대한 이해력을 보여준다.

> 식육점 주인은 내가 이 별미를 곁눈질하는 것을 본다.
> 그는 손가락 하나로, 두개골에서
> 그것을 집어 꺼내
> 나에게 내민다.
> 나는 그것을 손가락 사이에 조심스레 잡고
> 꿀꺽 삼킨다.
> 나의 동족을 먹은 것이다.

> The butcher sees me eye this delicacy.
> With a finger, he picks it
> out of the skull-cradle
> and offers it to me.
> I take it gingerly between my fingers
> and suck it down.
> I eat my man. (C 79-80)

오리의 두개골을 열어 뇌를 꺼내 먹는 특이한 중국의 식문화 속에는 여진족을 물리친 충신이지만 간신 진희의 모함으로 억울하게 처형당한 중국 송나라의 장수 악비(Yu Fei)의 유혼을 달래는 제례적 의미가 깃들어있다. 분노한 대중의 돌팔매질을 피해 진희가 숨어들었다고 믿는 닭의 뇌를 고소하다는 듯 꺼내 먹어 악비의 영혼을 달랬다는 중국의 우화를 "나의 동족을 먹은 것이다"는 말로 인유함으로써 화자는 자신의 문화적 전통에 대한 이해심을 보여주고 식육점 주인과의 상호 교감을 통해 그들이 공통의 문화유산을 이심전심으로 공유하고 있음을 드러낸다. 「감」에서 간단한 중국어 단어조차 잊어버려 전통과의 단절감을 드러냈던 리영 리는 이 인유를 통해 악비의 전설에 대한 지식으로 자신을 "문화적 내부자"로 재설정하고(Xu 121) 자신의 인종적 정체성을 확인한다.

「언제나 장미 한 송이」에서 시인은 장미 꽃잎을 "나는/ 내 자신의 몸 안으로 가라앉기 위해/ 너를 먹는다. 깊은 수액을 담은/ 비밀스러운 몸이여,/ 나는 저 아래 너의 비밀에 이를 때까지/ 너를 먹는다"(I/ eat you to sink into/ my own body. Secret body/ of deep liquor,/ I eat you/ down to your secret.)(R 40)고 말하며 먹는 행위를 대상을 자기 안으로 받아들이고 이해하는 인식 행위에 비유한다. 마찬가지로 리영 리는 「쪼개기」에서 이러한 음식 먹기의 비유를 "세상을 집어 삼켜 표현하려는"(devour the world to utter it)(C 82) 보다 적극적인 욕망으로 발전시킨다. 음식을 먹는 행위가 내 몸 밖의 이질적인 대상을 섭취해서 몸 안의 친숙한 것으로 바꾸고 "위협적인 것"을 "자양분"으로 변환하는 동화작용이듯이(Xu 121-122) 그는 앞 장에서 살펴보았듯이 에머슨이 보여준 중국민족에 대한 인종적 편견을 집어 삼켜 포용함으로써 자기 확대를 시도한다. "자르기"와 "들러붙기"를 함께 의미하는 "cleave"를 활용하여 그는 "그렇다면 나를 잘라 낸 것에 들러붙는 일 말고/ 내가 할 수 있는 것은 무엇이겠는가?"(What then may I do/ but cleave to what cleaves me)(*C* 86)라고 말하며 중국인을 "*세상에서 가장 추악한 특징을 간직해온 인종*"으로 비하하면서 타자로 "잘라 낸" 에머슨의 인종차별주의를 포용하고 동시에 모든 존재의 상호연결성을 강조하는 그의 초월주의에 들러붙기를 시도한다.

> 나는 이 특징들과, 지난 3, 4천년의 세월과,
> 모든 머리카락을 먹으련다.
> 그리고 에머슨과, 그의 투명한 영혼과, 그의
> 잠 오게 하는 초월성을 먹을 것이다.
>
> I would eat these features, eat
> the last three or four thousand years, every hair.
> And I would eat Emerson, his transparent soul, his
> soporific transcendence. (*C* 83)

리영 리는 인종적 우월성에 사로잡혀 에머슨이 폄하하는 중국인의 추악한 특징을 기꺼이 받아들이겠다는 사고의 유연성과 함께, "투명한 영혼"과 "초월성"으로 대표되는 에머슨의 초월주의까지도 수용하려는 의지를 보여준다. 그가 초월성 앞에 "잠 오게 하는"이라는 형용사를 붙인 것은 가시적 현상을 관통하는 보편적 진리를 추구하고 모든 존재의 등가적 상호 관련성을 주장하는 에머슨의 초월주의가 사실상 지루한 이론으로서만 존재할 뿐 현실에서 실천되지 않고 휴면상태에 머무르고 있음을 지적한 것일 수 있다(윤희수 86). 그가 에머슨을 집어 먹어 삼키는 행위 속에는 존재의 등가적 상호 관련성을 내세우는 초월주의자가 사실은 타 문화에 대한 무지와 편견에 사로잡혀있는 자기 모순성을 들춰내면서 그 모순성마저도 용인하겠다는 의지가 담겨 있는 것이다. 또한 "우리는 먹으면서 먹힌다"(As we eat we are eaten)(C 85)는 역설적 표현이 가리키듯이 시인은 에머슨을 수용하면서 동시에 그의 초월주의에 수용 당하고 영향을 받을 수 있음을 암시한다. 시인이 에머슨에 수용된다는 것은 그가 보여준 자기 모순성에도 불구하고 우주적 질서 속에 위치한 보편적인 인간상을 제시하는 에머슨의 철학을 받아들여 자신을 에워싼 협소한 인종적 제약에서 벗어날 가능성을 내비치는 것일 수 있다.

이미 앞 장에서 살펴보았듯이 리영 리는 「쪼개기」의 최종 연에서 타 인종과 교류하지 않고 민족적 순수성을 지켜온 추악한 민족이라고 폄하한 에머슨의 인종 차별적 주장에도 불구하고 사실 중국인들이 오랜 역사를 거치면서 타민족과의 교류와 결합을 거듭해 온 혼성적 민족임을 암시하며, 식육점 주인의 얼굴 속에서 그 흔적을 찾아내고 이를 곧 자신의 얼굴과 동일시함으로써 중국인의 정체성 속에 이미 특정한 인종성을 뛰어넘는 보편성이 숨겨져 있음을 암시한다. 그가 음식의 비유를 발전시키는 과정을 추적하며 발견한 한 가지 사실은 진실한 자아를 찾으려는 리영 리의 노력이 자신의 인종적 정체성을 부정하는 것이 아니라 그것을 수용하면서도 그 속에서 자아 확대의 가능성을 모색하는 작업이라는 것이다.

IV. 맺는 말

『장미』와 『내가 당신을 사랑하는 도시』에 수록된 시들을 중심으로 리영 리가 몸과 음식의 소재를 비유적으로 활용하여 이민자의 단절과 이탈의 경험 속에서 가족애를 강화하고 동족에 대한 사랑을 표현하며 궁극적으로 자기 확대를 모색하는 과정을 살펴보았다. 그의 시는 이후에 출간된 『내 밤의 책』(2001)과 『내 눈 뒤에서』(*Behind My Eyes*)(2008)에서 그의 초기시를 압도하던 이민자의 경험 세계는 축소된 채, 종교적 명상과 성찰을 다룬 추상적인 세계로 전환된다. 그러나 이러한 방향 전환은 사실 자신을 닮은 동족의 몸에서 보편적 인간상을 발견하고, 음식의 비유를 통해 인종적 편견까지 집어 삼키며 나와 타자 사이의 장벽을 허물고 모든 존재의 상호관련성과 보편성에 대한 초월주의적 믿음까지를 수용하려는 리영 리의 시도 속에서 충분히 예고되었던 것이기도 하다.

리영 리는 2002년 머리 조던(Marie Jordan)과 나눈 대담에서 "바람, 나무, 구름, 인간, 바위와 동물들 모두 존재로 충만해 있으며"(Wind and trees and clouds and people and rocks and animals are all saturated with the presence), 이 "충만한 상태가 신성한 상태"(the saturated condition is the sacred condition)(38)라고 말한다. 세 번째 시집 이후 그는 모든 존재들 속에 신성이 가득 찬 "신성한 실재"(the sacred reality)(38)를 바라보며 그 속에서 자기 존재의 근원을 찾으려는 또 한 차례의 시적 여정을 시작한다. 그는 『내 밤의 책』에 수록된 시 「태초에」("In the Beginning")에서 "무에서 시작된, 세계"(the world, begun out of nothing)(*B* 44)에서 자신이 탐색하는 존재의 근원이 결국은 바다, 바위, 나무 등의 근원과 동일한 것임을 발견한다.

> 남은 것은 바다가 지닌 기억.
> 바위들 속의 향수병.
> 나무들 속의 귀향.

A memory of the sea, it's what remains.
Homesickness in the rocks.
Homecoming in the trees. (*B* 45)

　분화되기 이전의 모든 존재의 궁극적인 기반을 찾으려는 그의 새로운 시적 여정은 인종적 정체성에 초점을 맞추었던 초기시의 그것과 뚜렷이 구별되는 것으로 보인다. 그러나 이 여정은 인종적, 문화적 다원성을 표방하면서도 이민자를 타자로 구분하고 전형화 하여 궁극적으로는 소외시키는 미국의 인종차별적 현실에서 문화적으로 규정되지 않는 자신의 진실한 자아와 그 근원을 찾기 위한 노력이라는 점에서 초기시와 동일한 궤적 위에 놓여 있다고 할 수 있다.

　자신의 인종적 전통을 부정하지 않으면서 그 속에서 가장 진실한 자아와의 대화를 시도하고 궁극적으로는 자기 존재의 근원을 탐색하는 그의 시적 노력은 넘기 어려운 인종적 장벽이 엄연하게 존재하는 미국사회에서 이민자 출신의 시인이 할 수 있는 몇 안되는 선택들 가운데 하나일 것이다. "자신이 전적으로 알지 못하는/ 나라"(A country/wholly unfound to himself)(*B* 6)의 "층층으로 세워지고, 벽으로 버텨진, 쓰레기가 파헤쳐지고, 경찰이 감시하는,/ 내가 집이라 부르는/ 이 도시"(this/ storied, buttressed, scavenged, policed/city I call home)에서 "손님"으로 살아가는-- "in which I am a guest"(*C* 51)-- 리영 리에게, "storied," "buttressed," "policed"가 암시하듯이 인종적 층위구조를 공권력과 법적, 제도적 장치들로 간신히 지탱하고 있는 미국 사회가 리영 리에게 결코 진정한 "집"이며 안식처가 될 수 없기 때문이다.

참고문헌

윤희수. 「리영 리의 아버지 찾기의 시학」. 『새한영어영문학』no. 58:3, 2016, pp. 69-91.

Bilyak, Dianne. "Interview with Li-Young Lee." *The Massachusetts Review*, no. 44, 2004, pp. 600-612.

Chin, Marilyn. *The Phoenix Gone, The Terrace Empty*. Milkweed Editions, 2009.

Cooper, Patty and Alex Yu. "Art Is Who We Are," *Breaking the Alabaster Jar: Conversations with Li-Young Lee*. ed. Earl. G. Ingersoll. BOA Editions, 2006, pp. 55-73.

Eagleton, Terry. "Edible ecriture." *Consuming Passions*. eds. Sian Griffiths and Jennifer Wallace. Manchester: Mandolin, 1998, pp. 203-208.

Emerson, Ralph Waldo. *Essays and Lectures*. Ed. Joel Porte. Library of America, 1983.

_____. *The Journal and Miscellaneous Notebooks of Ralph Waldo Emerson*. Vol. II. Ed. William H. Gillman, et al. Harvard UP, 1961.

Fishler, Claude. "Food, Self and Identity." *Social Science Information*, no. 27.2, 1988, pp. 275-292.

Hesford, Walter A. "*The City in Which I Love You*: Li-Young Lee's Excellent Song." *Christianity and Literature*, no. 46.1, 1996, pp. 37-60.

Jordan, Marie. "An Interview with Li-Young Lee." *The Writers Chronicle*, no. 3:6, 2002, pp. 35-40.

Lee, James Kyung-Jin. "Li-Young Lee," *Words Matter: Conversations with Asian American Writers*. ed. King-Kok Cheung. U of Hawaii P, 2000, pp. 270-280.

Lee, Li-Young. *Book of My Nights*. BOA Editions, 2001.

_____. *The City in Which I Love You*. BOA Editions, 1990.

_____. *Rose*. BOA Editions, 1986.

_____. *The Winged Seed: a remembrance*. Hungry Mind, 1995.

Kim, Hyung-Chan, ed. *Asian Americans and Congress: A Documentary History*.

Greenwood, 1996.

Kitchen, Judith. "Review of Li-Young Lee's *The City in Which I Love You.*" *The Georgia Review,* no. 45, 1991, pp. 154-69.

Marshall, Tod. "To Witness the Invisible: A Talk with Li-Young Lee." *Kenyon Review* no. 22:1, 2000, pp. 129-147.

Miller, Stuart C. *The Unwelcome Immigrant: The American Image of the Chinese.* U of California P, 1969.

Moyer, Bill. "A Well of Dark Waters." *Breaking the Alabaster Jar: Conversations with Li-Young Lee.* ed. Earl. G. Ingersoll. BOA Editions, 2006, pp. 30-43.

Mura, David. "Dim Sum Poetics." *Song for Uncle Tom, Tonto, and Mr. Moto: Poetry and Identity.* The U of Michigan P, 2000, pp. 97-101.

Partridge, Jeffrey F. L. *Beyond Literary Chinatown.* U of Washington P, 2007.

Piccione, Anthony and Stan Sanvel Rubin. "Waiting for a Final Shapeliness to Occur," *Breaking the Alabaster Jar: Conversations with Li-Young Lee.* ed. Earl. G. Ingersoll. BOA Editions, 2006, pp. 44-54.

Wang, Dorothy J. *Thinking Its Presence: Form, Race, and Subjectivity in Contemporary Asian American Poetry.* Stanford UP, 2014.

Whitman, Walt. *Leaves of Grass.* Eds. Sculley Bradley and Harold W. Blodgett. Norton, 1973.

Xu, Wenying. *Eating Identities: Reading Food in Asian American Literature.* U of Hawaii P, 2008.

Yao, Steven G. "The Precision of Persimmons: Hybridity, Grafting, and the Case of Li-Young Lee." *LIT: Literature, Interpretation, Theory,* no. 12, 2001, pp. 1-23.

Zhou, Xiaojing. "'Your Otherness is Perfect as My Death': The Ethics of Li-Young Lee's Poetry." *Critical Studies,* no. 26, 2005, pp. 297-314.

11

아시아-태평양 농식품 무역구조와 기업식량체제의 동향

송인주

I. 서론

2017년 미국 트럼프 행정부의 출범은 국제 무역질서 내에서 신보호주의적 흐름이 강화될 수도 있는 계기로 평가된다(e.g. 송주호·김하은, 2016). 세계무역기구(WTO)에 제소된 통상 분쟁이나 한국 수출품에 대한 수입규제조치도 증가하고 있지만,[1] 농식품 영역에서 가장 중요한 과제는 역시 자유무역협정(FTA)의 재협상이다. 그런데 한-미 FTA는 단순히 양국 간 문제가 아니라 미국이 추구하는 아시아-태평양 지역주의 질서의 표준적 모델(박상현, 2014a)인 까닭에 재협상은 이 지역 전체에 심대한 정치·경제적 조정을 야기할 수 있다. 지극히 낮은 곡물 자급률로 표현되는 한국 식량안보의 구조적 취약점을 고려할 때 이 같은 세계적 상황 변화는 중대한 함의를 갖는다.

환태평양동반자협정(Trans-Pacific Partnership, TPP)과 함께 주목을 받은 아시아-태평양 지역은 현재 세계 실물경제 성장의 기축을 이루고 있다. 특히 산업화된 세계농식품체계의 중추를 이루는 이 지역에는 초국가적 농식품기업을 중심으로 하는 곡물-축산 복합체가 집중되어 있다(Weis, 2007; 2013). 그리고 2000년 이후 중국의 급속한 성장과 2008년 세계 식량·경제위기 이후 중국의 영향력 확대는 환태평양 곡물-축산 복합체에도 일정한 변화를 낳고 있는 것으로 보인다(McMichael, 2013; 황쫑즈, 2016; Wang, 2017).

지난 30-40년 동안의 세계 식량 질서 변화는 일반적으로 기업식량체제(corporate food regime)라는 틀로 인식되어 왔다. 프리드만과 맥마

---

[1] "한국에 쏟아지는 '수입규제'…보호무역 파도가 다시 출렁인다", 조선일보 2017. 10. 30. B11면.

이클의 기념비적 논문(Friedmann and McMichael, 1989) 이래 국제식
량체제론은 농식품 무역관계를 통해 먹거리를 둘러싼 국가간 관계와
각국내 농업·식량정치를 체계적으로 조명하는 이론이자 방법이었다.
그에 따르면, 19세기말 20세기 초의 제국주의 식량체제와 20세기 중반
의 발전주의적 식량체제를 거쳐 1980년대 이후 출현한 3차 식량체제
는 민유화(privatization), 세계화(globalization), 기업화(corporatization)
를 특징으로 한다(e.g. Friedmann, 2016; McMichael, 2009; 2013). 신
자유주의적 세계화를 강제하는 각종 국제기구와 주요 강대국의 압력
하에 민족국가의 탈규제를 배경으로 북반구 선진국의 초국적(的) 농산
업자본(agro-TNCs)이 세계 농식품 교역과 그에 따른 각국 농업·식품
체계의 변화를 추동했다는 것이다.

그러나 2008년 이후 아시아-태평양 지역의 곡물-축산 복합체 변
화는 기존의 기업식량체제론만으로는 설명되기 어려운 측면이 있
다. 우선 신흥농업국(Newly Agro-Industrializing Countries, NACs)
의 부상이 보여주듯 이 지역 식량경제의 성장축이 글로벌 북(선진
국)에서 글로벌 남(개도국)으로 이동하고 있는데, 그 과정에서 곡물
메이저나 다국적 농화학기업 같은 초국적 자본뿐 아니라 중국의 국
유기업 같은 국가자본도 중요한 행위자로 부상하고 있다. 민간의
변화도 커서 일부 나라에서는 정부 지원에 힘입어 초국적 자본과
제휴·협력하는 한편으로 그들의 지배력에 성공적으로 도전·경쟁
하는 토착기업도 등장하고 있다. 무엇보다 아시아-태평양 지역주
의의 제도화를 둘러싼 긴장과 경쟁이 격화되고 있는데(박상현,
2014a; 조재욱, 2015; 정찬모, 2016), 특히 미-일과 패권 경쟁을
벌이는 중국의 대외전략이 동아시아를 넘어 세계를 향하는 기색

이다.

이에 여기서는 아시아-태평양 지역의 주요 신흥국 네 곳을 대상으로 지구적 곡물-축산 복합체의 핵심을 이루는 계육·대두산업 및 그 대표기업의 성장과정과 조건을 분석하고, 그들 간의 상호연관을 중심으로 환태평양권 기업식량체제의 변화 추세와 향방을 가늠해보고자 한다. 닭고기와 그 가공품은 산업축산의 기술적·사회적 선도 부문이자 주로 내수용 생산이라는 면에서 가장 '민족적'인 축산물이다(Burch, 2005). 대두는 옥수수와 함께 산업축산을 뒷받침하는 가장 중요한 사료곡물이자 식료·연료·원료로서 무역비중도 가장 큰 범용 곡물로서 현재 주요 곡물 수출국에서 유일하게 경작면적이 늘고 있는 작물이다(Borras et al., 2016; 전인자, 2017). 양자는 또한 단백질 공급의 생태·경제적 효율성이란 측면에서 동물성 단백 식품의 수요 증가로 인해 2050년경 극대화될 것으로 예상되는 세계적 곡물위기의 해결(또는 예방)에 결정적 중요성을 갖는 '미래지향적' 작목이다(e.g. Smil, 2002; 2008).

네 국가는 멕시코와 함께 신흥농업국을 대표하는 태국, 브라질, 중국이다. 멕시코는 미국경제와의 구조적 관계나 식량 수입으로 귀결된 농업의 현대화 과정이란 측면에서 한국과 가장 유사한 위치에 있다(McMichael, 1996; 2000). 태국은 '세계의 슈퍼마켓'이란 별명이 보여주는 것처럼 남반구에서 농식품 수출경제로 '현대화'한 최초의 신흥농업국가다(Goss et al., 2000). 브라질은 농업과 관련된 산업·금융자본이 이례적으로 집중된 곳으로서 향후 가장 큰 농업 대국이 될 잠재력을 갖춘 나라다(Nierenberg, 2005; Bernstein, 2010). 마지막으로 '세계 곡물의 블랙홀'이 될지도 모를 중국의 중요성은 두말할 나위도 없을 것이다.

Ⅱ. 아시아-태평양 지역의 기업식량체제

1) 아시아-태평양 농식품 무역구조: 현황과 추이

아시아-태평양은 좁게는 동아시아와 오세아니아, 더 넓게는 환태평양의 모든 지역과 나라를 망라하지만 가장 넓은 의미로 보면 대륙과 대륙의 연결로서 동아시아와 아메리카를 포괄하는 지구의 절반을 가리킨다. 이 '초지역적 지역(trans-regional region)'(박상현, 2014b: 30)의 실체는 아직은 불확실하지만,[2] 1990년대 이후 태평양을 가로지르는 무역과 투자의 흐름이 대서양을 가로지르는 흐름을 넘어선 것은 확실하다. 1990년대 동안 세계 농식품 무역 증가분의 40%가 아시아와 아메리카 사이에서 일어났고,[3] 미국과 중국 모두에서 태평양 연안 도시들이 급격히 성장하여 글로벌 음식문화와 공급체계의 명령·통제센터 역할을 하고 있다(Fold · Pritchard, 2005; Friedmann, 2005)

한편 대륙 간 또 대륙 내 생산과 무역 네트워크로서 이 지역은 글로벌 북과 남의 새로운 농식품 분업구조를 특징으로 한다. 선진

---

2) '아시아-태평양'이라는 지역 범주는 1970년대 말부터 논의되기 시작하여 1990년대 아시아-태평양 경제협력기구들이 만들어지면서 실체를 갖게 되는데, 그 직접적 추동자는 미국(과 호주, 일본)이고 그 저변에는 자본주의 세계경제로의 중국의 통합과 경제성장이 놓여있다(박상현, 2014a).

3) 참고로, 2016년 세계 농식품 시장 규모는 6조 6천억 달러로 IT와 자동차 시장을 합친 것보다 큰데, 지역별로는 동아시아 · 오세아니아(34.6%), 유럽(33%), 북미(19.2%), 중남미(11.3%), 중동 · 아프리카(1.9%) 순이다. 광역의 아시아-태평양 지역이 전체 시장의 2/3를 차지하며 동아시아/오세아니아라는 좁은 아·태 지역의 연평균 증가율이 5.4%로 가장 높다(Datamoniter 추정치; 식품저널, 2015에서 재인용).

국은 곡물과 낙농품을 포함한 저렴한 축산물 등 현대화된 식단에서
는 기본 '식량'이 되는 산물을 수출하는 반면, 남반구의 신흥농업국
은 그런 주산물(staple food)이나 커피, 설탕, 카카오 같은 전통적
아열대 작물보다는 상대적으로 고가인 '신선식품', 즉 수산·축산
물, 과일, 신선채소, 화훼와 그 가공품 같은 '비전통작물'의 생산과
수출을 늘렸다(Watts·Goodman, 1997: 10-11).[4]

더 중요한 것은 최종상품의 목록보다는 그들 사이의 내적 관계로
서 식품연쇄(food chain)가 확립되었다는 점인데, 그 주축은 곡물-
축산 복합체다(Watts, 1994; McMichael·Kim, 1994; Weis, 2007;
2013). 여기에 전통적인 북-남 분업에 태평양을 가로지르는 동-서
분업이 추가된다. 미주와 호주는 곡물을 수출하고 그것을 수입하여
생산된 축산물(및 미주와 호주에서 생산된 잉여 축산물)이 인구대
국이 집중된 동아시아에서 소비되고 있는 것이다. 신흥농업국은 바
로 이런 무역구조에서 기축적 역할을 하는 나라들인데, 아래 그림
이 그 단초를 보여준다.

---

4) 이런 신선식품류의 교역량은 1980년대 동안 연간 8%씩 성장하여 1989년에 이미 세계 상품교
역의 5%로 원유와 맞먹는 규모에 이르렀다. 라틴아메리카와 아시아에 위치한 개도국이 그 교
역량의 1/3을 차지하는데, 그중 40%의 수출이 4개 신흥농업국에서 이뤄졌다(Watts·Goodman,
1997: 10-11).

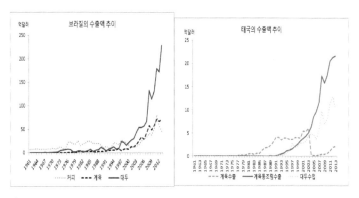

자료: FAOSTAT.

〈그림 1〉 1961-2013년 태국과 브라질의 계육 및 대두 수출입 추이

이런 변화의 직접적 원인으로 보통 개발도상국의 신흥경제, 특히 동아시아 지역의 '축산혁명'이 지적된다(Delgado et al., 1999; Nierenberg, 2005; FAO, 2009). 지난 30여 년간 사하라이남 아프리카를 제외한 대부분의 지역·국가에서 경제성장 및 도시화와 동시에 산업축산이 발전해서 대도시 중산층을 중심으로 높아진 축산물 수요를 지지했다. 특히 1970년대 일본에 이어 1980년대 한국·대만·홍콩, 그리고 2000년대 중국으로 이어진 동북아 수출산업경제의 고속성장과 식단전환(dietary transition)은 대량의 수입곡물에 기초한 자국 내 산업축산의 발전은 물론, 1990년대 이후 북미와 호주 등 태평양권 경제의 우육 부문을 수출산업으로 재편시킨 주된 동력이었다(McMichael·Kim, 1994; McMichael, 2000; Francis, 2000; Pritchard, 2006; McKay, 2007).

게다가 동북아 산업대국의 높은 수요 견인력은 당분간 지속될 것인데, 신흥경제국 중산층의 식생활 패턴이 미국식으로 육식화(meatification)되

고 있지만(Weis, 2007; Francis, 2000; Kasa, 2003), 아직 이들 지역의 1
인당 고기 소비는 미국의 절반 수준에 불과하기 때문이다.[5] 물론 그럼
에도 닭고기 생산량은 미국(e.g. 2003년 세계 생산의 28%)에 이어 중국
(19%)이 세계 2위다(Burch, 2005: 167, 168). 이는 중국의 육식화 패턴
이 세계 식량경제에 야기할 파급력을 짐작게 해주는데, 대두가 하나의
지표다. 아직은 돼지고기 공급에 더 집중된 중국의 축산 관련 산업[6]은
국제대두시장에서 유럽을 제치고 동아시아를 최고의 큰손으로 만든 주
역일 뿐 아니라 동북아-남미의 경제적 상호관계를 대륙적 규모로 현실
화한 주역이었다(Faust, 2004; Oliveira · Schneider, 2016). 브라질과 아
르헨티나의 대두산업은 1990년대부터 본격화되지만, 남미 전체가 오롯
이 '대두의 땅'(*Soylandia*)(Oliveira · Hecht, 2016)이 된 것은 2000년대
에 중국을 만나고 난 이후다.[7]

2) 기업식량체제와 신흥농업국의 반격?

맥마이클(McMichael, 2005; 2013)이 정식화하고 이후 다수에
의해 수용된 기업식량체제론(eg. Campbell · Dixon, 2009; Burch ·
Lawrecnce, 2009)은 1980년대 이후 세계 농식품체계의 변화된 현

---

5) 1990년대 초의 이른바 '치킨혁명'—계육 소비가 우육 소비를 능가—이후 미국의 연간 1인당 닭
고기 소비량은 2012년 현재 42kg, OECD 평균은 28kg, 일본은 16.8kg, 한국은 16.5kg, 중국은
10kg이다. 참고로 브라질은 같은 해 48.3kg의 닭고기를 소비했다. 세계적으로는 서아시아의 이
슬람국가들이 닭고기 소비가 가장 많고(e.g. 아랍에미리트의 69.4kg), 태국, 인도 등 불교국가나
동남아의 이슬람국가도 동북아 나라들보다는 닭고기 소비가 많다.

6) 중국의 농업생산은 곡물 비중이 18% 수준인 반면, 돈육이 23%로 단일 품목으론 최고—2010년
도 기준 전체 육류생산량(약 8천톤)에서 돼지고기가 64%, 가금이 21%—인데, 2005년 기준 5억
4천만 두에 이르는 돼지 사육두수는 지구상에 존재하는 사육 돼지의 절반 이상에 해당한다(이
일영, 2013; Weis, 2013).

7) 남미는 2003년 이후 대두 생산에서 북미를 추월했는데, 브라질, 아르헨티나, 파라과이, 우루과
이, 볼리비아 5개국이 세계 대두원두 수출의 58.3%를 차지했다. 참고로, 오늘 북미와 남미를
제외하고 유의미한 대두 수출국은 우크라이나가 유일하다.

실을 초국가적으로 활동하는 농기업(agribusiness) 및 거대 식품기업들의 지배질서로 설명한다. 신자유주의 세계화와 함께 기존의 농식품 무역·투자·생산관계에서 민족국가의 역할이 퇴조하고, 대신 국제기구의 비호 아래 다국적으로 활동하던 농업·식품분야 거대기업들이 자본의 생산성을 최대화하는 '지리적 분할과 재통합'(Friedmann·McMichael, 1989: 107)을 추구함으로써 각국 농업과 국제분업구조가 산업화된 지구적 상품연쇄로 구조조정되었고, 또 그 결과 많은 개도국에서 무역, 경제성장, 식량안보의 '호순환이 단절'되었다는 것이다(Fold·Pritchard, 2005: 16).

이런 변화를 주도한 초국적 농산업자본은 농장을 기준으로 크게 상류(후방)의 농투입자본(agro-input capital, 농기업)과 하류(전방)의 농식품자본(agri-food capital, 식품기업)으로 나눠볼 수 있는데(Weis, 2007), 곡물-축산 복합체의 경우 각각을 두 부류로 세분할 수 있다(cf. 클랩, 2013). 첫째, 몬산토·바이엘, 듀폰, 신젠타 등 주로 생산연쇄의 최상류에서 녹색혁명형 농업체계를 지지하는 농화학·종자기업. 둘째, 이른바 ABCD—아처 다니엘스 미들랜드(ADM), 붕게, 카길, 루이 드레퓌스—로 대표되는 곡물가공·무역 부분의 곡물메이저. 셋째, 타이슨푸드처럼 그 하류에서 잉여곡물을 축산식품류로 전환시키는 축산복합기업으로서 육가공 또는 정육업체(packer). 마지막으로, 슈퍼마켓과 패스트푸드 체인 등 최하류에서 소비자를 직접 상대하는 최전선의 대형 소매업체.

기업식량체제 연구의 다수가 이런 농산업자본의 세계적 시장지배에 대한 비판(e.g. 윤병선, 2008; 김철규, 2008; 닌, 2008; 클랩, 2013)으로 채워질 만큼 이들 기업은 1990년대 이후 세계 식량·농업경제에 막대한 영향을 미쳐왔다. 특히 1980년대에 대서양 양안의 농식품 체계를 장악한 이들은 1990년대 들어 더 싼 원료, 더 유리한 노동·환경조건, 새로운 시장을 찾아 아시아-태평양 지역으로 진출했다. 동시에 각 지역·나라의 현지기업뿐 아니라 자신들 간의 대규모 인수·합병과 전략적 제휴를 단행함으로써 생산과 소비의 국제적 네트워크를 계속 통합해 시장, 생산, 자본의 집중을 가져왔다. 진정한 '글로벌' 시장이 이들에 의해 형성된 것이다(Wilkinson, 2009; 클랩, 2013).

곡물메이저가 대표적인데, 150년의 역사를 자랑하는 ABCD는 현재 옥수수, 밀, 대두의 국제무역 대부분(75-90%)을 담당한다. 이들은 불확실성이 큰 세계 곳곳의 농작 상황, 즉 주요 작물의 재배·수확·수집·유통과 관련된 정보력 및 대규모 해운·물류능력을 기반으로 식료·사료용 곡물의 국제적 중개·거래·가공·도매 및 관련 금융서비스를 지배한다. 나아가 이들은 여타 공업·에너지부문으로의 곡물 공급 및 전용(轉用)과 관련된 활동,[8] 또 최근에는 선물거래를 넘어 원자재 파생상품 거래·중개 같은 금융서비스에도 진출했다. 따라서 이들의 활동은 거의 모든 글로벌 가공식품 연쇄와 시장환경 나아가 주변부 지역의 농민·농촌경제에도 직접적 영향을 미치고 있다(이대섭·송주호·김정승, 2009; 클랩, 2013; Murphy·Burch·Clapp, 2012; Magnan, 2014; Valdemar João Wesz Jr, 2016).

그러나 2008년 이후로 이 같은 기업식량체제에 이상기류가 나타

---

8) 일례로, 여전히 증시에 상장되지 않았지만, 세계 1위의 농식품 복합기업으로 남아 있는 카길―고용인원으로 보면 A, B, D의 3배 규모다―의 상품 사업 범위(수평통합 부문)는 농식품으로 밀, 옥수수, 대두, 팜유, 육류(닭, 돼지, 쇠고기), 전분, 설탕, 면화, 커피, 감미료, 제분, 식물성 오일과 가공식품, 과일, 코코아와 초콜릿 등, 공산품으로 비료, 식물원료 플라스틱, 제약용 전분, 도료용 유지, 발포성 수지 접착제와 밀폐제, 염제와 제설액 등을 포괄한다(클랩, 2013: 136, 138; Murphy et al., 2012).

났다. 우선 세계적 금융위기·식량위기가 있었던 그해에 개도국 농업개발 규칙을 다루던 도하라운드가 실패로 끝났다. 이는 다자주의적 자유무역질서로서 WTO체제가 제도적 한계에 부딪쳤다는 것을 의미한다(Pritchard, 2009). 또 그에 따라 WTO체제를 보완하던 양자적·다자적 자유무역·투자협정이 다시 급부상했다. 미국의 '아시아로의 회귀'(pivot to Asia) 선언이나 TPP 참여가 보여준 것처럼 초지역적 자유무역협정이 '신자유주의 세계화'의 대안 경로가 된 것이다. 그리고 그런 움직임의 궁극적 도달점은 중국경제(권)의 통합이다(박상현, 2014a; 정찬모, 2016).

20세기 말부터 세계 실물경제 성장의 기축이 동아시아로 이동했지만, 그 변화의 주역이었던 일본은 현재 장기침체와 노령화로 인해 시장확대 여력이 고갈되고 있다(Pritcahrd, 2005). 반면 중국은 1인당 소득이 아직 1만 달러에 못 미치고, 인구와 영토의 절대적 규모라는 면에서 세계 자본주의경제를 끌어올릴 동력이 될 수 있다. 물리적 기반시설에 대한 중국의 대규모 투자가 국제 원자재시장 부양을 통해 "2008년 이후의 재난으로부터 세계자본주의를 구원하는 데 선도적 역할"을 한 것(하비, 2017: 14)이 하나의 방증이다. 그러나 중국은 WTO 회원국임에도 불구하고 여전히 자국 시장에 대한 비공식적 보호장치를 유지하고 있으며 국유·공기업의 비중도 매우 크다. 정도의 차이는 있지만 이런 기류는 인도, 브라질, 러시아 등 주요 개도국에서도 관찰된다(Murphy et al., 2012).

이 같은 현실의 변화가 식량체제를 둘러싼 이론적 논의에도 반영되지 않을 수 없다. 맥마이클의 식량체제론에 대해서는 일찍부터 비판이 제기되어 왔지만(Bernstein, 2016; Friedmann, 2016), 2008년 이후로는 이론적·방법론적 문제뿐 아니라 기업식량체제론의 경험적 적합성도 문제가 된 셈인데, 그 중심에는 역시 국가의 기능과 성격이란 쟁점이 있다(Friedmann, 2005; Martinez-Gomez et al., 2013; Pritchard et al., 2016; Wang, 2017). 예컨대 남미의 다수 국가는 2002년부터 이미 '재분배를 동반한 성장'으로서 '신발전주의'(neodevelopmentalism)를 내세워 왔고(Cypher, 2014; Féliz, 2015), 인도, 남아공 등에선 최근 사회운동의 식량주권 요구가 부분적으로 법제화되기도 했다(Pritchard et al., 2016). 초국적 자본의 자유방임을 위해 순응·퇴각했다는 기존 주장과 달리 상대적 자율성을 갖는 국가가 신자유주의에 대항하여 민족자본을 키우거나 시민사회를 보호하기 위해(e.g. Schrank, 2005), 또는 심지어 신자유주의 질서의 정착을 위해 능동적으로 신규제(neoregulation)를 실행하고 있다는 주장(e.g. Pelchaner·Otero, 2010)이 나오는 배경이다.

요컨대, 지난 30년간의 학습 그리고 2008년 이후의 변화되는 세계체계적 조건을 기반으로 주요 개도국이 신자유주의와 어느 정도 구별되는 새로운 국가적 전략을 취한 듯한 흐름이 가시화되었는데, 만약 그렇다면 초국적 자본이 주도해온 그간의 기업식량체제는 새로운 이행에 직면할 수 있다. 달리 말해 산업적 세계농식품체계에 대한 개도국의 대응이 '복제'와 '통합'(Friedmann, 1993) 외에 '도전'이란 길로 나아갈 가능성의 문제인데, 주요 신흥농업국의 관련 동향을 특히 정부의 경제정책과 기업의 상호작용을 중심으로 살펴보면 그 가능성을 잠정적이나마 확인해 볼 수 있을 것이다.

Ⅲ. 멕시코와 태국의 계육산업: 신자유주의의 혁신?

가금 또는 계육산업은 자본주의적 산업축산의 최첨단에 위치해 있다. 이 부문은 대체로 현지 소비를 위한 생산에 주력하며 따라서 축산물의 자급에 기여한다. 그러나 '자연의 영향력이 최소화되고 극도로 표준화된' 대규모 공장식 양계(Burch, 2005: 175; Boyd·Watts, 1997)에 필요한 사료, 첨가제, 약품, 장비 같은 산업적 투입물은 대부분 ABCD를 비롯한 초국적 농기업이 공급한다. 이들 산업의 사회적 조직양식은 농장의 전후방을 거대 기업이 수직통합하여 운영하고 육용 닭의 사육 부분만 중·소농에 위탁 또는 선대하는 계약생산을 특징으로 하는데, 이런 경영 모델은 현지시장과 저렴한 인건비·운영비를 찾아 나선 미국의 농산업자본에 의해 1990년대부터 세계 각지로 직접 이식되었다 (Boyd·Watts, 1997; Nierenberg, 2005; Constance, 2008).[9]

그 결과 1990년대 이후 북반구에서 남반구로 계육생산의 중심축에 유의미한 전환이 발생한다. 전반적으로 세계 생산량이 증가하는 가운데 북반구의 가장 큰 수출국인 미국과 프랑스의 비중은 1995년 54.9%에서 2002년 42.4%로 하락한 반면, 같은 기간 브라질, 중국, 태국 등 선도적인 남반구 생산국의 비중이 23%에서 46%로 증가했다. 이런 전환은 로컬자본과 해외자본 모두를 통해 이뤄졌는데, 대

---

9) 계열주체(integrator) 기업이 주변적 소농을 '하청계열화'하는 경영방식은 미국에서는 1950년대에 이미 출현하지만, 그것이 지금과 같은 형태로 완성된 것은 타이슨과 IBP 등 1960년대 말 육가공에서 출발한 2세대 패커—랄스톤 퓨리나로 대표되는 1세대 계열주체는 보통 사료기업—가 등장하면서다. 이들 2세대 통합자의 이른바 '남부모델'—미국 남부에서 육계산업이 번창했다—은 1980년대에 미국 국내시장을 장악했고, 곧이어 해외로도 진출했다(Boyd·Watts, 1997; Constance, 2008).

체로 미국·유럽계 농산업자본이 이미 계육생산을 하던 현지기업을 인수하거나 합작하는 형태였기 때문이다(Friedmann, 2005; Burch, 2005). 즉 초국적 자본은 전지전능한 능력자가 아니며 항상 현지사정과 지역문화에 능통한 로컬 중개자를 필요로 한다(Valdemar João Wesz Jr, 2016). 이 같은 '입지의 특정성'(Burch, 2005: 175)이 개도국의 민족자본에게는 하나의 성장기회를 제공할 수 있다. 해외자본의 진입으로 생기게 되는 사업 환경의 변화, 특히 사회적 인프라의 '현대화'가 열어주는 새로운 시장에서 현지풍토에 더 맞춤한 사업 전략을 쓸 수 있기 때문인데, 멕시코와 태국이 이 같은 경로를 보여준다.

1) 멕시코의 계육산업

멕시코는 1980년대 이후 30년간의 신자유주의 세계화가 야기한 개도국 농업구조조정이 국가적 식량안보와 얼마나 역설적 관계를 가질 수 있는가를 '모범'적으로 보여주는 사례의 하나다. 중남미 개도국 가운데 처음으로 모라토리엄 선언(1982)을 하면서 라틴아메리카의 '잃어버린 10년'을 개시했고, 그때 시작된 농업구조조정이 NAFTA(1994)의 출범을 전후로 가속됐다. 이후로 이른바 '비만역병'이 창궐했고 2007-08년에는 이른바 '또띠야 위기'가 뒤를 이었다(Bello, 2009; Rosset, 2009). 러시아와 같은 시기에 최초의 반(半)농민적 토지혁명을 개시했고, 미국의 도움을 받아 1950년대 중반 최초로 녹색혁명에도 성공한 혁명의 나라 멕시코는 '신자유주의 혁명'에서도 앞서간 면이 있다(McMichael, 1996; Tauger, 2011). 다수의 농촌·도시빈민은 구조적 식량위기에 처해 있지만, 멕시코의 자본주의적 농산업은 바로 이 시기에 본격적으로 발전했기 때문이다. 세계 무대로 진출한 계육기업, 바쵸코(Bachoco)가 대표적이다.

바쵸코는 2016년 현재 멕시코와 뉴욕 증권시장에 모두 상장된 멕시코 1위, 세계 6위—세계 10위였던 2009년의 경우 미국 달러로 매출이 18억 달러—의 닭고기 업체로 멕시코 내 주요 슈퍼마켓 체인(Walmart, Sorianan)과 외식체인(KFC, 버거킹, 맥도널드)의 주공급자다. 1952년 북서부 소노라(Sonora)주에서 한 가족(Robinson Bours)에 의해 설립된 바쵸코는 1960년대에는 주로 계란을 생산했고 1971년부터 육계(broiler) 생산을 시작하여 1977년부터는 계육업체로 자리 잡았다. 1980년대 말에는 멕시코에서 가장 큰 생산자가 되었고, 1990년대 들어 수직통합을 본격화하는 동시에 당시 4위 업체(Grupo Campi)를 인수하며 시장점유율을 31%로 끌어올렸다. 그리고 2011년 미국의 주요 계육업체 중 하나(OK Industries)를 인수하면서 멕시코 기업으로서는 최초로 미국 계육시장에 진입했다 (Martinez-Gomez · Aboites-Manrique · Constance, 2013).

1980-90년대 바쵸코의 고속성장은 타이슨과 필그림 등 미국의 대표적 계육업체가 그 시기에 멕시코에 진출한 것과 관련이 있다. 시장점유율 확대를 위해 바쵸코는 그들의 선진적 사업모델을 적극적으로 채택하여 농장 전후방의 관련 생산단위·업종을 수직·수평 통합해 갔을 뿐만 아니라 무엇보다 농민과의 분익소작제(aparcería system)를 확대시켰다.[10] 생산리스크가 큰 산 닭의 사육은 농가에

---

10) 멕시코에서 계약생산은 미국과의 접경지역인 북서부 지역에서 미국 식품 가공기업들에 의해 이미 1950년대 말부터 도입되었다. 그러나 그것은 주로 딸기, 당근, 토마토, 브로콜리 등 신선 채소류에 집중되었다(Watts, 1994). 바쵸코는 1977년 계약사육을 도입하지만, 대부분은 닭 농장을 직접 소유·경영했다.

맡기되 사료와 병아리 등 주요 투입재는 계열주체 기업이 '선대'하고 그 생산물은 독점구매하는 방식으로 농민을 사실상 임금노동자로 활용하는 것이다(Watts, 1994; Watts·Little, 1997). 바쵸코의 계약사육 비중은 2010년에는 전체 육계 생산의 5%에 불과했지만, 2011-2012년에는 여타 업체를 더 인수하여 이제 일부 지역에선 60%를 넘고 있다(Martinez-Gomez et al., 2013).[11]

바쵸코의 사례는 민족적 농산업자본이 유리할 때는 민족주의적 관행을 채택하다가 지역적 팽창을 할 때는 신자유주의의 기회를 활용한다는 것을 보여주는데, 이는 멕시코의 양계/가금 산업에 대한 정부 지원의 오랜 역사와 관련이 있다. 멕시코 계육산업의 역사적 변화는 크게 세 시기로 구분되는데, 1984년 (1차) 페소화 위기 이전까지 국가가 지원하던 민족주의적·인민주의적 발전전략의 시기, 페소 위기부터 NAFTA(1994)까지 타이슨과 필그림 같은 미국의 육가공업체가 참입한 과도기적 시기,[12] 그리고 1994년 이후 정부의 신자유주의 정책과 초국적 자본과의 병합(consolidation)이 본격화되어 현재의 산업구조가 갖춰지는 시기가 그것이다(Martinez-Gomez et al., 2013).

멕시코는 1940년대 녹색혁명을 시작할 때 사료제조와 부화업이 분화되며 난육겸용의 닭을 대군(大群) 사육하는 현대적 양계업이 출현하지만, 전염병으로 1950년대 그 기반이 무너지면서 연방정부의 정책자금(FIRA)지원과 국민적 캠페인이 시작되었다. 그 결과 5년 만

---

11) 대조적으로 타이슨의 경우 2008년에 이미 전체 가금의 70%, 계란의 50%를 계약사육으로 생산했는데, 그중 71%(105개 농장)는 에이도소작농(ejidatario aparceros)이고 29%(16개 농장)는 독립 소생산자이다. 타이슨은 계약사육을 번식(종계)농장으로도 확대시켜 본사는 유통·판매에만 집중했다.

12) 이 시기에 월마트, 버거킹, KFC 등 미국계 농식품 유통·소매업체도 멕시코에 진입했다. 대표적으로 월마트는 1991년 멕시코의 주요 소매업체 Cifra와 두 개의 합자사를 세우며 멕시코 시장에 진입했다가 1997년 지분을 거의 인수하여 현재는 멕시코에서 가장 큰 소매업체가 되었다.

에 계란을 자급하는 성과를 거뒀지만, 1960년대에 이미 과잉생산이 나타나 구조조정이 시작되었고, 이후 종계, 사료, 축사, 의약품 등이 전문화되고 농민을 사육농으로 포섭하는 산업적 양계가 나타난다. 정부의 '가금부흥계획' 하에 투입재가 대량 수입되면서 미국계 1세대 농산업자본이 멕시코에 진출한 것도 이 시기다. 바쵸코도 이때 퓨리나와의 전략적 합작을 통해 더 현대적인 양계기업이 되었다. 1970년대에는 농업민족주의가 대두하며 에이도와 소농에 대한 보호목소리가 커졌지만, 주요 계열화기업과 일부 관료의 반대로 농산업의 '민족화' 프로젝트는 결국 실패했다(Martinez-Gomez et al., 2013).

1980년대 초 공공지출 삭감의 신자유주의적 구조조정을 시작하면서 멕시코 정부는 FIRA를 통해 직접보조금을 지불하고 공장식 축산의 외부비용을 자유화해주는 등 타이슨과 필그림 같은 해외자본의 진입을 도왔다. 이들을 통해 외화획득용 농축산물 수출을 촉진할 수 있을 뿐 아니라 그들의 농식품 복합체가 제공하는 자본, 투입물, 기술, 판로 등이 자국의 재래식 축산업을 현대화하고 동시에 농촌의 빈곤문제 해결도 도우리라 기대한 것이다. 또 그에 맞추어 멕시코 정부는 민족적 농기업과 에이도 농민을 연결하는 계약생산을 확대시키기 위한 다양한 지원책을 시행했다(Watts, 1994; McMichael, 1996).

그러나 현실은 예상과 다르게 전개되었다. 1992년 미국과의 자유무역협정(FTA) 체결과 토지개혁 및 에이도 보호 의무를 철폐한 헌법개정 이후 생산적인 농민만 선별적으로 포섭한 농산업자본이 승승장구했다. 여기에는 ABCD의 기여도 컸는데, 옥수수의 대규모 수요자 10여 개 업체와 손잡은 이들이 정부의 정책 결정에 영향을 미쳐서 NAFTA의 출범과 함께 옥수수 수입쿼터를 대폭 상승시켰

던 것이다.13) 카길, 타이슨, 필그림과 함께 바쵸코—주로 ADM과
연계—도 그 주요 수혜자였는데, 실제로 이 시기 바쵸코의 성장률
은 이전 시기의 2배였다(Martinez-Gomez et al., 2013). 그 결과 멕
시코 계육산업은 1990년대 후반부터 바쵸코, 필그림, 타이슨으로
집중되기 시작하여 2008년이면 각각이 멕시코 계육시장의 32%,
13%, 12%를 점유하게 되는데, 이는 미국보다 더 높은 집중도다
(Zahniser, 2005).14) 또 멕시코 정부는 2000년대 후반부터 농장부
문의 자본 집약화를 매개해주고 표준화·특화된 제품 등 고객(외식
업체)-지향적 신축성을 갖도록 농기업 주도의 생산체제 재편을 지
원하고 있다(Martinez-Gomez et al., 2013).

2) 태국의 계육복합체

태국은 1950-60년대 '농업 현대화'에서 1980년대 이후 '농식품
세계화'로 전환된 대표적 나라로, 남반구 개도국 중 글로벌 곡물-축
산 복합체에 진입한 첫 번째 나라다(Goss·Burch, 2001). 케언즈그
룹의 일원으로서 WTO를 발기한 나라 중 하나답게 일찍부터 농산
물 수출국이었지만 주로 쌀과 고무에 한정되어 있었고, 이후 옥수
수, 사탕수수, 카사바 등을 주로 일본, 싱가포르, 미국에 수출했지
만 농업·농촌경제에서 그 영향은 크지 않았다. 그러다 1980년대

---

13) 그 결과 나프타 첫해에만 멕시코의 미국 옥수수 수입이 2배로 늘었고, 당초 협정에서는 15년
   간으로 예정돼 있던 옥수수의 무역장벽 철폐 일정이 1994-96년의 3년 사이에 완료됐다. 물론
   멕시코 내 옥수수 가격도 절반으로 하락했다.

14) 그러나 2007년까지 연매출 71억 달러로 미국과 세계에서 가장 큰 육계업체였던 필그림 프라
   이드는 2008년 브라질의 JBS에 인수된다. 정크본드로 2007년 골드키스트를 인수했으나 2008
   년 금융위기와 에탄올 붐에 따른 원료(feedstock)가격 상승으로 파산한 것이다. JBS는 타이슨을
   제치고 현재 세계 1위 육가공업체—주로 계육과 우육 취급—로 자리 잡아 브라질뿐 아니라 아
   르헨티나, 호주, 미국 등에서도 활동하고 있다.

들어 수출주도 공업화와 신자유주의 농업구조조정이 전개되며 1985-1994년 동안 급속한 경제성장을 경험했고, 비록 1997년 금융위기로 주저앉지만 이후 더욱 철저한 민간 주도의 농산업화를 거치며 신흥농업국의 대표주자가 되었다. 계육과 그 가공품은 그런 태국의 농산업화를 주도한 대표적 품목인데, 태국에서 이 부문을 개척한 기업이 현재 세계 1위 사료기업이자 세계 4위의 계육업체인 자룬 포카판 그룹(Charoen Pokphan Group, 이하 CP)이다(Goss · Burch, 2001; Burch, 2005).

CP의 출발점은 1921년 두 명의 중국인 이주민 형제가 방콕에 세운 작은 종묘회사였다. 1960년대 사료공장을 운영하기 시작했고, 1973년 방콕영농회사(Bangkok Farm Company)를 차리면서 사료업에 기초한 계육부문 수직통합을 시작하여 그룹 확장의 기초를 놓았다. 1980년대 초에 태국에서 지배적인 계육업체가 되었고, 이후 새우 등 관련 업종으로 농산업을 다각화하며 아시아에서 가장 큰 농식품기업이 된다. 1990년대에는 축산·수산물과 낙농품, 과일과 채소, 곡물 가공품과 사료, 이유식 및 일반 가공식품 등은 물론, 비관련 업종으로도 다각화하여 비료, 농약, 종묘, 트랙터, 축사·장비, 무역, 통신판매, 부동산, 보험, 오토바이, 카펫, 편의점 및 슈퍼마켓, 쇼핑몰과 패스트푸드점 등 방대한 사업 범위를 갖추게 되었다. 2002년 총매출이 130억 달러에 이르렀고 20개국 250개 사업체를 통해 10만 명을 고용하고 있다. 그러나 계육(및 새우) 생산과 가공 또 그에 수반된 여러 활동이 여전히 핵심 사업영역으로 2002년 전체 산출가치의 65%를 상회한다. 태국 외에도 터키, 중국, 말레이시아, 인도네시아, 미국 등에 계육가공장(과 사료공장)을, 인도와 베트남 등에서는 사료공장을 운영하고 있다(Burch, 2005: 168).

CP는 '종자(병아리)에서 슈퍼마켓에' 이르는 농식품 부문의 수직통합이란 점에서 세계 계육산업에서도 독보적이다. 태국에 일찍 진출했던 미국계 농기업 아바에이커(Arbor Acres)와의 제휴를 통해 원종계를 확보하고 사료 및 여타 투입재의 독점공급과 독점구매에 기초한 계약양계를 1970년대 초부터 시작했으며, 일본의 총합상사를 모방한 무역회사(CP Intertrade)도 보유했다. 하류로는 자국 내 피자헛과 맥도널드, 또 싱가포르와 영국 KFC의 주공급자인 동시에 태국과 중국의 KFC 체인을 인수했고 현재는 브랜드 레스토랑(Bua Baan)까지 거느리고 있다. 2000년 이후로는 태국에서 세븐일레븐 편의점을, 중국에서는 17개의 슈퍼스토어(Lotus)를 운영하고 있으며, 2002년에는 상하이에서 아시아 최대 규모인 슈퍼브랜드몰도 개장했다. 또 테스코 등 영국과 서유럽의 가장 큰 슈퍼마켓 체인과도 연계해서 다양한 신선식품을 납품하고 있다(Goss · Burch · Rickson, 2000; Burch, 2005).

CP의 생산통합 활동이 특히 두드러지는 곳은 중국이다. CP는 1979년 중국에 투자한 첫 해외자본이었고,[15] 1980년대 경제 개방화를 타고 2002년까지 칭다오, 상하이, 베이징, 헤이룽, 길림에서 합작 또는 대만 지사를 경유하여 계육가공장을 세웠다. 2001년 이 공장들은 중국내에서 팔리는 22억 마리 치킨 중 6억 마리를 생산하여 27%의 시장점유율을 보였다. 수직통합 역시 활발하여 상류 부문의 31개 사료공장이 31개 성 중 29개에 퍼져 있으며, 이들의 생산량이 연간 8백만 톤으로 CP 전체 사료 생산의 절반 정도를 차지하는데, 현재 중국 내 사료 시장의 1/3을 점한다. 중국에서 생산

---

15) 미국계 곡물메이저 컨티넨탈그레인과 합자하여 선전에 사료공장을 세웠다(Goss et al., 2000: 516).

되는 사료의 상당 부분과 계육은 수출량도 많은데, 그 대부분은 일본을 향한 것으로 전체의 69%에 이른다. CP의 이 같은 중국 내 활동은 개도국 간의 해외직접투자가 단지 더 낮은 생산비용만을 위한 것이 아니라 공급(조정)의 국제적 신축화를 위한 기업전략의 일환일 수도 있다는 것을 보여준다(Burch, 2005: 170).[16]

동남아와 대만은 물론 1970년대 말부터 중국에 진출할 만큼 CP가 일찍부터 다국적 농기업으로 성장할 수 있었던 데에는 일차적으로 정부실패가 만들어준 환경이 있었다. 태국 정부는 1950-60년대에 쌀가격을 억제하며 수입대체 공업화를 위한 농업 다각화 정책을 폈지만, 주곡인 쌀의 녹색혁명에도 실패하여 오히려 농촌지역의 빈곤을 심화시켰다. 따라서 농민은 축산이나 수산양식 등 다른 작목으로의 전환을 꾀하지 않을 수 없었고, CP는 바로 이즈음에 사료의 안정적 판매를 위한 닭의 계약생산을 시작했다.[17] 그러다 1970년대 말 집권한 군부가 민간주도의 시장경제 방향을 확고히 하고 다양한 혜택으로 농기업을 지원하면서,[18] 특히 1990년대 초중반(국제기구의 권고와도 부합하게) 수출지향 농산업과 계약영농을 명시적으로 지원하면서 CP는 국내 1위 농식품기업이자 다국적기업으

---

16) 일례로 2003년 5월 일본이 조류독감 발발을 이유로 중국산 계육수입을 금지했을 때 CP의 일본 수출가격은 2배로 뛰었고, 그러자 일본 바이어들은 계육 수입선 일부를 중국에서 태국으로 변경하여 태국 CP가 추가 수입을 올렸다. 물론 생산기지의 국제화는 이런 공급조정 외에 내부 자거래나 조세회피 같은 다른 방식을 통해서도 수익 창출에 기여한다(Pritchard, 2005: 252).

17) CP는 농장 전후방의 수직통합에 기초한 거의 완성된 계약사육 모델을 이미 1977년에 들여와서, 1990년대 초면 자본화된 대농장과의 계약생산(구매가격 보장)과 빈곤한 소농과의 계약생산(개수급, 즉 사실상 임금계약)을 차별화시키는 '발전된' 모델을 선보였다(Watts, 1994).

18) 1980년대 중반의 제4부문(농업과 농산업) 협력계획(the Fourth Sector Co-operation Plan)이 대표적이다. 그것은 농기업, 농민, 금융기관의 연결을 지원하고 심지어 중앙은행의 정책자금으로 계약영농에 참여하는 무토지 농민에게 토지분배를 보증하는 등 일종의 농식품 경제특구를 형성하여 노동집약적 수출가공경제 발전을 지원했다. CP는 그런 정부 지원을 배경으로 외국인 소유의 플랜테이션 농장 다수를 인수·합병했다(Watts, 1994; McMichael, 1996; Studwell, 2013).

로 거듭났다(Goss・Burch, 2001).[19]

그러나 정부의 지원보다 더 결정적인 CP의 성공 비결은 초국적 자본과의 활발한 제휴・협력 그리고 일본 자본이 만들어준 우호적인 시장환경이었다. 일본은 전후 콜롬보플랜(1954) 때부터 공식개발원조(ODA)를 통해 동남아의 농식품 부문 개발을 지원해왔는데 (Hatch, 2010), 특히 베트남전쟁 이후 미국 자본이 인도차이나에서 철수하자 그 빈 자리를 메우며 규모를 키웠다. 1970년대부터 사료 부문 투자를 급격히 늘리던 일본 자본은 그에 발맞춰 1979-84년간 농산물 가공부문에 대한 해외직접투자를 30배나 늘리면서 동남아 전반에 일본 식품기업의 하청망을 다졌다(Watts, 1994: 53). CP는 계육 수출로 일본시장에 일찍 진출했고, 이후 동아시아 '수입복합체'가 더욱 커졌다(McDonald, 2000; McMichael, 2000; 2013). 1980년대에 아세안 국가의 경제정책이 외자 유치가 필수적인 수출 주도형으로 전환되고, 특히 플라자합의 이후 엔화 절상에 따른 일본의 해외직접투자가 급증하면서 CP가 합작・교류하는 초국적 자본이 1990년대에는 더욱 확대되었다(Watts, 1994; Beeson, 2009; Hatch, 2010). 대표적인 예로 CP의 유명한 새우양식 사업은 1986년 일본 미쓰비시의 자본과 대만 기술에 기초해 설립된 합자회사에서 시작되었다(Goss et al., 2000). 1980-90년대에 일본경제와 그 농식품체계의 변화가 동아시아 지역 수준의 곡물-축산 복합체 형성을 자극하고 CP가 그 흐름을 선도한 셈이다.

---

19) 1988년까지만 해도 대두의 순수출국이었던 태국이 순수입국으로 전환된 것도 이 시기(1992년)다. 특히 태국의 대두 수입이 급증한 것은 1997년 심각한 외환위기를 겪고 난 1998-2000년 사이였다. 2017년 현재 태국은 연간 대두 사용량 300만 톤 중 250만 톤 정도를 수입하는데, 사료용은 대개 브라질, 아르헨티나, 중국, 인도에서 수입되고 있다(Warr・Kohpaiboon, 2007; UNCTAD, 2016).

Ⅳ. 브라질과 중국의 대두농산업: '신발전주의'로의 선회?

축산에서 닭이 차지하는 위치와 유사하게 농산업(agro-industry)에서는 대두가 최첨단 작목이다. 몬산토의 '라운드업 레디'가 보여주는 것처럼 대두가 오늘 GMO의 대표주자라는 사실이 하나의 지표다.[20] 또한 용처(用處)의 다중성(multiple-ness)과 용도(用途)의 융통성(flexible-ness)이라는 대두의 '탄력성'(flex-crop)으로 인해 대두는 GM 여부와는 별도로 품종개발과 공정·제품·시장 개발의 여지가 크다(Borras et al., 2016; Oliveira·Schneider, 2016). 생명공학을 비롯한 첨단의 농업·식품가공기술이 모두 대두의 범용화에 적용되고 또 그것이 다시 관련 농산업의 수직통합을 촉진한다. 대두산업이 항상 '복합체'의 성격을 띠는 이유다(Friedmann, 2005).[21]

동아시아에서 고대부터 쌀을 보완하는 주요 식량작물의 하나였던 대두가 '콜럼버스의 교환'의 사실상 마지막 품목으로서 아메리카로 건너간 뒤 산업용 유지작물, 나아가 최첨단의 사료·원료작물로 '현대화'하게 된 데는 역시 미국의 힘이 컸다(Mintz·Tan·Du Bois, 2008; Tauger, 2011).[22] 특히 1970년대 미국에 공장식 축산모델이

---

[20] 2016년 기준 전 세계 GM작물 재배면적 1억 8510만 ha 중 1위는 콩으로 49%를 차지하며 다음으로 옥수수(33%), 면화(12%), 유채(4%) 순이다("수입 콩 대부분 GMO…", 조선일보 2017. 6. 14. D2면).

[21] 세계 대두 생산 중 오직 6%만 두부나 다른 발효식품 등으로 소비되고, 나머지 94%는 기계적·화학적으로 분쇄·가공되어 쓰인다. 분쇄된 콩은 79%의 박과 18.5%의 기름, 2.5%의 깍지와 폐기물로 나뉜다. 세계적으로 대두박의 98%는 가축사료로 쓰이고, 나머지 대두분, 대두단백질 등 각종 하위성분으로 분리·추출되어 식품산업 및 여타 제조업에 투입된다. 또 대두유의 95%는 식용유로 쓰인다(Oliveira·Schneider, 2016: 168).

[22] 미국은 19세기 말 20세기 초 중국에서 수천 종의 대두 종자를 수집해간 이후 일본을 모방해서

정착되고 1980년대부터 세계 주요 지역으로 확산된 것이 결정적이었다. 이후 북미 고원, 브라질 세라도, 아르헨티나 팜파스가 새로운 대두 산지로 부상하면서 지난 60년간 세계의 대두 재배면적이 4배 증가했고 생산량은 거의 1000% 증가했다. 또 1990년대에 들어와서 대두는 무역 비중과 규모(금액)에서 가장 '국제적인' 작물이 되었다. 중국의 수입수요가 견인하고 그에 부응하여 남미 전체가 '대두합중국(United Soybean Republic)'으로 전환되기 시작한 것도 이 시기다 (Oliveira·Schneider, 2016: Oliveira·Hecht, 2016).

물론 브라질과 중국을 핵심 결절점으로 하는 글로벌 대두 복합체의 탄생을 이끈 것은 곡물메이저들이다. 19세기 말부터 남미에서 활동한 붕게를 포함하여 나머지 ACD는 1990년대부터 양 지역에 본격적으로 진출했다.[23] 이들은 대두 활용의 출발점이 되는 분쇄(가공)업(crushing industry)을 중심으로 대두의 산지수집, 창고, 운송, 물류, 가공을 모두 수직통합했다. 그런 변화가 새로운 '농업 프런티어'에서 지역 소농들의 '생산적 배제'를 가져온 것도 물론이다 (McKay·Colque, 2016). 그런데 2000년대 중반을 기점으로 그 구도는 변화하기 시작했다. 일본, 싱가포르, 남한, 걸프만, 심지어 남아공의 새로운 무역회사뿐 아니라 무엇보다 중국의 거대 국유기업이 ABCD의 지배력에 도전하기 시작한 것이다(Wilkinson, 2009; Murphy et al., 2012; Oliveira·Schneider, 2016: 172).

그것들을 원료작물로 경작했다. 1차대전기에는 물자 부족을 거치며 식용으로도 사용되지만, 수요도, 생산량도 많지 않았다. 2차대전과 중국혁명을 거치면서는 가공용·식량원조용 대두 생산이 확대되지만, 석유제품 가격이 하락하면서 수요 감소의 위기를 겪었는데, 그 위기를 해결해준 것이 육계산업이었다(Du Bois, 2008).

23) 일본 자본 역시 1970년대부터 남미에 진출하여 브라질의 초기 세라도 개발을 이끌었지만 (Friedmann, 2005), 미츠이, 마루베니 같은 일본의 총합상사들은 창고나 인력 면에서 생산현장의 대두를 직접 '끌어낼' 능력이 부족하여 ABCD의 경쟁상대가 되지 못했다.

1) 브라질의 대두농산업

브라질은 남미 '대두공화국'들의 대표자답게 세계 1위의 계육(생산)업체(JBS)와 세계 1위의 계육수출업체(BRF)를 보유하면서 현재 미국에 이어 세계 2위의 수출국이다(Weis, 2013). 콩으로 키워 콩기름으로 튀겨내기에 브라질에서 '치킨'은 '날개 달린 콩'으로 불릴 정도인데(de Sousa · Vieira, 2008: 247),24) 물론 브라질의 대두 생산은 그런 내수를 웃돌고도 남는다. 브라질 대두 수출은 신자유주의 세계화가 시작되는 1980년대 초부터, 특히 수출주도 생산지향 정책에 따라 수출관세가 철폐되고 가공·무역 관련 인프라(창고, 설비, 항구 등) 부문에 대한 외국인투자가 개방된 이후 증가하기 시작하여 1990년대 중반부터 급증한다. 여기에는 ABCD로 대표되는 초국적 자본뿐 아니라 1970년대 국가의 정책적 지원을 통해 성장하기 시작한 국내기업도 참여하고 있다(Leclercq, 1989; Oliveira · Hecht, 2016).

브라질은 국가적 지원 하에 녹색혁명을 성취한 1970년대부터 국제곡물가격 상승에 맞춰 대두와 옥수수 등으로 대규모 경종농업을 다각화했는데, 이 과정에서 브라질의 대토지 소유제가 크게 기여했다. 기계화된 대규모 영농의 생산비를 세계 최저 수준으로 낮춘 것이다. 대두의 경우 특히 1970년대 중반 일본 자본의 진출과 함께 중서부 내륙의 사바나지역(세라도)이 주산지로 개척되었다. 미국에서 들여온 대두종자를 브라질의 토질에 맞게 개량하는 작업—이른바 열대대두(tropical soy)의 발명—은 국영종자회사가 담당했고,25)

---

24) 현재 브라질 콩 사료의 65% 이상은 가금육 생산에, 다음으로 돈육 및 낙농(각각 20%, 10%)에 쓰이며, 내수용 대두박과 대두유는 브라질 전체 콩 생산의 25%만 차지한다. 브라질의 1인당 닭고기 소비는 1970-2002년 사이 1400% 증가(2.3kg→33.8kg)했다(Oliveira · Schneider, 2016: 172).

25) 브라질에서 대두는 19세기 말 실험용으로 처음 재배되었고, 20세기 초에는 일본인 이주자가

콩 품질에 대한 국가적 규제도 이 시기 확립된다.[26] 그 결과 1980년대가 되면 내수용 식용유가 거의 콩기름으로 대체되고 산업축산이 시작되면서 대두와 대두박 수요도 급증한다. 1990년대가 되면 정부의 체계적 지원을 배경으로 대두분쇄업체들이 바이오디젤과 식품가공산업(특히 식품첨가제)에서도 새로운 시장을 개척한다(Weis, 2007; de Sousa·Vieira, 2008; Oliveira·Hecht, 2016; Oliveira·Schneider, 2016).

1995년 아르헨티나에서 먼저 수용했던 유전자변형 대두 품종은 2004년 정부 승인을 거쳐 브라질에도 도입되는데, 빈민을 위한 저렴한 식량 생산(및 중국수출을 위한 대비)이 정부가 내건 명분이었다(Long·Roberts, 2005: 74; Friedmann, 2005: 256). 브라질 농민은 거대 구매자들의 요구에 맞춰 생산량을 늘리고 수확물의 품질 통제를 위해 GM종자를 받아들였다. 그에 따라 글로벌 대두종자 시장의 55% 이상을 장악하고 있는 상위 3개사―몬산토, 신젠타, 듀폰/파이오니어―의 시장점유율이 남미에서는 더 높고, 글로벌 농화학재시장의 70%를 장악한 상위 5개사―신젠타, 바이엘, 바스프, 다우, 몬산토―도 마찬가지여서 상위 3개사가 브라질 종자 시장의 절반을 통제한다. 최근에는 듀폰과 다우의 합병 및 바이엘의 몬산토 인수, 중국화공집단공사(ChemChina)의 신젠타 인수로 과점도가 더 높아졌다. GM종자의 비중은 현재 전체의 88%를 차지하며, 패키지로

식용을 목적으로 재배했다. 브라질 농민이 피복 및 녹비용으로 콩을 재배한 것은 1940년대 이후이고 이때의 경험으로 인해 브라질 사람들은 여전히 '콩은 소먹이'라는 인식을 갖고 있다. 1950-60년대에는 대두가 식물성 유지산업의 보조 투입물로 쓰였고 1970년대 봉계의 노력으로 마가린의 주 투입재가 되었지만, 1980년대에 산업축산이 시작되기 전까지는 수요가 미미한 편이었다.

26) 이후 1980년대 말까지 국유기업과 국내 종자기업이 브라질과 아르헨티나의 대두농업을 지도적으로 '배양'했는데, 그 모델이 이후 파라과이, 우루과이, 볼리비아 등으로 확산된다.

따라붙는 농화학재와 함께 브라질 대두 생산비용의 37-47%를 차지한다(Oliveira·Hecht, 2016). 개량된 종자와 그에 맞춤한 농화학재 사용을 통해 생산물의 표준화를 이룬 것인데, 그 수혜자는 당연히 하류의 대두가공업이다.

브라질 대두분쇄업은 1990년대 중반까지 다양한 규모의 국내 곡물·축산기업들이 맡고 있어서 곡물메이저(BCD)의 시장점유율은 10%에 불과했다. 그러나 신자유주의 개혁과 함께 해외자본이 유입되면서 기업 간 인수합병이 활발해졌다. 특히 1995년 정부의 가격보조 및 원두수출세가 폐지되면서 중대한 변화가 발생했다.[27] 곡물메이저에 의한 원두 수출이 급증하면서 대두분쇄업의 이윤마진이 극적으로 감소하여 많은 중소업체가 파산한 것이다. 그 결과 1995년 95%에 달했던 브라질의 국내 대두가공 비중이 급격히 하락했고, 1995-97년 사이에만 무역사의 대두분쇄업 비중이 22%에서 43%로 상승했다. 2002년경에는 ABCD가 분쇄설비 용량의 50%를 통제하며 원두 수출의 85%를 장악했다. 이런 변화는 외국인의 농업 연구개발기관 인수와도 맞물려 있었다(Oliveira·Hecht, 2016: 257). GM종자에서 수출까지 상류의 대두연쇄가 초국적 농기업들의 지배권 하에 들어가면서 브라질이 지배적인 대두 수출국으로 올라선 것이다.[28]

---

27) 반면 아르헨티나는 대두의 국내가공을 촉진하기 위해 원두 수출에 대해서는 중세를 부과했고, 그 결과 대두박뿐 아니라 대두유 수출에서는 현재 브라질을 앞서고 있다. 참고로, 아르헨티나는 브라질의 변화를 대략 10년의 시차를 두고 유사하게 밟아가는 경향이 있다.

28) 이 시기까지 브라질의 대두 수출은 대부분 유럽으로 향했고 중국의 비중은 30%에 불과했다. 그러나 2004년경 유럽의 농장부문이 가공업자들에게 식용유와 바이오디젤용으로 유채씨 사용을 로비하면서 유럽회사들은 대두 분쇄를 주로 아르헨티나에 외주화하기 시작했다. 그 결과 원두 수출입에서 중국의 비중이 높아져 2013년에는 유럽의 비중이 12%, 중국이 75%를 차지하게 된다(Oliveira·Schneider, 2016: 172).

브라질의 곡물메이저들은 이후로도 인수합병으로 계속 몸집을 불리며 생산능력을 높여갔다. 그러나 시장점유율은 전체 분쇄 용량의 50% 수준에서 정체되었는데, 이는 정부 지원 하에 새로운 지역에서 새로운 거대 행위자가 나타났기 때문이다. 2002년 룰라정권의 출범 이후 브라질 정부는 자국 기업 육성을 위해 인프라 투자를 늘리는 한편, 이자율 인하와 환율 인상을 비롯한 특혜 금융과 보조금, 시장 보호조치 등 '경쟁력'을 내세운 광범한 산업정책을 시행하며 1차상품의 수출증진을 꾀했다(Boito · Berringer, 2014; Cypher, 2014). 그 결과 ABCD가 지배하던 브라질의 전통적 경제권인 동남부가 아니라 세라도 북서부와 중서부 · 남부지역에서 새로운 분쇄업체들이 성장했다. 대표적으로 아마기(Amaggi conglomerate)와 코밍고(Comingo)는 투입재 구매와 가공 · 보관을 공동으로 하고 무역사와의 협상력을 높이기 위해 세워진 협동조합에 기초했는데, 이런 조직화를 선도한 것은 대규모의 플란테이션을 경영하는 지주였다(Oliveira · Hecht, 2016: 259).[29] 이런 지방 유력자들은 신발전주의 동맹의 일원으로서 정부의 대내 경제 · 산업정책뿐 아니라 남미 지역통합 등을 비롯한 대외정책에도 영향력을 미쳤고, 그에 따라 새로운 '민족'기업들은 해외로도 수월하게 진출했다(Boito · Berringer, 2014).[30]

현재 브라질 내 산업형 대두 경작지는 아마존을 비롯한 내륙지역에서 기존의 조방적 목축을 계속 대체해 가는 중이다. 저렴한 지가

---

29) 블라이루 마기(Blairo Maggi)가 대표적이다. 세계 생산량의 1%를 차지하는 세계 최대의 콩 농장주인 그는 마토그로소주의 주지사 출신으로서 브라질 환경부 장관을 역임했고, 현재는 농업(식품)부 장관이다.

30) 2000년대 초중반 브라질 정부는 1990년대 시작됐던 미국과의 남미자유무역협정(FTAA) 협상을 질질 끌면서 WTO에서 G-20 결성과 BRICS 포럼, 도하라운드 협상을 주도하고 유럽연합과 메르코수르(Mercosur, 남미공동시장) 협상은 지연시키는 등 이른바 '남-남 연대'를 위한 대외 행보를 하며 농식품의 수출시장 개척과 브라질 농산업자본의 해외 진출을 꾀했다.

와 정부의 보조금을 따라 독립 소농이 미개척지로 들어오고 나면, 이어 목재 추출과 도로 부설을 통해 목축이 이뤄지고 최종적으로는 대두 생산지로 전환된다(Rong・Roberts, 2005: 75). 이 '역동적' 과 정에 수반된 소농층의 붕괴나 삼림파괴, 탄소 배출, 생물량(biomes) 소멸 등 엄청난 사회적・환경적 피해에도 불구하고 대두 생산은 국가적인 차원에서 옹호되고 있다(Garrett・Rausch, 2016). 전통적 목축과 달리 대두는 전후방 연쇄효과가 크고 원두에서 각 단계별 가공품(육류 포함)까지 진정한 범용 수출작물로서 2000년대 중반 무역수지 개선에 크게 기여했기 때문이다. 또 바이오디젤과 각종 사료・첨가물 등 대두는 앞으로 더 산업화될 여지가 있다. 실제로 브라질 정부는 중국의 화공부문을 모델로, 또 그들과 제휴하여 자국 내 보조사료(사료첨가제)산업 개발을 시도하고 있다(Oliveira・Schneider, 2016: 174).

대두농업의 확대에 따른 브라질 사회의 현대화 효과도 무시할 수 없다. 열대 개발이라는 '해묵은 숙제'의 해결은 물론, '21세기 농본적 진보(agrarian progress)'(Oliveira・Hecht, 2016: 252)의 상징으로서 대두는 기존의 행정중심지나 노동집약지와 달리 서비스 조달, 산업적 가공, 금융이 결합된 중소규모의 기업도시를 제공하면서 새로운 농산업 도시주의를 출현시켰다(Long・Roberts, 2005: 76). 그것은 형평성의 약화란 사회문제를 낳기는 했지만, 복지프로그램에 대한 정부지출과 민간의 구매력 증진, 보건 및 교육서비스 접근성 등에서 브라질 '농촌'인구의 생활수준도 실질적으로 개선했다(Garrett・Rausch, 2016).[31] 게다가 대

---

31) 대두신도시 거주자는 대두생산 농민과 농업노동자 및 서비스업 종사자와 임시노동자들이 주

두산업은 재생불가 자원의 단순추출산업이 아니기 때문에 그런 도시주의가 원리상 계속 확대될 수 있다. 2009년을 기점으로 GM대두에 대한 농민들의 불만이 표출되며 관련 농산업 동맹에 균열이 나타나기 시작했지만(Peschard, 2014), 브라질 정부가 분화를 통한 범용화로 대두농산업을 계속 확대·심화하려는 이유다(Oliveira·Schneider, 2016: 190).

2) 중국의 대두산업

오늘 중국에서 대두는 전통적인 음식인 두부나 장류보다는 주로 돼지와 닭의 사료나 콩기름 형태로 소비된다. 1978년 개혁·개방 이후 중국의 정치경제 엘리트들은 식단의 '현대화'를 추진했고 그 결과 도시 중상층을 중심으로 고기 소비가 크게 늘었다. 1975년 이전 중국에는 사료산업이라 할 만한 것이 없었지만, 1995년경이면 세계 두 번째 규모의 사료산업을 갖게 되었다. 그 사이 1980년대에 양돈사료 붐이, 1990년대에는 양계사료 붐이 있었고, 그만큼 축산 및 관련 산업도 성장했다. 산둥성에서 시작된 그 같은 '중국농업의 기적' 또는 '보이지 않는 농업혁명'(eg. 황쫑즈, 2016)은 1990년대 중반이면 중국 정부의 장기적인 농업정책기조로 채택된다(이일영, 2013).[32]

중국의 축산혁명이 안정적으로 지속되기 위해서는 사료원료가

를 이루는데, 특히 전자의 아마존 인구는 대부분 시내(town)에도 생활기반을 갖추고 있는 사실상 도시인들이다.

32) 이런 기조 전환은 2000년대 초중반 관련 법률의 제정과 후속조치 마련으로 이어져 이른바 '용두기업(dragon head)'의 출현을 낳았다. 농업 산업화 정책은 생산·가공·유통과정의 연계성을 높이는 것이 목표인데, 그것을 주도할 경영체가 용두기업이고, 이들과 농가를 연계하는 중개조직으로 협동조합과 품목협회, 전문시장 등 도매시장의 발달을 지원하는 것이다.

되는 곡물의 안정적 조달이 중요하다. 이에 정부는 옥수수—자급을 원칙으로 했다—와 달리 대두(와 대두박)를 산업용 (원)자재로 재규정하여 1990년대에 정부 가격통제 품목에서 제외하는 한편 조세와 관세 구조를 바꿔 무역 자유화를 허용했다. 또한 주요 항구에서 대두분쇄업에 대한 외국인투자자는 재정적 인센티브를 제공받았다. 상승하는 소비수요에 부응하는 한편 WTO 가입에도 대비한 것이다. 이러한 부문 내 구조조정을 거쳐 중국의 대두 수입은 1990년대에 연평균 26%로 증가했다. 2013년에는 6900만 톤을 수입하여 세계 대두 무역량의 64%를 점하게 되는데, 그것은 중국내 대두 소비의 85%에 상당한다.33) 중국의 대두산업도 이제는 대두유와 배합사료 제조가 지배하고 있는 것이다(Oliveira · Schneider, 2016).

곡물메이저를 비롯한 초민족적 농산업자본이 바로 그 시기에 중국에 진출했고, 그 결과 중국의 초기 대두분쇄업은 외자기업이 60%를 차지했다. 그러다 2004년 이른바 '대두 위기(soybean crisis)'가 발생했다.34) 중국신문들이 '대두 전투'라고 묘사한 이 위기(Yan · Chen · Ku, 2016: 374)가 중국 나아가 글로벌 대두 복합체를 근본적으로 바꿔놨다. 외자가 지배하던 대두산업에 대해 중국 정부가 국내보호, 재건, 설비투자로 방향을 돌린 것이다.35) 정부는 곧 대두

---

33) 따라서 중국에서도 1990년대부터 대두 소농층이 붕괴하기 시작했다. 중국에서 대두 재배면적은 2009년부터 옥수수를 하회하고 있으며, '대두의 고향' 헤이룽장성에서는 2013년경 대두 재배면적이 절반 이상으로 줄었고 특히 북동부에서는 대두 소농의 30% 이상이 탈농하여 도시로 이주했다.

34) 2004년 봄 국제 대두가격의 불안정으로 중국인 바이어들이 대두가격이 한창 높은 때에 대두를 사재기하러 미국에 몰렸다. 중국 학계의 추산으론 당시 과하게 치른 값이 최소한 15억 달러다. 그 결과 많은 국내분쇄·정제업체가 파산했다. 이 시기에 중국 무역상들에게 대두를 공급한 것을 계기로 중국에 진출했던 봉게를 포함, ACD 등이 그런 파산기업의 70%를 인수했고 그 결과 2009년에는 외자기업이 대두 분쇄의 80%, 대두유 정제의 60%를 점했다(이대섭 외, 2009; Oliveira · Schneider, 2016).

35) 물론 이 시기 중국 정부의 농산업정책은 대두에 국한되지 않는다. 일례로 식량 증산을 위해 중국 정부는 2004년부터 곡물 생산 농가를 대상으로 소득보전직불제, 투입재 보조, 최저수매

부문의 외국인 소유지분을 제한하고 기존의 중국기업들에 재정적·정책적 지원을 하는 한편 국산 대두에 대한 최저수매가 보장 및 무역촉진용 선물시장 구축 등의 정책을 폈다(Oliveira·Schneider, 2016). 그 결과 중국의 총 대두분쇄 설비용량에서 국내기업—상위 5개사 중 2, 3, 4위가 국유기업이다—이 차지하는 비중이 72%까지로 높아졌지만, 공장의 가동률은 크게 떨어졌다. 인프라 확충과 동시에 ABCD를 견제하기 위한 일종의 전략적 과잉투자가 이뤄진 것인데, 단적인 예로 2012년 중국 내에서 가공된 6100만 톤의 대두는 전체 설비용량의 절반에도 못 미쳤다.36) 시장점유율이 하락한 외자기업들은 공장가동률을 높이기 위한 대두 수입증가를 꾀했고 그 일환으로 해외 대두 생산과 인프라 투자를 확대했다(Oliveira·Schneider, 2016).

중국 정부와 기업도 과잉설비의 해소를 위한 수출시장 개척과 해외투자 확대에 돌입한다. 먼저 가까운 동아시아 시장에서 중국 업체들은 일본, 한국, 여타 동남아 국가들로 대두박 수출을 시작했다.37) 2008년 이후에는 해외농지 확보를 시작했고(Deininger, 2011), 2010년부터는 미국·호주·유럽의 농화학기업 인수도 시작한다. 대두 생산기지인 라틴아메리카에도 직접 진출하는데, 일례로

가격제 등을 실시하기 시작했고, 이후 자급률이 하락하던 옥수수 등이 자급으로 돌아섰다(이일영, 2013; cf. Xu·Zhang·Li, 2014). 2013년 현재 중국정부는 주식작물(쌀과 밀)의 자급률은 100%, 여타 곡물은 90%, 먹거리 전체로는 80%라는 목표를 추진하고 있다(Yan, Chen and Ku, 2016).

36) 현재 중국의 전체 대두 분쇄 설비용량은 아르헨티나의 전체 수확량을 처리해도 될 정도로 크다.

37) 중국 내 대두유 시장도 포화상태인 것은 마찬가지다. 콩기름 소매시장은 중국 내부기업이 우위를 보여왔지만, 외자기업들도 자체 브랜드나 국유기업과의 합자·제휴를 통해 소매시장에 진출해 있으며 또 다수는 원유형태로 다른 외자기업이나 중국 내 지방 정유업체들에 판매한다. 따라서 대두유 역시 대두박을 따라 향후 수출로 향할 가능성이 있다(Oliveira·Schneider, 2016: 180).

세계적 수준의 정밀화학—비타민, 리신, 시트르산 등 제조—부문 지방 공기업(안휘성)인 BBCA Group은 브라질 기업(JLJ conglomerate)과 합자로 옥수수가공설비를 설립했다. 닝보(寧波)의 타이드(Tide Group) 역시 브라질 기업(Prentiss Química company)을 인수하여 브라질 대두 생산에 쓰이는 살충제와 제초제를 연간 6500만 톤씩 공급하고 있다. 중국 자본이 브라질 대두 복합체 내부로 진입하여 관련 농화학 연구개발에 투자를 시작한 것이다(Oliveira·Schneider, 2016).

가장 주목되는 것은 ABCD와 직접 경쟁할 수 있는 곡물가공·무역부분에서 중국기업의 부상이다. ABCD 및 글렌코어에 이어 세계 6대 곡물회사로 올라선 국유기업 중량집단유한공사(China National Cereal, Oils and Foodstuffs Corporation, COFCO)가 대표적이다. COFCO는 2016년 홍콩계 초민족 무역회사 노블(Noble)에 이어 네덜란드계 무역회사 니데라(Nidera)의 농업관련 사업부문을 인수했다.[38] 노블은 남미를 중심으로 호주, 유럽, 아시아에 수많은 터미널, 착유 공장, 내륙 사일로 등을 보유한 주요 국제곡물업체의 하나였다. 주로 남미와 유럽 사이에서 활동해온 니데라의 경우 고정자산 투자보단 창고대여와 터미널 도급 그리고 화물 선적 등에서 특별한 강점을 가진 업체였다. 즉 COFCO로 대표되는 중국 자본의 남미 곡물시장 및 국제곡물무역에 대한 본격적 참여는 자본집약적인 수직통합보다 생산·가공·저장·운송에서 정보력이 뛰어난 초국적 자본과의 전략적 파트너십을 지향하고 있다. 단순히 카길을 모방하는 것이 아니라 고정자본을

---

38) COFCO는 2009년 미국의 육류가공업체 메버릭푸드를 인수했고 호주의 제당공장 툴리슈거밀을 붕게로부터 사들였으며 ADM과 합작 사업을 진행하는 등 곡물뿐 아니라 먹거리 전반에 대한 해외투자를 계속해 왔다. 현재 세계 140여 개 국가에 336개의 지점을 두고 있고, 중국 내에는 180여 개 식품가공공장을 보유하고 있으며, 지주회사로서 홍콩에 5개의 상장회사를 거느리는 등 중국의 '곡물굴기'를 대표하는 기업이다(Wikipedia; 연합뉴스, 2016. 8. 24).

절약하면서도 거래비용은 줄이는 '새로운 사업모델'을 시도하고 있는 것이다(Oliveira · Schneider, 2016: 173).

V. 토론과 함의: 기업식량체제의 진화?

1980년대 개도국 지역의 부채체제 청산 요구에서 시작되어 1990년대에 WTO나 FTAs로 제도화된 신자유주의적 세계화는 미국계 농산업자본이 선도한 농식품의 산업적 생산연쇄를 지구적 범위로 확산시켰고, 그 결과 2000년대 이후 동아시아와 아메리카 대륙을 잇는 아시아-태평양 식량체제가 형성되었다. 그런 변화를 선도한 것은 지리 · 생태적 제약이 제거된 현대적 농산물이자 살아있는 스톡(live-stock)인 가축의 산업적 생산이었다. 특히 동북아 산업대국을 비롯하여 동아시아 주변부 지역으로도 확산된 축산혁명은 북미(와 호주)에 이어 남미 전체를 세계의 원료곡물 기지로 전환시키는 동력이 되었다. 그리고 그 과정에서 태평양 양안에서는 각각 축산물과 그 가공품 그리고 대두 같은 주요 농산물과 그 가공품을 순수출하는 신흥농업국이 출현했는데, 이들 나라의 주요 농식품기업은 초국적 자본과 다각도로 제휴하면서도 다른 한편으로 새로운 경쟁 · 도전세력으로 부상하여 기존의 기업식량체제에 긴장과 균열을 낳고 있다.

먼저 멕시코와 태국은 중미와 동남아의 지경학적 조건으로 인해 미국이나 일본계 농산업자본의 진입과 확산이 상대적으로 빠르고 깊어서 WTO 질서와 지역적 자유무역협정의 틀 내에서 농업수출국으로 급성장했다. 두 나라에서는 (적어도 계육산업에 한해서는)

초국적 기업과의 협력과 경쟁을 통해 국내 축산물 생산을 계열화한 토착기업도 성장해서 스스로 초국적화되는 '성과'를 보였다. 이들은 수출을 통한 달러 획득에 정책적 우선순위를 둔 정부의 직·간접적 지원을 받았다. 특히 바쵸코의 경우 자국 내 곡물 부문을 희생하면서 내·외자 농기업들이 주도하는 축산 관련 부문을 새로운 주력 농산업으로 채택한 정부의 신규제로부터 많은 도움을 받았다. 반면 CP의 경우 다른 세 나라보다 일찍 시작된 외국 자본과의 합자와 협력이 더 결정적이었다. 동북아나 중남미와 달리 토지개혁은 물론 녹색혁명에서도 정부의 역할이 보잘것없었던 태국(Studwell, 2013)에서 CP는 일본 '수입복합체'의 영향 하에 일찍부터 해외로 진출하여 1980년대 중반 이후에는 동아시아 전역에 걸쳐 생산·무역 네트워크를 수립했다. 게다가 CP는 동아시아 내부에서 다국적 사업을 전개하면서 시황의 급변 같은 외부적 충격에 신축적·기동적으로 대응하고 있다. 그것은 동아시아 '지역화'라는 측면에서 초국적 기업의 단순한 '복제'를 넘어 '추월'의 가능성도 엿보이게 한다.

한편 중국과 브라질의 대두농산업 발전은 정부의 전략적 지원에 힘입은 바가 크다. 우선 브라질은 대두농업의 산업화를 통해 새로운 수출부문을 육성할 뿐만 아니라 '국가의 현대화'도 시도하고 있다. 브라질 정부는 농기업이 주도하는 녹색혁명형 대두농업의 전국적 확산과 대두의 범용화를 지원했을 뿐 아니라 농기업 및 금융기관이 주도하는 농지의 '금융화'를 허용함으로써 국내외 민간자본이 사실상 국토를 개조하도록 지원했다(클랩, 2013; Oliveira·Hecht, 2016). 외채위기에 시달려왔던 브라질에게 대두산업은 수출을 통한 달러의 안정적 확보라는 측면에서 절대적 중요성을 가질 뿐 아니라 미완이었던 국가형성(state-building) 과제의 완수란 의미를 가졌다. 대두 신도시의 확산을 통해 농업을 현대화함과 동시에 내륙의 식민화, 즉 '비어있는 땅'을 경제적·사회적으로 통합하여 명실상부한 국가영토 확립(territorialization)을 꾀하는 것이다(Oliveira·Hecht, 2016: 268; Oliveira, 2016).

중국의 농산업자본은 2008년 이후로 해외로도 활발히 진출하고 있는데, 특히 지방 공기업과 국유기업이 주도하고 있다. 이들은 자국 식품산업을 위한 안정적 원자재 조달이라는 관점에서 해외 농업 개발에 참여하거나 무역 및 물류 인프라에 대한 투자형태로 해외 농식품 관련 기업을 인수·합병하고 있다. 정부와 직간접적으로 연계된 중국 자본의 그런 공격적 활동방식은 주변부와 중심부 모두에서 많은 나라의 우려를 사고 있다(Brautigam, 2015). 그러나 중국과의 대두-축산 연계(nexus)를 통해 신흥농업국의 입지를 다진 브라질은 중국 자본의 유입을 반기고 있으며, 원자재와 가공품으로 특화된 양국의 분업 구도를 더욱 확대·강화시켜 양국 국제적 지위의 동반상승도 꾀하는 태세다(Oliveira, 2016).

그렇다면 국가자본의 투입이나 정부정책 또 그것과 민간기업의 관계라는 점에서 브라질과 중국의 모습은 태국, 멕시코의 신자유주의적 길과 다른 '신발전주의'의 길을 취하고 있는 것인가? 또는 그들(특히 브라질)이 자처하는 '신발전주의' 전략이란 정확히 어떤 성격을 가진 것인가? 한 가지 중요한 사실은 브라질이나 중국이 WTO체제 하에서 각자의 수출경제를 성장시켰으며 양국 모두 '세계화'를 공식적으로 지지하고 있다는 것이다.[39] 또한 네 나라 모두에서 농업에 대한 직간접적 지원은 모두 농민이 아니라 농촌공간을 재편하는 농산업에 집중되고 있으며 '민족농업' 육성이 아니라 자국 농기업의 초국가적 성장을 목표로 하고 있다. 특히 브라질과 중국은 국내자본의 해외 진출을 국가적으로 지원함으로써 기업식량체제를 오히려 노골적으로 지지하는 경향이다. 남미 국가들의 신발전주의가 신자유주의의 대체가 아니라 '신자유주의 하의 발전정책'이며(Boito·Berringer, 2014: 97),[40] 그 정책들 역시 신자유주의의 성과를 공고화하는 작업, 즉 그 기간 부상한 새로운 지배층(초국적 자본)이 자신의 축적기반을 안정화하기 위한 조치들(Féliz, 2015: 72)이란 평가가 나오는 이유다.

또 하나 주목할 부분은 미국과의 인접이라는 '운명'으로 인해 일찍부터 사실상 '정책허무주의'(policy nihilism)를 취한 멕시코(Cypher, 2013: 391)를 제외하면 태국, 브라질, 중국 3국이 서로 직접적 연계를 가지며 사실상 광역의 '중국경제권'을 형성한 것처럼 보인다는 사실이다.[41] 2004년 브라질 대두수출시장의 42.7%를 차지하면서 브라질을 세계적 대두기지로 전환시킨 중국의 '규모의 힘'(Studwell, 2013: 264)

---

39) 농업·농촌·농민문제를 분리하는 산업적 농업의 경향은 확실히 축산보다는 토지집약적 부문인 곡물에서 더 두드러진다. 농지의 개발·활용·전용 문제는 브라질에서 보듯 국토 관리의 문제와 직결되며 따라서 일정 정도는 국가의 개입이 필연적일 수밖에 없다. 또 방대한 농촌인구가 존재하는 중국이나 태국 같은 나라에서는 대도시 공업부문의 경기순환에 대한 완충(buffer) 역할을 위해서도 일정 수준의 농민경제에 대한 보조가 필수적이다(Little·Watts, 1994). 따라서 현재 이들 나라에서 나타나는 농촌·농민에 대한 지원정책을 발전주의 시기 민족농업 정책의 지속·변형이라거나 '신보호주의'의 대두로 보기는 어려울 것이다(cf. van der Ploeg·Ye, 2016).

40) 신발전주의는 일견 '빅푸쉬'(앨런, 2011; Cypher, 2013: 397)와 유사하다는 점에서 과거 발전주의와 연속선상에 있는 것 같지만, 국제 분업구조를 수용하고 반(反)제국주의 지향이 없으며 재분배가 미약하다는 점 등에서 과거의 발전주의와는 다른 것이다.

41) 참고로, 2015년부터 마이너스 성장을 기록하고 있는 브라질의 경제 상황과도 관련하여 중국의 브라질 투자가 2016년부터 급증하고 있으며, 최근에는 브라질을 동서로 가로지르는 남미횡단철도 건설계획도 발표되었다(조선일보, 2017. 11. 28. A18면).

은 두말할 나위가 없을 것이다. 흥미로운 것은 태국인데, 중국 전역에서 수직·수평통합을 추진하고 있는 CP가 동아시아 전체에 걸쳐 있는 자신의 공급망을 재무적·실물적으로 신속히 조정할 수 있는 비결은 화교네트워크의 활용에 있다는 사실 때문이다(Burch, 2005).[42] 중심부 국가들의 농산업자본이 구축한 농식품의 세계적 공급망 속에서 특별한 기술적 역량 없이도 틈새를 찾고 시장신호에 재빠르게 대응해서 '횡재'의 가능성도 추구한다는 점(Beeson, 2009; Fold·Pritchard, 2005: Borras et al., 2015)에서 CP의 활약은 꽌시(關係)를 통해 거래비용을 절약하는 중국의 전통적 '네트워크'형 사업방식(e.g. Wong, 2014)을 떠올리게 한다.

2000년대 말부터 동아시아의 수출기업들이 산업생산 네트워크의 지역화를 통해 중국의 수출경제로 통합되었다는 사실을 고려하면 농식품 영역에서도 '나르는 기러기'를 대체하는 '판다서클(Panda Circle)'(Hung, 2015: 76)의 영향력을 무시할 수 없을 것이다. 중국의 농업 산업화라는 추세 속에서 동남아의 태국과 남미의 브라질 등이 중국경제와 직접 접속하는 현재의 추세는 아시아-태평양 지역주의를 강화시키는 힘인 동시에 미국과 일본이 주도하던 기존 아태 기업식량체제에 균열을 일으킬 수 있는 힘이다. 특히 이들 신흥 농업국의 관료자본주의 성격—특히 중국—은 농산업 부문에서도 과잉설비를 낳는 경향을 보이는데, 그에 따른 과잉생산의 상존 위험은 향후 더욱 복잡한 통상갈등을 야기할 수 있다(린이푸, 2015:

---

42) CP의 총수 다닌 체아라바논트는 2008년 세계화상투자기업협회(COCEA) 초대 대표로 선출되었고, 2009년 중국 내에서 4번째로 중요한 경제인, 외국인으로는 10위로 선정되었다. 참고로, 1921년 방콕 차이나타운에서 시작됐던 CP의 모태 회사(Chia Tai Cheung)는 중국에서 종자와 채소류를 수입했고 홍콩으로 돼지와 계란을 수출했다(Wikipedia).

228; Schrank, 2005: 112). 아시아-태평양 국가들은 모두 다양한 수준의 자유무역협정에 경쟁적으로 참여하고 있지만, 그것이 결코 단일한 자유무역질서로 귀결되지 않는 것도 바로 이 때문이다. 때로 대결을 불사할 긴장과 균열의 지속, 한국은 과연 이런 추세에 대응할 준비가 되어 있는가?

참고문헌

김철규. 2008. "현대 식품체계의 동학과 먹거리 주권", 『ECO』 12(2).

닝, 브루스터. 2008. 『누가 우리의 밥상을 지배하는가』, 시대의창.

린이푸. 2015. 『중국 경제 입문』, 서봉교 역, 오래.

박상현. 2014a. "금융위기 이후 미국의 대외전략과 한·미 자유무역협정", 『경제와 사회』 102호.

박상현. 2014b. "세계체계와 지역연구: '동아시아'의 관점에서", 『아세아연구』 57(4).

송주호·김하은. 2016. "트럼프의 통상정책이 한국 농업에 미칠 영향", 『시선집중 GSnJ』 226호.

식품저널. 2015. 『식품유통연감 2015』.

앨런, 로버트. 2011. 『세계경제사』, 이강국 역, 교유서가.

윤병선. 2008. "세계적 식량위기의 원인과 식량주권", 『녹색평론』 100호.

이대섭·송주호·김정승. 2009. 『국제 곡물시장 분석과 수입방식 개선방안』, 한국농촌경제연구원.

이일영. 2013. "중국농업을 보는 제3의 관점", 『시선집중 GSnJ』 169호.

전인자. 2016. "USDA 농업전망 2017: 곡물 및 설탕 부문", 한국농촌경제연구원, 『세계농업』 201호.

정찬모. 2016. "지역, 지역주의와 아시아태평양공동체", 인하대학교 법학연구소, 『법학연구』 19(1).

조재욱. 2015. "동아시아 경제통합 모델의 적실성 검토와 한국의 참여전략: TPP와 RCEP 비교를 통한 순차성 선택", 『21세기 정치학회보』 25(2).

클랩, 제니퍼. 2013. 『식량의 제국』, 정서진 역, 이상북스.

하비, 데이비드. 2017. 『데이비드 하비의 세계를 보는 눈』, 최병두 역, 창비.

황쫑즈. 2016. 『중국의 감춰진 농업혁명』, 구범진 역, 진인진.

Beeson, Mark. 2009. "Developmental States in East Asia: A Comparative of the Japanese and Chinese Experiences", *Asian Pespective* 33(2).

Bello, Walden. 2009. *The Food Wars*, Verso.

Bernstein, Henry. 2010. *Class Dynamics of Agrarian Change*, Fernwood Publishing.

Bernstein, Henry. 2016. "Agrarian Political Economy and Modern World Capitalism: the Contributions of Food Regime Analysis", *The Journal of Peasant Studies* 43(3).

Boito, Armando and Tatiana Berringer. 2014. "Social Classes, Neodevelopmentalism, and Brazilian Foreign Policy under Presidents Lula and Dilma", *Latin American Perspectives* 41(5).

Borras Jr., Saturnino M., Jennifer C. Franco, S. Ryan Isakson, Les Levidow and Pietje Vervest. 2016. "The Rise of flex crops and Commodities: implications for research", *The Journal of Peasant Studies* 43(1).

Boyd, William and Michael Watts. 1997. "Agro-Industrial Just-In-Time: The Chicken Industry and Postwar American Capitalism", in D. Goodman and M. Watts eds., *Globalising Food: Agrarian Questions and Global Restructuring*, Routledge.

Brautigam, Deborah. 2015. *Will Africa Feed China?*, Oxford University Press.

Burch, David. 2005. "Production, Consumption and Trade in Poultry: Corporate Linkages and North-South Supply Chain", in N. Fold and B. Pritchard eds., *Cross-continental Food Chains*, Routledge.

Burch, David and Geofrey Lawrence. 2009. "Towards a Third Food Regime: Behind the Transformation", *Agriculture and Human Values* 26(4).

Buttel, Frederick H. and Philip McMichael. eds. 2005. *New Directions in the Sociology of Global Development*, Elsvier.

Campbell, Hugh and Jane Dixon. 2009. "Introduction to the Special Symposium: Reflecting on Twenty Years of the Food Regimes Approach in Agri-food Studies", *Agriculture and Human Values* 26: 261-265.

Constance, Douglas H. 2008. "The Southern Model of Broiler Production and Its Global Implications", *The Journal of Culture & Agriculture* 30(1-2).

Cypher, James. 2013. "Neodevelopmentalism vs. Neoliberism: Differential Evolutionary Institutional Structures and Policy Response in Brazil and Mexico", *Journal of Economic Issues* 47(2).

Deininger, Klaus. 2011. "Challenges posed by the New Wave of Farmland Investment", *The Journal of Peasant Studies* 38(2).

Delgado, C, M. Rosegrant, H. Steinfeld, S. Ehui, and C. Courbois. 1999. *Livestock to 2020: the Next Food Revolution, Food, Agriculture, and the*

Environment, Discussion Paper 28. International Food Policy Research Institute.

De Sousa, Ivan Sergio and Rita de Cássia Milagres Teixeira Vieria. 2008. "Soybeans and Soyfoods in Brazil, with Notes on Argentina", in Du Bois, Tan, and Mintz eds..

Du Bois, Christine M. 2008. "Social Context and Diet: Changing Soy Production and Consumption in the United States", in Du Bois, Tan, and Mintz eds..

Du Bois, Christine M, Chee-Beng Tan, and Sidney Mintz eds. 2008. *The World of Soy*, University of Illinois Press.

FAO. 2009. *The State of Food and Agriculture*.

Faust, Jörg. 2004. "Latin America, Chile and East Asia: Policy-Networks and Successful Diversification", *Journal of Latin American Studies* 36(4).

Féliz, Mariano. 2015. "Limits and Barriers of Neodevelopmentalism: Lessons from the Argentinean Experience, 2003-2011", *Review of Radical Political Economics* 47(1).

Fold, Niels and Bill Pritchard. 2005. "Introduction", in N. Fold and B. Pritchard eds., *Cross-continental Food Chains*, Routledge.

Francis, Roderick. 2000. "Eating More Beef: Market Structure and Firm Behavior in the Pacific Basin Beefpacking Industry", *World Development* 28(3).

Friedmann, Harriet. 1993. "The Political Economy of Food: a Global Crisis", *New Left Reviw* 197: 29-57.

Friedmann, Harriet. 2005. "From Colonialism to Green Capitalism: Social Movements and Emergence of Food Regimes", in F. Buttel and P. McMichael eds..

Friedmann, Harriet. 2016. "Commentary: Food Regime Analysis and Agrarian Questions: Widening the Conversation", *The Journal of Peasant Studies* 43(3).

Friedmann, Harriet and Philip McMichael. 1989. "Agriculture and the State System: The Rise and Decline of National Agriculture, 1870 to the Present," *Sociologia Ruralis* 29(2).

Hatch, Walter. 2010. *Asia's Flying Geese: How Regionalization Shapes Japan*, Cornell University Press.

Hung, Ho-Fung. 2015. *The China Boom: Why China will not Rule the World*,

Colombia University Press.

Garrett, Rachael and Lisa Rausch. 2016. "Green for Gold: Social and Ecological Tradeoffs Influencing the Sustainability of the Brazilian Soy Industry", *The Journal of Peasant Studies* 43(2).

Goss, Jasper and David Burch. 2001. "From Agricultural Modernisation to Agri-food Globalization: the Waning of National Development in Thailand", *Third World Quarterly* 22(6).

Goss, Jasper and Roy E. Rickson. 2000. "Agri-Food Restructuring and Third World Transnationals: Thailand, the CP Group and the Global Shrimp Industry", *World Development* 28(3).

Kasa, Sjur. 2003. "US Trade Policy Power and Sustainable Consumption: Beef and Cars in North East Asia", *Journal of Consumer Policy* 26(1).

Leclercq, Vincent. 1989. "Aims and Constraints of the Brazilian Agro-Industrial Strategy: The Case of Soya", in D. Goodman and M. Redclift eds., *The International Farm Crisis*, St. Martin's Press.

Little, Peter D. and Michael J. Watts eds. 1994. *Living under Contract: Contract Farming and Agararian Transfromation in Sub-Saharan Africa*, The University of Wisconsin Press.

Long, Norman and Bryan Roberts. 2005. "Changing Rural Scenarios and Research Agendas in Latin America in the New Century", in F. Buttel and P. McMichael eds..

Magnan, André. 2014. "The Rise and Fall of a Prairie Giant: the Canadian Wheat Board in Food Regime History", in S. Wolf and A. Bonanno eds., *The Neoliberal Regime in the Agri-Food Sector: Crisis, Resilience, and Restructuring*, Routledge.

Martinez-Gomez, Frncisco, Gilberto Aboites-Manrique and Douglas H. Constance. 2013. "Neoliberal Restructuring, Neoregulation, and the Mexican Poultry Industry", *Agricuture and Human Value*(published online 19 Feb 2013).

McDonald, Mary G. 2000. "Food Firms and Food Flows in Japan 1945-98", *World Development* 28(3).

McKay, Ben and Gonzalo Colque. 2016. "Bolivia's Soy Complex: the Development of 'Productive Exclusion'", *The Journal of Peasant Studies* 43(2).

McKay, John. 2007. "Food Industry & Economic Development in the Asia

Pacific", *Asia Pacific Journal of Clinical Nutrition* 16(Suppl 1).

McMichael, Philip. 1996. *Development and Social Change: A Global Perspective*, Pine Forge Press.

McMichael, Philip. 2000. "A Global Interpretation of the Rise of the East Asian Food Import Complex", *World Development* 28(3).

McMichael, Philip. 2005. "Global Development and the Corporate Food Regime," in F. H. Buttel ed., *New Directions in the Sociology of Global Development*, Elsvier.

McMichael, Philip. 2013. *Food Regimes and Agrarian Questions*, Fernwood Publishing.

McMichael, Philip and Kim Chul-Kyoo. 1994. "Japanese and South Korean Agricultural Restructuring in Comparative and Global Perspective", in P. McMichael ed., *The Global Restructuring of Agro-food Systems*, Cornell University Press.

Mintz, Sidney W., Chee-Beng Tan, and Christine M. Du Bois. 2008. "Introduction: The Significance of Soy", in Du Bois, Tan, and Mintz eds..

Murphy, Sophia, David Burch, and Jennifer Clapp. 2012. *Cereal Secrets*, Oxfam.

Nierenberg, Danielle. 2005. *Happier Meals: Rethinking the Global Meat Industry*, WorldWatch Paper 171.

Oliveira, Gustavo de L. T. 2016. "The Geopolitics of Brazilian Soybeans", *The Journal of Peasant Studies* 43(2).

Oliveira, Gustavo de L. T. and Mindi Schneider. 2016. "The Politics of Flexing Soybeans: China, Brazil and Global Agroindustrial Restructuring", *Journal of Peasant Studies* 43(1).

Oliveira, Gustavo de L. T. and Susanna Hecht. 2016. "Sacred Groves, Sacrifice Zones and Soy Production: Globalization, Intensification and Neo-nature in South America", *Journal of Peasant Studies* 43(2).

Pelchaner, G. and Ostero, G. 2010. "The Neoliberal Food Regime: Neoregulation and the New Division of Labor in North America", *Rural Sociology* 75(2).

Peschard, Karine. 2014. "Turning of the Tide: Rising Discontent over Transgenic Crops in Brazil", in S. A. Wolf and A. Bonanno eds., *The Neoliberal Regime in the Agri-Food Sector*, Routledge.

Pritchard, Bill. 2005. "The World Steer Revisited: Australian Cattle Production and the Pacific Bsin Beef Complex", in N. Fold and B. Pritchard eds., *Cross-continental Food Chains*, Routledge.

Pritchard, Bill. 2006. "The Political construction of Free Trade Visions: The Geo-politics and Geo-ecomics of Australian Beef Exporting", *Agriculture and Human Value* 23: 37-50.

Pritchard, Bill. 2009. "The long hangover from the second food regime: a world-historical interpretation of the collapse of the WTO Doha Round", *Agriculture and Human Values* 26: 297-307.

Pritchard, Bill, Jane Dixon, Elizabeth Hull and Chetan Coithani. 2016. "'Stepping back and Moving in': the Role of the State in the Contemporary Food Regime", *The Journal of Peasant Studies* 43(3).

Rosset, Peter. 2009. "Fixing our Global Food System: Food Sovereignty and Redistributive Land Reform", *Monthly Review* 61(3).

Schrank, Andrew. 2005. "Conquering, Comprador, or Competitive: The National Bourgeoisie in the Developing World", in F. Buttel and P. McMichael eds..

Smil, Vaclav. 2002. "Eating Meat: Evolution, Patterns, and Consequences," *Population and Development Review* 28(4).

Smil, Vaclav. 2008. "On Meat, Fish and Statistics: the Global Food Regime and Animal Consumption in the United States and Japan", *The Asia-Pacific Journal/Japan Focus* 6(10).

Studwell, Joe. 2013. *How Asia Works*, Grove Press.

Tauger, Mark B. 2011. *Agriculture in World History*, Routledge.

UNCTAD. 2016. *Soy Beans*, An INFOCOMM Commodity Profile.

Valdemar João Wesz Jr. 2016. "Strategies and Hybrid Dynamics of Soy Transnational Companies in the Southern Cone", *The Journal of Peasant Studies* 43(2).

van der Ploeg, Jan Douwe and Ye Jingzhong. 2016. *China's Peasant Agriculture and Rural Society: Changing Paradigms of Farming*, Routledge.

Wang, Kuan-chi. 2017. "East Asian Food Regimes: Agrarian Warriors, Edamame beans and Spatial Topologies of Food Regimes in East Asia", *The Journal of Peasant Studies*(published online 18 Jul 2017).

Warr, Peter and Archanun Kohpaiboon. 2007. *Distortions to Agricultural*

Incentives in a Food Exporting Country: Thailand, The World Bank working paper 56079.

Watts, Michael. 1994. "Life Under Contract: Contract Farming, Agrarian Restructuring, and Flexible Accumulation", in Little and Watts eds.

Watts, Michael, and David Goodman. 1997. "Agrarian Questions: Global Appetite, Local Metabolism", in D. Goodman and M. Watts eds., *Globalising Food*, Routledge.

Weis, Tony. 2007. *The Global Food Economy: The Battle for the Future of Farming*, Zed Books.

Weis, Tony. 2013. *The Ecological Hoofprint*, Zed Books.

Wilkinson, John. 2009. "The Globalization of Agribusiness and Developing World Food Systems", *Monthly Review* 61(4).

Wong, R. B. 2014. "China before Capitalism", in L. Neal and J. G. Williamson eds., *The Rise of Capitalism: From Ancient Origins to 1848*, Cambridge University Press.

Xu, Zhun, Wei Zhang, and Minqi Li. 2014. "China's Grain Production: A Decade of Consecutive Growth or Stagnation?", *Monthly Review* 66(1).

Yan Hairong, Chen Yiyuan and Ku Hok Bun. 2016. "China's Soybean Crisis: the Logic of Modernization and its Discontents", *The Journal of Peasant Studies* 43(2).

Zahnister, S. ed. 2005. *NAFTA at II: The Growing Integration of North American Agriculture*, USDA/ERS. WRS-05-02.

『연합뉴스』, 2016. 8. 24.
『조선일보』, 2017. 10. 30.
『조선일보』, 2017. 6. 14.
『조선일보』, 2017. 11. 28.
https://en.wikipedia.org/wiki/Charoen_Pokphand.
https://en.wikipedia.org/wiki/COFCO_Group.

12

남태평양 멜라네시안 권역의 카고컬트와 식민지 건축

곽데오도르 · 이정욱

I. 서론

1.1 연구의 배경과 목적

남태평양의 소형국가는 지속적인 문화식민의 역사와 경제식민의 역사를 거쳐 오고 있다. 본 연구는 프랑스 영국 공동문화권의 바누아투(Vanuatu)와 프랑스 문화권의 뉴칼레도니아(New-Caledonia)를 중심으로 연구를 진행한다.

21세기에 들어 태평양 소형국가들에 대한 유럽의 정치적 지위는 많이 약화되었다. 아직도 모순적으로 남아있는 해외영토라는 지위는 국가를 국가로서 바라보기보다는 필요에 의해 지위를 부여하는 것에 불과했다. 태평양에 있는 유럽의 해외영토는 군사전략적 또는 자원 가치로서의 중요성은 여전히 매우 높다. 태평양 소형국가에서의 경제적 문화적 지휘권을 그대로 유지하려면 과거의 식민정책으로는 더 이상의 관계가 불가능하다. 이것은 지정학적으로도 그러하며, 일반적 통치개념으로도 적절하지 못하다.

"태평양 시대"의 기준으로 본다면 태평양에 산재한 소형 국가들의 지위는 강대국의 관할지가 아니라 지리적으로 태평양에 위치한 각 국가들에게 있다고 볼 수 있다. 태평양의 이러한 지정학적 맥락은 필연적으로 아시아 국가들과의 새로운 관계성으로 대두된다. 이 새로운 관계가 가능한 이유는 태평양의 소형국가가 아시아의 여러 나라들과 유사한 경험들을 갖고 있기 때문이다. 아직도 대부분의 태평양 소형 국가들은 아시아 국가들처럼 부족중심체이며 유사한 관습적인 행태를 갖고 있으며, 세계대전을 통해 식민을 경험했으며 현대화라는 요구도 동일하게 진행되고 있다. 이것이 이 논문의 중요한 시대적 관점이다. 그러나 불행하게도 태평양의 소형국가들은 국가의 규모나 인구 차원에서 과소평가되어, 2차 세계대전 이후 세계화 과정에서 다소 소외되었다고 볼 수 있다. 최근에는 호주, 중국, 일본 그리고 미국 등 다양한 국가들과 관계성을 새롭게 정립해 오는 과정에 있다. 이제 태평양이 세계의 새로운 축으로 대두된다는 것은 한국으로서는 매우 고무적인 일이다.

따라서 본 연구는 태평양 소형국가들의 건축적 토착화 과정을 분석함으로써 한국과의 협력가능성을 타진하고자 한다.

지난 수세기 동안 유럽에 불평등하게 편입되었던 남태평양 소형국가들의 사회상황은 최근에 아시아 태평양으로 편입되어 활발한 교류가 일어나고 있다. 본 연구의 목적은 태평양 멜라네시안 권역의 뉴칼레도니아와 바누아투, 두 나라를 중심으로 건축 환경의 특성을 분석함으로써 한국 건축의 새로운 지평을 열고 교류 가능성을 찾고자 한다.

1.2 연구의 범위 및 방법

본 연구는 남태평양의 바누아투와 뉴칼레도니아를 연구의 공간적 범위로 정한다. 남태평양에는 3개의 권역이 있다. 마이크로네시아(Micronesia), 멜라네시아(Melanesia) 그리고 폴리네시아(Polynesia)로 구성되어 있다. 본 연구는 그중 멜라네시아 권역의 바누아투와 뉴칼레도니아로 한정하고 두 나라의 문화상대주의적 현상 속에 나타난 카고컬트와 식민지건축의 토착화 과정의 공간을 연구한다.

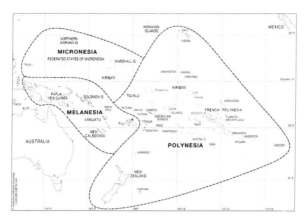

http://asiapacific.anu.edu.au/mapsonline/base-maps/micronesia-melanesia-po
lynesia

〈Figure 1〉 남태평양 3개 권역 분포 지도

현재 학문적 용어와 현상은 원주민(natives)의 관점에서 서술된
것이 극소수에 불과하며 거주민(migrants)의 시각에서 연구한 것이
많다. 양자의 사회 현상과 건축 문화를 연구한 것은 지극히 부족하
다. 그만큼 남태평양 소형국가의 의식주·종교·경제·문화는 최근
까지 타민족과의 종속적 관계에서 발전에 오고 있는 실정이다. 이
러한 상황인식에서 본 연구는 식민주의 건축을 관통하여 탈식민주
의적(postcolonial) 관점을 횡단한다. 따라서 본 연구는 이들의 문화
환경의 한계와 가능성, 전통과 문화의 모호성 및 경제적 한계를 상
호주의적 문화상대주의 관점에서 분석함으로써 차후 남태평양 소형
국가의 고유문화(건축, 주거)와 동등한 문화유산의 보존과 계승의
필요성에 관한 비전을 제시하고자 한다.

Ⅱ. 남태평양 소형국가들의 사회문화적 배경

2.1 남태평양공동체

남태평양공동체사무국(SPC: The Secretariat of the Pacific Community)은 22개 태평양의 섬나라 및 속령에 대한 기술 지원, 정책 자문, 훈련 및 연구 활동 제공 등을 목적으로 1947년에 설립된 국제기구이다. 본부는 뉴칼레도니아의 수도 누메아(Noumea)에 있다. 해양자원과(Marine Resources Division)의 해양어업프로그램(Oceanic Fisheries Programme)에서 중서부 태평양수산위원회의 참치자원평가 업무를 대행하고 있다.

남태평양 공동체 사무국은 6개의 창립국과 22개의 회원국으로 구성되었다. 6개의 창립국은 남태평양 공동체의 22개 회원국을 상대로 다양한 형태의 해외영토와 자치국 경제공동체 형태의 유대관계를 가지고 있다. 이러한 신 식민지적 공동체 관계는 남태평양의 소형국가로 하여금 문화상대주의적 현상에 굴복할 수밖에 없는 정치, 경제, 문화적 한계를 가지고 지속적으로 발전해오고 있다. 이러한 남태평양의 소형국가는 윤리학적인 문제뿐만 아니라 또 다른 여러 가지 문제를 고찰해야 할 것이다.

6개의 창립국은 기능과 문화와 생명의 보편적 권리를 위하여 22개의 소형국가에 사회적인, 민족적인 혹은 인종적인 정체성들에 대한 의식이 지역사회와 공동체에서 유지할 수 있도록 해야 할 것이다. 소형국가의 유형은 부족생활의 중심에서 국가체계로 변화해 가는 과도기 과정이다. 이들에게 있어서 초기의 생산은 부족을 공동의 가치에서 출발한다. 그러나 더 이상 그러한 개념으로 국가형태

를 유지하기 어려워 서구의 국가 모델을 들여와 자국에 맞게 수정
발전해 오고 있다. 이러한 상황에서 프랑스와 영국 그리고 오스트
레일리아 및 뉴질랜드의 사회규범은 대입하기에 매우 적절한 경제
와 지정학적 상황이었다. 22개의 회원국은 6개의 창립국의 제한된
규범을 사용하게 되었고 이러한 상황은 새로운 형태의 문화상대주
의적 현상을 표출하게 되었다. 22개 회원국은 다양한 태평양의 토
속어(각 부족의 다양한 언어)를 사용하지 않고 영어와 프랑스어를
사용하는 국가로 성장하게 되었다.

- American Samoa
- Cook Islands
- Fiji
- French Polynesia
- Guam
- Kiribati
- Marshall Islands
- Federated States of Micronesia
- Nauru
- New Caledonia
- Niue
- Northern Mariana Islands
- Palau
- Papua New Guinea
- Pitcairn Islands
- Samoa
- Solomon Islands
- Tokelau
- Tonga
- Tuvalu
- Vanuatu
- Wallis and Futuna

〈Figure 2〉 남태평양공동체의 회원국(Full Members)

- Australia
- France
- Netherlands
- New Zealand
- United Kingdom
- United States

〈Figure 3〉 남태평양공동체의 창립국(Founders)

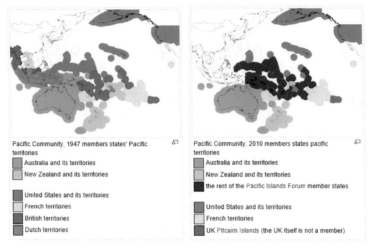

Pacific Community, 1947 members states' Pacific territories	Pacific Community, 2010 members states pacific territories
■ Australia and its territories	■ Australia and its territories
■ New Zealand and its territories	■ New Zealand and its territories
	■ the rest of the Pacific Islands Forum member states
■ United States and its territories	■ United States and its territories
■ French territories	■ French territories
■ British territories	
■ Dutch territories	■ UK Pitcairn Islands (the UK itself is not a member)

〈Figure 4〉 남태평양공동체 개별
창립국의 영향권 하의 회원국
분포도(1947)

〈Figure 5〉 남태평양공동체 개별
창립국의 영향권 하의 회원국
분포도(2010)

2.2 뉴칼레도니아

뉴칼레도니아(New Caledonia)는 프랑스 해외영토로 남서태평양 멜라네시아 권역에 속하며 프랑스어를 공용어로 사용하며 멜라네시아 폴리네시아(Polynesia) 언어도 사용한다. 1864년부터 1922년까지 프랑스는 일반범죄자, 사회주의자, 카빌레(Kabylie)민족주의자와 같은 정치범을 포함해 2만2천명의 유형지로 출발해 아시아 출신 계약노동자의 증가로 원주민인 카낙(Kanak)의 수는 상대적으로 극히 줄어들게 되었다. 코드 드 랭디제나(Code de l'indigenat)라는 인종차별정책과 유사한 시스템으로 거주와 이동 및 토지의 소유에 관해 엄격한 제안을 두었다. 이기간은 지배자와 피지배자의 계급이 형성된 시기로 피지배자는 2등 국민으로서 여러 가지 제약이 있었다(Roux, 1976). 2차 세계대전 당시는 미군 및 연합군의 태평양 사령부가 위치해 문화적으론 비공식적으로 아메리칼(Americal) 이라 불렸고, 이것은 미국식 문화로 본 America와 New Caledonia를 축약한 것이다. 이러한 문화상대주의적 현상은 오랜 프랑스 식민의 역사와 함께 뉴칼레도니아의 문화현상의 많은 부분에 영향을 주었다(Brou, 1973).

2차 대전 당시 뉴칼레도니아에서는 처음으로 츄잉껌(Chewing Gum)과 코카콜라 등을 경험하게 되었고 미국식 문화의 일부가 프랑스식 문화에 절충되어 토착화된 문화현상으로 존재하게 되었다. 인구분포는 멜라네시아인 42.5%(원주민), 유럽인 37.1%, 폴리네시아인 3.8%, 인도네시아인 3.8%(네델란드 식민지시대 자바인), 베트남인 1.6%(프랑스 식민지시대), 기타3%로 구성 되어 있다. 토착민과 이주민의 갈등과 함께 프랑스 원류 문화를 표방하는 민족과 문화가 원주민의 정신세계와 내적 문화와 혼용되어 정착해 가고 있다.

2.3 바누아투

바누아투의 경우 흔치 않는 공동 지배(Condominium)을 경험하고 프랑스어와 영어 그리고 비슬라마어(Bislama)를 사용하며 1980년 7월 30일 프랑스와 영국으로부터 독립하여 단일국가 의원 내각제 공화국이 되었다. 그러나 이미 1606년에 포르투칼의 탐험가 페드루 페르난데스 지 케이로스가 처음 발견했고, 1744년에는 제임스

쿡에 의해 뉴헤브리디스(New Hebrides)라고 불리게 되었고, 1825년 에로망고(Erromango) 섬에서 단향이 발견되며 프랑스와 영국의 경쟁 끝에 공동 지배 (Condominium)를 받게 되었다. 그러나 주민의 대다수는 멜라네시아인(Melanesia)으로 프랑스어와 영어, 공용어로 비슬라마어를 사용하는 문화적으로 매우 혼란한 시기를 지냈다. 이러한 문화상대주의적 영향은 종교에도 큰 영향을 주게 되었다. 매우 종교적인 성향을 가진 원주민과 이주민은 장로교, 성공회, 가톨릭교 그리스도교가 80% 이상이고, 전통신앙 7.6%, 신흥종교 6.2%로 매우 이질적 종교를 토착화해 가고 있다. 93,8%의 인구가 종교생활을 한다(Adams & Foster, 2017). 이는 종교와 문화생활 규범의 정의가 동일화 되어 있다는 단면이기도 하다.

Ⅲ. 카고컬트와 식민지건축의 이론적 고찰

3.1 카고컬트의 개념

영어로는 카고 컬트(Cargo Cult: 화물신앙)라고 부른다. 주로 남태평양의 섬에 많이 퍼져 있던 종교의 한 형태이다. 멜라네시아, 뉴기니 인근에서 19세기 말부터 일어난 컬트(미신)의 한 종류이다. 이러한 카고컬트는 식민지배와 전쟁의 과정에서 원주민에게 나타난 사회 현상이다(Trompf, 1991).

외부 세계와 단절된 상태로 관습적 부족생활로 살아오던 원주민에게 타의적 현실과 결과는 새로운 문화와의 충돌 혹은 자의적 해석에 의한 저급한 문화현상으로 이론화 되었다. (지배자의 시각) 이러한 문화 사회적 현상은 1차, 2차 세계대전을 겪으며 남태평양의 소형 국가에서 광범위하게 나타난다. 카고컬트 현상은 남태평양의 소형국가뿐 아니라 대부분의 식민지 현장에서 나타나는 현상이다.

3.2 식민지 건축의 개념

남태평양의 바누아투와 뉴칼레도니아는 18세기 무렵부터 영국과 프랑스의 해외영토의 근거지가 되었다. 2차 세계대전 이후에는 비교적 안정적인 정치상황으로 오늘에 이르며, 영국과 프랑스의 식민지 건축과 열대지역(Tropical Architecture) 건축과 복합적인 형태로 건축물이 생성되었다. 식민지 건축의 특성은 원주민의 전근대적인 생활 방식을 유럽인의 시각에서 근대화하는 목적을 가지고 있다. 다른 하나는 종교적인 삶과 그 유형의 건축이 전개되는 것이다. 이러한 사회현상은 원주민의 삶 부족 간의 삶의 방식에 매우 다양하게 영향을 주었다.

또한 지정학적 위치가 차이를 보여도 유럽의 건축적 경향(Tendency)에 따라 식민화된 지역 어느 곳에서나 유사한 형태의 건축물이 건설 되었다. 이것은 지역의 특성을 최소화하고 유형의 일관성으로 도시를 생산하는 그릇된 개발이었다. 이러한 건축과 공간의 획일화 현상은 원주민의 삶을 빠른 속도로 바꾸어갔다. 식민지 건축의 특성은 백인지역과 흑인지역을 구분하는 것을 함축하고 있다. 그러나 어느 지역에서든 완전한 분리정책은 이루지 못했다. 건축이 식민지에 이식되면서 식민지 건축은 획일적 개발이 이루어졌으나, 최근에서야 비로써 장소와 기후에 적응하며 지역적 특성과 함께 개발 되어 건축과 공간은 전통을 기반으로 한 현대적 도시의 기반을 갖추기 시작했다.

식민지 건축(Colonial Architecture)은 군정건축과 종교건축물이 매우 중요하다. 이는 토속건축물에 비해 우월적이고 원주민을 교육의 대상으로서 식민지배자의 우월성을 강요받는 계기가 되기도 했다.

이런 상황의 건축 환경은 상위 계급으로부터 유래하는 모델로부터 하층계급의 하위문화(Sub-culture)까지 영향을 주고(Hobsbawn, 1983) 도시화 저변에 저급한 건축물이 다량으로 생성되는 원인이 되기도 한다. 이러한 문화현상은 남태평양의 식민지형 소형국가에서는 보편적 현실이 되었다. 이러한 악영향은 지배국가의 총론을 보면 식민지 국가의 문화현상을 어느 정도 발전시킨다고 되어있다. 그러나 토착민이 생활하는 근거에 의학 약학 건축학 법학 등의 중요한 학문은 교육하지 않는다는 원칙에서도 알 수 있듯이 소형국의 교육행위와 사회현상은 교육의 빈도가 높아질수록 지배계급과 문화현상이 유사한 유형의 삶을 살 수밖에 없는 사회구조 속에 살아가게 된다.

하이데거(Martin Heidegger)는 "실존은 공간적"이라 했다. 건축과 거주(Dwelling) 그리고 사유(Thinking)는 동시에 일어나고 이것은 지적활동이자 존재의 방식이라고 했다(Farmer & Napper, 1993). 인류의 주거 역사의 변화는 유럽에서 비롯되었다. 자본주의와 산업혁명도 유럽에서 시작되었고, 자치 도시를 기반으로 부르주아 계급이 생겨난 곳도 유럽이다. 하이데거 관점에서 남태평양의 소형국가들의 문화와 사회현상은 실존적 공간도 존재성과 불합치한 문화가 생산되고 변형되고 공유되는 점은 매우 아쉬운 문화적 결과이다.

인류학자들은 자신들 사회의 문명에 관해 다른 미개민족의 후진성에서 발견하려 하지만, 레비-스트로스(Claude Levi-Strauss)는 다음과 같이 반증한다. 과열된 사회(Thermodynamic society)에 사는 서구인들은 변화의 궤적이 거의 없는 미개사회로부터도 많은 교훈을 얻을 수 있다(Claude, 1995).

그러나 후진적 형상의 소형국가에서 생성된 카고컬트의 현상이나 식민지 건축이나 혹은 수세기에 걸쳐 디자인보다 전통의 방식에서 지속 발전되어 온 토속건축(Vernacular Architecture)을 기반으로 한 현대식 건축문화 등 어느 것도 원주민의 주권적 사유공간이 되지 못 한 점은 매우 안타까운 일이며, 다양한 문화유형과 생활형태는 공간 사이에 균형과 조화가 유지될 때 비로써 실존적 존재의 가치를 지속 가능하게 할 것이다.

Ⅳ. 카고컬트와 식민지 건축의 사례 연구

4.1 카고컬트의 사례

카고컬트의 사례는 문화영역과 군사영역 그리고 기타사례로 구분해 정리했다. 남태평양의 카고컬트 현상은 2차 세계대전 후 많이 나타나게 된다. 이러한 이유는 식민지시대는 동화의 긴 시간이 존재했으나, 전쟁 후에는 일시적으로 주둔했던 군대 및 제반 시설 문화 등 모든 것이 동시에 사라지게 되었고, 그러한 과정에서 카고컬트 현상이 급속히 늘어났다.

Figure 6은 제2차 세계대전 당시 미군들의 휴식 때 사용되던 당구대와 정글을 제초하던 체인 톱을 모방하여 휴식을 취하고 부족의 제사의식행위의 도구로 사용하는 모습이다.

http://www.nairaland.com/867378/confusion-asaba-igbo-hausa-clash
http://fishing-club-en.ucoz.ru/forum/2-127-3

〈Figure 6〉 문화영역 사례Ⅰ

http://erwinflaming.com/cargo-cult/
https://www.pinterest.co.kr/pin/516647388472955969/

〈Figure 7〉 문화영역 사례Ⅱ

Figure 7의 비행기들은 군사적 목적보다 제2차 세계대전 당시 미군들이 공급해 준 풍요로운 물자를 바라는 마음으로 드리는 일종의

제의적 의미가 크다.

http://www.blogtalkradio.com/ohioexopolitics/2017/06/20/daniel-cooper-john-fru
   m-cargo-cult-meier-case
http://jasonkearney.com.au/blog/cargo-cults-john-frum-two-cultures-collide/

〈Figure 7〉 군사 영역사례I

https://burningman.org/culture/history/brc-history/event-archives/2013-event-a
   rchive/bm13_theme/
http://erwinflaming.com/cargo-cult/

〈Figure 8〉 군사 영역사례II

〈Figure 9〉 군사 영역사례Ⅲ

〈Figure 10〉 군사 영역사례Ⅳ

Figure 9 의 사진은 존 프롬을 기념하는 의식행위를 보여준다. 존 프롬(John Frum)은 바누아투의 타나(Tanna)섬에서 숭배되는 가상의 인물이다. 존 프롬은 제2차 세계대전 당시 미군에 복무하던 군인으로 여겨지는데, 섬 주민들은 그를 따르면 부와 풍요를 가져다준다고 믿는다. 때로는 흑인으로 때로는 백인으로 묘사된다.

Figure 10은 제2차 세계대전 당시 미군과 연합군의 제식훈련을 모방하여 부족의 단합이나 기념일에 행하는 카고컬트적 행위이다.

http://www.smithsonianmag.com/history/in-john-they-trust-109294882/

〈Figure 11〉 기타 사례

4.2 식민지 건축의 사례

모든 사회는 그 나름의 고유문화를 가지고 있다. 그 문화는

문화 자체에 관한 생각, 가치, 믿음, 지식들로 이루어진 생활방식을 가지고 있다. 이러한 문화와 생활 방식은 한 세대에서 다른 세대로 전달되어 왔다. 문화는 그 다양한 형식에 있어서 건축유형의 주요한 결정 요소이다(Farmer & Napper, 1993).

Figure 12 좌측 그림은 식민지건축 중 열대건축양식과 혼재된 종교건축물이며 우측은 뉴칼레도니아의 열대건축과 혼재된 이슬람사원의 예이다.

http://www.newcaledonia.travel/en/religions

〈Figure 12〉 식민지 유형의 종교건축물

〈Figure 13〉 열대건축을 기초로 한 식민지 초기
건축물(1900년대)

〈Figure 14〉 근대 유럽건축을 기초로 한 건축물(1960년대)

〈Figure 15〉 남태평양 기후를 고려한 현대건축물(2000년대)

〈Figure 16〉 친환경 현대건축물(2000년 이후~현재)

　전통과 혁신(tradition and innovation)은 함께 건축의 역사를 형성한다. 이러한 관계는 상호 의존적이다. 또한 혁신은 시간이 지나면 전통이 된다(Dawkins, 2006). 이러한 관점에서 식민지 건축의 사례는 전통과 혁신의 상호작용이 지배자와 피지배자간의 문화의 상호이해와 교류에서 출발한다. 이러한 것은 피지배자의 관습으로 복식의 변천이 이를 증명한다. 이러한 과정은 문화의 이동에서 이식, 중첩, 적응의 단계를 거쳐 문화적인 혼성을 이루며 나타난다. 결국 문화는 토착화를 기반으로 전통의 발전과 변화는 시대적 요구로 현재까지 지속적으로 계승 발전 된다. 전통복식의 경우도 초기에 형태와 색상 등 이주자의 선택에 의해서 개발되었던 것이 현재는 원주민의 기호와 색성에 맞게 변형되어 오늘에 이른다. 원색적이고 화려한 꽃무늬에서 원주민의 시각적 완성도를 반영하고 형태적인 면에서는 지배자의 개량된 형태를 사용한다. 이러한 중첩은 식민시대를 거친 대다수의 지역에서 공통적으로 나타나는 현상이다.

복식사례의 경우 건축유형의 변천과 유사하다. 전통복식의 식민지 미션드레스에서 근대복식 이후 최근의 복식사례는 건축과 유사하게 관습적 의미나 원주민의 색성을 반영한 복식으로 발전하였다.

〈Figure 17〉 멜라네시안 전통 복식사례

초기 식민지 복식은 단순한 색상의 미션드레스 형식이었다.

https://en.wikipedia.org/wiki/Mother_Hubbard_dress

〈Figure 18〉초기 식민시기 복식 사례

〈Figure 19〉 식민지 복식과 최근 복식 사례

4.3 기타 사례

뉴칼레도니아는 28개의 원주민 언어와 8개의 부족으로 구성되어 있다. 최근에도 현대적 생활 속에 그들의 관습법에 의해 전통의례를 준수하며 살아간다.

〈Figure 20〉 현대 복식 혼용적 사례

V. 결론

　본 연구의 사례처럼 17세기, 유럽인들의 식민지 개발 이전의 태평양의 소형 국가들은 나름의 문화와 부족 간의 정체성을 이루며 살아왔다. 그러나 그 이후 2차 세계대전까지 불안한 시대를 지내왔다. 앞으로의 태평양 연안의 소형국가는 또 다른 새로운 시대를 맞을 것이다.

　본 연구를 통한 첫 번째 결론은 남태평양 소형국가에는 식민지건축의 장구한 역사가 흐르고 있었다. 1900년 초기 이후 1945년 까지 식민지건축의 역사 속에는 제2차 세계대전의 소용돌이가 있고, 그 와중에 카고 컬트(Cargo Cult) 현상이 불꽃처럼 타올랐다. 카고컬트는 대규모 연합군의 점령, 특히 미국문화의 점령에 속수무책인 원주민들의 맹목적 열광의 소산이었다. 전쟁이 끝나자 허무한 무속의 망령이 되어버린 카고컬트 현상의 의미는 역설적으로 원주민에게 반면교사가 되었다.

　둘째, 1980년대에 이르러 자발적인 이주인구가 늘어나고 글로컬

현상이 가속화되면서 전통적 양식과 현대적 하이테크가 결합하고 친환경적인 가치가 이어지면서 새로운 차원의 탈식민주의적 건축이 가능해졌다. 치바우 문화센터의 예는 이를 여실히 보여준다.

셋째, 새로운 태평양 시대의 도래를 맞이하여 본 논문은 한국건축의 새로운 가능성과 국제교류의 단초를 제시한다. 부족의 전통과 관습을 중요시하는 태평양 소형국가들의 미래 발전에 한국의 질 좋은 건축자원의 활용과 다양한 협력들의 큰 기여가 절실하다.

태평양지역의 소형국가에 대한 연구가 부족한 상황에서 토속건축, 식민지건축과 전후건축, 현재의 건축적 사례를 분석함으로써 본 논문은 동아시아 및 태평양 지역학의 기초 사례를 건축 범위에서 제시하고, 한국의 건축 환경이 태평양 소형국가들의 미래 만들기에 동참하는 기회를 부여하길 바란다.

참고문헌

Dawkins, Richard, (2006). The God Delusion. London: *Bantam Press*. / Lee, Hanum Trans., (2007). Paju : *Gimm-Young Publishers, Inc.*.

Hobsbawn, Eric, (1983). The Invention of Tradition. Cambridge: *Cambridge University Press*. Park, Jihyang, Jang, Moonseok Trans., (2014). Seoul: *Humanist Publishing*.

Farmer, Ben and Adrian Napper eds., (1993). Companion to Contemporary Architectural Thought. London: *Routledge*. Jang, Jungjae Trans., (2008). Seoul: *Spactime Publisher*.

Levi-Strauss, Claude, (1955). Tristes Tropiques. Paris: *Librairie Plon*. Park, Okjul Trans., (1998). Paju: *Sangilsa Publishing Co., Ltd.*

Trompf,G.W., (1991). Melanesian Religion. Combridge: *Cambridge University Press*.

Brou, Bernard, (1973). Histoire de la Nouvelle-Caledonie. Noumea: *Publications de la societe D'etudes*.

Roux, J.C., (1976). Melanasiens D'aujourd'hui. Noumea: *Publications de la societe D'etudes*.

Adams, Ron, Foster, Sophie, (2017, July). Vanuatu. Encyclopedia Britannica. Retrieved from https://www.britannica.com

Endnotes

1) 그림출처 (Figure 17, 19, 20) : Kasarherou, Emmanuel, (2000). Mwakaa les sentiers de la coutume Kanak : *Centre Culturel Tjibaou. Noumea*, p63, p69, p72, p74.

2) 그림출처 (Figure 13, 14) : Hosken, Mike & Wimart, Frederique, (2003). Le charme des maisons de Nouvelle-Caledonie : *Editions Footprint Pacifique*. Noumea, p14, p50, p51.

3) 그림출처 (Figure 15) : Patte, J-C architecte, (2010, 08). Une ambiance vegetale, *VARANGUE*, p63. Porcheron, Willy architecte, (2005, 08).

Une marina a Hienghene, *VARANGUE,* p205.

4) 그림출처 (Figure 16) : Piano, Renzo, (2008). Noumea Centre Culturel Jean-Marie Tjibaou : *Fondazione Renzo Piano*, Noumea, Last page. VARANGUE, (2010, 08). Le point sur l' extension de l' aeroport international, *VARANGUE,* p119

박상현

서울대학교 사회학과에서 세계 헤게모니 국가 미국을 중심으로 신자유주의와 현대 자본주의 국가의 변화에 관한 연구로 박사학위를 받았으며, 현재 부경대학교 국제지역학부 부교수로 재직 하면서 부경대 글로벌지역학연구소 소장을 맡고 있다. 최근 연구로는 <트럼프 행정부의 '무역전쟁'과 G-0의 세계?>, 『경제와사회』(2020), <식민주의와 동아시아 식민국가의 정치>, 『사회와역사』(2016) 등이 있다.
pshjj3@pknu.ac.kr

- 논문원제와 출처
박상현 / 동아시아 발전전략과 경제민족주의의 역사적 변동: 분기와 수렴의 지역적 동학
『사회와역사』 123집, 2019

방유옥

부경대학교 대학원 중국학과 졸업

예동근

부경대학교 중국학과 교수
한국 고려대학교 사회학 박사
한국 지역사회학회 회장
99yegen@hanmail.net

- 논문원제와 출처
방유옥·예동근 / 중국 허난성의 도시화와 시민화에 대한 연구
『공공사회연구』 第6卷 第3號, 2016

정해조 ────────────────────────────

부경대학교 국제지역학부 교수로 재직하고 있다. 국제지역연구학회 회장, 한국유럽학회 회장, 부경대 글로벌지역학연구소 소장을 역임하였다. 문학박사와 공학박사를 취득하여 학제적·융합적 연구에 관심이 많으며, 글로벌시대 지역학연구의 새로운 패러다임 방향을 모색하고 있다. 저서로『독일에너지정책과 패시브하우스의 성공요인』(2019), 편서로『Trans-Pacific Imagination』(2020) 등이 있다.
innowin21@nate.com

Liekai Bi ────────────────────────────

부경대학교 글로벌지역학 박사과정 수료

- 논문원제와 출처: 새로 작성한 글

정보은 ────────────────────────────

한국외국어대학교 중국외교통상학부 강사
한국외국어대학교 국제지역연구센터 초빙연구원
한국문화관광연구원「문화예술 지식정보시스템」외부 편집위원
qingtian88@naver.com

- 논문원제와 출처
정보은 / 시진핑(習近平) 시대, 중국 문화정책과 그 의미에 대한 고찰
『한중사회과학연구』51권, 2019

김진기

고려대학교 정치외교학과에서 "일본방위산업의 결정구조와 변화에 관한 연구"로 박사학위를 취득하였으며 현재 부경대학교 일어일문학부의 일본학 전공 교수로 재직중이다. 국제정치학회 부회장과 21세기정치학회 회장을 역임하였다. 주요저서로는『일본의 방위산업 : 전후의 발전궤적과 정책결정』(2012)『일본의 정치와 경제』(2018),『정치학으로의 산책』(제4개정판. 2020. 공저) 등이 있으며, 최근의 논문으로는, "아베 정권의 방위산업기술기반 강화전략"(2017), "일본 반전평화운동의 사상적 토양 : '베헤렌'과 쓰루미 슌스케를 중심으로"(2018) 등이 있다.
jkkim@pknu.ac.kr

사토 노리코

영국 다람대학교에서 중동 기독교도들의 정치적 동일성에 관한 사회인류학적 연구로 박사학위를 받았으며, 현재 부경대학교 일어일문학부 교수로 재직 중이다. 학술활동으로 학술지 "Mediterranean Review" 창간이래 편집위원을 수행하고 있으며, 한국생태환경과 역사학회 부회장을 맡고 있다. 최근 저서로는 "Memories of the WWI and Interpretations of Japanese Activities in the Mediterranean and Asia" (2019), "Payinga Visit to the Memorials of the Japanese War Dead in Malta" (2019), "The Memory of Sayfo and Its Relation to the Identity of Contemporary Assy rian/Aramean Christians in Syria" (2018) 등이 있다.
noriko.sato@pknu.ac.kr

- 논문원제와 출처
사토 노리코ㆍ김진기 :「일본의 해양정책 : '반응국가'로부터의 탈피?」
『日本硏究論叢』제37호, 2013

김우성

멕시코 국립대학에서 스페인어학(사회언어학)으로 박사학위를 취득였고, 현재 부산외국어대학교 스페인어과 교수로 재직 중이다. 국제지역연구학회 회장, 부산 외국어대학교 글로벌인문융합대학장을 역임하였다. 주된 관심 분야는 중남미 스페 인어와 문화간 커뮤니케이션 연구이다.
uskim@bufs.ac.kr

- 논문 원제와 출처
김우성 / 한국-멕시코 문화 간 커뮤니케이션에 나타난 갈등과 장애요인 연구
『스페인라틴아메리카연구』 제11권 2호, 2018

노용석

영남대학교 문화인류학과에서 한국전쟁 시기 제노사이드 문제에 관한 논문으로 박사학위를 받았으며, 이후 연구범위를 라틴아메리카로 넓혀서 한국과 라틴아메리 카 사이의 사회문화변동 및 국가폭력 구조의 비교연구를 수행하고 있다. 부산외국 어대학교 중남미지역원 연구교수와 한양대학교 비교역사문화연구소 연구교수를 거쳐 현재 부경대학교 국제지역학부 교수로 재직하고 있다. 최근 연구로는『국가 폭력과 유해발굴의 사회문화사』(2018),『트랜스내셔널 노동이주와 한국』(2017, 공 저),『폭력과 소통』(2017, 공저) 등이 있다.
anth99@hanmail.net

- 논문원제와 출처-
노용석/ 말비나스 영유권 분쟁의 역사와 현황
『이베로아메리카』제14권 1호, 2012

나희량

현재 부경대학교 경영대학 국제통상학부 교수로 재직 중이며, 한국은행 조사역, 포스코경영연구원 지역연구센터 연구위원, 부산외국어대학교 무역학과 조교수, 부산외국어대학교 동남아지역원 공동연구원, 스위스 University of Bern, World Trade Institute(WTI) 방문교수 등을 역임하였다. 서울대학교에서 경제학 학사, 서울대학교 국제대학원에서 아시아지역학 석사(수료), 미국 University of Hawaii at Manoa에서 경제학 석사, 박사학위를 받았다.
heeryang@pknu.ac.kr,

- 논문원제와 출처
나희량 / "Effects of Urbanization on Economic Growth of Southeast Asia: based on the Williamson's Hypothesis", 『국제지역연구』 20(3), 2016

정법모

필리핀 국립대학에서 도시빈민과 개발협력에 관한 논문으로 박사학위를 받았다. 현재 부경대학교 국제지역학부 조교수로 재직하고 있다. 최근 저서로는 ≪인도네시아와 말레이시아의소비문화≫(2017, 공저), ≪한국의 동남아시아연구≫(2019, 공저)가 있다.
sao0526@hotmail.com

김동엽

필리핀국립대학교 정치학과에서 1990년대 한국과 필리핀의 통신서비스산업 자유화 정책에 대한 비교연구로 박사학위를 받았으며, 현재 부산외대 아세안연구원 부교수로 재직 중이다. 학술 활동으로 현재 학술지 『아시아연구』 편집위원장이며, 한국동남아학회 총무이사와 부회장을 역임했다. 최근 저서로는 『총체적 단위로서의 동남아시아의 인식과 구성』(2019, 공저), 『동남아의 이슬람화 2』(2017, 공저), 『민주화운동의 세계사적 배경』(2016, 공저), 『나를 만지지 마라 I & II』(2015, 역서), 『동남아의 역사와 문화』(2012, 공역) 등이 있다.
kimdy@iseas.ac.kr

- 논문원제와 출처
김동엽·정법모 / 필리핀 2017: 호전적 내치(內治)와 줄타기 외교
『동남아시아연구』 28권 2호, 2018

윤희수

부경대학교 영어영문학부 교수
한국현대영미시학회 회장.
현대영미시 전공, 문학박사,
풀브라이트 방문학자로 미국 노스캐롤라이나 대학교에서 연구.
생태주의 시인, 소수인종 시인에 대한 연구에 집중하고 있으며 시와 대중문화의
접점 찾기에 관심을 기울이고 있음.
yoonhs@pknu.ac.kr,

- 논문원제와 출처
윤희수 / 인종적 정체성의 수용과 확대: 리영리 초기시의 몸과 음식의 모티프를 중심으로
『영미연구』 42권, 2018

송인주

서울대학교 사회학과에서 박사학위를 받았고, 원광대학교 사회적경제연구센터 소속으로 <SSK 글로벌 환경변화와 지속가능한 먹거리 연구센터>에 참여했으며, 현재 고려대학교에서 시간강사로 재직하고 있다. 농업·기술·생태체계의 자본주의적 현대화를 이론적으로 설명하는 데 관심을 갖고 있으며, 주요 연구로 "한국의 쇠고기 등급제", "소비주의 식생활양식의 형성: 미국의 대량육식문화를 중심으로", "네덜란드 수출농업의 발전과정"(공저) 등이 있다.
thddlswn@hanmail.net

- 논문원제와 출처
송인주 / 아시아-태평양 농식품 무역구조와 기업식량체제의 동향
『농촌사회』 제27집 제2호, 2017

곽데오도르 (KWACK Theodore)

한국에서 태어나고 프랑스와 캐나다에서 성장
프랑스, 캐나다 국적
한국식음료디자인협회 이사장
떼오하우스 대표건축가
tohaus1125@gmail.com

이정욱

가천대학교 건축학과 교수
lee4good@gmail.com

- 논문원제와 출처
곽데오도르·이정욱 / 남태평양 멜라네시안 권역의 카고컬트와 식민지 건축에 관한 연구
『한국공간디자인학회논문집』 제12권 제4호 통권46호, 2017

21세기 환태평양지역의 문화변동과 글로벌리제이션

초판인쇄 2020년 4월 29일
초판발행 2020년 4월 29일

지은이 박상현
펴낸이 채종준
펴낸곳 한국학술정보㈜
주소 경기도 파주시 회동길 230(문발동)
전화 031) 908-3181(대표)
팩스 031) 908-3189
홈페이지 http://ebook.kstudy.com
전자우편 출판사업부 publish@kstudy.com
등록 제일산-115호(2000. 6. 19)

ISBN 978-89-268-9934-2 93340